传经
家典

经典回到生活　阅读从心开始

经典传家

『经典传家』丛书遴选了清代《四库全书》的精华，而且每一种书在注释、译文、解读等方面做了大量的、扎实的工作。

——傅璇琮

国学就是中国人的学问。『经典传家』是一套非常适合大众阅读的国学经典丛书。国学的传承和发展迫切需要好的大众读本。

——毛佩琦

《四库全书》浩如烟海，真正的必读经典就这百余部。

——任德山

国学是相互通融的，切忌断章或是割裂。今人只有从《周易》等原始经典入手，才能真正找到进入国学的门径。

——刘君祖

经典传家系列丛书

图解战国策

刘向　编选

崇贤书院　释译

黄山书社

《战国策》阅读指南

精审精校保证阅读质量

以最精致的品质呈现给读者最权威的《战国策》读本。

无障碍阅读经典

注音、注释、译文，各个板块帮助读者全面准确地理解经典。

选字注音

- 将生僻字一一标注读音。
- 将古今异读字一一标注读音。

版画插图

- 所选版画皆为古人原创，保证原汁原味。
- 选图方面精益求精，保证版画线条的清晰质感。
- 图说详细解释插图内容，增大阅读的信息量。

战国策

秦策五

秦策五

谓秦王

谓秦王①曰："臣窃惑王之轻齐、易楚，而卑畜韩②。臣闻：王，兵胜而不骄；伯，主约而不忿(fèn)。胜而不骄，能服世；约而不忿，故能从邻③。今王广德④魏、赵而轻齐，骄也；战胜宜阳，不恤楚交，忿也。骄忿非伯主之也。臣窃为大王虑之而不取也。

[注释]

①秦王：秦武王。②卑畜韩：认为韩国卑贱如畜，即不以礼相待。③从邻：邻国服从，顺服。④广德：多多地施与恩德。

[译文]

有人对秦王说："我私下很迷惑秦王您为何轻视齐国、楚国，对待韩国像对待卑微的牲畜一样。我曾听闻：真正的王者，作战得胜也不骄傲；真正的霸主，统领盟国却不暴躁。战胜不傲慢，因此能为天下诸侯诚服；统领盟国却不暴躁，因此能让邻国听顺。现在大王您对魏国和赵国施与很多恩惠，而轻易地背弃和齐国的邦交，这是由于您的骄傲；在宜阳战胜，却不体恤楚国的邦交，这是因为您的暴躁。骄傲、暴躁都无法建立霸王的功业。我私下为大王担心这是不可取的。

勾践竭力事吴

勾践被夫差打败后，屈膝求和，卧薪尝胆，发愤图强，十年生聚，十训，终于灭掉吴国。

"《诗》云：'靡(mí)不有初，鲜克有终。'故先王之所重者唯始与终①。何以知其然？昔智伯瑶残范、中行②，围逼晋阳，卒为三家笑；吴王夫差栖(qī)越于会稽，

〇七八

《战国策》阅读指南

生僻字、古今异读字注音

将正文中的生僻字、古今异读字一一标注读音，方便读者顺畅阅读。

古代版画营造阅读气氛

百余幅精美的古代版画，图文并茂，具象化阅读古代经典。

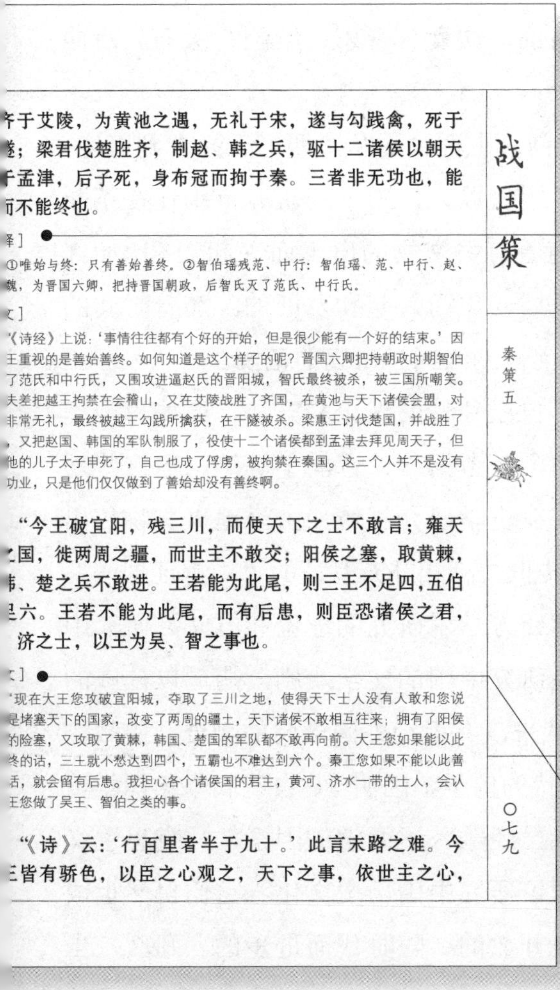
齐于艾陵，为黄池之遇，无礼于宋，遂与勾践禽，死于遂；梁君伐楚胜齐，制赵、韩之兵，驱十二诸侯以朝天子孟津，后子死，身布冠而拘于秦。三者非无功也，能而不能终也。

释］

①唯始与终：只有善始善终。②智伯瑶残范、中行：智伯瑶、范、中行、赵、魏，为晋国六卿，把持晋国朝政，后智氏灭了范氏、中行氏。

文］

《诗经》上说：'事情往往都有个好的开始，但是很少能有一个好的结束。'因王重视的是善始善终。如何知道是这个样子的呢？晋国六卿把持朝政时期智伯了范氏和中行氏，又围攻进逼赵氏的晋阳城，智氏最终被杀，被三国所嘲笑。夫差把越王拘禁在会稽山，又在艾陵战胜了齐国，在黄池与天下诸侯会盟，对非常无礼，最终被越王勾践所擒获，在干隧被杀。梁惠王讨伐楚国，并战胜了，又把赵国、韩国的军队制服了，役使十二个诸侯都到孟津去拜见周天子，但他的儿子太子申死了，自己也成了俘虏，被拘禁在秦国。这三个人并不是没有功业，只是他们仅仅做到了善始却没有善终啊。

"今王破宜阳，残三川，而使天下之士不敢言；雍天之国，徙两周之疆，而世主不敢交；阳侯之塞，取黄棘，韩、楚之兵不敢进。王若能为此尾，则三王不足四，五伯是六。王若不能为此尾，而有后患，则臣恐诸侯之君，济之士，以王为吴、智之事也。

文］

"现在大王您攻破宜阳城，夺取了三川之地，使得天下士人没有人敢和您说是堵塞天下的国家，改变了两周的疆土，天下诸侯不敢相互往来；拥有了阳侯的险塞，又攻取了黄棘，韩国、楚国的军队都不敢再向前。大王您如果能以此终的话，三王就不愁达到四个，五霸也不难达到六个。秦王您如果不能以此善话，就会留有后患。我担心各个诸侯国的君主，黄河、济水一带的士人，会认王您做了吴王、智伯之类的事。

"《诗》云：'行百里者半于九十。'此言末路之难。今王皆有骄色，以臣之心观之，天下之事，依世主之心，

战国策

秦策五

〇七九

注 释

- 对难解字词进行注释，力求准确、严谨，为读者排除阅读障碍。
- 对文中涉及的文史常识进行注释，扩大知识范围，增强文章的可读性，使读者更好地理解作品。

译 文

- 对原文进行白话翻译，方便读者理解文章内容。

总序

国学是什么？简单说，就是中国人之所以成为中国人的学问。因此，国学不仅包括数千年积累流传下来的经典，比如“四书五经”、《老子》《庄子》《孙子》《史记》《汉书》、唐诗、宋词，也包含研究中国人思维方式、生活方式、行为方式乃至娱乐方式的各种学问。广言之，国学研究的对象不仅包括文献，也包括实物；不仅包括物质文化遗产，也包括非物质文化遗产，如我国各民族的建筑、服饰、饮食、音乐、绘画、医药、戏曲等等。

国学是不断丰富、不断发展的学问。上面说的从“四书五经”到唐诗、宋词就是一个不断丰富发展的过程。近代以来，国学的研究范围还在不断地扩大，比如敦煌学、甲骨学，是随着有关文物的出土而兴起的；比如红学，是随着文学理论和学术风气的发展变化而兴起和发展的。随着时间的推移和学术的进步，必将有更多的学问被纳入国学研究的范围。

数千年来，中国人做学问形成了自己独特的理论和方法，比如思想理论、史学理论、文学理论，以及训诂学、考据学、音韵学等等。但这些理论和方法并不是一成不变的。比如，在史学研究领域，由于地下文物的出土，王国维等人提出了以地下文物与传世文献相补充互证的“二重证据法”。近代以来，西风劲吹。国人主动借鉴西方学术研究的理论和方法，研究中国学问。王国维借鉴尼采的哲学理论研究中国的文学戏剧，胡适以杜威的实验主义研究中国的“国故”。国学从来没有拒绝外国学问的融合，佛教传入中国后，经过改造，形成了中国独特的佛学、因明学；自明朝末年西学传入中国后，中国的天文学、数学等就已经融入了西学的因素。马克思主义传入中国后，不少人用马克思主义理论研究中国历史文化，它们自然也成为了国学的一部分。因此，国学又是开放的、随时代而进步的。那么，当今我们研究、振兴国学，不允许也不应该倒退，不允许也不应该僵化。

然而，国学又是与西学明显区分的。国学是西学的对应物，是与西学完全不同的学术体系。在近代，西学挟坚船利炮强势进入中国之后，中国人还视自我，对于中国固有之学问的称呼出现了中学、国故学、国粹、国学这样的名称。面对“帝国主义”的强大，中国人自愧不如，一方面拼命地学习、引进西学，另一方面拼命地贬低、抛弃国学。虽然也有一些人，如张之洞为保护中华文化之根本，提出“中学为体，西学为用”，如胡适，提出“整理国故”，以“再造文明”“建立民族自信心”，但其声音终被时代所淹没。国学一再被严重曲解和轻视，造成了中国历史文化的大断裂。也许，这一历史过程是必然的。但回顾过去，中国在走向独立富强的过程中，国学所付出的代价实在太大、太惨重了。

新中国成立后，饱受屈辱的中国人从此站立了起来，民族自信心大大加强，但没有能够及时认识到国学在新时代的重要性，甚至仅存的一点点国学遗产也进一步成为被抛弃的对象。改革开放三十年之后，走向富强的国人终于幡然醒悟，保护和振兴国学逐渐成为全民的共识。一个强大的自立于世界民族之林的国家，必然要有与之相匹配的伟大的民族文化。中国人，从领导者、学术界到普通百姓，都在重新发现国学的现代价值。同时，在走向全球化的进程中，东西方各国也把目光投向了中国。中国学问，中国的一切都在被重新评价。中国不仅为了自身的建设和发展需要从传统文化中汲取智慧，而且也面临着以优秀的中华文化向全人类贡献智慧的责任和挑战。

那么，这套经典传家丛书的编纂就是可喜的，编纂者的初衷和努力就是可敬的。希望这套丛书能发挥点滴作用，如同涓涓细水与千百万有志者的努力一道汇成大潮，去迎接中华民族的伟大复兴！

是为序。

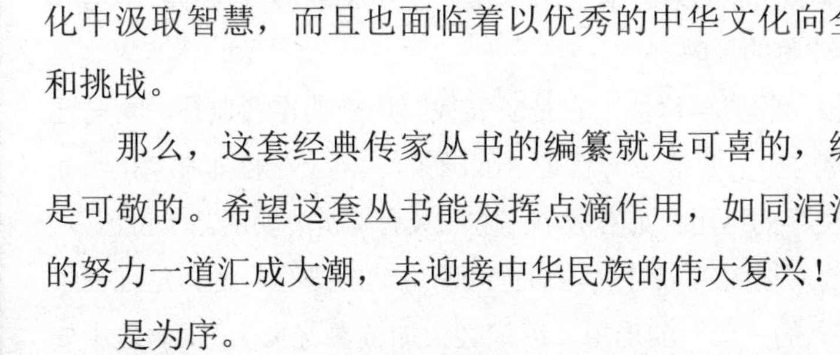

毛佩琦

二〇一五年五月

前言

战国时期是中国历史上一个激烈变革的时期。这一时期，七雄并立，征战不休，大规模的战事不断。孟子评价这一时期的战争是“杀人盈城，杀人盈野”。战争虽然残酷，但通过战争，诸侯国的数量大为减少，统一的趋势日益增强。为了在兼并战争中立于不败之地，各国争相变法、延揽人才。此时，士作为一个最活跃的阶层出现在政治舞台上，他们以自己的才能和学识，游说于各国之间，施展着自己治国安邦的才干，甚至决定着国家的命运。

《战国策》是现存为数不多的记载战国时代的历史文献之一。它是一部国别体史书，全书按东周、西周、秦国、齐国、楚国、赵国、魏国、韩国、燕国、宋国、卫国、中山国依次分国编写，是战国历史的生动写照。此书的作者直到现在依旧存疑，西汉末年刘向将其编定为三十三篇，正式定名为《战国策》。

在《战国策》中，记录了战国时代各国谋臣和策士纵横捭阖的斗争和他们的辞令，其中保存了不少纵横家的著作及言论。战国时期，各诸侯国纷纷变法图强，积极向外扩张，各国间斗争也日趋激烈，统一的趋势也进一步增强。在这种情况下，诸侯国的胜负虽然在很大程度上决定于武力，但也决定于谋臣策士的胜算和纵横势力的消长。所谓“横成则秦帝，从成则楚王”。诸侯争霸胜负的关键并不完全决定于军事，也决定于政治的巧妙运用。《战国策》中所记载的攻与守、战与和之事，正是这一时代政治斗争的反映。

《战国策》一书具有极高的史学价值，它是研究战国历史的重要典籍。司马迁撰写《史记》，战国时代的内容主要参考的就是《战国策》。其文学性非常突出，尤其在人物形象刻画、语言文字的运用、寓言故事等方面具有非常鲜明的艺术特色。

在人物形象的塑造上。《战国策》对人物都有鲜明生动的描写，尤其是描写了一系列栩栩如生、光彩照人的“士”的形象，纵横之士如苏秦、张仪；勇毅之士如聂政、荆轲；高节之士如鲁仲连、颜斶等等，都个性鲜明，具有一定的典型意义。

在语言文字的运用上，《战国策》长于说事，无论个人陈述还是双方辩论，都喜欢夸张渲染，充分发挥，畅所欲言，具有很强的说服力。策士们的说辞大都不以直接方式进行，往往引类譬喻，借动物、植物或人们生活中习见的其他事物为喻，循序渐进地达到辩说的目的。例如《邹忌讽齐王纳谏》，从切身体验的生活趣事来形象喻示所要阐述的道理，贴切深刻，饶有风趣，很有说服力。

《战国策》所记的策士说辞，常常引用生动的寓言故事，用文学手段帮助说理。这些语言形象鲜明，寓意深刻。

我们此次出版的这部《战国策》，概括起来有以下几个特点：

一、对《战国策》进行了精选，选入《齐人有冯谖者》《邹忌讽齐王纳谏》等脍炙人口的古文名篇，对每篇文章的生僻字、古今异读字加以注释，并用现代白话文翻译，使读者能够准确地理解文章的内容。

二、以中国古代的优秀版画作为本书的插图。为了本书的配图，我们翻阅了大量古代版画资料，包括《帝鉴图说》《养正图解》《马骀画宝》《西清古鉴》等典籍。在选图方面，我们严格按照版画必须清晰、书中的文字与插图必须一一对应的原则，以图释文，帮助读者具象化阅读古文经典。

希望我们此次编辑出版的这部《战国策》，能够对读者了解国学、了解传统文化、学习古人的论说技巧，有所裨益。

崇賢書院

目录

东周策

西周策

秦策一

秦策二

秦策三

秦策四

秦策五

齐策一

战国策

目录

燕策三

宋卫策

中山策

东周策

秦兴师临周而求九鼎

秦兴师临周而求九鼎（dǐng）[①]，周君患之，以告颜率（lǜ）[②]。颜率曰："大王勿忧，臣请东借救于齐。"

[注释]

①九鼎：传国的宝物，象征着国家权力，相传是禹铸造而成。②颜率：人名，周王室的臣子。

[译文]

秦国发兵威胁东周，向东周君索要九鼎，周君很忧虑这件事，就把事情告诉给朝臣颜率。颜率说："君王不必忧虑，请让臣向东边的齐国借兵求救。"

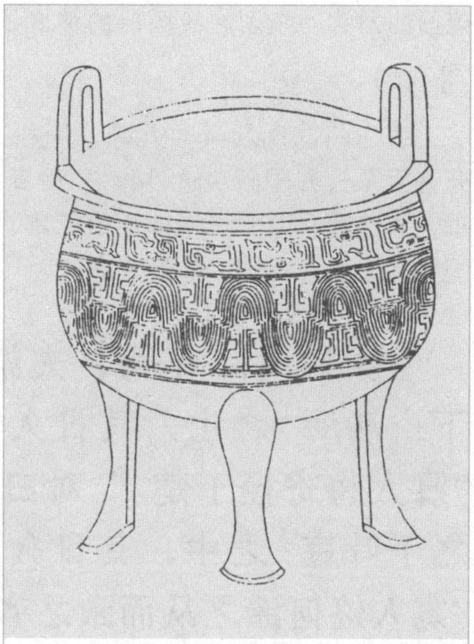

周太公鼎

鼎是中国古代重要的礼器，是政权的重要象征。秦欲称帝，故发兵东周，索要九鼎。

颜率至齐，谓齐王曰："夫秦之为无道也，欲兴兵临周而求九鼎。周之君臣，内自画计：与秦，不若归之大国[①]。夫存危国，美名也；得九鼎，厚宝也。愿大王图[②]之。"齐王大悦，发师五万人，使陈臣思[③]将以救周，而秦兵罢。

[注释]

①大国：暗指齐国。②图：考虑。③陈臣思：齐国的臣子。

[译文]

颜率到了齐国，对齐王说："如今秦王暴虐无道，打算举兵向东威胁周君，索要九鼎。我东周君臣在宫廷上想尽了办法，结果君臣一致认为：与其把九鼎送给暴秦，还不如送给某个大国。挽救了面临危亡的东周王室而获得美好的名声，又得到了九鼎这样极为重要的宝物。希望大王考虑这件事。”齐王一听非常高兴，立刻派遣五万大军，任命陈臣思为统帅前往救助东周，秦兵果然撤退。

齐将求九鼎，周君又患之。颜率曰：“大王勿忧，臣请东解之。”颜率至齐，谓齐王曰：“周赖[1]大国之义，得君臣父子相保也，愿献九鼎，不识大国何涂[2]之从而致之齐？”齐王曰：“寡人将寄径[3]于梁[4]。”

[注释]

①赖：依赖，仰仗。②涂：通“途”，取道于。③寄径：借道。④梁：梁国，魏国的别称。魏国在战国时的都城是大梁，所以经常用梁来代称魏。

[译文]

齐王将向周君索要九鼎，周君又为这件事担忧。颜率说：“大王不必担心，请允许臣东去齐国解决这件事。”颜率来到齐国，对齐王说：“这回东周仰赖贵国的义举，才使我君臣父子得以平安无事，因此心甘情愿把九鼎献给大王，但是却不知贵国要经由哪条路把九鼎运来齐国？”齐王说：“寡人准备借道魏国。”

颜率曰：“不可，夫梁之君臣欲得九鼎，谋之晖(huī)台[1]之下、沙海[2]之上，其日久矣。鼎入梁，必不出。”齐王曰：“寡人将寄径于楚。”对曰：“不可，楚之君臣欲得九鼎，谋之于叶庭[3]之中，其日久矣。若入楚，鼎必不出。”王曰：“寡人终何涂之从而致之齐？”

[注释]

①晖台：魏国台名，在今河南开封。②沙海：地名，位于今河南开封以北。③叶庭：地名，位于今河南叶县。

[译文]

颜率说：“不可以借道魏国，因为魏国君臣很早就想得到九鼎，他们在晖台和沙海一带谋划这件事情已很长时间了。所以九鼎一旦进入魏国，必然很难再出来。”于是齐王又说：“那么寡人就借道楚国。”颜率回答说：“这也行不通，因为楚国君臣为了得到九鼎，很早就在叶庭进行谋划。假如九鼎进入楚国，也绝对不会再运出来。”齐王说：“那么寡人究竟要从什么地方才能把九鼎运到齐国呢？”

颜率曰：“弊邑固窃为大王患之。夫鼎者，非效醯(xī)壶酱(jiàng)

甀(zhuì)①耳，可怀挟提挈(qiè)以至齐者；非效鸟集乌飞，兔兴马逝，漓(lí)然②止于齐者。昔周之伐殷，得九鼎，凡一鼎而九万人挽之，九九八十一万人，士卒师徒，器械被具，所以备者称此。今大王纵有其人，何涂之从而出？臣窃为大王私忧之。”

[注释]

①醯：醋。甀：小口的坛子。②漓然：水急流的样子。

[译文]

颜率说：“我东周君臣也在私下为大王这件事考虑。所谓九鼎，并非像醋瓶子或酱油罐子一类的东西，提着掖着就可以拿到齐国；也不像雀鸟落、乌鸦飞、兔子跳、马儿跑那样可以畅通无阻地到达齐国。当初周武王伐殷纣王获得九鼎之后，为了拉运一鼎而动用九万人，九九共八十一万人，此外还要准备相应的士卒军队、搬运工具和被服粮饷等物资。如今大王即使有这些人力和物力，从哪条路把九鼎运来齐国？所以臣一直在私下为大王担忧。”

齐王曰：“子之数①来者，犹无与耳。”颜率曰：“不敢欺大国，疾定②所从出，弊邑迁鼎以待命。”齐王乃止。

[注释]

①数：屡次，多次。②定：决定。

[译文]

齐王说：“贤卿屡次来我齐国，说来说去还是不想把九鼎给寡人。”颜率赶紧解释说：“臣怎敢欺骗贵国呢，只要大王能赶快决定从哪条路搬运，我东周君臣恭候命令，随时准备迁移九鼎。”于是齐王打消了获取九鼎的念头。

秦攻宜阳

秦攻宜阳①，周君谓赵累②曰：“子以为何如？”对曰：“宜阳必拔③也。”君曰：“宜阳城方④八里，材士⑤十万，粟支数年，公仲⑥之军二十万，景翠⑦以楚之众，临山而救之，秦必无功。”对⑧曰：“甘茂⑨羁(jī)旅也，攻宜阳而有功，则周公旦也；无功，则削迹于秦。秦王⑩不听群臣父兄之议，而

周公旦

周公旦亦称叔旦，周文王姬昌第四子。因封地在周（今陕西岐山北），故称周公或周公旦。西周初期杰出的政治家、军事家和思想家，是孔子一生最崇敬的古代圣人之一。

攻宜阳，宜阳不拔，秦王耻之。臣故曰‘拔’。”

［注释］

①秦攻宜阳：指周赧王七年（前308），秦武王派甘茂出兵宜阳。宜阳，韩地，位于河南洛阳西南，具有重要的战略位置。②赵累：周的大臣。③拔：攻陷，攻破。④方：方圆。⑤材士：材，同“才”，指英勇善战、训练有素的兵士。⑥公仲：指韩相国。⑦景翠：楚国之将。⑧对：地位低下的人对尊贵的人，年少对年长的人的回话称为“对”。⑨甘茂：秦国的左丞相，楚国下蔡人。⑩秦王：秦武王，名荡。

［译文］

秦国攻打韩国的宜阳，周赧王对大臣赵累说：“你认为事情的结果会怎么样呢？”赵累回答说：“宜阳必然会被秦国攻破。”赧王说：“宜阳城方圆八里，城内骁勇善战的兵士就有十万，粮食也可以支用好几年；在宜阳城附近还有韩相国公仲的军队二十万，再加上楚国大将景翠率领的兵士，临山扎寨，相机进行援救，秦国肯定不会成功。”赵累回答说：“秦将甘茂是寄居秦国的客将，如果攻打宜阳有功，就成了秦国的周公旦；如果攻打无功，就将被秦削除官职。秦武王不听从群臣、父兄的意见，执意要攻打宜阳，如果宜阳攻不下来，秦武王就会以此为耻辱。所以我说宜阳一定能够攻打下来。”

君曰：“子为寡人谋，且[1]奈何？”对曰：“君谓景翠曰：‘公爵为执圭（guī）[2]，官为柱国[3]，战而胜，则无加焉矣；不胜，则死。不如背秦。秦拔宜阳，公进兵，秦恐公之乘其弊[4]也，必以宝事公。公仲慕公之为己乘秦也，亦必尽其宝。’”秦拔宜阳，景翠果进兵。秦惧，遽效煮枣[5]，韩氏果亦效重宝。景翠得城于秦，受宝于韩，而德[6]东周。

［注释］

①且：将。②执圭：指执玉圭上朝朝见君主，是一种高级爵位的象征。圭，上

尖下方的长片状玉。③柱国：楚官名，指最高的武官。④弊：疲弊。⑤煮枣：位于今山东菏泽西南。⑥德：使……感激。

［译文］

赧王说："那你替我谋划一下，将要怎么办？"赵累回答说："请君王对景翠说：'你的爵位是执圭，官职已经是上柱国了，即使在战争中打了胜仗也已经不可能再升了；如果没有取胜，就必然会死。不如背离秦国，援救宜阳。只要你进攻出兵，秦就会害怕你乘秦军疲弊之机去攻打他，他必定会拿出宝物送给你。公仲也会敬慕你乘虚攻打秦国从而使宜阳解围，必定也会拿出所有的宝物送给你。'"秦军攻陷宜阳以后，景翠果然听取周赧王的建议发兵攻秦。秦恐惧，赶紧把煮枣之地献出来，韩果然也献出贵重的宝物。景翠不但从秦获得了城池，从韩获得了宝物，并且有恩于东周。

东周欲为稻

东周欲为[1]稻，西周不下水[2]，东周患之。苏子[3]谓东周君曰："臣请使西周下水，可乎？"乃往见西周之君曰："君之谋过矣！今不下水，所以富东周也。今其民皆种麦，无他种矣。君若欲害之，不若一为下水，以病其所种。下水，东周必复种稻，种稻而复夺之。若是，则东周之民可令一仰[4]西周而受命于君矣。"西周君曰："善。"遂下水。苏子亦得两国之金也。

稻

稻是人类重要的粮食作物之一，我国栽种水稻的历史可以追溯到七千年前的河姆渡文化时期。战国时水稻已经是我国的重要农作物了。

［注释］

①为：种植。②下水：指往下流水。西周居于河流的上游，东周居于西周的下游。③苏子：或指苏代。④一仰：都仰仗。

［译文］

东周想要种水稻，西周不往下游放水，

东周为此而忧虑。苏子对东周君说："请让臣到西周去让西周放水，好吗？"于是他去面见西周国君，道："君王您的谋略错了。现在您不放水，那正是要东周富裕。他们现在都种麦子，没有其他农作物。如果君王您想要害他们，不如给他们放水以破坏他们的庄稼。一旦放水，东周必然会改种稻子，种了稻子以后，您再断他们的水。如果这样，就可以使东周的百姓完全依赖仰仗西周而听命于君王您了。"西周君说："好。"于是放水。苏子也得到了两国的赏金。

秦假道于周以伐韩

秦假道[1]于周以伐韩，周恐假之而恶于韩[2]，不假而恶于秦。史黡(yǎn)[3]谓周君曰："君何不令人谓韩公叔[4]曰：'秦敢绝塞[5]而伐韩者，信东周也。公何不与周地，发重使[6]使之楚，秦必疑，不信周，是韩不伐也。'又谓秦王曰：'韩强[7]与周地，将以疑周于秦，寡人不敢弗受。'秦必无辞而令周弗受。是得地于韩，而听于秦也。"

[注释]

①假道：借道，借路。②恶于韩：被韩憎恨。恶，憎恨。③史黡：韩国史官。④韩公叔：韩氏公族。⑤绝塞：横越边境的险塞。⑥重使：地位重要的使者，往往指以重臣或公子为使者。⑦强：竭力想尽一切办法。

[译文]

秦国想要向东周借路以攻打韩国，东周国君担心如果借道给秦国，会被韩国所憎恨；如果不借道，又怕为秦国所怨恨。史黡对东周君说："您为什么不派人对韩公叔说：'秦国之所以敢于向东周借道以攻打韩国，是因为相信东周。您为何不送给东周土地，派身份地位重要的使者到楚国，这样一来秦国肯定会怀疑楚国，不相信东周，韩国就不会再受到秦国的征伐了。'您再派人对秦王说：'韩国竭力要把土地送给我们东周，以使秦怀疑东周，我们国君不敢不接受韩国的赠地。'秦王必定找不到借口不让东周接受韩国的土地。这样的话，东周既可以得到韩国的土地，又顺从了秦国。"

西周策

薛公以齐为韩、魏攻楚

薛公①以齐为韩、魏攻楚②，又与韩、魏攻秦③，而藉(jiè)兵乞食④于西周。韩庆⑤为西周谓薛公曰：“君以齐为韩、魏攻楚，九年而取宛、叶⑥以北，以强韩、魏。今又攻秦以益之⑦。韩、魏南无楚忧，西无秦患，则地广而益重，齐必轻矣。夫本末更盛，虚实有时⑧，窃为君危之！君不如令弊邑阴⑨合于秦，而君无攻，又无藉兵乞食。君临⑩函谷⑪而无攻，令弊邑以君之情谓秦王⑫曰：‘薛公必不破秦以张⑬韩、魏，所以进兵者，欲王令楚割东国以与齐也。’秦王出楚王⑭以为和，君令弊邑以此惠秦。秦得无破，而以楚之东国自免也，必欲之。楚王出，必德齐，齐得东国而益强，而薛世世无患。秦不大弱，而处之三晋⑮之西，三晋必重齐。”薛公曰：“善。”因令韩庆入秦，而使三国无攻秦，而使不藉兵乞食于西周。

［注释］

①薛公：孟尝君田文，齐威王曾封儿子田婴于薛地，后由田文袭封，所以称田文为薛公。②攻楚：指周赧王十二年（前303），齐、韩、魏三国以楚国违背约定为托词，联手攻打楚国。③攻秦：孟尝君曾在秦国为相，后受人谗言诋毁而被囚，从秦国逃回齐国后又任齐国之相。周赧王十七年（前298），孟尝君对秦心存怨恨，因此联合韩、魏攻打秦国。④藉兵乞食：借兵求粮。藉，通“借”。乞，乞求。⑤韩庆：西周的臣子。⑥宛、叶：均为地名。宛，位于今河南南阳一带。叶，位于今河南叶县南。⑦益之：指增强韩、魏的力量。益，增加，增强。⑧本末更盛，虚实有时：是指一切事物的发展，开端与结束是轮流交替而兴盛的；盈亏与消长也是有时间性的。⑨阴：私下，暗地里。⑩临：守卫。⑪函谷：秦关名，在今河南灵宝市北。⑫秦王：指秦昭王，名稷。⑬张：扩大，强大。⑭出楚王：释放楚怀王。公元前299年，秦王约楚怀王相会，后怀王被秦王所扣。⑮三晋：赵、魏、韩原为晋国三家大夫，后

来三家分割晋国，故称三晋。

[译文]

薛公利用齐联合韩、魏攻打楚国，又与韩、魏联合攻打秦国，并且向西周借兵马与粮草。韩庆替西周对薛公说："薛公您利用齐军替韩、魏两国攻打楚国，九年的时间终于取得了宛、叶以北的地方，可却使得韩、魏两国得以强大。如果您这次再率军攻秦，韩、魏两国将会更快地强大。韩、魏两国南面不担忧楚国，西面又不担心秦国，于是土地将越来越大，国家越来越强，而齐必将受到轻视。您应该知道，事物的本末与虚实是轮流交替的，所以我私下替您感到不安。不如让我们西周暗中与秦联盟，您根本就不必向秦国发兵，也更不用借兵马粮草。您只需驻兵函谷关，不进攻秦，让我们西周把您的情况告诉秦王：'薛公定不会破秦来扩张韩、魏的势力，之所以派兵攻打秦国，是想让大王把楚国的东地献给齐国。'秦王必定会释放楚怀王以议和，然后您可以令西周以此而施惠于秦国。为了不被攻破，割楚国的东地以自免战祸，秦王肯定会同意。楚怀王被释放，必定对齐国心存感激，齐国也可以得到东地而变得更加富强，而您的封地薛邑也将世世代代没有忧患了。秦国没有受到大的削弱，位于赵、魏、韩的西面，三晋必然会更加重视齐国。"薛公回答说："妙。"于是便派韩庆出使秦国，同时中止了三国攻打秦国的计划，也就不再向西周借兵马粮草了。

秦令樗里疾以车百乘入周

秦令樗(chū)里疾[1]以车百乘(shèng)入周[2]，周君迎之以卒，甚敬。楚王怒，让[3]周，以其重秦客。

游腾[4]谓楚王曰："昔智伯[5]欲伐厹(qiú)由[6]，遗之大钟，载以广车，因随入以兵，厹由卒亡，无备故也。桓公[7]伐蔡也，号言[8]伐楚，其实袭[9]蔡。今秦者，虎狼之国也，兼有吞周之意，使樗里疾以车百乘入周，周君惧焉，以蔡、厹由戒之。故使长兵在前，强弩在后，名曰卫疾，而实囚之也。周君岂能无爱国哉？恐一日之亡国，而忧大王。"楚王乃悦。

[注释]

①樗里疾：秦惠王之弟，因生于樗里，名疾，故曰"樗里疾"，以足智多谋著称。②入周：周赧王八年（前307），此时宜阳已经为秦国所攻破，因此樗里疾入周。③让：责备。④游腾：周国之臣。⑤智伯：晋国的公卿，即荀瑶。⑥厹由：地名，今在山西盂县东北。⑦桓公：齐桓公，名小白。⑧号言：声称，声言。⑨袭：

古代交战前需先鸣钟击鼓，没有鸣钟击鼓直接开战为“袭”，即偷袭之意。

[译文]

秦国派樗里疾率百辆车马进入西周，西周的国君派士卒相迎接，非常重视和尊敬。楚王十分愤怒，责备周君过分重视秦国的使者。

游腾就对楚王解释道：“以前晋国智伯想要讨伐厹由，先赠送给厹由一口大钟，用大车装着这口大钟，不料士兵却尾随其后，厹由最终也被攻破了，这都是没有防备的缘故。齐桓公征伐蔡国时，表面声称攻打楚国实际上却讨伐蔡国。如今的秦国，是虎狼一样的国家，还有吞灭周朝的野心，派樗里疾率百辆战车进入西周，周君为此十分担心恐惧，心里深以蔡国和厹由的事情为警戒，所以派手持兵戈的士兵走在前面，手持强弩的士兵跟在后面，名义上是欢迎、保卫樗里疾，实际上却是围困他。周君怎么会不爱自己的国家呢？唯恐一旦被灭对楚国不利，这是为了楚王您担忧啊。”楚王这才愉悦。

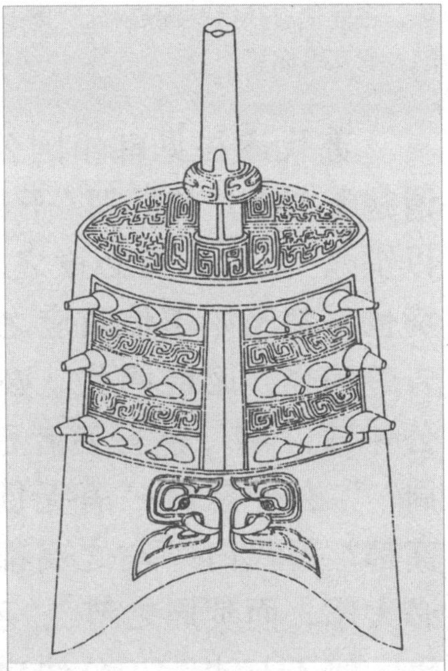

周太公钟

钟在先秦时期，不仅是乐器，还是重要的礼器，是权力和地位的象征。

雍氏之役

雍(yōng)氏之役①，韩征甲②与粟(sù)于周，周君患之，告苏代③。苏代曰：“何患焉？代能为君令韩不征甲与粟于周，又能为君得高都④。”周君大悦，曰：“子苟能，寡人请以国听。”

[注释]

①雍氏之役：雍氏，韩国地名，在今河南禹县东北。周赧王十五年（前300），楚国再次出兵攻打韩国。②征甲：征兵。③苏代：说客苏秦之弟，亦有苏秦之兄的说法。④高都：韩国地名，在今洛阳西南。

[译文]

楚国再次攻打韩国的雍氏，韩国向东周征兵求粮，周君很担心这件事，便告诉了苏代。苏代说：“有什么可担心的呢？我可以替君王做到让韩国不向东周征兵求粮，还能使您获得韩地高都。”周王非常高兴，说：“你果真能做到，我愿意把国家的大权交给你。”

苏代遂往见韩相国公中①，曰：“公不闻楚计乎？昭应谓楚王②曰：‘韩氏罢③于兵，仓廪(lǐn)④空，无以守城，吾收之以饥⑤，不过一月必拔之。’今围雍氏五月，不能拔，是楚病也，楚王始不信昭应之计矣。今公乃征甲及粟于周，此告楚病也。昭应闻此，必劝楚王益兵守雍氏，雍氏必拔。”公仲曰：“善。然吾使者已行矣。”代曰：“公何不以高都与周？”公仲怒曰：“吾无征甲与粟于周，亦已多矣。何为与高都？”代曰：“与之高都，则周必折⑥而入于韩。秦闻之，必大怒，而焚周之节⑦，不通其使。是公以弊⑧高都得完周也，何不与也？”公仲曰：“善。”不征甲与粟于周而与高都，楚卒不拔雍氏而去。

[注释]

①公中：亦有写作“公仲”，韩相国公仲朋。②昭应谓楚王：昭应，楚国之将。楚王，此指楚怀王。③罢：指疲惫。④仓廪：古时储藏谷物之所称为仓，储米之所称为廪。⑤收之以饥：趁韩国饥荒之机夺取雍氏。⑥折：转过来。⑦焚周之节：烧掉周国的信物，表示与周国绝交。节，使臣所拿的信物。⑧弊：破败。

[译文]

苏代于是就去拜见韩相国公仲，对他说：“相国您没有听说楚国的计谋吗？楚将昭应对楚王说：‘韩国军队已经很疲惫了，粮仓也已经空了，没有能力防守，我乘他缺粮的时候攻打，不足一月必定能攻下雍氏。’现在楚攻打雍氏城已经五个月了，还未能把它攻下，这就是楚国的困境，楚王已经开始不相信昭应的谋略了。现在您向周国征兵求粮，岂不正是在楚国面前显示了自己的困境？昭应如果知道这件事，一定会劝楚王增加兵力围攻雍氏，雍氏则必定会被攻克。”公仲说：“很好。但是现在我派往西周国的使节已经出发了。”苏代说：“您怎么不把高都送给西周呢？”公仲听完之后十分生气地说：“我不向周国征兵求粮已经很不错了，为什么还要把高都送给他？”苏代回答说：“把高都送给西周，西周一定会倒向韩国。秦王知道这件事后，必定会大发雷霆，把西周送过去的信物烧掉，与西周断绝使臣来往。这样您就能用一个小小的高都换来整个西周，又为什么不给它呢？”公仲说：“很好。”于是，韩国就不再向西周征兵求粮，并把高都送给了西周，楚国终于也没有攻下雍氏，只好退兵。

苏厉谓周君

苏厉①谓周君曰：“败韩、魏，杀犀(xī)武②，攻赵，取蔺(lìn)、离石、祁(qí)③者，皆白起④。是攻用兵，又有天命也。今攻梁，梁必破，破则周危，君不若止之。谓白起曰：‘楚有养由基者⑤，善射，去柳叶者百步而射之，百发百中。左右皆曰善。有一人过曰：“善射，可教射也矣！”养由基曰：“人皆曰善，子乃曰可教射，子何不代我射之也？”客曰：“我不能教子支左屈右⑥。夫射柳叶者，百发百中，而不已善息⑦，少焉气力倦，弓拨矢(shǐ)钩，一发不中，前功尽矣。”今公破韩、魏，杀犀武，而北攻赵，取蔺、离石、祁者，公也。公之功甚多。今公又以秦兵出塞⑧，过两周，践韩而以攻梁，一攻而不得，前功尽灭。公不若称病不出也。”

[注释]

①苏厉：说客苏秦的弟弟。②犀武：魏国的将领，死于伊阙之战。③蔺、离石、祁：皆为赵国的地名。它们分别位于今山西离石西、离石境内、祁县。④白起：秦国将领，善于用兵，被加封为武安君。⑤养由基：善于射箭的楚国人。⑥支左屈右：指支出左臂，右臂弯曲射箭。⑦不已善息：不知道找机会休息。⑧塞：伊阙塞，位于今天的河南洛阳以南。

[译文]

游说之客苏厉对周国国君说：“打败韩国和魏国的联合军队，杀掉魏国伊阙之战的大将犀武，夺取赵国蔺、离石以及祁等地的都是秦国之将白起。因为他善于用兵打仗，又有上天的帮助。如今他要攻打梁国，梁必会被攻破，如果梁国被攻

由基射猿

养由基是楚国有名的射手。传说楚宫中曾有只灵巧的白猿，楚国善射者亦不能中。楚王请来养由基，他刚发出箭，猿便应声而倒。

破，西周就会有很大的危机了，国君您不如制止他。可派遣使者对白起说：‘楚国有个叫养由基的人，善射箭，离柳叶百步远射箭，百发百中。在旁观看的人都称赞他箭术高超。有个从旁边路过的人却说：“射得挺好，可以教授你射箭了！”养由基说：“别人都说我射得好，你却说我可以得授射箭，你怎么不替代我射箭呢？”那过路人又说：“我不能教人支出左臂，弯曲右臂拉弓射箭的方法。可是，即使你射柳叶的时候能百发百中，却不懂趁还能射得准确时休息一下，等到过会儿气力就会减弱，有些倦怠，弓箭歪斜，您若一箭不中，那岂不是从前的功夫白费了吗！”如今击败韩魏两国，杀魏将犀武，北上攻打赵国，占领蔺、离石和祁等地的人都是您呀。您已立下如此之多的汗马功劳。现在又再次率领秦军出伊阙塞，途经东周、西周，践踏韩国，进攻梁国，一旦进攻没能取胜，那就将前功尽弃！您最好还是告病，不要去攻打梁国了。’”

楚请道于二周之间

楚请道于二周之间，以临①韩、魏，周君患之。苏秦谓周君曰：“除道②属③之于河，韩、魏必恶之；齐、秦恐楚之取九鼎也，必救韩、魏而攻楚。楚不能守方城④之外，安能道二周之间？若四国弗（fú）恶，君虽不欲与也，楚必将自取之矣。”

［注释］

①临：攻打，进攻。②除道：清理道路。③属：至，通达。④方城：春秋时楚国北的长城，由今河南方城，循伏牛山，北至今邓县。

［译文］

楚国请求借道于东周、西周以便攻打韩、魏两国，周国国君因此而十分忧虑。苏秦就对周王说：“君王您把道路清理一下一直通到黄河边，韩国与魏国肯定会更加憎恶楚军；而齐国与秦国因为害怕楚国夺取了周室九鼎，这两国肯定会出兵帮助韩、魏两国攻打楚国。楚国如果连自己方城以北的土地都守不住，又怎能通过东周、西周攻打韩、魏两国呢？如果韩、魏、齐、秦这四国不为此事而忧虑，即使您不同意，楚国也必然会夺取的。”

韩魏易地

韩、魏易地，西周弗利。樊余①谓楚王②曰：“周必亡矣。韩、魏之易地，韩得二县，魏亡二县。所以为之者，尽包

二周，多于二县，九鼎存焉。且魏有南阳、郑地、三川[3]而包二周，则楚方城之外危；韩兼两上党以临赵，即赵羊肠[4]以上危。故易成之日，楚、赵皆轻。”楚王恐，因[5]赵以止易也。

［注释］

①樊余：周王室的臣子。②楚王：楚宣王。③南阳、郑地、三川：分别位于今河南南阳、洛阳一带。④羊肠：指羊肠坂道。⑤因：通过，由。

［译文］

韩国准备和魏国交换土地，这对西周不利。西周大臣樊余替西周对楚王说：“周朝必灭亡。韩、魏两国交换土地，韩将得两县，魏则失两县。而魏国之所以这样做，是准备包围东西两周，这样魏得的地方比两个县还大，九鼎就在那。且魏国保有南阳、郑地、三川，又包围两周，那楚国方城以北之地都将受威胁；而韩国兼管两个上党紧临赵国，赵的羊肠一带将发生危险。所以从韩、魏交换土地成功那天起，楚、赵两国都将失去举足轻重的地位。”楚宣王一听这话立刻慌张起来，于是就由赵国出面制止韩、魏交换土地。

秦欲攻周

秦欲攻周，周最谓秦王[1]曰：“为王之国计者，不攻周。攻周，实不足以利国，而声畏[2]天下。天下以声畏秦，必东合于齐。兵弊于周，而合天下于齐，则秦孤而不王矣。是天下欲罢秦，故劝王攻周。秦与天下俱罢[3]，则令不横行于周矣。”

［注释］

①秦王：指秦昭襄王。②声畏：名声不好。畏，恶。③罢：通“疲”，疲惫困顿。

［译文］

秦国想出兵攻打西周，周公子最对秦王说：“为您国家考虑的话，不能进攻西周。进攻西周实在是无法为贵国带来益处，而且您又会留下征讨天子的恶名。天下诸侯都将借您这坏名声而向东与齐国联盟。您的军队因进攻西周已经疲惫不堪，又促使诸侯与齐相联合，这样秦国因孤立而难以称王了。天下诸侯想要使秦国困顿，所以才劝秦王您攻打西周的。一旦秦国与诸侯一样都消耗完了的话，您的命令自然就不能横行于西周国了。”

秦策一

卫鞅亡魏入秦

卫鞅(yāng)[1]亡魏入秦，孝公以为相，封之于商[2]，号曰商君。商君治秦，法令至行，公平无私，罚不讳[3]强大，赏不私亲近[4]。法及太子，黥劓(yì)其傅[5]。期(jī)年[6]之后，道不拾遗，民不妄取，兵革大强，诸侯畏惧。然刻深寡恩，特以强服之耳。

[注释]

①卫鞅：指公孙鞅，人称“商鞅”，原为魏臣，后入秦为相国，实行变法，秦国大治，最后被处以车裂之刑。②封之于商：把商地分封给卫鞅。③讳：指避讳。④私亲近：偏向于亲近之人。⑤黥劓其傅：在太子老师脸上刺字，割掉鼻子。黥，在脸上刺字；劓，把鼻子割掉。⑥期年：满一年。

[译文]

卫鞅从魏国逃到秦国，很快就被秦孝公任命为丞相，封于商，号称“商君”。卫鞅治理秦国，实行严刑峻法，通行全国大公无私，刑罚不畏权贵，赏赐不因亲近而徇私情。太子犯法，也不赦免，曾把太子师傅处以黥劓之刑。新法实行一年以后，秦国被治理得很好，无人捡取路上的失物，人民都不敢贪非分之财，而且兵强马壮，天下诸侯都很畏惧秦国。可惜由于商君之法过于刻薄寡恩，只是以暴力压服民众罢了。

孝公行之[1]八年，疾且不起，欲傅商君，辞不受。孝公已死，惠王代后。莅(lì)政有顷[2]，商君告归。

[注释]

①行之：指实行商鞅变法。②有顷：不久。

[译文]

孝公实行商君之法八年之后，一病不起，临死前想让卫鞅做太子的师傅，然而卫鞅却拒绝不肯接受。孝公死了以后，惠王继位。惠王执政后不久，卫鞅就告老还乡。

人说惠王曰：“大臣太重者国危，左右太亲者身危。今秦妇人婴儿皆言商君之法，莫言大王之法。是商君反为主，大王更为臣也。且夫商君，固大王仇雠(chóu)①也，愿大王图之。”商君归还，惠王车裂之，而秦人不怜。

［注释］

①仇雠：仇敌。

［译文］

这时有人对惠王说：“如果大臣权势太重，国家就会发生危险；如果左右侍臣太亲，国王就有危险。现在秦国不论男女老幼，都只称道商君之法，而不称道大王之法。这意思就是说，商君成了主人，而大王反倒变成了臣子。何况商君本来就是大王的仇人，但愿大王能慎重考虑这件事！”当卫鞅从封地回到国都时，秦惠王就下令处以他五马分尸的重刑，秦国人都不同情他。

苏秦始将连横

苏秦①始将连横②，说③秦惠王曰：“大王之国西有巴、蜀、汉中④之利，北有胡貉(hé)、代马⑤之用，南有巫山、黔(qián)中⑥之限，东有肴、函⑦之固。田肥美，民殷富，战车万乘(shèng)，奋击⑧百万，沃野千里，蓄积饶多，地势形便。此所谓天府，天下之雄国也。以大王之贤，士民之众，车骑之用，兵法之教，可以并诸侯，吞天下，称帝而治。愿大王少留意，臣请奏其效！”秦王曰：“寡人闻之，毛羽不丰满者不可以高飞；文章⑨不成者不可以诛罚；道德不厚者不可以使民；政教不顺者不可以烦大臣。今先生俨(yǎn)然不远千里而庭教之，愿以异日。”

［注释］

①苏秦：战国时期纵横家的典型代表。②连横：一种军事策略，东西为横，南北为纵。秦国在函谷关以西，六国在崤山以东，所以秦与六国的联合称为连横。③说：游说。④巴、蜀、汉中：巴、蜀，两国之名。巴，今重庆地区；蜀，居今四

川境地。汉中，郡名，在今湖北西部以及陕西西南一带。⑤胡貉、代马：指今山西北部，内蒙古南部一带游牧民族所生产的兽皮、马匹等畜牧产品。⑥巫山、黔中：巫山，今重庆巫山东部；黔中，今贵州东北地区以及湖南的西部地区。⑦肴、函：肴，山名，即崤山，在今河南洛宁北；函，即函谷关，在今河南灵宝一带。⑧奋击：指代奋勇作战的士兵。⑨文章：在这里指法度。

[译文]

纵横家苏秦开始以连横之策游说秦惠王，说道："大王的秦国，西面是巴、蜀、汉中，可以为我们提供丰富的资源加以利用；北面是胡地和代地，可以为我们提供充足的战备；南面是巫山、黔中，险要无比；东面是崤山、函谷关这样的要塞，易守难攻。田地肥沃富饶，百姓众多而富足，战车有上万辆，奋勇之士有百万之多，肥沃的原野有上千里，军粮又储备的十分充足，又有天然的地理形势之便。这乃是所说的天然府库啊，是整个天下最为强盛的国家。以大王您的贤德才能，再加上士兵百姓众多，兵车马队的充实，作战的策略，一定可以吞并天下诸侯，统一天下，称帝而治国。希望秦王您稍微注意一下，我请求您允许我使其生效。"秦王回答说："我曾听闻羽翼未丰的鸟儿是飞不高的；法度还不够完善的国家是不能实施刑罚治罪的；德行不够高的人是不能使百姓听从于他的；政治教化推行不顺利的国君是不能劳烦臣子的。现在先生您不远千里来到朝堂上指教寡人，我看这件事还是以后再说吧。"

苏秦曰："臣固疑大王之不能用也。昔者神农伐补遂(suì)[1]，黄帝伐涿(zhuō)鹿[2]而禽蚩(chī)尤，尧伐驩(huān)兜(dōu)[3]，舜伐三苗[4]，禹伐共工[5]，汤伐有夏[6]，文王伐崇[7]，武王伐纣，齐桓任战而伯天下。由此观之，恶有不战者乎？古者使车毂(gǔ)击驰[8]，言语相结，天下为一；约从连横，兵革不藏；文士并饬(chì)，诸侯乱惑；万端俱起，不可胜理；科条既备，民多伪态；书策稠浊，百姓不足；上下相愁，民无所聊；明言章理，兵甲愈起；辩言伟服[9]，战攻不息；繁称文辞，天下不治；舌弊耳聋，不见成功；行义约信，天下不亲。于是，乃废文任武，厚养死士，缀甲厉兵[10]，效胜于战场。夫徒处[11]而致利，安坐而广地，虽古五帝、三王、五伯、明主贤君，常欲坐而致之，其势不能，故以战续之。宽则两军相攻，迫则杖戟相橦，然后可见大功。是故兵胜于外，义强于内；威立于上，民服于下。今欲并天下，凌万乘，诎(qū)[12]敌国，制海内，子元元[13]，臣诸侯，非兵不可。今之嗣主，忽于至道，皆惽(hūn)

于教，乱于治，迷于言，惑于语，沈于辩，溺于辞。以此论之，王固不能行也。”

［注释］

①补遂：古代的国家名。②涿鹿：山名，位于今天的河北涿鹿。③驩兜：此人尧时曾与共工相互勾结，后来被舜流放。④三苗：为古代的部落名。⑤共工：官名，主要管理水利。⑥有夏：夏朝。⑦崇：崇侯虎，商朝人，曾助纣王肆虐天下。⑧车毂击驰：车轴相互撞击，指出使人数之多。⑨伟服：奇异的衣服，此处代指儒者。⑩厉兵：磨砺兵器。厉，通“励”。⑪徒处：无所作为。⑫诎：屈服，折服。⑬元元：百姓，人民。

黄 帝

黄帝是上古传说中的圣贤，也是一位杰出的军事家，黄帝打败了蚩尤，建立并巩固了华夏族的部落联盟，被尊为华夏始祖。由于黄帝是通过战争取得天下，所以苏秦举黄帝的例子来说明武力的重要性。

［译文］

苏秦又说：“我早就想到大王您是不会听取我的策略的。古代神农氏征讨补遂，黄帝征讨涿鹿并擒捉蚩尤，尧讨伐驩兜，舜征伐三苗这个部落，禹讨伐水官共工，汤征伐夏桀，周文王征伐奸臣崇侯虎，周武王征伐商纣王，齐桓公因战而雄霸天下。由此看来，哪里会有不采用战争的呢？古代出使之人众多，使者之间相互结盟，谋略希求一统天下。虽然也运用合纵连横之略，但战争从来没有停止过；谋士说客巧舌如簧，诸侯混乱迷惑；万种矛盾都产生了，无法很好地处理；等到法度章程完备了，百姓却会变得虚伪奸诈；政令文书杂乱繁多，百姓也会变得不富足；朝廷上下愁苦，民不聊生；章程道理越是写得清晰明白，战事就会愈加频繁；越是推崇雄辩之士与儒者，战争就越是没有停息；书策言辞越是繁乱驳杂，天下也就越是不能治理。说的人舌头都说烂了，听的人耳朵都聋了，却没有任何效果；推崇仁义，结下盟约，可是天下之人依然没有亲善。于是废除文治重视武力，优待敢死奋勇之士，修盔甲砺兵器，在战场争取胜利。整日无所作为，安安稳稳就想谋得利益，扩充土地，即使五帝、三王、五霸、明君贤主，总是闲坐着等待成功，也不可能奏效。所以我认为必须以战争作为后盾。两军相距遥远，就以强兵进攻；相距迫近，就短兵相接，这样之后才会建立大功。因此在外要靠战争求得胜利，在内要靠仁义求得强大；这样权威建立在上，百姓服从于下。如今想要兼并天下诸侯，凌驾于万乘之国，使敌国折服，辖制海内，治理百姓，使诸侯臣服，不用战争不行。可是如今的君王，却轻视这一道理，都被那些夸夸其谈的儒家治国之道弄昏了头脑，被他们的善辩之辞所迷惑，沉浸于他们的狡诈之辞中。由此说来，大王必定不会采纳我的建议。”

说秦王书十上而说不行，黑貂之裘弊，黄金百斤尽，资用乏绝，去秦而归。羸(léi)縢履蹻(jué)[①]，负书担橐(tuó)[②]，形容枯槁，面目犁黑，状有归[③]色。归至家，妻不下纴，嫂不为炊，父母不与言。苏秦喟然叹曰：“妻不以为夫，嫂不以我为叔，父母不以我为子，是皆秦之罪也！”乃夜发书，陈箧数十，得太公《阴符》[④]之谋，伏而诵之，简练以为揣摩。读书欲睡，引锥自刺其股，血流至足。曰：“安有说人主不能出其金玉锦绣，取卿相之尊者乎？”期年揣摩成，曰：“此真可以说当世之君矣。”

[注释]

①羸：包扎缠绕。縢：绑腿布。履：指鞋。此处作动词，脚上穿鞋。蹻：即草鞋。②橐：指没有底的口袋。③归：通“愧”，羞愧。④太公《阴符》：太公，指姜太公尚，大智之人，善用兵用人，周国的开国功臣，封地于齐。太公《阴符》，相传为太公所作兵法权术之书。

[译文]

游说秦王的奏章上呈了十次之多，但终未被采纳。黑貂皮衣都穿破了，百斤黄金也都花完了，原本的资财物品来源也没有了，只好离开秦国返回而归。腿上扎着绑腿布，脚上穿着草鞋，背上书籍担上行囊，面目憔悴，脸色黄黑，带有愧色。回到家里，妻子不下织布机来迎接，嫂子也不给做饭，父母也不和他说话。苏秦长长地叹息道：“妻子不把我当作丈夫看待，嫂子不把我当作小叔子来看待，父母也不当我是儿子，这些都是我自己的罪过啊。”于是晚上便找书，打开几十只书箱，找到太公《阴符》这部讲谋略权术的书，埋头苦读，挑选精要处反复钻研。看书看得困了就用铁锥刺自己的大腿，血都流到了足跟。苏秦说：“哪里有游说君王却未能让他们拿出金玉锦绣相赠，并取得卿相这样的高官之位的呢？”满一年之后，苏秦钻研有得，感觉良好，他说道：“这个真的能够说服当世的君王了。”

于是乃摩燕乌集阙(què)[①]，见说赵王[②]于华屋之下，抵(zhǐ)掌而谈，赵王大悦，封为武安君，受相印。革车百乘，绵绣千纯，白璧百双，黄金万镒(yì)[③]，以随其后，约从散横，以抑强秦。故苏秦相于赵而关不通。当此之时，天下之大，万民之众，王侯之威，谋臣之权，皆欲决苏秦之策。不费斗

粮，未烦一兵，未战一士，未绝一弦，未折一矢，诸侯相亲，贤于兄弟。夫贤人在而天下服，一人用而天下从。故曰："式④于政，不式于勇；式于廊庙之内，不式于四境之外。"当秦之隆，黄金万镒为用，转毂连骑，炫熿于道，山东之国从风而服，使赵大重。且夫苏秦特穷巷掘门，桑户棬枢之士耳⑤。伏轼樽(zūn)衔⑥，横历天下，廷说诸侯之主，杜左右之口，天下莫之能伉。

[注释]

①燕乌集阙：关塞名。②赵王：赵肃侯。③镒：古代的重量单位，一镒相当于二十两。④式：指决定。⑤且夫苏秦特穷巷掘门，桑户棬枢之士耳：这两句极言苏秦出身之贫贱。掘门，在墙上凿洞；棬枢，用树条圈起做门枢。⑥伏轼樽衔：指乘车骑马，言苏秦现在之显贵。轼，车前的横木；樽，控制，约束；衔，马勒口。

[译文]

于是苏秦途经燕乌集阙，在华丽的宫殿面见并游说赵王，交谈甚欢，赵王十分高兴，册封他为武安君，授赠他相国之印。并赠予百辆战车，千匹绸缎、百对白璧，万镒黄金，跟在苏秦后面，前往各诸侯国建立合纵，瓦解连横，以抑制强大的秦国。苏秦任赵国相国之职时，通往函谷关的路就不通了。此时，天下如此辽阔，百姓如此之多，君王诸侯如此威严，谋划之臣如此富有权势，都将取决于说客苏秦的合纵之策。苏秦不用一斗食，不用一件兵器，不用一名士卒，未曾绷断一根弓弩之弦，未曾用折过一支箭，诸侯彼此之间比兄弟还要相亲。圣贤之士在上，整个天下都信服；一人用权，天下所有人都顺从。所以说："国事决定于外交而非武力；取决于在朝廷、宗庙之中的谋划，而不是四境之外的拼杀。"苏秦掌权得势之时，黄金万镒以供他支配，车马成队以任他驱使，在道路上十分显耀，山东六国像是跟着风跑一样听从于苏秦，赵国的地位也因此而大大提升。苏秦原本只是一个土洞为屋舍，桑树为门，树枝为门枢的穷人而已。可是如今竟

苏秦衣锦还乡

苏秦贫贱之时"父母不子"，一旦富贵则"亲戚畏惧"。此图表现的就是苏秦富贵后衣锦还乡的场景。

然乘车骑马，奔走横行天下，在朝廷上游说诸侯，堵住其他人之口，普天之下都没有人能与他相抗争。

将说楚王，路过洛阳。父母闻之，清宫除道，张乐设饮，郊迎三十里；妻侧目而视，倾耳而听；嫂蛇行匍伏，四拜自跪而谢。苏秦曰："嫂何前倨而后卑也？"嫂曰："以季子①之位尊而多金。"苏秦曰："嗟乎！贫穷则父母不子，富贵则亲戚畏惧。人生世上，势位富贵，盖可忽乎哉！"

［注释］

①季子：苏秦的字，也有人认为是对小叔子的尊称。

［译文］

苏秦将要游说楚王，途经洛阳，父母知道之后，为苏秦收拾房屋，打扫道路，奏乐并摆宴设席，亲自到三十里以外的城郊迎接；妻子斜眼偷看不敢正视，侧着头倾听；嫂嫂像蛇一样趴在地上爬行，拜了四次向苏秦跪着请罪。苏秦问："嫂子为什么之前如此傲慢，如今又这样卑下呢？"嫂子回答说："因为您的地位很尊贵，又很有钱。"苏秦慨叹道："唉！贫贱时父母亲都不认亲生儿子，富贵时亲戚都如此畏惧。生活在人世间，权势、地位、富贵，这些又怎么可以忽视呢！"

张仪说秦王

张仪说秦王曰："臣闻之，'弗(fú)知而言为不智，知而不言为不忠。'为人臣不忠当死，言不审亦当死。虽然，臣愿悉言所闻，大王裁其罪。臣闻，'天下阴燕阳魏，连荆①固齐，收余韩，成从，将西南以与秦为难。'臣窃笑之。世有'三亡'，而天下得之，其此之谓乎！臣闻之曰：'以乱攻治者亡，以邪攻正者亡，以逆攻顺者亡。'今天下之府库②不盈，囷(qūn)仓③空虚，悉其士民，张军数千百万，白刃在前，斧质在后，而皆去走不能死，其百姓不能死也，其上不能杀也。言赏则不与，言罚则不行，赏、罚不行，故民不死也。

[注释]

①荆：楚国。②府库：古代用于储备财物者为府，储备兵器者为库。③囷仓：囷和仓都是存粮之处，只是形状不一样，圆为囷，方为仓。

[译文]

张仪游说秦王道："我曾听说，'不清楚事情的来龙去脉就发表意见是不明智的，清楚地了解事情却不公开说是不忠诚的。'身为臣子对君主不能忠诚相待就应当死，说了却有所隐瞒也应该死。尽管这样，我仍想把我听说的全部说出来，请大王裁决定夺我的罪过。我听说：'天下北方的燕与南方的魏，又在联盟楚国联合齐国，收罗韩国的残剩之势，结成合纵之约，打算在西南方向与秦国相对抗。'我曾暗地里偷笑。世间亡国的情况有三种，而终究会有人来收拾残局，说的应该就是如今的世道！我听说：'混乱的国家攻打治理有序的国家，必然会灭亡；邪恶的国家进攻正义的国家，必然遭受败亡；违背天理的国家攻打顺应天道的国家，必将灭亡。'现在天下诸侯储藏的财货兵器都不充足，囤积的米粮也很缺乏，他们把所有的百姓征集起来，组成百万之师，虽然前面有白刃刀锋，后面有利斧，仍然败退逃跑，不愿拼死抗战。百姓不肯拼死抗战，是由于上层人士不拼杀。扬言奖赏却不施行，说处罚却不实施，赏罚制度不实行所以百姓才不愿意为国家拼死抗战。

"今秦出号令，而行赏罚，有功无功相事也。出其父母怀衽(rèn)之中，生未尝见寇也。闻战顿足徒裼(xī)①，犯白刃，蹈煨(wēi)炭，断死于前者比是也。夫断死与断生也不同，而民为之者是贵奋也。一可以胜十，十可以胜百，百可以胜千，千可以胜万，万可以胜天下矣。今秦地形断长续短，方数千里，名师数百万。秦之号令赏罚，地形利害，天下莫如也，以此与天下，天下不足兼而有也。是知秦战未尝不胜，攻未尝不取，所当②未尝不破也。开地数千里，此甚大功也。然而甲兵顿，士民病，蓄积索，田畴荒，囷仓虚，四邻诸侯不服，伯王③之名不成，此无异故，谋臣皆不尽其忠也。

[注释]

①顿足徒裼：停止步伐，脱下衣服。顿，停顿；裼，脱掉上衣。②当：通"挡"，指抵挡。③伯王：霸王。

[译文]

"现在秦国号令分明，实行赏罚制度，按照具体的情况奖惩有功无功。在离开父母怀抱的时候，从来未曾见过敌寇。听说作战就停止步伐，脱下衣服，对着敌人的刀锋白刃，赤脚踩踏煨炭，几乎全部决心死于战场。决定要战死还是逃生是很不相同的，但百姓仍然愿意为秦而战死，这是把奋战至死的精神看得很重的缘故。一人能够战胜十人，十人就能够战胜百人，百人就能够战胜千人，千人就能够战胜万人，万人就可以战胜整个天下。现在的秦国，如果把地形截长补短的话，土地方圆数千里，骁勇的军队就有几百万人。秦国号令赏罚分明，地形险要有利，普天之下没有能比得上的，凭借这些优势来与天下诸侯争霸，即使是整个天下也不够秦吞并。从这些就可以看出，秦国一定是作战就不可能不胜，攻就不可能没有攻取，抵挡抗敌就不可能不击破。开拓国土数千里，这是很大的功业。但是现在秦国军队疲劳困顿，百姓穷苦，积蓄也已经全部用完，田园荒废了，粮仓空虚，周围的诸侯也都没有臣服，霸主的声名没能建立，出现这种奇怪的事情没有其他原因，是因为我们秦国的谋臣未能完全忠诚的原因。

“臣敢言往昔。昔者，齐南破荆，中破宋，西服秦，北破燕，中使韩、魏之君[1]，地广而兵强，战胜攻取，诏令天下，济清河[2]浊足以为限，长城巨坊[3]足以为塞。齐五战之国也，一战不胜而无齐。故由此观之，夫战者万乘之存亡也。

[注释]

①中使韩、魏之君：指齐湣王役使韩王与魏王作战讨伐楚与秦之事。②河：指黄河。③长城巨坊：以长城为巨大的防守。

[译文]

“我想要谈论一下往昔。以前，齐国在南面攻破了楚国，在中部打败了宋国，在西面降服了秦国，在北面又战胜了燕国，在中部地区又役使韩王和魏王。国土宽广，军队强大，作战必胜攻取必克，天下为其所号令，清澈的济水与混浊的黄河是其天然屏障，长城是它坚固的防守。齐，连续战胜五次，只战败一次就灭了。由这件事可以看出，战争决定万乘之国的存亡。

“且臣闻之曰：‘削株掘根，无与祸邻，祸乃不存。’秦与荆人战，大破荆，袭郢（yǐng）[1]，取洞庭、五都[2]、江南。荆王亡奔走，东伏于陈。当是之时，随荆以兵，则荆可举[3]。举荆则其民足贪也，地足利也。东以强齐、燕，中陵三晋。然则是一举而伯王之名可成也，四邻诸侯可朝也，而谋臣不为，引军而退，与荆人和，今荆人收亡国，聚散民，立

社主，置宗庙，令帅天下西面以与秦为难，此固已无伯王之道一矣。天下有比志而军华④下，大王以诈破之，兵至梁郭。围梁数旬，则梁可拔，拔梁则魏可举，举魏则荆、赵之志绝，荆、赵之志绝则赵危，赵危而荆孤，东以强齐、燕，中陵三晋。然则是一举而伯王之名可成也，四邻诸侯可朝也；而谋臣不为，引军而退，与魏氏和，令魏氏收亡国，聚散民，立社主，置宗庙，此固已无伯王之道二矣。前者穰(ráng)侯⑤之治秦也，用一国之兵，而欲以成两国之功。是故兵终身暴露于外，士民潞(lù)病于内，伯王之名不成，此固已无伯王之道三矣。

［注释］

①郢：楚国的国都，位于今天的湖北江陵。②五都：指五渚，即长江、资水、澧水、沅水，湘江五条大河。③举：指攻取，夺取。④华：华阳城，位于今天的河南新郑东南。⑤穰侯：秦国宣太后之弟。穰，为其封地之名。

［译文］

“并且臣还听说：‘砍伐树木要除根，不给与祸害相依存的条件，祸就不会存在了。’以前秦与楚交战，秦大败楚，占领了郢城，夺取了洞庭、五都、江南。楚王逃亡，向东走躲藏在了陈。当时，继续攻打楚国，便能攻取全部楚地。占领了楚国，那里的百姓就足够我们役使，那里的物产就足够我们使用。东可压制齐、燕，中可以凌驾三晋，如此一来就可以一举而完成建立霸王之业，令天下诸侯臣服于秦。但是谋臣却没有这样做，反而率军撤兵并与楚议和，如今楚国已收复故土，聚集了四处离散的百姓，立下社稷之主，建立起宗庙，号令统率天下诸侯在西面和秦国抗衡，这样秦国第一次失去建立霸业之机。后来天下诸侯联合起来，兵临华阳城下，大王您采用诈术击破了他们，一直逼进到魏国都城大梁之外。如果继续围困大梁几十天，便可攻取大梁。一旦占领大梁，就可以吞下整个魏国；吞并了魏国，楚、赵联盟之约也就破了，楚赵联盟一旦散了，赵国就会很危险了。赵危险了，楚国就会孤立。如此一来，秦国在东面就可压制齐、燕，在中部可以凌驾三晋。这样的话也就能够一举建立霸王之业了，天下诸侯都前来朝拜。但是谋臣却不这样做，反而率军撤退，和魏国议和，使得魏国收复故土，聚集了四处离散的百姓，立下社稷之主，建立起宗庙，这样秦国第二次失去了建立霸业之机。前不久穰侯担任相国，治理秦国，他想用秦国一国的兵力建立两国才能建立的功业。因此军队整日在外承受日晒雨淋之苦，百姓在境内疲弊劳苦，却始终不能建立霸业，这样秦国第三次失去了建立霸业之机。

“赵氏，中央之国也，杂民之所居也，其民轻而难用，号令不治，赏罚不信，地形不便，上非能尽其民力，彼固亡国之形也，而不忧民氓，悉其士民，军于长平[1]之下，以争韩之上党[2]。大王以诈破之，拔武安。当是时，赵氏上下不相亲也，贵贱[3]不相信。然则是邯郸不守，拔邯郸，完河间，引军而去，西攻修武[4]，逾羊肠，降代、上党。代三十六县，上党十七县，不用一领[5]甲，不苦一民，皆秦之有也。代、上党不战而已为秦矣，东阳、河外[6]不战而已反为齐矣，中呼池以北不战而已为燕矣。然则是举赵则韩必亡，韩亡则荆、魏不能独立，荆、魏不能独立，则是一举而坏韩、蠹(dù)[7]魏、挟荆，以东弱齐、燕，决白马之口以流魏氏。一举而三晋亡，从者败。大王拱手以须，天下遍随而伏，伯王之名可成也。而谋臣不为，引军而退，与赵氏为和。

[注释]

①长平：地名，位于今山西高平以西。②争韩之上党：白起进攻韩国上党，郡守投奔赵，白起就又去攻打赵。③贵贱：分别代指地位尊贵和低下的人。④修武：地名，位于今河南修武境内。⑤领：古时量词，即件。⑥东阳、河外：东阳，赵国地名；河外，处于齐与赵交界之地。⑦蠹：原指虫子，这里是毁坏之意。

[译文]

“赵国位于各诸侯国的中间地带，是百姓混杂之地，人民轻浮难以管理，使得国家的号令无法执行，赏罚缺乏信用，而且地形也不利于防守，国君不能完全发挥人民的潜力，那实在是灭亡之国的形势了，并且还不体恤百姓，几乎征集了全国所有的百姓，到长平作战，和秦国争夺上党之地。秦王您以诈术战胜赵国，攻占了武安。那个时候赵国君臣上下不能同心协力，贵人与贫贱之人彼此缺乏信任，这样邯郸就没有坚固的防守。如果我们秦军夺取邯郸，军队在河间得以修缮，之后再统帅秦军，到西面进攻修武，穿过羊肠这个险塞，降服代和上党。代有三十六个县，上党有十七个县，不需要一领盔甲，不劳费一兵一卒，这些就全归秦国了。代和上党不用作战就成了秦国的土地，东阳、河外不用打仗也将反归齐国，中呼池以北地区不用战争也将成为燕国之地。既然这样，赵国被完全攻占之后，韩国也必将灭亡，而韩灭亡之后，楚、魏两国就无法独立，这样就可以一举攻占韩国、损伤魏国、挟持楚国，然后往东使齐、燕两国被削弱，再把白马津的河口挖开引流水淹没魏国。

这样一个举措就能使三晋灭亡，合纵联盟终将失败。大王您只需拱手相待，天下诸侯会连续不断地来跪拜，霸王之名也就建立了。但是谋臣却不这样做，反而率军退兵，同赵议和了。

“以大王之明，秦兵之强，伯王之业地，尊不可得，乃取欺于亡国，是谋臣之拙也。且夫赵当亡不亡，秦当伯不伯，天下固量秦之谋臣一矣。乃复悉卒以攻邯郸①，不能拔也，弃甲兵怒，战栗而却②，天下固量秦力二矣。军乃引退，并于李下③，大王又并军而致与战，非能厚胜之也，又交罢却，天下固量秦力三矣。内者量吾谋臣，外者极吾兵力。由是观之，臣以天下之从岂其难矣？内者吾甲兵顿，士民病，蓄积索，田畴荒，囷(jūn)仓虚；外者天下比志甚固。愿大王有以虑之也。

［注释］

①攻邯郸：秦后来又攻打邯郸城，被魏国所败。邯郸，今河北邯郸。②却：指退却。③李下：地名，位于今河南温县。

［译文］

“凭借大王您的贤明，秦军的强盛，没能建立霸王的功业，没能得到尊贵的地位，而且还被行将就灭的其他诸侯国欺凌，这都是因为谋臣的笨拙啊。赵国该灭亡却没有灭亡，秦国该称霸而没能称霸，天下都已经看清了秦国的谋略之臣的本事，这是第一点。秦国曾经集结全国之兵力攻打邯郸，不但未能夺取，反而被赵国打得丢盔弃甲，兵士又怒又怕，战战兢兢地退却，天下人已经清楚地看到了秦军的力量，这是第二点。我军于是相率退却，在李下聚集，大王又再次整编军队，极力继续作战，这不可能取得大胜，于是再次罢兵退却，天下人再次清楚地看到了秦军的实力，这是第三点。对于秦国内部看透了谋臣的智力，对于秦国的外部看透了秦军的实力。这样看来，我认为对付天下诸侯的合纵岂不是更难了吗？我们秦国国内兵士疲弊，百姓困顿，积蓄已用尽，田地也荒芜了，粮库已空；秦国外部诸侯联合十分坚固。希望大王能多多考虑它！

“且臣闻之：‘战战栗(lì)栗，日慎一日，苟慎其道，天下可有也。’何以知其然也？昔者，纣为天子，帅天下将甲百万，左饮于淇谷①，右饮于洹(huán)水②，淇水竭，而洹水不

流，以与周武为难。武王将素甲三千，领战一日，破纣之国，禽其身，据其地，而有其民，天下莫不伤。智伯帅三国之众，以攻赵襄主于晋阳，决水灌之，三年，城且拔矣。襄主错龟、数策③占兆，以视利害：何国可降？而使张孟谈④。于是潜行而出，反智伯之约，得两国之众，以攻智伯之国，禽其身，以成襄子之功。今秦地断长续短，方数千里，名师数百万。秦国号令赏罚，地形利害，天下莫如也。以此与天下，天下可兼而有也。

妲己害政

商纣王征服有苏氏，有苏氏献出美女妲己。纣王迷于妲己的美色，对她言听计从。纣王荒理朝政，日夜宴游，上下离心，终于亡国。

［注释］

①淇谷：位于今河南淇县。②洹水：河名，在商代朝歌附近，今位于河南的安阳、鹤壁一带。③错龟、数策：均为占卜之术。④张孟谈：赵襄主的臣子。

［译文］

“我还听说：‘非常惶恐的话，一天会比一天更谨慎。假若谨慎得法，全天下都可以拥有。’凭什么知道是这个样子的呢？古代，商纣王做天子时，统帅天下百万之师，左边的军队还在淇谷这个地方饮马的时候，右边的军队就已经在洹水喝水了，淇水的水都被饮马用完了，洹水也被喝完了而不再流淌，用这么庞大的军队去跟周武王交战。武王却只将领了三千身着简单甲胄的兵士，只用了一天，就攻占了纣王的国都，擒获了纣王，占据了殷商的土地，拥有了殷商的臣民，但是天下却没有为之悲伤。以前智伯率领三国的军队，到晋阳进攻赵襄子，智伯挖开河堤用水淹城，三年之后，晋阳城即将被攻下。赵襄子用错龟、数策的方法进行占卜，预测吉凶：哪个国家可被降服？并派遣张孟谈。于是张孟谈偷偷出城，破坏智伯和韩、魏两国的约定，得到了韩魏两国的兵众，来攻打智伯，终于俘虏了智伯，实现了赵襄主的功业。现在秦国土地截长补短的话，方圆数千里，有威名的军队数百万，而且号令严明赏罚分明，再加上险要的地形，没有哪个诸侯能比得上的。凭借这些优势，而与诸侯争雄，整个天下都可以吞并占有。

“臣昧(mèi)死望见大王，言所以破天下之从，举赵亡韩，臣荆、魏，亲齐、燕，以成伯王之名，朝四邻诸侯之道。大王试听其说，一举而天下之从不破，赵不举，韩不亡，荆、魏不臣，齐、燕不亲，伯王之名不成，四邻诸侯不朝，大王斩臣以徇(xùn)①于国，以主为谋不忠者。”

［注释］

①徇：通“殉”，殉国。

［译文］

“臣冒着死罪的危险想要见到大王，谈论破坏天下合纵战略，灭赵亡韩，使楚魏称臣于秦，联合齐、燕两国，从而建立霸业，使诸侯都来朝贡的方法。恳请大王暂且听从我的谋略，如果一举无法瓦解天下合纵，不能破赵灭韩，不能让魏、楚称臣，齐、燕不亲附，不能建立霸业，使诸侯朝贡的话，大王您可以砍下我的头殉国示众，可以把我当作为君主谋划却不能完全尽忠的臣子。”

司马错与张仪争论于秦惠王前

司马错①与张仪②争论于秦惠王前。司马错欲伐蜀，张仪曰：“不如伐韩。”王曰：“请闻其说。”

对曰：“亲魏善楚，下兵三川③，塞轘辕(huányuán)、缑(gōu)氏④之口，当屯留⑤之道，魏绝南阳，楚临南郑⑥，秦攻新城、宜阳⑦，以临二周之郊，诛周主之罪，侵楚、魏之地。周自知不救，九鼎⑧宝器必出。据九鼎，按图籍，挟天子以令天下，天下莫敢不听，此王业也。今夫蜀，西辟之国，而戎狄之长也，弊兵劳众不足以成名，得其地不足以为利。臣闻‘争名者于朝，争利者于市。’今三川、周室天下之市朝也，而王不争焉，顾争于戎狄，去王业远矣。”

［注释］

①司马错：秦国之臣。②张仪：原本为魏国人，后为秦臣，纵横家的典型代表。③三川：韩国地名，该地有黄河、洛水、伊水三条河流，故曰“三川”。④轘

辕、缑氏：山名，两地均有重要的军事地理意义。轘辕，位于今河南巩县西南；缑氏，位于今河南偃师南。⑤屯留：为韩地之名，在今山西西南部。⑥南郑：韩国都城，在今河南新郑以西。⑦新城、宜阳：均为韩地之名，分别在今河南伊川西南和宜阳西北。⑧九鼎：传国之宝，周室国家政权的象征。

[译文]

司马错与纵横家张仪在秦惠王面前争论。司马错想要攻打蜀国，张仪却说："不如攻打韩国。"秦惠王说："请让我听听你的建议。"

张仪说："秦王您先跟魏国与楚国假装亲善，然后出兵韩郡三川，堵住轘辕和缑氏这两个军事要地的通口，挡住韩地屯留的要道，再使魏国切断南阳的路，楚国兵临南郑，我们秦国再出兵进攻新城、宜阳两地，然后直接兵临东周与西周的城外，征讨惩罚二周的罪过，最后侵吞楚、魏之地。周王明白自己无法求救，必然会把九鼎宝器献出。拥有了九鼎之后，就可以按照地图户籍，挟持周天子并以其名义号令天下，天下又有哪个敢不听我们秦国的命令呢？这才是所谓的霸王之业。蜀国，只不过是西面边远之地，蛮人为首领的国家，我们使兵士疲弊百姓劳苦，也不能得到霸业之名占领蜀地，也不足以凭此获利。我经常听人说'争夺名誉的人要在朝廷上，争夺利益的人要在市场上。'现在的三川和周室就是天下的朝廷和市场，秦王您不去争夺，反而去争夺戎、狄这些野蛮的国家，这距离称霸天下的大业实在太遥远了。"

司马错曰："不然。臣闻之，'欲富国者，务广其地；欲强兵者，务富其民；欲王者，务博其德。三资者备，而王随之矣。'今王之地小民贫，故臣愿从事于易。夫蜀，西辟之国也，而戎狄之长也，而有桀(jié)、纣之乱；以秦攻之，譬如使豺狼逐群羊也。取其地，足以广国也；得其财，足以富民缮兵；不伤众而彼已服矣。故拔一国而天下不以为暴；利尽西海①，诸侯不以为贪。是我一举而名实②两附，而又有禁暴正乱之名。今攻韩，劫天子。劫天子，恶名也，而未必利也，又有不义之名，而攻天下之所不欲，危。臣请谒其故。周，天下之宗室也；齐，韩、周之与国也。周自知失九鼎，韩自知亡三川，则必将二国并力合谋，以因于齐、赵，而求解乎楚、魏。以鼎与楚，以地与魏，王不能禁。此臣所谓'危'，不如伐蜀之完也。"

惠王曰："善！寡人听子。"

卒起兵伐蜀，十月取之，遂定蜀。蜀主更号为侯，而使陈庄[3]相蜀。蜀既属，秦益强富厚，轻诸侯。

[注释]

①西海：指蜀国。②名实：意思是指不贪不暴的名利与获得蜀国之地之财的实利。③陈庄：秦国之臣，公元前316年拜为蜀相。

[译文]

司马错说："不是这个样子的。我曾经听说：'想要使国家富强，就必须先扩大其领地；想要使军队强大，就必须先使百姓富足；想要称霸天下，就一定要先广泛宣扬道德。做到了这三件事情，随后就将为天下之王。'如今秦王您土地少，百姓又穷困，因此我想要从容易的地方开始。蜀正是这样的一个偏僻之国，戎狄为首领，并且有如夏桀、商纣当政时的混乱；我们秦国攻打蜀国，将会像狼群追逐羊群一样简单。占领了蜀国的土地，足以使秦国版图扩大；获得蜀国的财物，足以使百姓富足；不用伤害百姓就可以使之臣服。所以虽然灭了蜀国，但是天下之人却不会认为秦王暴虐；秦即使将蜀国抢劫一空，天下诸侯也不会认为秦贪婪。我们这样一举两得，甚至还能获得除暴安良的美名。如果我们今天攻打韩国，挟持天子。挟持天子，这是一个大恶名，而且也未必能从中获利，还要背负不义的恶名，攻打诸侯都不愿意攻打的国家，实在是很危险。我请求陈述危险原因。周，是天下所有诸侯国的宗室，齐又是韩与周的友好之邦。一旦周知道自己要失掉九鼎，而韩知道自己要失去三川，两国必定会合力谋划，联络齐、赵去疏通以解楚、魏之围，把九鼎献给楚，把土地送给魏，这些秦王您是禁止不了的。这就是为什么臣会说危险的原因，不如伐蜀这样的万全之策。"秦惠王说："好！寡人听从你的意见。"

秦终于出兵攻打蜀，十个月就占领了蜀国。蜀主的名号变改为侯，秦又令臣子陈庄担任蜀的相国。蜀归属秦国，秦国更加强大和富庶，更加轻视天下各诸侯。

张仪欲以汉中与楚

张仪欲以汉中[1]与楚，请秦王曰："有汉中，蠹(dù)[2]。种树不处者，人必害之；家有不宜之财，则伤本。汉中南边为楚利，此国累[3]也。"甘茂谓王曰："地大者，固多忧乎？天下有变，王割汉中以为和楚，楚必畔[4]天下而与王。王今以汉中与楚，即天下有变，王何以市[5]楚也？"

钟会邓艾取汉中

汉中自古是兵家必争之地，是巴蜀门户，有汉中则有巴蜀。三国时期，曹魏灭蜀也是派遣钟会和邓艾先取汉中，再下蜀地。张仪放弃汉中的想法十分不明智。

[注释]

①汉中：本为楚国之地，后被秦夺取。②蠹：虫子，这里指汉中对秦国而言犹如蠹，将会造成祸害。③累：指累赘，忧患。④畔：通“叛”，反叛，背叛。⑤市：买。

[译文]

张仪想要将汉中归还给楚国，于是便奏请秦王说道：“占有汉中，对秦国而言是个祸害。树如果种的地方不合适，人们就会破坏它；家里如果有非取之有道的财物，就会损伤为人之本。汉中在南边对楚有好处，对我们秦国只是累赘啊。”大臣甘茂却对秦王说：“难道拥有宽广的国土就必然会有忧患吗？天下诸侯一旦有什么变动，秦王您把汉中割让给楚国并与之讲和，楚必将背叛天下诸侯而与秦王您联盟。大王您现在就割汉中给楚国，万一天下诸侯有什么变动，您该用什么来与楚国交换呢？”

田莘之为陈轸说秦惠王

田莘(shēn)之为陈轸(zhěn)[1]说秦惠王曰：“臣恐王之如郭君[2]。夫晋献公欲伐郭，而惮(dàn)舟之侨[3]存。荀息[4]曰：‘《周书》有言：“美女破舌[5]。”’乃遗之女乐，以乱其政。舟之侨谏而不听，遂去。因而伐郭，遂破之。又欲伐虞，而惮宫之奇[6]存。荀息曰：‘《周书》有言：“美男破老[7]。”’乃遗之美男，教之恶宫之奇。宫之奇以谏而不听，遂亡。因而伐虞，遂取之。今秦自以为王，能害王者之国者，楚也。楚知横君[8]之善用兵与陈轸之智，故骄张仪以五国。来，必恶是二人。愿王勿听也。”

张仪果来辞，因言轸也。王怒而不听。

[注释]

①陈轸：战国时期有名的策士，最初在秦为官，后入楚国。②郭君：郭即“虢”，为周文王之弟虢叔的封地，后被晋国所灭。郭君应为虢叔的后人。③舟之侨：郭君的臣子。④荀息：担任晋国的大夫之职。⑤美女破舌：指漂亮的女人会毁掉谏臣。舌，进谏之臣。⑥宫之奇：人名，虞的臣子。⑦美男破老：俊秀的男子会毁坏老臣。老，指为国家尽职多年的老臣。⑧横君：秦国之将横门君。

[译文]

秦臣田莘替策士陈轸游说秦王道：“我担忧秦王您将会像郭君一样。以前晋献公想要攻打虢，但是又忌惮舟之侨。晋臣荀息进谏道：‘《周书》上讲：“美丽的女子能够迷惑国君毁掉谏臣。”’因此，晋献公就送给虢君歌女，从而惑乱朝政。大臣舟之侨劝说虢君，但是虢君并不听从，于是舟之侨就离虢而去。这时晋国便出兵攻打虢，很快就把虢灭了。晋国又想攻打虞，但是忌惮虞国老将宫之奇。荀息又进谏说：‘《周书》上讲：“俊秀的男子能毁掉老臣。”’因此，晋献公送给虞君一些美男，让他们诋毁宫之奇。老臣宫之奇劝谏，虞君却不听取，所以宫之奇就离虞而去。晋国就又趁机出兵攻打虞，很快又把虞灭了。现在秦国自称王于诸侯，能对大王构成威胁的就是楚国了。楚清楚横门君擅长用兵，陈轸善于用计，因此楚王才会骄纵张仪用他合纵燕、赵、楚、魏、韩五国。张仪到了秦国，必然会诋毁这两个人，希望大王您不要听从相信他的谗言。”

后来张仪果然来到秦国并进谗言，诋毁大臣陈轸。惠王十分愤怒，没有听信他的谗言。

陈轸去楚之秦

陈轸去楚之秦。张仪谓秦王曰：“陈轸为王臣，常以国情输①楚。仪不能与从事，愿王逐之。即②复之楚，愿王杀之。”王曰：“轸安敢之楚也。”

[注释]

①输：送，在此指告诉。②即：倘若。

[译文]

陈轸从楚回到秦。张仪对秦王说道：“陈轸是秦王您的大臣，但是却经常泄漏秦国的机密给楚王。我无法与他共事，希望大王您把他驱逐出去。倘若他想要再次回到楚国，希望大王您杀了他。”秦惠王说：“陈轸怎么敢到楚国呢。”

王召陈轸告之曰：“吾能听子言，子欲何之？请为子约①

车。”对曰：“臣愿之楚。”王曰：“仪以子为之楚，吾又自知子之楚。子非楚，且安之也？”轸曰：“臣出，必故之楚，以顺②王与仪之策，而明臣之楚与不③也。楚人有两妻者，人誂(tiǎo)④其长者，长者詈(lì)⑤之；誂其少者，少者许之。居无几何，有两妻者死。客谓誂者曰：‘汝取长者乎，少者乎？’‘取长者。’客曰：‘长者詈汝，少者和汝，汝何为取长者？’曰：‘居彼人之所，则欲其许我也；今为我妻，则欲其为我詈人也。’今楚王明主也，而昭阳⑥贤相也。轸为人臣，而常以国输楚王，王必不留臣，昭阳将不与臣从事矣。以此明臣之楚与不。”

[注释]

①约：预备。②顺：指顺从，顺应。③不：通“否”。④誂：通“挑”，挑逗。⑤詈：骂人。⑥昭阳：人名，楚国的重臣。

[译文]

秦王召见大臣陈轸对他说：“寡人能够听你说一下，你想去哪儿？请让我给你预备车辆马匹吧。”陈轸回答说：“我想要去楚国。”秦王说：“张仪说你会去楚国，我也知道你要这样。你除了楚国还能到哪里呢！”陈轸说：“我离开秦国，是故意一定去楚国的，以便顺应大王您和张仪的看法，以此来证明我是否要到楚国。楚国有个人娶了两位妻妾，有个人去引诱他的妻子，妻子咒骂他；挑逗他的妾，妾答应了。没过多久，有两位妻妾的那个人去世了。有位客人就问那个勾引的人：‘你会娶他的妻子还是妾呢？’勾引者说道：‘娶妻子。’那位客人又问：‘妻子骂你，妾爱你，为何娶其妻子呢？’这个人答道：‘住在别人家的时候，当然想要她答应我。但是现在是要成为我的妻子，就希望她为我骂别人。’如今楚王英明，相国昭阳又有贤德。我是秦国的大臣，却常告诉楚王秦国的机密，楚王肯定不会挽留我，相国昭阳也不会和我同朝共事。由此就知道我是否会去楚国。”

轸出，张仪入，问王曰：“陈轸果安之？”王曰：“夫轸天下之辩士也，孰视①寡人曰：‘轸必之楚。’寡人遂无奈何也。寡人因问曰：‘子必之楚也，则仪之言果信矣。’轸曰：‘非独仪之言也，行道之人皆知之。昔者，子胥忠其君，天下皆欲以为臣；孝己爱其亲，天下皆欲以为子。故卖仆妾

不出里巷而取者，良仆妾也；出妇嫁于乡里者，善妇也。臣不忠于王，楚何以轸为？忠尚见弃，轸不之楚，而何之乎？'"王以为然，遂善待之。

伍子胥

伍子胥本是楚国人，因受费无忌陷害，逃亡到吴国，辅佐吴王，成就了吴国的霸业。伍子胥对吴国忠心不二，但最后因为受奸臣伯嚭陷害，被吴王夫差逼迫而死。

[注释]

①孰视：指仔细地看。

[译文]

陈轸出去，张仪就进来，问秦王："陈轸究竟是要去哪里啊？"惠王说："陈轸，天下的雄辩之士啊，非常认真地看着我说：'我必定会去楚国。'我就不知道怎么办好了。于是就问他：'你必定要去楚国，这么说张仪的话果然是没错了！'陈轸却说：'不仅张仪，就连路人也都知道这个。往昔，因为伍子胥对他的君王十分忠诚，天下所有的国君都想让伍子胥做臣子；孝己十分敬爱孝顺他的父母，天下所有的父母都想让孝己当自己的儿子。所以，卖仆妾的时候，仆妾不出同乡就有人买，那这个仆妾就一定是好仆妾；被休掉的妇人改嫁到她的同乡，这个妇人就必然会是好女人。如果我对待大王不忠诚，楚王要我又有什么用呢？忠诚的人却被人驱逐出去，我不去楚国，又能去哪儿呢？'"秦王认为是这个道理，也就善待他了。

秦策二

齐助楚攻秦

齐助楚攻秦，取曲沃[1]。其后，秦欲伐齐，齐、楚之交善[2]，惠王患之，谓张仪曰:“吾欲伐齐，齐、楚方欢，子为寡人虑之，奈何？”张仪曰:“王其[3]为臣约车并币，臣请试之。”

[注释]

①曲沃：地名，此时为秦地，位于今河南陕县。②交善：相交亲密友好。③其：委婉的语气词。

[译文]

齐援助楚攻打秦国，占领了曲沃。之后秦想要讨伐齐国。但齐、楚邦交友善，秦王很担心，于是就对张仪说道：“我想要攻打齐国，但是齐国与楚国正是关系密切之时，你替我想想该怎么办？”张仪说：“恳请大王您给我预备车马钱财，我前去试一下！”

张仪南见楚王，曰:“弊邑之王所说[1]甚者无大[2]大王，唯仪之所甚愿为臣者亦无大大王；弊邑之王所甚憎者亦无先齐王，唯仪之甚憎者亦无大齐王。今齐王之罪，其于弊邑之王甚厚。弊邑欲伐之，而大国与之欢，是以弊邑之王不得事令，而仪不得为臣也。大王苟能闭关绝齐，臣请使秦王献商、於(wū)之地，方六百里。若此，齐必弱，齐弱则必为王役矣。则是北弱齐，西德于秦，而私商、於之地以为利也，则此一计而三利俱至。”

[注释]

①说：通“悦”，即喜悦，喜爱之意。②大：大于，超过。

[译文]

张仪于是就到南方面见楚王，说道：“我们秦国的国君敬爱的人没有谁能超过

大王您，作为臣子的我最想做其臣子的也没有谁超过大王您；我们秦国国君所最痛恨的君王没有哪个能超过齐王，而我最不愿侍奉的君主也没有能超过齐王的。如今齐王罪恶，这对秦王来说十分严重。所以我们秦国打算征讨齐国，但是贵国却与齐国相交甚欢，所以秦王无法好好听从于您，我也无法做大王您的臣子。大王您如果能与齐国闭门绝交，我会恳请秦王把方圆六百里的商、於之地献给您。这样的话，齐必然会被削弱，齐衰弱的话就必然会听从于大王您的役使。这样大王您不但削弱了北面的齐国，施惠于西面的秦国，而且还获得了商、於的土地这样的利益，如此的话，一举即能三得。”

楚王大说，宣言之于朝廷，曰：“不穀①得商、於(wū)之田，方六百里。”群臣闻见者毕贺。陈轸后见，独不贺。楚王曰：“不穀不烦一兵，不伤一人，而得商、於之地，六百里，寡人自以为智矣。诸士大夫皆贺，子独不贺，何也？”陈轸对曰：“臣见商於之地不可得，而患必至也，故不敢妄贺。”王曰：“何也？”对曰：“夫秦所以重王者，以王有齐也。今地未可得，而齐先绝，是楚孤也，秦又何重孤国？且先出地绝齐，秦计必弗为也；先绝齐后责②地，且必受欺于张仪。受欺于张仪，王必惋之。是西生秦患，北绝齐交，则两国兵必至矣。”楚王不听，曰：“吾事善矣，子其弭口③无言，以待吾事。”楚王使人绝齐。使者未来，又重绝之。

[注释]

①不穀：王侯自谦的称呼。②责：通“债”，此指要债，索取。③弭口：闭上嘴巴。

[译文]

楚王非常开心，于是便在朝廷上宣布：“我已经得到了秦国商、於方圆六百里富饶的土地！”大臣们听了全都给楚王道贺。陈轸后来才晋见，只有他一人不道贺。楚王问：“我不用劳烦一个兵士，不会使一人伤亡，却获得了商、於方圆六百里的土地，我自认为这是非常聪明的。各位大夫都恭贺我，只有你一人不贺，这是何原因啊？”陈轸答道：“我以为大王也许不能得到商、於的土地，而且祸患一定会降临，因此我不妄加贺喜。”楚王问：“为什么？”陈轸回答说：“秦之所以重视大王，是因为大王您有齐国相交。如今地还没有得到，却先与齐国断交，这样楚国就会孤立，秦国又怎能重视孤立的楚国呢？而且如果让秦先割让土地给楚国，然后楚再和齐断交的话，秦必定不会这样做；楚先跟齐断了邦交，再向秦要求割地的话，必然会被张仪所骗。被张仪骗了的话，大王您一定会非常后悔；如此一来，西面就会有秦国的祸患，北面又与齐断交了，于是秦国与齐国的军队必然会攻打楚国。”楚王不听从于陈轸，说：“我的事办得很妥善，你就闭嘴不要再说了，等着我的好事吧！”楚王派人与齐断绝了邦交。派去绝交的人还没回来，就又派人去绝交。

张仪反，秦使人使齐。齐、秦之交阴合[1]。楚因使一将军受地于秦。张仪至，称病不朝。楚王曰：“张子以寡人不绝齐乎？”乃使勇士往詈齐王。张仪知楚绝齐也，乃出见使者，曰：“从某至某广从(zòng)[2]六里。”使者曰：“臣闻六百里，不闻六里。”仪曰：“仪固以小人，安得六百里？”

[注释]

①阴合：指暗地里结盟。②广从：宽与长，即方圆之意。从，同“纵”。

[译文]

张仪回去以后，秦就派人出使齐国，秦齐两国暗地里缔结同盟。楚派遣一位将军前去接收秦国土地。张仪躲避起来，声称生病了不去上朝。楚王说：“张仪难道是觉得我不会和齐国断交吗？”怀王就又派了一名勇士去咒骂齐国。张仪知道楚已经和齐断交了，就出来接见楚国的那个使臣，却说：“赠送给楚国的是从这里到那里方圆六里的土地。”楚国使者说：“我听说的是六百里啊，不是听说的六里啊。”张仪回答说：“我也只是很小的臣子，怎么可能是六百里呢？”

使者反报楚王，楚王大怒，欲兴师伐秦。陈轸曰：“臣可以言乎？”

王曰：“可矣。”轸曰：“伐秦非计也。王不如因而赂之一名都，与之伐齐。是我亡于秦，而取偿于齐也，楚国不尚全乎？王今已绝齐，而责欺于秦，是吾合齐、秦之交也，固必大伤。”楚王不听，遂举兵伐秦。秦与齐合，韩氏从之，楚兵大败于杜陵[1]。故楚之土壤、士民非[2]削弱，仅以救亡者，计失于陈轸，过听于张仪。

[注释]

①杜陵：楚国之地，位于今陕西旬阳一带。②非：在此指不但，不仅。

[译文]

使者回来后把这些情况告诉楚王，楚王十分愤怒，想要发兵讨伐秦国。陈轸说:“我可以说说我的意见吗?”

楚王回答说:“可以。”陈轸说:“大王您发兵讨伐秦国并非什么妙计。大王您不如借这个机会送给秦一个大都市贿赂秦王，与秦联合攻打齐国。这样的话我们从秦那里丢失的土地可以从齐国那里补偿过来，楚国不就完好了吗?大王您如今已经与齐断绝邦交往来，却去责备秦国欺骗了您，这便等于我们在推动秦、齐两国的邦交，如此楚国就将受到重大创伤!”楚王依然没有听取，于是发兵讨伐秦国。果然，秦国与齐国组成联盟，并且韩国也跟随他们，结果楚军在杜陵遭到惨败。楚国不但国土面积、百姓被削弱了，而且是差点被灭亡了，其原因就在于不听取陈轸的进谏，却听信了张仪的诡诈之说。

楚绝齐，齐举兵伐楚

楚绝齐，齐举兵伐楚。陈轸谓楚王曰:“王不如以地东解于齐，西讲于秦。”楚王使陈轸之秦。秦王谓轸曰:“子秦人也，寡人与子故[1]也。寡人不佞[2]，不能亲国事也，故子弃寡人事楚王。今齐、楚相伐，或谓救之便，或谓救之不便，子独不可以忠为子主计，以其余为寡人乎?”陈轸曰:“王独不闻吴人之游楚者乎?楚王甚爱之，病，故使人问之曰:‘诚病乎?意亦思乎?’左右曰:‘臣不知其思与不思，诚思则将吴吟[3]。’今轸将为王‘吴吟’。王不闻管与之说乎?有两虎诤人而斗者，管庄子[4]将刺之，管与止之曰‘虎者，戾[5]虫;人者，甘饵也。今两虎诤人而斗，小者必死，大者必伤，子待伤虎而刺之，则是一举而兼两虎也。无刺一虎之劳，而有刺两虎之名。’齐、楚今战，战必败。败，

卞庄刺虎

陈轸这里用卞庄子刺虎的故事劝说楚王，不要与秦、齐两大国同时为敌。

王起兵救之，有救齐之利，而无伐楚之害。计听知覆逆⑥者，唯王可也。计者，事之本也；听者，存亡之机。计失而听过，能有国者寡也。故曰：‘计有一二者难悖也，听无失本末者难惑⑦。’”

[注释]

①故：故交。②不佞：谦词，不才。③吴吟：指吴歌。④管庄子：又名卞庄子。⑤戾：贪暴。⑥计听知覆逆：计听，听取计谋。覆逆，事情未出现称为“覆”，事情已经完结称作“逆”。⑦惑：乱，迷乱。

[译文]

楚与齐断绝邦交以后，齐国便举兵讨伐楚国。陈轸对楚王说：“大王您不如送给处于东面的齐国以土地，并与西方的秦国讲和。”楚王于是乎就让陈轸前往秦国。秦王对陈轸说：“你原本是秦人，我与你原本也有交情。可惜我没有识人之才，不能把国政处理得很好，所以你离开我去侍奉楚王。现在齐国和楚国互相征伐，有人说救助一方有利，有人说不救有利。你为什么不在效忠于楚国之余替我出一下主意呢？”陈轸说：“难道大王您未曾听过有个吴人到楚国为官的故事吗？楚王十分钟爱他，吴人生病了，楚王差人去问候他：‘您是真的病了吗？还是因为思念故国呢？’大臣们就说：‘我们不知道他思乡还是不思，如果真的思念家乡的话那么他将会唱吴歌。’现在我就将为大王您唱‘吴歌’。大王没听说过管与的故事？有两只老虎因争人肉吃而打斗，管庄子将要去行刺它们，管与却制止他说：‘老虎是非常贪暴的动物，人肉对于它们来说是最可口的食物。现在这两只老虎为吃人肉而争斗，那只小老虎必然会死，而大老虎必然也会受伤，你只需等着去刺杀受伤的老虎就行了！这是一举杀死两个老虎的计谋。不用耗费刺杀一只老虎的劳苦，却能得到杀了两只虎的名声。’齐、楚两国如今交战，两军交战必有战败的一方。一方战败之后，大王就可以发兵救援，既能得到援救齐国的好处，又不会有征伐楚国造成的危害。听从好的计谋，预测逆料，只有大王您能做到这一点。计策乃是行事之根本；听从良策是国家生存与灭亡的关键。听取采用错误的计策，却还能使国家得以保存很少见。所以说：‘经过多次思虑的计谋很难有错，听取了解事情始末的计谋就很难被迷惑。’”

秦武王谓甘茂

秦武王谓甘茂①曰：“寡人欲车通三川②以窥周室，而寡人死不朽乎。”甘茂对曰：“请之魏，约伐韩。”王令向寿③辅行。

甘茂至魏，谓向寿：“子归告王曰：‘魏听臣矣，然愿王勿攻也。’事成尽以为子功。”向寿归以告王。王迎甘茂于息壤④。

［注释］

①甘茂：楚人，后为秦将，此时官至左丞相。②三川：韩国地名。③向寿：秦臣，为武王的亲信之人。④息壤：秦国地名。

［译文］

秦武王对左丞相甘茂说：“我想取道韩地三川去窥探周王室，这样的话即使我死了也将不朽。”甘茂说：“我请求到魏国去，与魏建立盟约一起讨伐韩国。”于是，秦武王就让向寿辅助甘茂出使魏国。

甘茂到了魏国以后，对向寿说：“你回秦国对武王说：‘魏国已经听从了我的计策，但是希望秦王先不要攻打韩国。’事成之后这些功劳都将归于你。”向寿返回秦国并把这些话告诉了武王。武王便在息壤迎接甘茂回来。

甘茂至，王问其故，对曰：“宜阳大县也，上党、南阳积之久矣，名为县，其实郡也。今王倍数险，行千里而攻之，难矣。臣闻张仪西并巴、蜀之地，北取西河之外，南取上庸①，天下不以为多张仪，而贤先王。魏文侯令乐羊将，攻中山②，三年而拔之。乐羊反，而语功。文侯示之谤(bàng)书一箧(qiè)，乐羊再拜稽首曰：‘此非臣之功，主君之力也。’今臣羁(jī)旅之臣也，樗里疾、公孙衍(yǎn)二人者，挟韩而议，王必听之。是王欺魏，而臣受公仲侈(chǐ)之怨也。昔者，曾子③处费④，费人有与曾子同名族者而杀人。人告曾子母曰：‘曾参杀

曾参

曾参，字子舆，春秋末年鲁国人，是孔子的得意门生。曾参以孝道闻名。《战国策》此处用“曾参杀人”的典故比喻流言可畏。

人。’曾子之母曰：‘吾子不杀人。’织自若。有顷焉，人又曰：‘曾参杀人。’其母尚织自若也。顷之，一人又告之曰：‘曾参杀人。’其母惧，投杼(zhù)逾墙而走。夫以曾参之贤与母之信也，而三人疑之，则慈母不能信也。今臣之贤不及曾子，而王之信臣又未若曾子之母也。疑臣者不适三人，臣恐王为臣之投杼也。”王曰：“寡人不听也，请与子盟。”于是与之盟于息壤。

［注释］

①上庸：楚地，在今湖北竹山西南。②中山：原本为一个小国，后被魏国所灭。③曾子：孔子的学生，名参。④费：地名，位于今山东费县西北。

［译文］

甘茂到了息壤之后，秦武王问他不让秦国攻打韩国的原因是什么。甘茂说：“宜阳是个大县，上党和南阳两地的财物已经在宜阳积聚了很久了，它名虽是县实际却是郡啊。如今大王要经过重重险关，走上千里的路去攻打韩国，很难啊！我听说张仪在西面兼并了巴、蜀这两个地方，北面又夺取了西河以外的土地，南面占领了上庸，天下的诸侯们并不会认为是张仪的功劳，而是觉得这是因为先王贤明。魏文侯任命乐羊为将，攻打中山，用了三年终于夺下。乐羊领兵回到魏国就炫耀自己的功勋。魏文侯就拿出一箱弹劾他的奏折，乐羊赶紧跪下拜了又拜说：‘这并不是我的功勋，而完全是大王您的功绩啊！’如今我只是一个寄居的臣子而已，樗里疾、公孙衍这两个人如果挟持韩国来议和，大王您肯定会听从他们的。这样的话大王您就会得到‘欺魏’的恶名，我也会受到公仲侈的怨恨。古时曾子在费这个地方居住，一个与曾子同姓同名的费地人杀了人。有人就对曾母说：‘曾参杀人了。’曾母说：‘我儿子是不会杀人的。’曾母照旧织布。一会儿就又有人说：‘曾参杀人了。’曾母接着照样织布。不久又有人告诉她说：‘曾参杀人了。’曾母就有些害怕了，扔掉梭子就翻墙逃走了。曾参这么有贤德，曾母这么信任儿子，当第三个人来告诉她的时候，曾母也不能再相信他了。如今我贤能不能和曾参相比，大王也不能像曾母信任曾参一样相信我。并且猜疑我的人也远远不止三个，我担心大王您会扔掉梭子逃跑。”秦武王说：“我不会听从于别人，我希望与你建立盟约。”这样秦武王就和甘茂在息壤立下了约定。

果攻宜阳，五月而不能拔也。樗(chū)里疾、公孙衍二人在，争之王①。

王将听之，召甘茂而告之。甘茂对曰：“息壤在彼。”

王曰：“有之。”因悉起兵，复使甘茂攻之，遂拔宜阳。

［注释］

①争之王：在武王面前进谗言。

［译文］

后来果然进攻宜阳，五个月了还没能夺取。樗里疾和公孙衍两个人就在武王面前进谗言。

武王快要听信了，召甘茂回秦国告诉甘茂。甘茂就对秦王说道：“息壤还在那里啊！”武王也说：“是的”。因此秦王又召集所有兵力，又让甘茂攻打宜阳，终于夺取宜阳。

秦王谓甘茂

秦王谓甘茂曰：“楚客来使者多健[1]，与寡人争辞，寡人数穷焉，为之奈何？”甘茂对曰：“王勿患也，其健者来使者，则王勿听其事；其需[2]弱者来使，则王必听之。然则需弱者用，而健者不用矣，王因而制之。”

［注释］

①健：善辩。②需：柔软。

［译文］

秦王对臣子甘茂说：“楚国派遣来秦国的使臣各个都很善于辩论啊，他们常常和我争辩，使我陷入困境，我该如何才好呢？”甘茂回答说：“大王您不要忧心，如果楚国善变的使者来到我们秦国的话，您别听取他们的；软弱的使者来秦的话，您一定要听取他们的。如此楚国就会使用弱者，而善辩的使者就不再被任用，这样秦王您就可以应对制服他们了。”

甘茂亡秦且之齐

甘茂亡秦[1]，且之齐，出关[2]遇苏子[3]，曰：“君闻夫江上之处女[4]乎？”苏子曰：“不闻。”曰：“夫江上之处女，有家贫而无烛者，处女相与语，欲去之。家贫无烛者将去矣，

谓处女曰：‘妾以无烛，故常先至，扫室布席。何爱余明之照四壁者？幸以赐妾，何妨与处女？妾自以有益于处女，何为去我？’处女相与语以为然，而留之。今臣不肖，弃逐于秦而出关，愿为足下扫室布席，幸无我逐也。”苏子曰：“善，请重公于齐。”

[注释]

①甘茂亡秦：甘茂原为秦国的重臣，官至左丞相，后被秦王的亲信向寿诋毁，自秦出逃。②关：指函谷关。③苏子：纵横家苏秦之弟苏代。④处女：还未嫁人的女子。

[译文]

甘茂从秦国出逃将要去齐国，过了函谷关之后碰到苏代，就对苏代说：“您有没有听过那个江上还没嫁人的女子的事情？”苏代说：“未曾听过。”甘茂又说：“在江上的未婚女子当中，有一个贫穷得连蜡烛都没有的女子，其他的江上女子就互相商量想把那个贫穷得没有蜡烛的女子赶走。这个贫穷得没有蜡烛的女子打算离开了，就对其他的女子说：‘我因为没有蜡烛，常常比你们早到，打扫屋室铺设席子。你们为什么非要吝惜照在四周墙壁上的一点点余光啊？如果有幸能够赐予我一点的话，又能对你们有什么妨碍呢？我自己觉得还是有益于你们的，何必一定把我赶走呢？’那些女子就又商议，觉得是这样，就把她留下了。如今我不才被秦丢弃而出函谷关，我愿意为阁下您打扫屋舍，铺设席子，希望我能有幸不被赶走。”苏代说：“好，我会请求齐王使齐国重用您。”

乃西说秦王曰：“甘茂贤人，非恒士也；其居秦，累世重矣。自殽塞、谿谷①，地形险易，尽知之。彼若以齐约韩、魏，反以谋秦，是非秦之利也。”秦王曰：“然则奈何？”苏代曰：“不如重其贽②、厚其禄以迎之。彼来，则置之槐谷，终身勿出，天下何从图秦？”秦王曰：“善。”与之上卿，以相迎之齐。甘茂辞不往。苏秦伪谓王曰：“甘茂贤人也，今秦与之上卿，以相迎之；茂德王之赐，故不往，愿为王臣。今王何以礼之？王若不留，必不德王。彼以甘茂之贤，得擅用强秦之众，则难图也。”齐王曰：“善。”赐之上卿命而处之。

[注释]

①谿谷：位于今陕西三元一带。②贽：聘任之礼。

[译文]

于是苏代便西行拜见秦王说道："甘茂很有贤能，并非是普通的人，他在秦国时受到秦国几代君王的重用。从殽塞到谿谷，对于秦国地形的险要平易，他都很清楚。如果他经由齐国与韩国、魏国建立盟约，反而谋攻秦国的话，这对秦国来说可不是什么好事。"秦王说："这样的话该怎么办呢？"苏代就说："您不如备上厚礼、丰厚的俸禄迎接甘茂回来。他来了之后，您就在槐谷软禁他，终身都不得外出，诸侯还能从哪里图谋秦国呢？"秦王说："很好。"于是秦王就许给甘茂上卿的高职，派相国到齐国去迎接他。甘茂却拒绝了没有前往。苏秦就又去齐国游说齐王说道："甘茂非常有贤德，如今秦国又许给他上卿这样的高职，让相国来迎接他；但是甘茂承蒙大王您的恩赐，而没有去秦国，依然想要做大王您的大臣。如今大王您怎么对待他啊？如果大王您不挽留他的话，他必定不再感激大王。以甘茂这样的贤才，如果再让他掌控了强大的秦国的军队，就很难应付了。"齐王说："是啊。"于是就授予他上卿的高位，让他呆在齐国。

甘茂相秦

甘茂相[1]秦。秦王[2]爱公孙衍，与之间有所立，因自谓之曰："寡人且相子[3]。"甘茂之吏道[4]而闻之，以告甘茂。甘茂因入见王曰："王得贤相，敢[5]再拜贺。"王曰："寡人托国于子，焉更得贤相？"对曰："王且相犀首。"王曰："子焉闻之？"对曰："犀首告臣。"王怒于犀首之泄也，乃逐之。

[注释]

①相：担任秦国的相国。②秦王：指秦武王。③且相子：将要让你做相国。且，将。④道：指在路上。⑤敢：表示谦敬之词。

[译文]

甘茂在秦国做丞相。秦武王喜爱公孙衍，和他私下总有话可说，于是亲自对他说："我想让你做丞相。"甘茂的家臣偶尔听到了这番话，就告诉了甘茂。甘茂进宫拜见秦武王说："大王得到了一个贤能的丞相，我特来拜贺。"秦武王说："我把国家大事交付给你了，怎么又得到一个贤能的丞相呢？"甘茂回答说："大王想让犀首做丞相。”秦武王说：“你怎么知道的？”甘茂回答说：“犀首告诉我的。”秦武王恼怒犀首泄露了秘密，就把他赶走了。

甘茂约秦魏而攻楚

甘茂约①秦、魏而攻楚，楚之相秦者屈盖为楚和于秦。秦启②关③而听楚使。甘茂谓秦王曰：“怵（xù）④于楚，而不使魏制和，楚必曰：‘秦鬻（yù）⑤魏。’不悦⑥而合于楚。楚、魏为一，国恐伤⑦矣。王不如使魏制和，魏制和，必悦。王不恶于魏，则寄地⑧必多矣。”

［注释］

①约：联合。②启：开启、打开。③关：关隘。④怵：通“訹”，诱惑、利诱。⑤鬻：出卖，背叛。⑥不悦：不高兴，前面省略了主语魏国。⑦伤：损伤。⑧寄地：寄放的土地，即将割让给秦国的土地，因具体时间未定，所以称之为“寄地”。

［译文］

甘茂联合了秦、魏一同攻打楚国，楚国在秦国为相的屈盖主张让楚国来和秦国议和。秦国打开了关隘以接待楚国前来议和的使者。甘茂向秦王说道：“如果您接受了楚国的利诱，而不让魏国出面讲议和之事，那样楚国必定将扬言‘是秦国出卖了魏国’。魏国肯定会为此而不高兴，于是便会和楚国联合。一旦楚、魏联合在一起，恐怕秦国就得受损害了。大王您不如让魏国出面讲求议和之事，一旦魏国出面讲了议和之事后，它必定会很高兴。大王您也可以不让魏国怨恨于您，那样一来，您得到的割地必定会很多。”

秦策三

秦客卿造谓穰侯

秦客卿造①谓穰(ráng)侯②曰："秦封君以陶③，藉君天下数年矣。攻齐之事成，陶为万乘，长小国④，率以朝天子，天下必听，五伯⑤之事也；攻齐不成，陶为邻恤⑥，而莫之据也。故攻齐之于陶也，存亡之机也。君欲成之⑦，何不使人谓燕相国曰：'圣人不能为时，时至而弗失。舜虽贤，不遇尧也，不得为天子；汤、武虽贤，不当桀(jié)、纣不王⑧。故以舜、汤、武之贤，不遭时不得帝王。

[注释]

①客卿造：名叫造的客卿。②穰侯：指魏冉。③陶：秦地名，穰侯的封地，位于今山东定陶的西北方向。④长小国：指领导小国。⑤五伯：指春秋五霸。伯，指年长的，大的，引申为强大的。⑥邻恤：被邻国所觊觎。⑦之：指代攻打齐国之事。⑧王：称王。

舜

舜，传说中的上古帝王名，父系氏族社会后期部落联盟领袖。姚姓，有虞氏，名重华，史称虞舜。相传因四岳推举，尧命他摄政。尧去世后继位，又咨询四岳，挑选贤人治理民事，并选拔治水有功的禹为继承人。

[译文]

秦国的客卿造对穰侯说："秦国把陶邑封给您，由您执政已经好几年了。进攻齐国的事情如果能够成功，陶邑就相当于拥有万辆兵车的大国了，可以成为小国的首领，率领他们朝见天子，诸侯一定会听命，这可以同春秋五霸相比啊；如果进攻齐国的事情失败，陶邑被邻国所觊觎，就会无所依托。所以进攻齐国对于陶邑来说，是生死存亡的关键。您如果想让这事成功，何不派人对燕相国说：'圣人不能创造时机，但时机来了却不放过。舜虽然贤能，如果不是遇上唐尧，也不能成为天子；商汤、周武虽然贤能，如果不是处在夏桀、殷纣那个时候，也不能称王天下。所以凭着虞舜、商汤、周武这样的贤能，如果不是碰上好时机也不能成为帝王。

“‘令①攻齐，此君之大时也已。因②天下之力，伐雠(chóu)国③之齐，报惠王之耻，成昭王之功，除万世之害，此燕之长利，而君之大名也。《书》云：“树德莫若滋，除害莫如尽。”吴不亡越，越故亡吴④；齐不亡燕，燕故亡齐⑤。齐亡于燕，吴亡于越，此除疾不尽也。以非此时也，成君之功，除君之害，秦卒有他事而从齐，齐、赵合，其雠君必深矣。

［注释］

①令：如果，假设。②因：凭借。③雠国：敌国。④吴不亡越，越故亡吴：指当年吴王夫差战胜越国，吴王没有杀越王勾践，后来吴王为越王勾践所杀，并灭国。⑤齐不亡燕，燕故亡齐：齐国击败燕国，三十年后齐国又被燕王攻破。

［译文］

“‘现在如果进攻齐国，这是您的大好时机啊。凭借诸侯的力量，讨伐齐国，报惠王的耻辱，完成昭王的功业，铲除万世的祸害，这是燕国的长远利益，也是您个人的好声誉。《尚书》上说：“做好事越多越好，除祸害越彻底越好。”吴国没有灭亡越国，越国反而灭亡了吴国；齐国没有灭亡燕国，燕国反而控制了齐国。齐国被燕国控制，吴国被越国灭亡，这都是因为铲除祸根不彻底的缘故。不在这个时候成就您的功名，铲除您的祸害，那么一旦秦国突然转变态度，而与齐国联合，齐、赵两国又联合起来，他们就会更加仇恨您了。

“‘挟君之雠(chóu)以诛①于燕，后虽悔之，不可得也已。君悉燕兵而疾攻之，天下之从君也，若报父子之仇。诚能亡齐，封君于河南②，为万乘，达途于中国，南与陶为邻，世世无患。愿君之专志于攻齐，而无他虑也。’”

［注释］

①诛：讨伐。②河南：黄河以南。河，指黄河。

［译文］

“‘如果让秦国携同齐国来讨伐燕国，到那时，就后悔莫及了。如果您动员燕国所有的兵力去消灭齐国，诸侯一定像报父子之仇一样来响应您。如果真能消灭齐国，把黄河以南的土地封给您，您将等同于拥有万辆兵车的大国，身居中原，四通八达，南面和陶邑为邻，世世代代没有忧患。希望您专心进攻齐国，不要有别的想法。'"

范子因王稽入秦

范子[①]因王稽(jī)入秦，献书昭王曰："臣闻明主莅正[②]，有功者不得不赏，有能者不得不官；劳大者其禄厚，功多者其爵(jué)尊；能治众者其官大，故不能者不敢当其职焉，能者亦不得蔽隐。使以臣之言为可，则行而益利其道；若将弗行，则久留臣无为也。

［注释］

①范子：指范雎，魏国人，战国时期有名的雄辩之才，被魏相国谋害几乎致死，后被人救入秦，很受重视。②正：通"政"，执政。

［译文］

范雎经由王稽进入秦国，向秦昭王上书进谏道"我听闻明君在位执政的话，对于建立功勋的人不会不进行奖赏，对于有才能的人不会不给他官做；比较劳苦的人，得到的俸禄就比较深厚，建立的功勋多的人，得到的爵位也会比较高；治理民众能力强的人，担任的官职也就会比较大，所以不是真有才能的人就不敢担任职务，而真正有才能的人，也绝对不会被埋没。如果您认可我的话，那么按照这个来实行，将会对国家执政更为有利；如果您不使我的话得以实行，那么我在秦国长时间的停留也没什么用。

"语曰：'人主赏所爱而罚所恶；明主则不然，赏必加于有功，刑必断于有罪。'今臣之胸不足以当椹(zhēn)质[①]，要不足以待斧钺(yuè)，岂敢以疑事尝试于王乎？虽以臣为贱而轻辱臣，独不重任臣者？后无反覆于王前耶？臣闻周有砥(dǐ)厄(è)，宋有结绿，梁有悬黎，楚有和璞(pú)[②]，此四宝者，工之所失也，而为天下名器。然则圣王之所弃者，独不足以厚国家乎？臣闻善厚家者，取之于国；善厚国者，取之于诸侯。天下有明主，则诸侯不得擅厚矣。是何故也？为其凋荣也。良

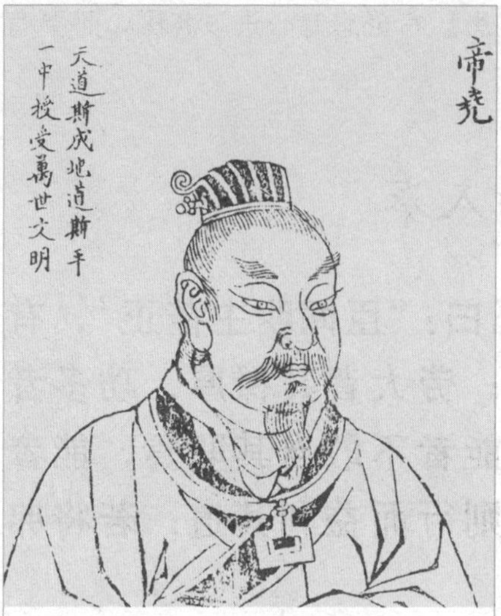

尧

尧是中国古代传说的圣王，名伊祁，号放勋。因封于唐，故称“唐尧”。

医知病人之死生，圣主明于成败之事，利则行之，害则舍之，疑则少尝之，虽尧、舜、禹、汤复生，弗能改已。

［注释］

①椹质：也作“砧质”，指古代杀人用的垫板。②砥厄、结绿、悬黎、和璞：都是玉的一种。

［译文］

“俗话说：‘普通的君主会对他喜欢的人进行奖赏，而对其憎恶的人进行惩罚。英明的君主却不是如此，奖赏必然会给予有功之臣，惩罚必然会施加于有罪之人。’如今我的胸膛不足以抵挡砧质，腰身也不足以承受斧钺。我哪里敢拿犹疑的主张来让大王进行尝试呢？虽然有人因为我出身卑贱而轻视侮辱我，但是大王您对于推荐我的人也不重视吗？难道他会在秦王您面前反反复复吗？我听说周王室拥有砥厄，宋国拥有结绿，梁国拥有悬黎，楚国拥有和氏璧，这四种珍奇的宝玉，虽然工匠们最初都无法辨认，但是后来它们还是成为天下十分有名的宝器。由此观之，难道圣明的君主所舍弃的人，就无法对国家有巨大贡献吗？我曾听闻擅长使家庭富裕的人，要从国家获取；擅长富强国家的人，要从其他诸侯那里获取。如果天下拥有了贤明的君主，诸侯就将无法使自己的国家富强了。这是何原因呢？因为有凋零的就必然有繁盛的。医术高超的医生能够预测病人的生存与死亡，圣明的君主能够预测事情的成功还是失败。做事如果有好处就去实行它，如果有害就舍弃它，如果有疑惑的话就稍稍尝试一下，即使尧、舜、禹、汤能够死而复生，这个道理也不会改变。

“语之至者，臣不敢载之于书；其浅者又不足听也。意者臣愚而不阖（hé）于王心耶？已其言臣者将贱而不足听耶？非若是也，则臣之志，愿少赐游观之间，望见足下而入之。”

书上，秦王说①之，因谢王稽，使人持车召之。

［注释］

①说：通“悦”，高兴，愉悦。

[译文]

“话语中的极致，我不敢把它写在谏书上；话语中粗浅者，又不足以让人听信。是由于我比较愚钝，不能使自己的话合乎大王的心意吗？还是由于举荐我的人身份卑贱，不足于使大王听信？倘若不是这样的话，我希望大王能稍稍赐予我一点游览观赏的时间，希望能够入朝觐见大王您。”

谏书呈上之后，秦王十分高兴，于是就向王稽致谢，派人用专车召范雎入宫。

范雎至秦

范雎(jū)至秦，王庭迎。谓范雎曰：“寡人宜以身受令①久矣，今者义渠②之事急，寡人日自请太后；今义渠之事已，寡人乃得以身受命。躬窃闵(mǐn)③然不敏。”敬执宾主之礼，范雎辞让。是日见范雎，见者无不变色易容者。秦王屏左右，宫中虚无人。秦王跪④而请曰：“先生何以幸教寡人？”范雎曰：“唯唯。”有间，秦王复请。范雎曰：“唯唯。”若是者三。

[注释]

①受令：接受教诲，表示对范雎的恭敬。②义渠：当时西部的一个部落。位于今宁夏、陕西、甘肃一带。③闵：迷惑不清。④跪：古人的一种坐姿，双膝跪地，坐在脚跟上。

[译文]

魏人范雎来到秦国，秦王亲自在庭院里迎接他。秦王对魏人范雎说：“我想要亲自领受您的赐教已经很久了，只是近日急于处理义渠国的事情，我还要天天亲自向太后请示；此刻义渠国的事情终于已经处理完了，这才有机会亲自听取您的赐教。我私下深知自己很迷惑、不聪敏。”秦王非常恭敬的为范雎行宾主之礼仪，范雎推辞谦让。这些日子以来看见范雎的人，没有一个脸色不改变流露出敬仰之情的。秦王屏退左右，宫殿内除了他们两个以外再无他人。秦王跪坐请问道：“先生您将用什么来赐教于我呢？”范雎只是“是是”这样子回答了两声。片刻之后，秦王又一次地请求赐教，范雎又说“是是”。一连好几次都是如此。

秦王跽(jì)①曰：“先生不幸教寡人乎？”范雎谢曰：“非敢然也。臣闻始时吕尚之遇文王也②，身为渔父，而钓于渭阳之滨耳，若是者交疏也。已，一说而立为太师，载与俱归

磻溪垂钓

吕尚是周朝的开国元勋，本为姜姓，因先祖封于吕，故以吕为氏，又称太公望。相传吕尚未遇周文王时，曾在渭水垂钓。

者，其言深也。故文王果收功于吕尚，卒擅天下，而身立为帝王。即使文王疏吕望而弗与深言，是周无天子之德，而文、武无与成其王也。今臣羇旅之臣也，交疏于王，而所愿陈者皆匡君之事，处人骨肉之间，愿以陈臣之陋忠，而未知王心也，所以王三问而不对者是也。

［注释］

①跽：与跪相似，也是席地而坐，但是臀部不再坐在脚跟上，上身直立。②吕尚之遇文王也：吕尚，姜太公，姜子牙。文王，周文王。姜子牙曾辅佐周文王，后辅佐文王之子武王伐商建立周朝。

［译文］

秦王又上身直立更加恭敬地恳请道："先生您难道不想赐教于我了吗？"范雎拜谢说："我并不敢如此。我曾听闻姜太公吕尚遇到周文王之前，只是一个渔夫，当时他只是在渭河边垂钓而已，这两个人交情是如此疏浅。后来吕尚一向文王进言就被封立为太师，与周文王一起乘车归去，这是因为吕尚的话已经深为文王所认可。因此周文王果真因为重用了吕尚而立下了功业，最终统领天下，自己也成了天下的帝王。假若让文王疏离吕尚，吕尚也不会向他进言，这样周朝也不会有天子的圣德了，周文王、周武王也成不了帝王之业。如今我仅仅是一个客居秦国的人而已，与大王交情十分疏浅，但是我想要说的又都是匡正秦王您的朝廷政务的事，我处于秦王您与您的骨肉至亲之间，我原本打算陈述我的愚笨的忠诚，但是又不清楚大王的想法怎样，因此秦王您问了我好几次我都未能回答。

"臣非有所畏而不敢言也，知今日言之于前，而明日伏诛于后。然臣弗敢畏也。大王信行臣之言，死不足以为臣患，亡不足以为臣忧，漆身而为厉，被发而为狂，不足以为臣耻。五帝[1]之圣而死，三王[2]之仁而死，五伯[3]之贤而

死，乌获④之力而死，贲（bēn）、育⑤之勇焉而死。死者，人之所必不免也，处必然之势。可以少有补于秦，此臣之所大愿也，臣何患乎？

［注释］

①五帝：指在中国历史上早期非常贤明的五位帝王，分别是黄帝、颛顼、帝喾、尧、舜。②三王：战国之前的三个朝代（夏、商、周）贤明的帝王，即夏禹、商汤、周文王。③五伯：指春秋时期的五位霸主。④乌获：秦武王时期非常有名的大力士。⑤贲、育：非常骁勇的两位勇士，指孟贲和夏育。

［译文］

“我并非有所害怕才不敢向您进言的，我很清楚我今天在大王您面前进言，也许明日就会被诛杀。但是我并不害怕被诛杀，只要大王您能听信并按照我所说的去做，即使是死我也不会害怕，即使是流放逃亡我也不会忧心，即使以漆涂身而满身都长了癞子，成了披头散发的疯子，我也不会觉得耻辱。即使是五帝、三王、五霸这样的圣贤之人也终究会死亡；即使乌获这样富有力量的人，像孟贲、夏育这样勇敢的人也终究会死亡。死，是每个人都无法避免的，是无法更改的必然趋势。能够稍稍对秦国有所增益，这是我最大的愿望，我还担心什么呢？

“伍子胥橐（tuó）载而出昭关，夜行而昼伏，至于淩（líng）水①，无以饵其口，坐行蒲服，乞食于吴市，卒兴吴国，阖庐（hé lú）②为霸。使臣得进谋如伍子胥，加之以幽囚，终身不复见，是臣说之行也，臣何忧乎？箕（jī）子、接舆③漆身而为厉，被发而为狂，无益于殷、楚。使臣得同行于箕子、接舆，漆身可以补所贤之主，是臣之大荣也，臣又何耻乎？臣之所恐者，独恐臣死之后，天下见臣尽忠而身蹶也，是以杜口裹足莫肯即秦耳。足下上畏太后之严，下惑奸臣之态，居深宫之中，不离保傅之手；终身暗惑，无与照奸。大者宗庙灭覆，小者身以孤危。此臣之所恐耳。若夫穷辱之事、死亡之患，臣弗敢畏也。臣死而秦治，贤于生也。”

［注释］

①淩水：溧水，源出安徽芜湖，经江苏入太湖。②阖庐：吴国君主，春秋末年

在伍子胥的帮助下复兴了吴国。③箕子、接舆：指两位狂人。箕子，商纣王的叔父，因为不满纣王的昏庸无道而假装癫狂；接舆，楚国人，也因对当时的政治不满而佯装癫狂。

[译文]

“忠义之臣伍子胥是躲在袋子里被人用车拉出昭关逃离出国的，他晚上行路，白天躲起来，到了蔆水，就没有什么吃的了，他双膝跪地爬行，在吴市乞讨，最终辅助吴国复兴，帮助吴王阖庐建立了霸主之业。如果能让我像伍子胥一样进谏，即使被囚禁起来，到死都不能再见到大王，只要我的谋略能够得以实行，我又有什么可担心的呢？当初纣王的叔叔箕子、楚国的接舆，漆身为癞，披散着头发佯装为癫狂，却始终不能对殷、楚有所裨益。即使让我遭受箕子、接舆的漆身为癞之苦，只要能够对您有所裨益，这就将是我最为荣耀的事情，我又有何羞耻啊？我所忧患的，只是恐怕在我死之后，天下之人看着我因为向大王尽忠而身死，以至于天下之人都闭口裹足不愿来秦国。大王您对上害怕太后的威严，对下又被奸诈臣子的谄媚之态所迷惑，居住在幽深的宫中，不能独立脱离太保太傅之手，一生都糊糊涂涂，不能分辨奸邪。从大处来说将会使得国家社稷覆灭，从小处来说将会使您自己孤立、危险。这是我最为担心的。而我自身的穷困、耻辱，死与逃亡，这些我都不会畏惧。如果我死了，但是秦国得到了很好的整治，这比让我活着更有意义。”

秦王跽(jì)曰：“先生是何言也！夫秦国僻远，寡人愚不肖，先生乃幸至此，此天以寡人慁(hùn)①先生，而存先王之庙也。寡人得受命于先生，此天所以幸先王而不弃其孤也，先生奈何而言若此？事无大小，上及太后，下至大臣，愿先生悉以教寡人，无疑寡人也。”范雎(jū)再拜，秦王亦再拜。

[注释]

①慁：有劳，劳烦。

[译文]

秦王挺直上身跪着说：“先生为何会说出这种话呢？秦国非常偏远，我又比较愚钝缺乏才能，有幸先生您来到秦国，此乃天意让我劳烦先生赐教，以保存先王的功业。我能得到先生您的赐教，这是上天对先王的恩幸，不丢弃我。先生怎么能够这样说呢？从今以后事情无论大小，上至太后，下及大臣，希望先生您都能予以赐教，一定不要对我有什么怀疑。”范雎于是又一次向秦王拜谢致礼，秦王也又一次地回拜。

范雎曰：“大王之国，北有甘泉、谷口①，南带泾(jīng)、渭(wèi)②，

右陇、蜀，左关[3]、阪，战车千乘，奋击百万，以秦卒之勇，车骑之多，以当诸侯，譬若驰韩卢[4]而逐蹇(jiǎn)兔[5]也，霸王之业可致。今反闭而不敢窥兵于山东者，是穰(ráng)侯为国谋不忠，而大王之计有所失也。”

[注释]

①甘泉、谷口：甘泉，山名；谷口，又名瓠口。甘泉和谷口分别位于今天的陕西省淳化的西北和礼泉的东北方向。②泾、渭：水名，即泾水、渭水。③关：指函谷关。④韩卢：韩国的凶猛之犬。⑤蹇兔：跛脚的兔子。

[译文]

范雎说道：“秦王您的国家，在北面有甘泉山、谷口，南面有泾水和渭水，右边是陇山和蜀这样的多山之地，左边是函谷关、陇阪，有上千辆的战车，奋勇杀敌之兵士百万，凭借秦兵之骁勇，战车兵马之富足，用这些来抵挡诸侯，就好像是用韩国的猛犬追跛脚的兔子一样，霸主之业很容易就可以建立。如今秦王您反而闭国不敢对山东诸国发兵，这是因为穰侯对秦国谋划不够忠诚，大王您也有失当之处。”

王曰：“愿闻所失计。”雎(jū)曰：“大王越韩、魏而攻强齐，非计也。少出师则不足以伤齐，多之则害于秦。臣意[1]王之计，欲少出师，而悉韩、魏之兵则不义矣。今见与国之不可亲，越人之国而攻，可乎？疏于计矣。昔者齐人伐楚，战胜，破军杀将，再辟地千里，肤寸[2]之地无得者，岂齐之欲地哉？形弗能有也。诸侯见齐之罢露，君臣之不亲，举兵而伐之，主辱军破，为天下笑。所以然者，以其伐楚而肥韩、魏也。此所谓‘藉贼兵而赍(jī)盗食[3]’者也。王不如远交而近攻，得寸则王之寸，得尺亦王之尺也。今舍此而远攻，不亦缪乎？且昔者，中山之地方五百里，赵独擅之，功成、名立、利附，则天下莫能害。今韩、魏中国之处，而天下之枢也。王若欲霸，必亲中国而以为天下枢，以威楚、赵。赵强则楚附[4]，楚强则赵附，楚、赵附则齐必惧，惧，必卑辞重币以事秦，齐附，而韩、魏可虚也。”王曰：“寡人欲亲魏；魏多变之国

也，寡人不能亲。请问亲魏奈何？”范雎曰：“卑辞重币以事之，不可；削地而赂之，不可；举兵而伐之。”于是举兵而攻邢丘，邢丘拔，而魏请附。

［注释］

①意：猜测，忖度。②肤寸：古代两个很小的度量单位。③藉贼兵而赍盗食：借武器给贼，送粮食给盗。藉，通“借”；兵，兵器；赍，赠送，给予。④附：依附，附属。

［译文］

秦王说：“我愿意听听我究竟有何失当之处。”范雎回答说：“大王您越过韩国和魏国去出兵攻打强大的齐国，这并非是什么妙计。发兵少的话不足以使齐国受到创伤，多的话就会伤害到秦国自己。我揣测大王您的计谋是少发兵，用尽韩国、魏国所有的兵力，这是不合乎道义的。如今就看出这两个盟国并不可靠，穿越他国去攻打齐国，可以吗？用计疏忽啊！以前齐国攻打楚国，战争取得了胜利，攻破敌军，杀了敌国的将领，又开辟了千里的国土，但是最后连一寸土地都没有得到，这难道是因为齐国不想得到土地吗？形势使得它不能得到而已。其他诸侯国见齐军已经十分疲惫了，君主和臣子之间的关系也不好，就发兵攻打齐国，结果国君受到了侮辱，军队也被攻破，天下人都嘲笑它。之所以这样，是因为齐国讨伐楚国，却让韩国和魏国强大了。这就是‘借武器给贼，送粮食给盗’啊。大王您不如与较远的国家建立邦交，而攻打相近邻的国家，哪怕只是得到一寸的土地也是秦王您自己的土地，哪怕只是一尺的土地也是秦王您的土地。如今您舍弃近国而去攻打遥远的国家，不是很荒谬吗？并且以往中山这个地方的土地有方圆五百里，唯有赵国一国霸占，功业建成、名声确立、利益相伴，天下诸侯没有谁能损害它。如今韩国和魏国都处于诸侯国的中间地带，是整个天下的枢纽。秦王您想成为霸主的话，就必须对韩、魏这样的处于中间的枢纽之国友善，以此来对楚国和赵国构成威胁。倘若赵国强大的话，楚国就会依附于秦国；如果楚国强大的话，赵国就会依附秦国；一旦楚国、赵国依附于我们秦国，齐国就会畏惧担心，齐国畏惧我们的话，对秦国就会很卑微地说话，送来厚重的礼物以侍奉秦国。到时候如果齐国依附于我们的话，韩国和魏国也就没有实力了。”秦王说：“我原本想亲近魏国，但是魏国又是个经常发生变化的国家，我无法亲近它。如果想要亲近魏国的话，该怎么办啊？”范雎回答说：“对魏国十分卑微地说话，送去重金给它，不可以；割让国土贿赂它，也不行。应该发兵攻打它。”因此秦国就发兵进攻魏国的邢丘之地，邢丘被攻破了，魏国就请求依附于秦国。

曰：“秦、韩之地形，相错如绣。秦之有韩，若木之有蠹(dù)，人之病心腹。天下有变，为秦害者，莫大于韩，王

不如收韩。”王曰：“寡人欲收韩，不听，为之奈何？”范雎曰：“举兵而攻荥(xíng)阳[1]，则成皋(gāo)之路不通；北斩太行之道，则上党之兵不下。一举而攻荥阳则其国断而为三。魏、韩见必亡，焉得不听？韩听，而霸事可成也。”王曰：“善。”

［注释］

①荥阳：为韩国的地名，位于今河南荥阳一带。

［译文］

范雎对秦王说：“秦国与韩国的地理形势，就像相互交织的刺绣一样。韩国对秦国来说就像树木上有了虫子，人的心腹出了问题一样。天下如果有什么变故的话，祸害秦国的，没有哪个国家能超过韩国，大王您不如攻收取韩国。”秦王说：“我想要收取韩国，但是如果韩国不听从于我，那该拿它怎么办才好啊？”范雎回答说：“发兵攻打韩国的荥阳，这样就会使得成皋的路不能通行；在北面把太行山的道路斩断，上党的军队也就过不来了。这样一个攻打荥阳的举动就会使韩国分成三段。魏国、韩国看到必然会灭亡，又怎么会不听顺于我们呢？一旦韩国听顺于我们了，霸王的功业就可以造就了。”秦王说：“好。”

范雎曰臣居山东

范雎(suī)曰：“臣居山东，闻齐之内有田单，不闻其有王；闻秦之有太后、穰(ráng)侯、泾阳、华阳，不闻其有王。夫擅国之谓王，能专利害之谓王，制杀生之威之谓王。今太后擅行不顾，穰侯出使不报，泾阳、华阳[1]击断无讳。四贵备而国不危者，未之有也。为此四者，下乃所谓无王已。然则权焉得不倾，而令焉得从王出乎？臣闻善为国者，内固其威，而外重其权。穰侯使者操王之重，决裂诸侯，剖符[2]于天下，征敌伐国，莫敢不听；战胜攻取，则利归于陶，国弊御于诸侯；战败则怨结于百姓，而祸归社稷。《诗》曰：‘木实繁者披[3]其枝，披其枝者伤其心，大其都者危其国，尊其臣者卑其主。’淖齿管齐之权，缩闵王之筋，县之庙

梁，宿昔而死。李兑用赵，减食主父，百日而饿死。今秦太后、穰侯用事，高陵、泾阳佐之，卒无秦王。此亦淖齿、李兑之类已。臣今见王独立于庙朝矣。且臣将恐后世之有秦国者非王之子孙也。”秦王惧，于是乃废太后，逐穰侯，出高陵，走泾阳于关外。昭王谓范雎曰：“昔者齐公得管仲，时以为仲父，今吾得子，亦以为父。”

范雎窥妻祝香

范雎少有大志，苏丞相将女儿许配其为妻，但尚未婚配，夫妻二人也未见面。一日范雎在丞相府住宿，夜晚漫步后花园，见丞相女儿正在后花园焚香祈祷，范雎因此窥见未婚妻容貌。这是明代演义小说，杜撰成分居多，于史无证，不足为信。

[注释]

①泾阳、华阳：泾阳君、华阳君，分别为秦昭王的弟弟和舅舅。②符：古代君主下达命令的凭证兵符。③披：压弯，折断。

[译文]

范雎说：“我居住在山东的时候，听说过齐国有田单，却未曾听闻过齐王；听说过秦国有太后、相国穰侯、泾阳君、华阳君，却没有听说过秦王。能掌控国权的称为君王，能独握机密的称为君王，能管制生杀大权的称为君王。可如今秦国却是太后擅自行政而无所忌讳，相国穰侯出使他国不向上报告，泾阳君和华阳君处理事情完全不避讳。有了这样的四位显贵之人却还没有危险，这样的国家是不存在的。秦王您处于这四人之下，因此民间才会说秦国没有大王。这样的话国政大权怎么可能不旁落，而政令又怎能听从大王呢？我听说善于治理国家的国君，对内会巩固自己的威信，对外会扩充自己的权势。相国穰侯出使操控了大王您的权利，与天下诸侯绝交，结盟，征讨敌国，没有人敢不听从。如果打了胜仗攻破敌国，利益都被他送到陶地，国力就会变得疲惫，受到其他诸侯的制约；如果战败的话就会被百姓怨恨，祸害国家社稷。《诗经》有言：‘果实太多就会把树枝压折了，树枝压断了就会损伤根本；诸侯扩大了城邑就会危及国家，大臣被过分尊重国君地位就会受到轻视。’淖齿掌控了齐国的大权，闵王就被捆绑了起来，并被悬吊在庙堂的梁上，一夜之间就死了。李兑操纵赵国，给赵主父缩减饭食，百天就被饿死了。如今秦国的太后、穰侯控权，高陵君、泾阳君又加以辅助，最终就没有人知道大王了。他们都是淖齿、李兑这一类的人。今天我还能看到大王您孤立于朝堂之上，我害怕万世之后的秦国将不再是秦王您的子孙掌权。”秦王十分害怕，于是就废除了太后，驱逐相国穰侯，赶走了高陵君、泾阳君到函谷关之外。秦王对范雎说：“以前春秋时期齐桓公得到管仲，当时的人把他当作仲父，我今日得到了先生您，也是把您当作我的父辈啊！”

应侯谓昭王

应侯①谓昭王曰：“亦闻恒思有神丛②与？恒思有悍少年，请与丛博③，曰：‘吾胜丛，丛籍④我神三日；不胜丛，丛困我。’乃左手为丛投，右手自为投。胜丛。丛籍其神。三日丛往求之，遂弗归。五日而丛枯，七日而丛亡。今国者王之丛，势者王之神，籍人以此，得无危乎？臣未尝闻指大于臂，臂大于股(gǔ)。若有此，则病必甚矣。百人舆瓢而趋，不如一人持而走疾。百人诚舆瓢(yú piáo)，瓢必裂。今秦国，华阳用之，穰(ráng)侯用之，太后用之，王亦用之。不称瓢为器则已，已称瓢为器，国必裂矣。

［注释］

①应侯：指范雎。②恒思有神丛：恒思，地名；神，神祠；丛，丛林。③博：指掷骰子赌博。④籍：通“借”，借给。

［译文］

应侯范雎对秦昭王说：“大王您也听说过恒思这个地方的丛林里有个神祠吗？恒思有个非常顽劣的少年，请求与神祠的祠主丛玩掷骰子。这个少年说：‘我胜了祠主您的话，您就把丛神借给我三天；我要是输了，祠主您可以把我陷于困境。’于是少年就左手替祠

范雎登途遇友

范雎与须贾出使齐国，不卑不亢，维护了魏国的尊严，赢得了齐国君臣的敬重，但须贾嫉妒他的功劳，在宰相魏齐面前诬陷范雎泄露国家机密给齐国，魏齐将范雎下狱，严刑拷打。后范雎诈死逃生，一路上历经艰难险阻，两次投宿都被主人赶出。后来投宿在故友朱士辉家中，朱士辉劝其入秦。范雎到秦国后，官至相国，建功立业。这是明代演义小说，杜撰成分居多，于史无证，不足为信。

主掷骰子，右手给自己掷。后来少年胜了祠主，祠主就把丛神借给了少年三天。三天后，祠主就去向少年索要丛神，少年却不归还。五天后这片丛林就枯萎了，七天后丛林死掉了。现在秦国就是大王您的丛林，权势就是大王您的丛神，把这些借给他人，能没有危险吗？我未曾听说过手指比胳臂还要粗，胳臂比大腿还要粗的。假若存在这种情况的话，那么这个人的病就太严重了。上百个人扛着一个瓢急走的话，还不如一个人带着它跑得快。果真是百人背着一个瓢的话，瓢一定会被弄裂。如今的秦国，华阳君掌控着国权，穰侯掌控着国权，太后掌控着国权，大王您也掌控着国权。不把国家当作瓢的话也就算了，如果把国家当作瓢的话，国家肯定会分裂。

“臣闻之也，‘木实繁者枝必披，枝之披者伤其心，都大者危其国，臣强者危其主。’其令邑中自斗食[①]以上，至尉、内史[②]及王左右，有非相国之人者乎？国无事则已，国有事臣必闻见王独立于庭也。臣窃为王恐，恐万世之后有国者非王之子孙也。

[注释]

①斗食：代指享用很低俸禄的官员。②尉、内史：均是比较高的职位，分别是管理军队和京城的官员。

[译文]

“我听说：‘果实太多就会把树枝压折了，树枝压断了就会损伤根本，诸侯扩大了城邑就会危及国家，大臣被过分尊重国君地位就会受到轻视。’现在的秦国下至享用斗食俸禄的小吏，上至国尉、内史乃至大王您的左右侍臣，有不是相国的亲信之人的吗？秦国如果没有什么政治变故的话则算了，如果发生什么变故的话，我必然会听闻大王孤立于朝廷。我私下里为大王您担忧，害怕万世之后的秦国将不再是秦王您的子孙在掌权。

“臣闻古之善为政也，其威内扶，其辅外布，四[①]治政不乱不逆，使者直道而行，不敢为非。今太后使者分裂诸侯，而符布天下，操大国之势，强征兵，伐诸侯。战胜攻取，利尽归于陶，国之币帛竭入太后之家，竟内之利，分移华阳。古之所谓危主灭国之道必从此起。三贵竭国以自安，然则令何得从王出，权何得毋（wú）分？是我王果处三分之一也。”

［注释］

①四：一说应为“而”，此处指如此。

［译文］

“我听说古时善于处理国政的君主，他在国都之内控制着国家的权威，他的辅助之臣分布于国都之外，如此国家的政治就不会混乱和发生叛逆，使臣办事就会按规章来做，不敢违乱法纪。如今太后的使臣，到处分裂天下诸侯，他们的兵符遍布天下，操纵大国的权势，强制性地征集兵士，征讨各个诸侯。战胜攻取了敌国的话，所得到的利益都归入了穰侯的封地陶邑，国家的货币全都送到了太后家里，国家内部的财物都转到了华阳君那里。古人所说的危害君王、灭亡国家的道路一定是由这里来的。这三个权贵挖空了国家以求自己安逸，这样的话君王您的号令怎能发出？国权怎么能不被分割？这样我的大王您就处在了三个权贵分割一国的地位了。”

天下之士合从相聚于赵

天下之士，合从①相聚于赵，而欲攻秦。秦相应侯曰：“王勿忧也，请令废②之。秦于天下之士非有怨也，相聚而攻秦者，以己欲富贵耳。王见大王之狗，卧者卧，起者起，行者行，止者止，毋③相与斗者；投之一骨，轻起相牙者，何则？有争意也。”于是使唐雎（jū）载音乐，予之五千金，居武安④，高会相与饮，谓：“邯郸（hán dān）人谁来取者。”于是其谋者固未可得予也，其可得与者，与之昆弟⑤矣。

［注释］

①合从：一种军事策略，东西方向的诸侯建立盟约关系为连横，南北方向的诸侯联盟为合纵。从，通“纵”。②废：破坏。③毋：不，表示否定。④武安：赵国地名，位于今天河北邯郸西。⑤昆弟：兄弟，像兄弟一样。

［译文］

天下之士为了实行合纵聚合在赵国，想要联合起来攻打秦国。秦国丞相应侯范雎说：“大王不要担忧，请让我把他们打散。秦国对于天下之士来说没有什么仇恨，他们聚合在一起打算攻打秦国，无非是因为他们想得到富贵罢了。大王看看您养的那些狗，它们躺的躺，起的起，走的走，站的站，没有互相争斗的；扔给它们一块骨头，它们就会立刻跳起来互相撕咬，为什么呢？因为它们有互相争夺的意图啊。”于是就派唐雎带着乐人乐器和五千金，住到了武安。唐雎大摆宴席，和天下之士一块饮酒作乐，并声称：“住在邯郸的人谁要是愿意，就来领取黄金吧！”这样，主谋攻秦的人全都不肯收赠金，那些肯收赠金的人都开始和秦国友好。

“公与秦计功者，不问金之所之，金尽者功多矣。今令人复载五千金随公。”唐雎(jū)行，行至武安，散不能三千金，天下之士，大相与斗矣。

[译文]

唐雎回到了秦国，范雎又对他说：“你是为秦国谋事的，不要考虑黄金都干什么用了，只要是黄金用完了，收效就大。现在再派人带上五千金供你使用。”唐雎又出发了，到了武安，还没等用去三千金，天下之士就互相争斗起来了。

谓应侯曰君禽马服乎

谓应侯曰：“君禽马服①乎？”曰：“然。”“又即围邯郸乎？”曰：“然。”“赵亡，秦王王矣，武安君②为三公。武安君所以为秦战胜攻取者七十余城，南亡鄢郢(yān yǐng)、汉中，禽马服之军，不亡一甲，虽周、吕望之功亦不过此矣。赵亡，秦王王，武安君为三公，君能为之下乎？虽欲无为之下，固不得之矣。秦尝攻韩邢，困于上党，上党之民皆返为赵，天下之民不乐为秦民之日固久矣。今攻赵，北地入燕，东地入齐，南地入楚、魏，则秦所得不一几何。故不如因而割之，因以为武安功。”

白起坑弃万军

白起是战国名将，为秦国屡立战功，但其人残忍，长平一战，坑杀了四十万赵军降卒。

[注释]

①禽：通“擒”，擒获。马服：这里指赵括，赵括袭父赵奢爵为马服君。②武安君：

秦国的大将白起，白起被封为武安君。

[译文]

有人问应侯范雎：“大人您擒获赵括了吗？”应侯回答说：“是的。”那人又问：“大人您即将围困赵国的邯郸吗？”应侯又回答说：“是的。”那人说道：“赵国灭亡了，秦王就可称王于天下了，武安君白起就要成为三公这样的官员了。武安君白起为秦国打下胜仗攻取七十多个城池，南边攻取了鄢郢、汉中之地，擒获了赵括的军队，没有耗费一个兵甲，即使是周文王、姜太公吕尚也不过如此。赵国灭亡了，秦王就可称王于天下了，武安君白起就要成为三公这样的官员了，大人您难道能心甘情愿屈尊于他之下吗？即使不想屈尊其下，也无法改变。秦国曾经攻打韩国的邢地，韩人被围困在上党，上党的百姓都返回去了赵国，天下人不想成为秦国的百姓也已经很久了。如今秦国要攻打赵国，北面的国土将会被燕占领，东面的土地将会被齐占领，南面的土地将被楚、魏占领，这样秦得到的也将所剩无几。所以不如让赵国割让土地送给秦国，用这个替武安君建立些功勋。”

蔡泽见逐于赵

蔡泽①见逐于赵，而入韩、魏，遇夺釜(fǔ)鬲(lì)②于途。闻应侯任郑安平、王稽，皆负重罪③，应侯内惭。乃西入秦，将见昭王，使人宣言以感怒应侯，曰：“燕客蔡泽，天下骏雄弘辩之士也，彼一见秦王，秦王必相之而夺君位。”

[注释]

①蔡泽：燕国人，有名的说客。②釜鬲：指两种做饭用的炊具，即蒸锅和曲足鼎。③应侯任郑安平、王稽，皆负重罪：郑安平、王稽都是应侯所举荐的，郑安平领兵攻打赵国，被困投降；王稽，攻打邯郸久战而不胜，后被人诋毁叛国，两人都被治以重罪。

[译文]

赵国把燕人蔡泽驱逐了出去以后，蔡泽就去了韩国和魏国，中途碰到了抢劫，夺走了他的炊具釜、鬲。蔡泽听闻应侯范雎举荐的郑安平、王稽，都被治以重罪，应侯自己感到非常惭愧。于是他往西来到了秦国，将要拜见秦昭王。蔡泽派人宣扬激怒应侯说：“燕人蔡泽是天下非常善于辩论的人，他如果拜见秦王的话，秦王一定会任命他做相国，而夺去您的相国之位。”

应侯闻之，使人召蔡泽。蔡泽入，则揖(yī)应侯，应侯固

不快，及见之，又倨（jù）①。应侯因让之曰："子常宣言代我相秦，岂有此乎？"对曰："然。"应侯曰："请闻其说。"蔡泽曰："吁，何君见之晚也？夫四时②之序，成功者去。夫人生手足坚强，耳目聪明，圣知，岂非士之所愿与？"应侯曰："然。"蔡泽曰："质仁秉③义，行道施德于天下，天下怀乐敬爱，愿以为君王，岂不辩智之期与？"应侯曰："然。"蔡泽复曰："富贵显荣，成理万物，万物各得其所。生命寿长，终其年而不夭伤，天下继其统，守其业，传之无穷，名实纯粹，泽流千世，称之而毋（wú）绝，与天下终，岂非道之符，而圣人所谓吉祥善事与？"应侯曰："然。"泽曰："若秦之商君④、楚之吴起⑤、越之大夫种⑥，其卒亦可愿矣？"

［注释］

①倨：态度傲慢。②四时：指四季，春夏秋冬。③秉：操持，秉持。④商君：商鞅，曾为秦国变法，使秦国大治，最终却被分尸处死。⑤吴起：曾师曾申，后来成为楚国的相国，辅佐楚悼王变法，悼王死后被杀害。⑥大夫种：文种，任春秋时期越国的大夫之职，曾辅佐越王灭掉吴国，洗刷当年的耻辱，多次立下大功，最后却被越王赐死。

［译文］

应侯听闻这些话之后，就派人召见蔡泽。蔡泽来了以后，就只向应侯作了一下揖，应侯原本心里就不畅快，等到见了他，又十分傲慢。于是应侯就责问他说："您曾经宣言说要替代我辅助秦国，可有此事？"蔡泽回答说："的确如此。"应侯说："我想要听听您的说法。"蔡泽说："哎！您为什么反应这么迟钝啊？春、夏、秋、冬，四季之时相互更迭，成功的人也会离去。人生下来手脚强健，耳聪目明，像圣人一样智慧，这不是人人所希望的吗？"应侯说："是这样啊！"蔡泽说："拥有仁爱之心，秉持正义，施行仁义之道，恩惠于天下，天下人都心情愉悦，对他心怀敬爱，希望把他作为君王。这不正是明辨又智慧之人所希望的吗？"应侯说："是啊。"蔡泽又说："富裕、显贵又荣耀，善于治理万事万物，世间万物各自得到其所需要的。每个人都能长寿，享尽天年而不夭折死亡，天下百姓都能继承其传统，守住其业绩，代代相传以至无穷，名望与实利都能兼得，恩泽遗流千代，被人称赞永不绝口，与天地共同终结，这难道不是行仁义之道的结果，且是圣人所谓吉祥的好事吗？"范雎说："是这样啊。"蔡泽说："比如秦国的商鞅、楚国的吴起、越国的文种，他们最终得以如愿以偿了吗？"

应侯知蔡泽之欲困己以说，复曰："何为不可？夫公孙鞅事孝公，极身毋二[1]，尽公不还私，信赏罚以致治，竭智能，示情素，蒙怨咎[2]，欺旧交[3]，虏魏公子卬(áng)[4]，卒为秦禽将破敌军，攘(rǎng)[5]地千里；吴起事悼王，使私不害公，谗不蔽忠，言不取苟合，行不取苟容，行义不固毁誉，必有伯主强国，不辞祸凶；大夫种事越王，主离困辱，悉忠而不解[6]，主虽亡绝[7]，尽能而不离，多功而不矜，贵富不骄怠。若此三子者，义之至，忠之节也。故君子杀身以成名，义之所在，身虽死，无憾悔，何为不可哉？"

[注释]

①极身毋二：竭尽自己的才能，没有二心。毋二，不背叛，不事奉二主。②蒙怨咎：遭受怨恨和责难。③欺旧交：商鞅设计欺骗公子卬，魏将公子卬和商鞅曾是故交。④虏公子卬：公元前340年秦、魏交兵，魏使公子卬迎击，商鞅大破魏军，俘虏公子卬。⑤攘：夺取。⑥解：通"懈"，懈怠。⑦主虽亡绝：指虽然越王处于危亡的绝境。"主"指勾践。

[译文]

应侯知道蔡泽想要把自己置于困境以游说，于是又说："为什么是不可以的啊？商鞅作为秦孝公的臣子，一生忠心不二，竭尽所能为公而忘私；严明赏罚制度，将秦国治理得很好；用尽了自己所有的才能，显示了自己的一片赤心，却被人怨恨，遭到责难；为了秦国他竟然欺骗了自己的故交，虏去了魏公子卬，最终替秦国擒捉了魏军的将军而大胜敌军，拓展了千里的疆土。吴起事奉楚悼王，绝对不会因为私人关系而损害了国家的利益，更不会进虚假的谗言来丧失自己的忠节，说话不会阿谀逢迎以苟合，做事不顾及他人面子，实行仁义之事，就不顾及他人的诋毁还是赞誉，为了使君王成为霸主，使国家强大，不害怕祸患与凶恶。大夫文种侍奉越王，虽然越王陷入困辱之境，依然忠心耿耿，毫无懈怠，越王虽然被俘虏，依然竭尽所能，不离不弃，虽然拥有很多的功劳但是绝不骄傲，虽然后来享有富贵却也不自满怠惰。像这样的三位臣子，乃是仁义的极致，忠诚的榜样。所以君子即使是牺牲生命也要成就名节，只要能够保全仁义，即使死了，也不会遗憾懊悔，怎么能说不可以呢？"

蔡泽曰："主圣臣贤，天下之福也；君明臣忠，国之福也；父慈子孝，夫信妇贞，家之福也。故比干[1]忠不能存殷，

比干

商王太丁之子，名干。子姓之后，殷纣王的叔叔。从政四十多年，忠君爱民，国君纣荒淫无道，他冒死直谏，被剖心而死。

子胥知不能存吴，申生②孝而晋惑乱。是有忠臣、孝子，国家灭乱何也？无明君贤父以听之，故天下以其君父为戮辱，怜其臣子。夫待死而后可以立忠成名，是微子③不足仁，孔子不足圣，管仲不足大也。”于是应侯称善。

［注释］

①比干：殷纣王的叔叔，对国家忠心耿耿，但是纣王荒淫不理国政，比干曾多次进谏，纣王终不听从，最终被剖心而死，之后商也灭亡了。②申生：春秋时晋献公太子，非常孝顺，但最终却被人诋毁，自缢而死，随后晋国长时间内乱不停。③微子：殷纣王的兄长，多次向纣王进谏，没有成效，之后流浪在外，曾被孔子奉为殷商的三大仁人之一。

［译文］

蔡泽说：“国君圣明大臣贤能，这是天下百姓的福气；国君英明大臣忠贞，这是国家社稷的洪福；父亲慈祥儿子孝敬，丈夫诚信妻子忠贞，这是家庭的福气。但是虽然比干对国君一片忠诚却不能使殷得以保存，伍子胥虽然非常智慧但却无法使吴国保存，申生虽然很孝敬长辈却仍然不能使晋国避免内乱。这些国家虽然有忠臣、孝子，国家仍然灭亡、混乱，这是何原因呢？没有圣明的君主、贤能的父亲听取他们的意见，所以天下的百姓认为他们的君主、父亲是凶残耻辱的，却非常怜悯大臣、孝子。只有到死了以后才可以被作为忠烈，成就名节，那么微子也不够仁义，孔子也不够圣贤，管仲也不够功商。”于是应侯就说是。

蔡泽得少间，因曰：“商君、吴起、大夫种，其为人臣尽忠致功，则可愿矣。闳夭事文王，周公辅成王也，岂不亦忠乎！以君臣论之，商君、吴起、大夫种，其可愿孰与闳夭、周公哉！”应侯曰：“商君、吴起、大夫种不若也。”蔡泽曰：“然则君之主，慈仁任忠，不欺旧故，孰与秦孝公、

楚悼王、越王乎？”应侯曰：“未知何如也。”蔡泽曰：“主固①亲忠臣，不过秦孝、越王、楚悼。君之为主正乱、批患、折难，广地殖谷、富国、足家、强主，威盖海内，功章②万里之外，不过商君、吴起、大夫种，而君之禄位贵盛，私家之富过于三子，而身不退，窃为君危之。语曰：‘日中则移，月满则亏。’物盛则衰，天之常数也。进退盈缩变化，圣人之常道也。

[注释]

①固：原本。②章：传扬，彰显。

[译文]

蔡泽稍微停了一会，又接着说：“商鞅、吴起、文种作为君王的臣子，竭尽忠心，建立功勋，让人敬仰。闳夭侍奉周文王，周公辅政成王，这岂不也是尽忠吗？用君臣的关系来评论的话，商君、吴起、文种与闳夭、周公相比，他们谁更让人敬仰呢？”应侯说：“商君、吴起、文种没有闳夭、周公值得敬仰。”蔡泽说：“由此来看您的君主，宅心仁厚，信任忠良，不背弃旧交，与秦孝公、楚悼王、越王相比，哪一个更好呢？”应侯说：“不知道哪个更好。”蔡泽说：“您的君王对忠臣的信任，不会比秦孝公、越王、楚悼王更高。大人您在为秦王安定骚乱，消除祸患，排除危难，扩展疆土，种植稻谷，使国家富强，家庭富足，君主更为强大，声威盖住天下其他诸侯，立下的功勋都能传到万里之外这些方面，其实您并不比商君、吴起、文种功绩更大，但是您的地位更为尊贵，俸禄更为优厚，您家里的财富要比这三人多得多，您这个时候还不归隐，我私下为您而感到担忧。俗话说：‘太阳在正午之后就会下移，月亮圆了之后就会亏损。’事物发展到了鼎盛时期之后就必定要衰竭，这是天的必然规律。进退盈缩要根据形势而定，这是圣人所遵循的通常的道理。

周公

“昔者，齐桓公九合诸侯，一匡天下，至葵丘之会，有骄矜之色，畔①者九国；吴王夫差无敌于天下，轻诸侯，凌

范蠡

范蠡，字少伯，春秋末期的政治家、军事家和商人。楚国宛人。他于公元前496年前后入越，辅助勾践二十余年，终于使勾践于公元前473年灭吴。范蠡以为大名之下，难以久居，遂乘舟泛湖而去。后至齐，父子戮力耕作，致产数十万。齐人闻其贤，使为相。后范蠡辞去相职，定居于陶，经商积资巨万，人称“陶朱公”。

齐、晋，遂以杀身亡国；夏育、太史启叱呼骇三军，然而身死于庸夫，此皆乘至盛不及道理也。夫商君为孝公平权衡，正度量，调轻重，决裂阡陌，教民耕战，是以兵动而地广，兵休而国富，故秦无敌于天下，立威诸侯，功已成，遂以车裂；楚地，持戟百万，白起率数万之师以与楚战，一战举鄢郢(yān yǐng)[2]，再战烧夷陵，南并蜀、汉，又越韩、魏攻强赵，北阬(kēng)马服[3]，诛屠四十余万之众，流血成川，沸声若雷，使秦业帝。自是之后，赵、楚慑服，不敢攻秦者，白起之势也，身所服者七十余城，功已成矣，赐死于杜邮。吴起为楚悼罢无能，废无用，损不急之官，塞私门之请，壹[4]楚国之俗，南攻杨越，北并陈、蔡，破横散从，使驰说之士，无所开其口，功已成矣，卒支解；大夫种为越王垦草创邑，辟地殖谷，率四方士，上下之力，以禽劲吴，成霸功。勾践终棓(bèi)[5]而杀之。此四子者，成功而不去，祸至于此。此所谓信而不能诎，往而不能反者也。范蠡知之，超然避世，长为陶朱。

[注释]

①畔：通“叛”，指背叛。②鄢郢：楚国都城，位于今湖北荆州。③马服：指赵括，赵括袭父赵奢爵为马服君。④壹：统一。⑤棓：通“背”，背离，背弃。

[译文]

“古时候齐桓公多次与诸侯会合，匡扶天下，在蔡丘与诸侯盟会的时候，就显得有些骄傲自满，最终被很多诸侯所背叛。吴王夫差曾经天下无人能敌，对其他诸侯很轻视，欺凌齐国和晋国，最终被杀，国家也亡了。勇士夏育、太史启威震三军，十分勇猛，最后却死于一个非常平庸的人手中，这都是他们因为不明白事物发展到极盛之后就会衰弱的道理所造成的。商鞅为秦孝公实行变法，统一度量衡，调整赋税的轻重，开垦土地，教授百姓耕种之法，操练战士，这样秦军一发兵，就能开拓土地，修兵养息的话国家就会富足，所以当时的秦国天下无敌，在诸侯中非常有威望，功业已经建立了，于是商鞅就被车裂分尸而死。楚国拥有百万兵士，秦将白起带领数万人的军队与楚国交战，一次作战就攻取了楚国的都城，又战，销毁了夷陵，在南边吞并了蜀、汉之地，又越过韩国和魏国进军强赵，在北边又在坑埋了马服君赵括，诛杀了四十多万的赵军，顿时血流成河，惨叫声就像雷声一样，最终造就了秦国的帝业。从此以后，赵国、楚国都慑服于秦国，不敢再攻打秦国，害怕秦将白起的威猛之势。白起亲自降服的城邑，就达七十多座。功业已经完成了，就被赐死在杜邮。吴起替楚悼王把无能的人给罢免了，无用的人给废除了，精简不是国家急需的官员，堵住了私人的请求，使楚国的风俗习惯保持了统一，在楚国南面攻下了杨越，在北面吞并了陈、蔡，破除诸侯间对付楚国的连横合纵之计谋，使到各诸侯国游说的策士没有开口说话的地方，造就了功业之后，就被肢解杀害了。越大夫文种为勾践开辟荒地建立城邑，开垦田野栽种谷物，带领四方将士，集中所有的力量，擒获了强大的吴国之君，建立了霸王之业。勾践最终背弃并杀害了文种。这四个人都成就一番功业却没有离开，由此招致了杀身之祸。这就是所说的可以伸却不可以屈，可以进却不可以退的人。范蠡懂得这个道理，超然地躲避官场，一直是富有的陶朱公。

“君独不观博[1]者乎？或欲分大投，或欲分功[2]，此皆君之所明知也。今君相秦，计不下席，谋不出廊庙，坐制诸侯，利施三川，以实宜阳，决羊肠之险，塞太行之口，又斩范、中行[3]之途，栈道千里于蜀、汉，使天下皆畏秦。秦之欲得矣，君之功极矣，此亦秦之分功之时也！如是不退，则商君、白公、吴起、大夫种是也。君何不以此时归相印，让贤者授之？必有伯夷之廉，长为应侯，世世称孤，而有乔、松之寿，孰与以祸终哉？此则君何居焉？”应侯曰：“善。”乃延入坐为上客。

［注释］

①博：赌博。②或欲分大投，或欲分功：指有人想独自占有，有人想分享利益。分大投，赢了自己独吞；分功，所赢的与大家分。③范、中行：范氏和中行氏为春秋末期晋国六卿之二，这里用来指代三晋赵、魏、韩。

［译文］

“大人您难道没有看到过赌博的人吗？有人想独自占有，有人想分享利益，这都是您明确知道的。您如今是秦国的相国，用计不用离开席子，谋划不用走出朝廷，坐着就可以控制天下诸侯，占有了韩国的三川之利，巩固了宜阳，掌控了羊肠这个险道，把太行山的入口也堵住了，又断绝了三晋往来的交通之路，修建了通往蜀、汉的上千里的栈道，使天下所有的诸侯都畏惧秦国。秦国的欲望已经满足了，大人您的功绩也到了极致，现在正是秦国分享功绩的时候！如果您现在还不隐退，您就会得到与商鞅、吴起、文种等人相同的下场。您何不此时归还相国之印，让给其他的贤能之士呢？您必然会被誉为像伯夷一样清廉，一直做您的应侯，把爵位世代相传，还能像王子乔和赤松子一样长寿。这与惨遭杀身之祸相比，您选择哪一种好呢？”应侯说：“很有道理。”于是就请蔡泽入座，按照上宾来对待。

后数日，入朝言于秦昭王曰：“客新有从山东来者蔡泽，其人辩士，臣之见人甚众，莫有及者，臣不如也。”秦昭王召见，与语，大说之，拜为客卿。应侯因谢病，请归相印。昭王强起应侯，应侯遂称笃，因免相。昭王新说蔡泽计画，遂拜为秦相，东收周室。蔡泽相秦王数月，人或恶之。惧诛，乃谢病归相印，号为刚成君。秦十余年，事昭王、孝文王、庄襄王，卒事始皇帝。为秦使于燕，三年而燕使太子丹入质于秦。

［译文］

数日之后，范雎入朝觐见对秦昭王说道：“有一个刚刚从崤山以东过来的宾客叫蔡泽，这是个善辩之人，我见过的人很多，但却没有能超过这位辩士的，我的确远远比不上他。”秦昭王于是就召见了燕人蔡泽，和他进行谈论，昭王十分高兴，因此就授为秦国的客卿。此后应侯范雎就声称有病不再上朝议政，并且请求把相印归还。秦昭王强行挽留应侯，应侯声称自己的病很严重，最终免去了他的相国之职。昭王对蔡泽的策略十分欣赏，就把蔡泽拜为秦相，向东收并了周王室。蔡泽辅佐秦王几个月之后，有人诋毁他。他害怕被诛杀，也称病归还了相国之印，秦昭王把他封为“刚成君”。之后十几年，蔡泽在秦国历经昭王、孝文王、庄襄王几代君主，最终侍奉秦始皇。后来作为秦国的使者出使燕国，三年后燕国就把太子丹送到秦国作为人质。

秦策四

秦王欲见顿弱

秦王①欲见顿弱，顿弱曰：“臣之义不参拜；王能使臣无拜即可矣，不即不见也。”秦王许之。于是顿子曰：“天下有其实而无其名者，有无其实而有其名者，有无其名又无其实者。王知之乎？”王曰：“弗知。”顿子曰：“有其实而无其名者，商人是也；无把铫（yáo）推耨（nòu）之势②，而有积粟之实，此有其实而无其名者也。无其实而有其名者，农夫是也；解冻而耕，暴背而耨，无积粟之实，此无其实而有其名者也。无其名又无其实者，王乃是也；已立为万乘，无孝之名，以千里养③，无孝之实。”秦王悖然而怒。

［注释］

①秦王：秦始皇嬴政，此时还没有统一中国，所以仍称秦王。②无把铫推耨之势：没有手拿锄头的劳动。把，拿；铫、耨，都是锄地的工具。势，疑为“劳”。③千里养：用千里的封地奉养。

［译文］

秦王想要召见顿弱，顿弱却让人转告秦王说：“我的礼义是不向您参拜。倘若大王您能够答应我不用参拜，我就面见大王；如若不答应的话我就不能面见大王您。”秦王应允了他。顿弱于是就对秦王说：“天下有具有实在的利益而没有外在的名声的，也有没有实在利益而拥有名声的，还有既没有名声又没有实在的利益的，大王您可知道这些吗？”秦王回答说：“不知道。”顿弱解释说：“有实在利益而没有名声的人，是商人；他们没有手拿锄头进行过劳动，但是他们却有积存着大量的粮食这样的实利，这就是所说的有其实而无其名。没有实在的利益而有名声的人，是农夫；农夫在春天刚刚解冻的时候就开始耕作，在夏天又会在暴烈的阳光下锄地，却没有存下粮食的实际利益，这是所说的无实利而有虚名。而既没有实在的利益又没有名声的人，就是大王您！您已经立为万乘之国的君主了，却没有孝顺的名声，虽然您用千里的封地奉养母亲，但是却没有孝顺母亲的实在行为。”秦王听了之后大发雷霆。

顿弱曰："山东[1]战国有六，威不掩于山东，而掩于母，臣窃为大王不取也。"秦王曰："山东之建国可兼与？"顿子曰："韩，天下之咽喉；魏，天下之胸腹。王资臣万金而游，听之韩、魏，入其社稷之臣于秦，即韩、魏从；韩、魏从，而天下可图也。"秦王曰："寡人之国贫，恐不能给也。"顿子曰："天下未尝无事也，非从即横[2]也。横成则秦帝；从成即楚王。秦帝即以天下恭养；楚王即王虽万金弗得私也。"秦王曰："善。"乃资万金，使东游韩、魏，入其将相；北游于燕、赵，而杀李牧。齐王入朝，四国[3]必从，顿子之说也。

[注释]

①山东：指崤山以东。②非从即横：不是合纵就是连横。从，通"纵"。③四国：山东六国中除了楚、齐之外的四个国家，即韩、魏、燕、赵。

[译文]

顿弱又说："崤山以东的诸侯国有六个，大王您的威势不能压倒山东六国，却施压于您的母亲，我私下觉得大王您这样的做法不足以采用。"秦王问："山东各个诸侯国能够兼并吗？"顿子说："韩国，就好像是天下的咽喉；魏国，就好像是天下诸侯的胸腹。请大王给我万镒黄金以备我游走他国之用，听任我到韩国与魏国，把他们的国家社稷的重臣都送到秦国来，这样韩国、魏国就会听从于我们秦国；一旦韩国和魏国听顺于我们，那么就可以图谋整个天下了。"秦王说："我的国家比较贫穷，恐怕给不了您万镒黄金。"顿子说："天下并非没有什么变故，不是合纵就是连横。如果连横得以建立的话，秦国就可以称帝于天下；如果合纵得以建立，楚国就会称王于天下。如果秦国称帝的话，则可以得到整个天下的奉养；如果是楚国称王，大王即使拥有万镒黄金，也不能为您私有。"秦王说："好。"于是就给顿弱出资万镒黄金，派他往东游说韩、魏两国，让他们的将相都来到了秦国；又到北面游说燕、赵，杀掉了赵将李牧。使得齐王来秦朝拜，韩、魏、燕、赵也相继来秦朝拜，这些都要归功于顿弱的游说啊！

顷襄王二十年

顷襄王[1]二十年，秦白起拔楚西陵，或拔鄢郢(yān yǐng)、夷陵，烧先王之墓，王徙东北，保于陈城，楚遂削弱，为秦所轻。

于是白起又将兵来伐。

[注释]

①顷襄王：楚国国君，楚怀王之子。

[译文]

楚顷襄王二十年，秦将白起攻取了楚国的西陵之地，另一路秦军攻陷楚国都城鄢郢、夷陵，烧毁了楚国历代先王的陵墓，顷襄王往东北方向迁徙，在陈城这个地方得以栖身保存，楚国于是也日渐衰弱，被秦国看不起。不久，白起又领兵前来讨伐。

楚人有黄歇者，游学博闻，襄王以为辩，故使于秦，说昭王曰：“天下莫强于秦楚，今闻大王欲伐楚，此犹两虎相斗，而驽(nú)犬受其弊，不如善楚，臣请言其说。臣闻之：物至而反，冬、夏是也；致至而危，累棋是也。今大国之地半天下，有二垂[1]，此从生民以来，万乘之地未尝有也。先帝文王、庄王、王之身，三世而不接地于齐，以绝从亲[2]之要。今王三使盛桥守事于韩，成桥[3]以北入燕。是王不用甲，不伸威，而出百里之地，王可谓能矣。王又举甲兵而攻魏，杜大梁[4]之门，举河内[5]，拔燕、酸枣、虚、桃人[6]，楚、燕之兵云翔不敢校，王之功亦多矣。王申息众二年然后复之，又取蒲、衍(yǎn)、首垣(yuán)[7]，以临仁、平兵，小黄、济阳婴城，而魏氏服矣。王又割濮(pú)、磨之北，属之燕，断齐、秦之要，绝楚、魏之脊，天下五合六聚而不敢救也，王之威亦惮矣。王若能持功

勾践夫人

吴国打败越国后，越王勾践和夫人被迫去吴国做俘虏，此图描绘的就是勾践夫人在途中的场景。

守威，省攻伐之心，而肥仁义之诫，使无复后患，三王不足四，五伯不足六也。

[注释]

①垂：通“陲”，指边陲。②绝从亲：断绝合纵结盟。从，通“纵”，指合纵。③成桥：即上文所谓盛桥。④大梁：魏国的都城。⑤河内：魏国之地，位于今河南省北部。⑥燕、酸枣、虚、桃人：魏国之地，位于今天河南延津一带。⑦蒲、衍、首垣：位于今河南长垣一带。

[译文]

有个楚人名叫黄歇，四处游学，学识渊博，见识很广，楚襄王觉得他是个雄辩之士，因此就让他出使秦国，黄歇游说秦王说：“天下诸侯没有谁能比秦国、楚国更为强大，现在我听闻大王想要征讨楚国，这就像是两虎相斗，最终将被呆滞的狗得了好处，大王您不如对楚国友好相待，我请求大王让我说说原因。我曾听说：事情到了极点必然会朝相反的方向发展，就好像冬夏的交替一样；安全到了极点就会有危险，这就像累叠棋子一样。现在秦国拥有整个天下一半的土地，西面和北面还有两个边陲，整个人类诞生以来，还没有哪个国家能像秦国一样成为万乘之国。但是从先帝孝文王、庄襄王，到大王您这一代，三代都没能够把土地扩展到和齐国相接壤，以断绝合纵的交通之道。如今大王您多次派盛桥到韩国帮助韩国驻守，使韩国归顺于秦，盛桥又使北面的燕国归顺于秦。这样大王您不用耗费兵甲，不用施加威力，就得到了方圆百里的土地，大王可谓贤能。之后大王您又举兵攻打魏国，封锁魏国的都城大梁，占领了河内地区，攻占了南燕、酸枣、虚、桃人等地，楚国和燕国的军队只能像天上飘的云一样，不敢与您较量，大王的功业已经很大了。大王您如果使军队、百姓休养生息两年，两年后再次出兵，攻取了蒲、衍、首垣，军队到达仁、平城下，小黄、济阳将环城而守并不战而降，魏国最终臣服于秦国。大王您再把濮、磨以北之地割给燕国，这样就切断了齐国和秦国间的要道，斩断楚国与魏国之间的联系，天下诸侯五次联合六次聚首也始终不敢相互救援，大王您的威信更加很让人害怕了。大王您如果能够守住功业威名的话，停止攻伐的想法，并且广施仁义的教导，使得不再有后患，而这样的话三皇就不愁达到四个，五霸也不难达到六个。

“王若负人徒之众，材兵甲之强，壹(yī)毁魏氏之威，而欲以力臣天下之主，臣恐有后患。《诗》云：‘靡(mí)不有初，鲜克有终。’《易》曰：‘狐濡其尾。’此言始之易，终之难也。何以知其然也？智氏见伐赵之利，而不知榆次之祸①也；吴见伐齐之便，而不知干隧之败②也。此二国者非无大功也，设利于前，而易患于后也。吴之信越也，从而伐齐，既胜齐

人于艾陵，还为越王禽于三江③之浦；智氏信韩、魏，从而伐赵，攻晋阳之城，胜有日矣，韩、魏反之，杀智伯瑶于凿台之上。今王妒楚之不毁也，而忘毁楚之强魏也，臣为大王虑而不取。《诗》云：'大武远宅不涉。'从此观之，楚国援也，邻国敌也。

［注释］

①榆次之祸：智伯在榆次这个地方遭到杀身之祸。榆次，位于今山西榆次。②干隧之败：吴王夫差在干隧这个地方被越王勾践战败并擒获杀死。③三江：指松江、娄江、东江。

［译文］

"倘若大王您仰仗自己的百姓众多，依仗自己军队的强大，想要借灭亡魏国的威力，让天下所有的诸侯都臣服于您，我唯恐必定会留下后患。《诗经》上说：'事情往往都有一个好的开端，却很少有坚持到底的。'《易经》上说：'狐狸过河把尾巴都给弄湿了。'这是说开始时会比较容易，但要坚持到最后就很难了。怎么知道事情会是这个样子呢？晋国六卿掌权时期的智伯只看到了攻打赵国的好处，却没有想到会有榆次之祸；吴王夫差只看到攻打齐国的便利，却没有想到会有干隧之败。这两个国家并非没有建立大的功业，而是只贪图眼前的利益，换来了后面的祸害。吴王信任越，因此才讨伐齐，虽然在艾陵大败齐国，但是却在三江的河畔被越王勾践擒获；智伯信任韩、魏两国，因此才讨伐赵国，攻打赵国的晋阳城，胜利在即，韩、魏却反过来攻打智氏，在凿台之上杀死智伯。现在大王妒恨楚国没有被灭亡，却忘了楚国一旦灭亡就会使魏国强大。我替大王担心这并不可取。《诗经》上说：'即使再勇武，也不涉足遥远的地方。'从这来看的话，楚国与秦相距遥远，是秦国的助力，邻近的国家才是您的敌人。

"《诗》云：'他人有心，予忖度之。跃跃毚(chán)兔，遇犬获之。'今王中道而信韩、魏之善王也，此正吴信越也。臣闻敌不可易，时不可失，臣恐韩、魏之卑辞虑患而实欺大国也。此何也？王既无重世之德于韩、魏，而有累世之怨矣。韩、魏父子兄弟接踵(zhǒng)而死于秦者百世矣，本国残，社稷坏，宗庙隳(huī)①，刳(kū)腹折颐(yí)，首身分离，暴骨草泽，头颅僵仆，相望于境，父子老弱系虏，相随于路，鬼神狐祥②，无所食，百姓不聊生，族类离散，流亡为臣妾满海内矣。韩、魏之

不亡，秦社稷之忧也。今王之攻楚，不亦失乎？

［注释］

①隳：毁灭，破坏。②狐祥：彷徨无依。

［译文］

“《诗经》上还说：‘其他人对我有什么坏心思，我要多思量揣摩它，兔子跑得再快，遇到狗也一定会被捉住。’现在大王您半路上竟然相信韩、魏两国与大王您有十分牢固的邦交，这就和吴王轻信越国一样。我还听说：对待敌人不能轻视，有了机遇不能错过。我担心韩国和魏国表面上非常卑微，十分害怕祸害的样子，实际上却是在欺骗大王。为何会这样说呢？大王您不仅对韩国和魏国历代都没有施与什么恩德，而且代代有仇。韩、魏百姓的历代父子兄弟一个接一个地被秦军杀死，自己的国家也已经破败，社稷毁掉了，宗庙倒塌了，胸腹被剖开，面颊被割裂，身体和头颅被分开，头颅、白骨暴露在荒野沼泽，国境内外皆是如此，父子老弱都被绑着成为俘虏，路上皆是就像没有家的孤魂野鬼一样，没有吃的，百姓无以生存，同族人颠沛流离，四处逃难成为奴仆遍布海内诸国。韩、魏两国不灭亡的话，秦国的国家社稷将十分危险。如今大王您攻打楚国，难道不是错误的吗？

“是王攻楚之日，则恶①出兵？王将藉(jiè)路于仇雠(chóu)之韩、魏乎？兵出之日，而王忧其不反也，是王以兵资于仇雠②之韩、魏。王若不藉路于仇雠(chóu)之韩、魏，必攻阳、右壤。随阳、右壤此皆广川大水，山林谿谷，不食之地，王虽有之，不为得地；是王有毁楚之名，无得地之实也。且王攻楚之日，四国必应悉起应王；秦、楚之构而不离③，魏氏将出兵而攻留、方与、铚(zhì)、胡陵、砀(dàng)、萧、相④，故宋必尽。齐人南面，泗(sì)北必举。此皆平原四达膏腴(gāo yú)之地也，而王使之独攻，王破楚于以肥韩、魏于中国而劲齐。韩、魏之强足以校于秦矣，齐南以泗为境，东负海，北倚河，而无后患。天下之国莫强于齐，齐、魏得地葆(bǎo)利而详事⑤下吏，一年之后，为帝若未能，于以禁王之为帝有余。

［注释］

①恶：表示疑问，意为哪里。②仇雠：仇敌。③秦、楚之构而不离：指秦楚交战，互相勾连，秦国将无法脱身。构，指联结。④留、方与、铚、胡陵、砀、萧、

相：以前都属于宋国，后宋灭亡，为楚国占领。⑤详事：悉心治理。

[译文]

“大王您发兵攻打楚国的时候，将要从哪里发兵呢？难道大王您要向您的仇人韩国和魏国借路吗？大王您发兵进攻楚国的时候，估计就会害怕无法返回秦国了，您这等于是用自己的军队资助韩、魏两国。大王您倘若不向韩、魏这两个敌国借路的话，那就必然会攻打楚国的随阳和右壤。但是随阳和右壤都是大川大河、高山深谷，没有人烟之地，大王您即使攻取了，也等于没有得到土地。这样的话，大王您只能得到灭楚的恶名，却没有获得土地的实利。并且秦王您进攻楚国的时候，齐、赵、韩、魏四国必然都会发兵响应秦国；秦兵无法从秦、楚之战中抽身，魏国就会出兵攻打留、方与、铚、胡陵、砀、萧、相，必然占尽以往宋国的土地。齐国会从南面攻取，泗水以北之地就会全被齐国占领。这些都是平原地区，四通八达，物产丰富，大王您却只能让他们攻占，大王你攻破了楚国，却让中部的韩、魏强大起来，让齐国也更为强劲。韩、魏两国更为强大就足以与秦国相抗衡了，而齐国南面以泗水作为边境，东面又接邻大海，北面倚仗黄河，就再也不会有什么后患了。那时候天下的诸侯没有哪个会比齐国更为强大，齐国和魏国得到土地保存实力，再认真教导官吏悉心治理，一年之后，即使还不能称帝于天下，但阻挠大王您称帝还是绰绰有余的。

“夫以王壤土之博，人徒之众，兵革之强，一举众而注①地于楚，诎(qū)令韩、魏归帝重于齐，是王失计也。臣为王虑，莫若善楚。秦、楚合而为一临以韩，韩必授首②。王襟(jīn)以山东之险，带以河曲之利，韩必为关中之候。若是王以十成郑③，梁氏寒心④，许、鄢(yān)陵婴城，上蔡、召陵不往来也，如此而魏亦关内候矣。王一善楚，而关内二万乘之主⑤注地于齐，齐之右壤可拱手而取也。是王之地一任两海，要绝天下也。是燕、赵无齐、楚，无燕、赵也，然后危动燕、赵，持齐、楚，此四国者不待痛而服矣。”

[注释]

①注：此处指割让。②授首：授上首级，也就是指臣服。③以十成郑：也有其他版本作“以十万戍郑”。④寒心：心存恐惧。⑤关内二万乘之主：指韩国、魏国。二，两。

[译文]

“凭借大王您广阔的疆土，众多的百姓，强大的军队，举兵之时就会与楚国结下怨恨，反而让韩、魏把帝王之位送给了齐王，这是大王您的失策啊。我为大王您考虑不如与楚国友好相处。秦楚一旦联合，发兵军临韩国，韩国肯定会向您俯首称臣。大王您占据崤山以东的险要之地，再加上占有河曲之利，韩国一定会成了您在关中的耳目。如果大王再以十万大军进攻郑，魏国肯定也会十分恐惧，许邑、鄢陵就会闭城自守，上蔡、召陵也不会再和魏国往来。如此一来，魏国也将成为大王您在关中的耳目。一旦大王您对楚国友好相待了，关内的韩国、魏国必然会进攻齐国，大王您拱手就能得到齐国的右壤。这样大王您的土地就会联结东、西两海，横绝于天下。这样燕、赵、齐、楚彼此之间就会没有往来。这之后您就可以胁迫燕、赵，挟持齐、楚，这四个国家不用等到出兵就会自动臣服。”

或为六国说秦王

或为六国说秦王曰：“土广不足以为安，人众不足以为强。若土广者安，人众者强，则桀、纣之后将存。昔者，赵氏亦尝强矣。曰赵强何若？举左案齐①，举右案魏，厌②案万乘之国，二国，千乘之宋也。筑刚平③，卫无东野，刍(chú)牧薪(xīn)采，莫敢窥东门。

[注释]

①举左案齐：赵国向左发兵可以攻下齐国。举，指举兵。②厌：通“压”，压服，制服。③刚平：原为卫地，赵国攻取之后建立城邑。

[译文]

有人替山东六国游说秦王，说：“土地广阔，不能认为国家就安稳了；人口众多，不能认为国家就强大了。如果土地广阔国家就能安稳，人口众多国家就能强大，那么夏桀、商纣的后代还应当继续存在。从前，赵国也曾经强盛过。赵国强盛又怎么样呢？当初，赵国向左发兵可以攻下齐国，向右进兵可以攻下魏国，制服这两个万乘大国，就像制服千乘的宋国一样容易。赵国修筑刚平城，卫国就失去了东地，就连放牧打柴的人也不敢出入东门。

“当是时，卫危于累卵，天下之士相从谋曰：‘吾将还其委质，而朝于邯郸之君乎！’于是天下有称伐邯郸者，莫不令朝行。

[译文]

“在这个时候，卫国危如累卵，天下的士人聚集在一起谋划道：‘我们能让卫国归还礼物，改事赵王吗？’于是诸侯中有声称攻打赵国的，晚上发布命令，第二天早晨就行动起来。

“魏伐邯郸，因退为逢泽①之遇，乘夏②车，称夏王，朝为天子，天下皆从。齐太公闻之，举兵伐魏，壤地两分，国家大危。梁王③身抱质④执璧，请为陈侯臣，天下乃释梁。郢(yǐng)威王⑤闻之，寝不寐，食不饱，帅天下百姓，以与申缚⑥遇于泗水之上，而大败申缚。赵人闻之至枝桑，燕人闻之至格道。格道不通，平际绝。齐战败不胜，谋则不得，使陈毛释剑掫(zōu)取，委南听罪，西说赵，北说燕，内喻其百姓，而天下乃齐释。于是夫积薄而为厚，聚少而为多，以同言郢威王于侧牖(yǒu)之间。臣岂以郢威王为政衰谋乱以至于此哉？郢为强，临天下诸侯，故天下乐伐之也！”

［注释］

①逢泽：今河南开封。②夏：中原地区。③梁王：魏国梁惠王。④抱质：抱着礼物。质，通“贽”，礼物。⑤郢威王：楚威王，楚怀王之父。因楚国建都郢，故又称郢威王。⑥申缚：齐国之将。

［译文］

“魏国进攻邯郸，打败了赵国，于是在逢泽和诸侯会盟。魏惠王乘坐中原之车，称为中原之王，朝拜天子，诸侯都顺从他。齐太公田和听说后，发兵攻打魏国，致使魏国国土分裂，国家深临危境。魏惠王亲自怀抱礼物、手拿玉璧，甘愿对齐太公称臣，诸侯这才从魏国撤兵。楚威王听说后，觉也睡不着，饭也吃不下，于是率领天下民众和齐将申缚交战于泗水之滨，大败申缚。赵国听说以后，发兵到枝桑；燕国听说以后，出兵到格道。格道和平陆的交通都被断绝。齐国作战不能取胜，计谋不能得逞，于是派陈毛解下佩剑，头戴布冠，向南听命于楚王，又西去赵国游说，北往燕国游说，对不明事理的百姓说明情况，诸侯这才停止进攻齐国。于是乎，积薄为厚，积少成多，人们街谈巷议，都在议论楚威王。我难道是认为楚威王的政治衰败谋略混乱到了这种地步吗？这是因为楚国以强力面对天下诸侯，所以天下诸侯才谋划讨伐楚国啊！”

秦策五

谓秦王

谓秦王[1]曰："臣窃惑王之轻齐、易楚，而卑畜韩[2]也。臣闻：王，兵胜而不骄；伯，主约而不忿。胜而不骄，故能服世；约而不忿(fèn)，故能从邻[3]。今王广德[4]魏、赵而轻失齐，骄也；战胜宜阳，不恤楚交，忿也。骄忿非伯主之业也。臣窃为大王虑之而不取也。

［注释］

①秦王：秦武王。②卑畜韩：认为韩国卑贱如畜，即不以礼相待。③从邻：使邻国服从，顺服。④广德：多多地施与恩德。

［译文］

有人对秦王说："我私下很迷惑秦王您为何轻视齐国、楚国，对待韩国像对待卑微的牲畜一样。我曾听闻：真正的王者，作战得胜也不骄傲；真正的霸主，统领盟国却不暴躁。战胜不傲慢，因此能为天下诸侯诚服；统领盟国却不暴躁，因此能让邻国听顺。现在大王您对魏国和赵国施与很多恩惠，而轻易地背弃和齐国的邦交，这是由于您的骄傲；在宜阳战胜，却不体恤楚国的邦交，这是因为您的暴躁。骄傲、暴躁都无法建立霸王的功业。我私下为大王担心这是不可取的。

勾践竭力事吴

勾践被夫差打败后，屈膝求和。其后卧薪尝胆，发愤图强，十年生聚，十年教训，终于灭掉吴国。

"《诗》云：'靡(mí)不有初，鲜克有终。'故先王之所重者唯始与终[1]。何以知其然？昔智伯瑶残范、中行[2]，围逼晋阳，卒为三家笑；吴王夫差栖(qī)越于会稽，

胜齐于艾陵，为黄池之遇，无礼于宋，遂与勾践禽，死于干隧；梁君伐楚胜齐，制赵、韩之兵，驱十二诸侯以朝天子于孟津，后子死，身布冠而拘于秦。三者非无功也，能始而不能终也。

[注释]

①唯始与终：只有善始善终。②智伯瑶残范、中行：智伯瑶、范、中行、赵、韩、魏，为晋国六卿，把持晋国朝政，后智氏灭了范氏、中行氏。

[译文]

"《诗经》上说：'事情往往都有个好的开始，但是很少能有一个好的结束。'因此先王重视的是善始善终。如何知道是这个样子的呢？晋国六卿把持朝政时期智伯毁灭了范氏和中行氏，又围攻进逼赵氏的晋阳城，智氏最终被杀，被三国所嘲笑。吴王夫差把越王拘禁在会稽山，又在艾陵战胜了齐国，在黄池与天下诸侯会盟，对宋国非常无礼，最终被越王勾践所擒获，在干隧被杀。梁惠王讨伐楚国，并战胜了齐国，又把赵国、韩国的军队制服了，役使十二个诸侯都到孟津去拜见周天子，但后来他的儿子太子申死了，自己也成了俘虏，被拘禁在秦国。这三个人并不是没有建立功业，只是他们仅仅做到了善始却没有善终啊。

"今王破宜阳，残三川，而使天下之士不敢言；雍天下之国，徙两周之疆，而世主不敢交；阳侯之塞，取黄棘，而韩、楚之兵不敢进。王若能为此尾，则三王不足四，五伯不足六。王若不能为此尾，而有后患，则臣恐诸侯之君，河、济之士，以王为吴、智之事也。

[译文]

"现在大王您攻破宜阳城，夺取了三川之地，使得天下士人没有人敢和您说话；是堵塞天下的国家，改变了两周的疆土，天下诸侯不敢相互往来；拥有了阳侯这样的险塞，又攻取了黄棘，韩国、楚国的军队都不敢再向前。大王您如果能以此来善终的话，三王就不愁达到四个，五霸也不难达到六个。秦王您如果不能以此善终的话，就会留有后患。我担心各个诸侯国的君主，黄河、济水一带的士人，会认为大王您做了吴王、智伯之类的事。

"《诗》云：'行百里者半于九十。'此言末路之难。今大王皆有骄色，以臣之心观之，天下之事，依世主之心，

非楚受兵，必秦也。何以知其然也？秦人援魏以拒楚，楚人援韩以拒秦，四国之兵敌，而未能复战也。齐、宋在绳墨之外以为权①，故曰：先得齐、宋者伐秦。秦先得齐、宋，则韩氏铄(shuò)②；韩氏铄，则楚孤而受兵也；楚先得齐，则魏氏铄，魏氏铄，则秦孤而受兵矣。若随此计而行之，则两国者必为天下笑矣。”

[注释]

①权：参战。②铄：引申为削弱。

[译文]

“《诗经》上说：‘走一百里路，走了九十里也只能算是一半。’这是说最后的路很难。如今大王您有所骄傲自满，按我的想法来看，天下的事，各诸侯都认为，倘若不是楚国遭到战争之苦，必然就会是秦国。怎么知道会是这样子的呢？秦国援助魏国，却对抗楚国。楚国援助韩国以抵挡秦国，四国的兵力相当，不能再战了。齐国、宋国两国却在范围之外想要参战，所以说：先得到齐国和宋国援助的国家就会攻打秦国。假设是秦国先得到齐、宋的援助的话，韩国就会变弱；一旦韩国变弱，楚国就会孤立，而遭受战争。假设是楚先得到齐国的援助的话，魏国就会削弱，魏国一旦削弱，秦国就会孤立而遭受战争。如果按照这种形势发展的话，那么秦国、楚国必然会被天下人所耻笑。”

濮阳人吕不韦贾于邯郸

濮(pú)阳①人吕不韦贾(gǔ)②于邯郸，见秦质子③异人④，归而谓父曰：“耕田之利几倍？”曰：“十倍。”“珠玉之赢几倍？”曰：“百倍。”“立国家之主赢几倍？”曰：“无数。”曰：“今力⑤田疾作，不得暖衣余食；今建国立君，泽⑥可以遗世。愿往事之。”

[注释]

①濮阳：今河南濮阳一带。②贾：行商，做买卖。③质子：被作为人质的王子。④异人：人名，秦国孝文王的儿子。⑤力：致力于。⑥泽：恩泽，福泽。

[译文]

濮阳人吕不韦去赵国首都邯郸经商，看到秦国人质孝文王的庶子异人，回去以后就对父亲说："耕田的利润有几倍？"他父亲回答说："十倍。""经营珠玉利润有几倍？"他父亲回答说："一百倍。"吕不韦又问："拥立国家的君主可以赢利多少呢？"他父亲回答说："无法计算。"于是吕不韦就说："现在我们每年辛苦耕种，仍然不能获得温饱或发财。但是假如能建立国家，拥立一个君主，就可以把利益传给子孙，我现在决心去做这件事。"

秦子异人质于赵，处于廇(liáo)城。故往说[①]之曰："子傒(xī)[②]有承国之业，又有母在中。今子无母于中，外托于不可知之国，一日倍[③]约，身为粪土。今子听吾计事，求归，可以有秦国。吾为子使秦，必来请子。"

[注释]

①说：指游说。②子傒：秦国的太子。③倍：通"背"，背弃，背叛。

[译文]

秦国的王子异人在赵国当人质，他住在赵国的廇城。于是吕不韦特地去见异人说："你的异母兄子傒有继承秦国王位的资格，并且在朝中有母亲的势力作为后盾。而你现在朝中既没有母亲的援助，在外面又身在敌国当人质，一旦秦、赵两国发生战争，那你的性命将成为两国的牺牲品。现在你如果听我的计划，设法回到你的祖国，你就可以继承王位。我替你到秦国去活动以后，秦国必然派人来请你回去。"

乃说秦王后弟阳泉君曰："君之罪至死，君知之乎？君之门下无不居高尊位，太子门下无贵者。君之府藏珍珠宝玉，君之骏马盈外厩，美女充后庭。王之春秋[①]高，一日山陵崩[②]，太子用事，君危于累卵，而不寿于朝生[③]。说有可以一切而使君富贵千万岁，其宁于太山四维[④]，必无危亡之患矣。"

[注释]

①春秋：指年纪。②山陵崩：指秦王逝世。古时称帝王、诸侯的去世为"崩"。③朝生：植物名，早上生长出来晚上凋谢。④太山四维：太山，即泰山；四维，东北、西北、东南、西南四个维度。

[译文]

于是吕不韦就去了秦国，对秦孝文王王后华阳夫人的弟弟阳泉君说："阁下的罪状可以判处死刑，阁下知道吗？阁下的食客都身居高位，可是太子门下反而没有显贵；阁下府中珍藏有大量珍宝，阁下的骏马拴满了马房，而后庭更住满了美女。当今的秦王已经年纪很高，一旦不幸崩逝，太子子傒即位以后，那阁下的命运就比累卵还要危险十分，生命比朝生花还要短。现在我有一个计划，阁下可以努力去实行，不但能使阁下富贵，而且能使阁下享尽天年，那种稳固性就像泰山压住一样，绝对没有任何危险和忧虑。”

阳泉君避席[1]，请闻其说。不韦曰：“王年高矣，王后无子，子傒有承国之业，士仓[2]又辅之。王一日山陵崩，子傒立，士仓用事，王后之门，必生蓬蒿(hāo)[3]。子异人贤材也，弃在于赵，无母于内，引领西望[4]，而愿一得归。王后诚请而立之，是子异人无国而有国，王后无子而有子也。”阳泉君曰：“然。”入说王后，王后乃请赵而归之。

［注释］

①避席：离开座位。②士仓：秦国的臣子。③王后之门，必生蓬蒿：王后的门前必然会生长很多蓬蒿野草，暗指受到冷落，无人问津。④引领西望：伸长脖子向西看，即盼望之意。

［译文］

阳泉君赶紧站起让座，并请吕不韦详细说明。吕不韦继续说道：“秦王的年岁已经很高了，王后又没有儿子，只有子傒有资格继承王位，由秦臣士仓辅佐，君王一旦崩逝以后，子傒即位为秦王，由士仓掌理大权，到那时王后的门前必然会冷落到生蓬蒿长野草。如今王子异人是一位很有才能的人，可惜却被遗弃赵国当人质，朝中又没有母亲的爱护，他经常伸长脖子向西望，很想能回国一次。假如王后能请君王立异人为太子，就等于是使无国的异人变成有国，使无子的王后变成有子了。”阳泉君说：“是的。”于是就赶紧劝说王后，不久王后要求赵国将异人送回秦国。

赵未之遣[1]，不韦说赵曰：“子异人，秦之宠子也，无母于中，王后欲取而子之[2]。使[3]秦而欲屠赵，不顾一子以留计，是抱空质也。若使子异人归而得立，赵厚送遣之，是不敢倍德畔施[4]，是自为德讲。秦王老矣，一日晏驾[5]，虽有子异人，不足以结秦。”赵乃遣之。

［注释］

①未之遣：还没有送回来。②子之：收为养子。③使：倘使，倘若。④倍德畔

施：背弃恩德。倍，通“背”，背叛。畔，通“叛”，叛逆。德、施，皆指恩德、恩惠。⑤晏驾：秦王去世的委婉表达。

［译文］

还没等送异人回秦，吕不韦又去对赵王说：“秦王子异人是秦王所宠爱的王子，只是在朝中没有母亲的爱护，现在王后想要把他收为养子。假如秦国想要灭亡赵国，也不会由于顾及一个王子在赵国而推迟秦国灭亡赵国的计划，所以赵国只拥有一个空的质子。假如异人回国能继承王位，而赵国又很有礼貌地送他回国，他必然不敢忘怀赵国的恩惠，即位以后就和赵国结为盟邦。现在秦王已经老了，一旦驾崩以后，那时赵国虽然有王子异人为人质，赵国也无法和秦国结盟。”于是赵国就把异人送回秦国。

异人至，不韦使楚服而见。王后悦其状，高其知①，曰：“吾楚人也。”而自子之，乃变其名曰楚。王使子诵，子曰：“少弃捐(juān)在外，尝无师傅所教学，不习于诵。”王罢之。乃留止。

［注释］

①高其知：认为他很聪明。知，通“智”。

［译文］

异人回到秦国之后，吕不韦让他穿楚国服装去见王后。王后看到异人的装扮很高兴，就一再夸奖他的聪明说：“我也是楚国人。”于是就立刻收异人为子，并且替他改名为“楚”。孝文王想叫异人当场背诵一段经书，异人回答说：“儿臣从小就被送到外国当人质，并没有老师教我读书，所以不会背诵经书。”这样孝文王才不让子楚背诵经书，并把他留在宫中。

间①曰：“陛下尝轫(rèn)车于赵②矣，赵之豪桀(jié)，得知名者不少。今大王反③国，皆西面而望。大王无一介之使以存之，臣恐其皆有怨心。使边境早闭晚开。”王以为然，奇其计。王后劝立之。王乃召相，令之曰：“寡人子莫④若楚。立以为太子。”

［注释］

①间：一会儿。②轫车于赵：在赵国停车，暗指做赵国的人质。③反：通“返”。④莫：没有。

[译文]

过了一会儿，子楚对孝文王说：“君王以前曾在赵国为质，因此赵国豪杰都知道君王的大名。现在君王回国了，他们都向西方遥望君王，假若君王不派一个使者去问候他们，我唯恐他们都要存有怨恨的心情，不如让边境的关门早闭晚开。”孝文王认为子楚这话说得有道理，并夸他善于计谋。这时王后就劝孝文王立子楚为太子。于是孝文王就召见相国说：“我的王子都不如子楚，现在我就立子楚为太子。”

子楚立，以不韦为相，号曰文信侯，食①蓝田十二县。王后为华阳太后，诸侯皆致秦邑。

[注释]

①食：以……为食禄、俸禄。

[译文]

后来子楚继承秦国王位以后，任命吕不韦为相国，封他为文信侯，用蓝田十二县的收入为俸禄。同时封王后为华阳太后，天下诸侯都到秦国为太后来进献养地。

文信侯欲攻赵以广河间

文信侯①欲攻赵以广河间②，使刚成君蔡泽事燕，三年，而燕太子质于秦。文信侯因请张唐相燕，欲与燕共伐赵，以广河间之地。张唐③辞曰：“燕者必径于赵，赵人得唐者，受百里之地。”文信侯去而不快。少庶子甘罗④曰：“君侯何不快甚也？”文信侯曰：“吾令刚成君蔡泽事燕，三年，而燕太子已入质矣。今吾请张卿相燕，而不肯行。”甘罗曰：“臣行之。”文信君叱去曰：“我自行之而不肯，汝安能行之也？”甘罗曰：“夫项橐(tuó)生七岁而为孔子师，今臣生十二岁于兹矣！君其试臣，奚以遽(jù)言叱也？”

[注释]

①文信侯：指吕不韦，秦相国。②河间：为吕不韦的封地。③张唐：秦国的臣子。④少庶子甘罗：文信侯吕不韦的家臣，秦将甘茂之孙，年少聪明。

［译文］

文信侯想要出兵攻打赵国，从而扩展自己的封地河间，他让刚成君蔡泽臣奉燕国，三年之后，燕国的太子丹来到秦国作为人质。文信侯又想请秦人张唐出任燕国的相国，想要与燕国联手攻打赵国，拓展自己的封地河间。张唐推辞说：“想要到燕国必定会经过赵国，赵国正悬赏捉拿我呢，凡是抓到我的人，就可以得到百里之地的奖赏。”文信侯走了，心中十分不高兴。少庶子甘罗问：“君侯您为何如此的不快乐啊？”文信侯回答说：“我让刚成君蔡泽到燕国为官，三年之后燕国太子丹已经来到秦国做人质。今天我想请张唐出任燕国的相国，然而他却不肯去！”甘罗说：“我能让他去。”文信侯非常生气地说：“我亲自让他去他都不肯去，你又怎么能让他去呢？”甘罗说：“项櫜七岁的时候就做了孔子的老师，我今年都已经十二岁了，君侯您就让我去试一下吧，怎能立刻就训斥我呢？”

甘罗见张唐曰：“卿之功孰与武安君？”唐曰：“武安君①战胜攻取不知其数，攻城堕②邑不知其数；臣之功不如武安君也。”甘罗曰：“卿明知功之不如武安君欤？”曰：“知之。”“应侯之用秦也孰与文信侯专？”曰：“应侯不如文信侯专。”曰：“卿明知为不如文信侯专欤？”曰：“知之。”甘罗曰：“应侯欲伐赵，武安君难之，去咸阳七里，绞而杀之。今文信侯自请卿相燕，而卿不肯行，臣不知卿所死之处矣！”唐曰：“请因孺子③而行！”令库具④车，厩（jiù）具马，府具币。行有日矣，甘罗谓文信侯曰：“借臣车五乘，请为张唐先报赵。”

见赵王，赵王郊迎。谓赵王曰：“闻燕太子丹之入秦与？”曰：“闻之。”“闻张唐之相燕与？”曰：“闻之。”“燕太子入秦者，燕不欺秦也；张唐相燕者，秦不欺燕也。秦、燕不相欺，则伐赵危矣。燕、秦所以不相欺者，无异故，欲攻赵而广河间也。今王赍（jī）⑤臣五城以广河间，请归燕太子，与强赵攻弱燕。”赵王立割五城以广河间，归燕太子。赵攻燕，得上谷⑥三十六县，与秦什一。

［注释］

①武安君：秦将白起，为秦国屡立战功。②堕：破坏，毁坏，此处指夺取。③孺子：指甘罗。④具：准备，预备。⑤赍：赠送给别人东西。⑥上谷：燕地名，位于今河北怀来一带。

［译文］

于是甘罗就去拜见秦将张唐，对他说："大人您认为自己与武安君白起相比谁的功绩更大？张唐回答说："武安君打下无数个胜仗，攻取无数个城池，攻城略地，无法计算，我远远不如武安君。"甘罗又问："您的确知道自己的功劳不如武安君吗？"张唐答道："知道啊"甘罗接着问："大人您觉得曾经执掌国政的应侯与文信侯比较的话，谁的权势大？"张唐说："应侯范雎比不上文信侯。"甘罗问："您的确知道是这样吗？"张唐说："知道。"甘罗说："应侯曾经想要进攻赵国，武安君认为难攻而不愿去，最终应侯在距离咸阳七里的地方绞死了武安君。如今文信侯亲自请求您出任燕国的相国，但是您却不答应，我不知道大人您将在何处葬身啊！"张唐道："请您替我告诉文信侯，我愿意前行出任燕国相国。"于是就准备车辆和马匹，备好礼品。秦将张唐走了好几天之后，甘罗又对文信侯说道："请君侯您帮我准备五辆车子，我要替张唐先到赵国通报一声。"

于是甘罗就去面见赵王，赵王到郊外去迎接甘罗。甘罗说："赵王您可曾听说燕国太子丹已经来秦国做人质的事情了吗？"赵王回答道："听说了。"甘罗又问道："您听说张唐要到燕国出任相国之事了吗？"赵王回答说："听说了。"甘罗又道："燕太子丹来到秦国做人质，燕国必然不会欺骗秦国；而张唐到燕国为相，秦国必定也不会欺骗燕国。秦国和燕国彼此之间不欺骗的话，就会攻打赵国，赵国也就危险了。秦国和燕国不互相欺骗，没有别的原因，仅仅是为了要讨伐赵国，拓展文信侯封地河间的土地而已。如今大王您如果能够送给我五座城邑以扩展河间的土地的话，我就可以替您让秦国归送燕太子丹，和强大的赵国联手一起攻打弱小的燕国。"赵王马上割让五座城邑以扩展文信侯在河间的封地，秦国也把太子丹送回燕国。赵国进攻燕国，得到了上谷之地三十六个县，并把其中的十分之一送给秦国。

文信侯出走

文信侯出走，与[1]司空马之赵，赵以为守相[2]，秦下甲而攻赵。司空马说赵王曰："文信侯相秦，臣事之为尚书，习秦事。今大王使守小官习赵事。请为大王设秦、赵之战，而亲观其孰胜[3]，赵孰与秦大？"曰："不如。""民孰与之众？"曰："不如。""金钱、粟孰与之富？"曰："弗如。""国孰与

之治？”曰：“不如。”“相孰与之贤？”曰：“不如。”“将孰与之武？”曰：“不如。”“律令孰与之明？”曰：“不如。”司空马曰：“然则大王之国百举而无及秦者，大王之国亡。”赵王曰：“卿不远赵而悉教以国事，愿于因计[4]。”

吕不韦

吕不韦，战国末年著名商人、政治家、思想家，卫国濮阳人。他以“奇货可居”闻名于世，曾辅佐秦始皇登上王位，任秦国相邦，组织门客编写了著名的《吕氏春秋》。

［注释］

①与：党羽，同党。②守相：官职名，一个没有实权的小官。③孰胜：哪一个会取胜。孰，谁。④因计：按照计谋实行。

［译文］

文信侯吕不韦被秦王驱逐，他的亲信司空马逃到了赵国，赵王封了他个没有实权的小官。这个时候秦国正在调集军队兵马准备攻打赵国。司空马就对赵王说道：“文信侯担任秦国相国的时候，我曾侍奉他，当过尚书，对秦国的情况比较了解。现在大王您让我做小官，也熟悉了赵国的情况。请大王您允许我替您做一番秦国、赵国作战的设想，您亲自看看谁取胜的可能性更大。赵国与秦国哪个疆域广大呢？”赵王回答说：“赵国不如秦国更为广大。”司空马又问：“哪个国家的百姓更多？”赵王答道：“赵国不如秦国人口众多。”司空马又问道：“金钱、粮食哪个国家更富有？”赵王答：“不如秦国富有。”司空马问：“哪个国家更为安定？”赵王回答说：“赵不如秦。”司空马又问：“哪个国家的相国更有贤能？”赵王回答：“赵相不如秦相。”司空马又问：“哪个国家的将军更为勇武？”赵王回答说：“赵将不及秦将勇武。”司空马问：“哪个国家的律令更为严明？”赵王回答说：“赵不如秦。”于是司空马就说：“既然这样，赵国各个方面都比不上秦国，大王您的国家就将要灭亡了。”赵王恳求说：“先生您这么远来到赵国，希望您不吝赐教，把救国之道全都教给我，我愿意听从先生的计策。”

司空马曰：“大王裂[1]赵之半以赂秦，秦不接刃(rèn)而得赵之半，秦必悦。内恶赵之守，外恐诸侯之救，秦必受之。秦受地而却兵，赵守半国以自存。秦衔赂以自强，山东必

恐；亡赵自危，诸侯必惧。惧而相救，则从事可成。臣请大王约从。从事成，则是大王名亡赵之半，实得山东以敌秦，秦不足亡。”

赵王曰：“前日秦下甲攻赵，赵赂以河间十二县，地削兵弱，卒不免秦患。今又割赵之半以强秦，力不能自存，因以亡矣。愿卿之更计。”司空马曰：“臣少为秦刀笔[2]以官，长而守小官，未尝为兵首，请为大王悉赵兵以遇。”赵王不能将。司空马曰：“臣效愚计，大王不用，是臣无以事大王，愿自请。”

［注释］

①裂：分裂，此处引申为割让。②刀笔：战国时期采用刀往竹简上刻字的方法来记事，所以称为“刀笔”。

［译文］

司空马说：“如果大王您可以割一半的土地来贿赂秦国的话，秦国不劳费刀刃就可以得到赵国一半的土地，秦王一定十分高兴。秦国自己也会担心赵国军队的守卫，同时还害怕其他诸侯前来救援，秦国必定会接受土地然后退兵，赵国虽然只剩下一半的国土，但还可以自存。秦国得到赵国的贿赂必然会骄傲自大，崤山以东的各诸侯必定会十分恐惧；一旦赵国灭亡了他们自己就会很危险，他们定然会十分害怕。他们恐惧了就会出兵援救赵，这样合纵就可以完成了。我请求替大王您与诸侯合纵。如果合纵成功的话，大王您表面上是丢失了一半的江山，实际上却可以联合崤山以东的各个诸侯共同抵抗秦国，秦国就不足以使我们灭亡了。”

赵王说：“前些日子秦国攻打赵国，我为了求得自保，曾把河间地区十二个县割给秦国，国土削减，兵力衰弱，始终不能消除秦国的祸害。现在您又让我把一半的国土割给秦国让秦国变得更加强大，而赵国将无法自存，这样就会灭亡了。希望您能再想个办法。”司空马回答说：“我年轻的时候是执笔的官员，做了很长时间依然是个小官，未曾统率过军队，请大王允许我率领赵国的全部军队去抵抗秦国。”赵王不同意司空马为将。司空马说：“我向您进献愚计，大王您不肯采纳，这样我对大王也没什么用处了，我请求离开赵国。”

司空马去赵，渡平原。平原津令郭遗劳而问：“秦兵下赵，上客从赵来，赵事何如？”司空马言其为赵王计而弗用，赵必亡。平原令曰：“以上客料之，赵何时亡？”司空

马曰：“赵将武安君①期年而亡，若杀武安君，不过半年。赵王之臣有韩仓者，以曲合于赵王，其交甚亲，其为人疾贤妒功臣。今国危亡，王必用其言，武安君必死。”

李牧雁门纵牧

李牧（？一前229），战国时期赵国杰出的军事家、统帅，是战国末年东方六国最杰出的将领。李牧深得士兵和人民的爱戴，有着崇高的威望。

［注释］

①武安君：李牧。

［译文］

司空马于是离开了赵国，经过平原津。平原津的长官郭遗便慰劳他并问道：“秦兵要攻打赵国，客人您自赵国而来，战况怎么样啊？”司空马说他替赵王出谋划策而赵王却不采纳的事，赵国必然会灭亡啊。平原令说：“按照您的预料，赵国何时会灭亡？”司空马说：“赵王如果能使武安君李牧统帅军队的话，可以支撑一年灭亡；倘若杀掉了武安君的话，不出半年就会灭亡。赵国有个大臣叫韩仓，对赵王曲意逢迎，和赵王很亲近，此人非常妒忌贤良和有功之臣。如今赵国危急，赵王必定会听信韩仓之言，李牧必然会被处死。”

韩仓果恶之，王使人代。武安君至，使韩仓数之曰：“将军战胜，王觞(shāng)将军。将军为寿于前而捍匕首，当死。”武安君曰：“繓(zuǒ)①病钩②，身大臂短，不能及地，起居不敬，恐惧死罪于前，故使工人为木材以接手。上若不信，繓请以出示。”出之袖中，以示韩仓，状如振梱，缠之以布。“愿公入明之。”韩仓曰：“受命于王，赐将军死，不赦。臣不敢言。”武安君北面再拜赐死，缩剑将自诛，乃曰：“人臣不得自杀宫中。”遇司空马门，趣甚疾，出诹(ji)门也。右举剑将自诛，臂短不能及，衔剑征之于柱以自刺。武安君死，五月赵亡。

平原令见诸公，必为言之曰：“嗟嗞（zī）乎，司空马！”又以为司空马逐于秦，非不知也；去赵，非不肖也。赵去司空马而国亡。国亡者，非无贤人，不能用也。

［注释］

①缟：指武安君，李牧名缟。②病钩：指胳膊不能伸直，只能保持弯曲。

［译文］

韩仓果然诋毁武安君李牧，赵王就派人代替了李牧统帅军队。武安君返回邯郸后，赵王就派韩仓数落武安君李牧：“之前将军您打了胜仗，大王向您敬酒，将军您向大王贺寿，手却握着匕首，应该被诛杀！”武安君解释说：“那是因为我的右胳膊有病，不能伸展，我的身躯虽高大胳膊却比较短，向大王跪拜的时候双手够不到地，我害怕这样对大王不敬，担心犯了死罪，于是就叫木工用木头做了一个假臂。赵王如果不信的话，我请求出示我的手臂。”于是就从袖中取出假臂，向韩仓出示。假臂像是木橛一样，缠着布条。李牧恳求道：“希望您能入宫替我辩明。”韩仓却说：“我仅是听从于大王的命令而已，大王要赐死将军，决不赦免，我不敢替你说话。”于是武安君只好向北面朝赵王在此拜谢赐予他死罪，将要抽出宝剑自杀，又说道：“为人臣子不能在宫中自杀。”于是就走过司空马的门，走的越发地快，出了诹门，右手拿着宝剑要自杀，但是胳膊太短够不着，于是就用嘴含住剑，将剑柄抵在柱子上自刺杀死自己。武安君死后，五个月赵国就灭亡了。

平原令之后每次见到别人，总会替司空马感慨道：“可惜啊，司空马！”同时他还认为，司空马被秦国驱逐，并非是因为他不聪明；离开赵国，不是因为无能。司空马离开赵国，赵国就灭亡。由此可以看出，国家灭亡不是因为没有贤人，而是因为君主不能善用贤人。

四国为一

四国[1]为一，将以攻秦。秦王召群臣宾客六十人而问焉，曰：“四国为一，将以图秦，寡人屈于内，而百姓靡于外，为之奈何？”群臣莫对。姚贾[2]对曰：“贾愿出使四国，必绝其谋，而安其兵。”乃资车百乘，金千斤，衣以其衣，冠，带以其剑。姚贾辞行。绝其谋，止其兵，与之为交以报秦。秦王大悦。贾封千户，以为上卿。

[注释]

①四国：指吴、燕、楚、代四个国家。吴即越，吴并于越后称越。代即赵，代并于赵称赵。②姚贾：秦臣。

[译文]

吴、燕、楚、代这四个国家联合起来，准备攻打秦国。秦王召集臣下六十人，问道："四国联合为一体，想要对秦国有所图谋，我现在是国内物资困乏，在外百姓损伤，我们将要怎么办呢？"大臣们都不说话，不知如何是好。姚贾回答说："我愿意到这四国去出使，必定会杜绝他们的谋划，使他们的军队按兵不动。"于是秦王就资助他上百辆车马，黄金上千斤，让姚贾穿上自己的华衣，戴上自己的帽子，腰佩自己的宝剑。姚贾向秦王辞行。最终杜绝了他们的合谋，使他们的军队停止了行动，和四国建立了邦交，并把这些禀报给了秦王。秦王十分高兴，赏封给姚贾千户土地，拜为上卿。

韩非知之，曰："贾以珍珠重宝，南使荆①、吴，北使燕、代，之间三年，四国之交未必合也，而珍珠重宝尽于内。是贾以王之权、国之宝，外自交于诸侯，愿王察之。且梁监门子②，尝盗于梁，臣于赵而逐。取世监门子、梁之大盗、赵之逐臣，与同知社稷之计，非所以厉群臣也。"

[注释]

①荆：指楚，为了避开秦庄襄王子楚的名讳故称之为"荆"。②监门子：看门人的儿子。监，看守。

[译文]

韩非知道了这件事之后，就对秦王说："姚贾带着珍贵的珠宝，南面出使楚国和吴国，北面出使燕国和代国，这之间有三年的时间，不一定就和四国真的建立了邦交，但是那些珍贵的珠宝都用完了。这是姚贾利用大王您的权势，国家的珍宝，在外结交诸侯，请秦王您一定要明察啊。而且他是魏国看守大门的人的儿子，曾经在大梁偷盗，又在赵国当过臣子，却被驱逐。一个出身为看门人的儿子的人，魏国的盗贼，被赵驱逐的大臣，采用这样的人一起治理国家社稷，恐怕不是鼓励群臣之道。"

王召姚贾而问曰："吾闻子以寡人财交于诸侯，有诸？"对曰："有。"王曰："有何面目复见寡人？"对曰："曾参孝其亲，天下愿以为子；子胥忠于君，天下愿以为臣；贞女工巧，

天下愿以为妃[1]。今贾忠王，而王不知也。贾不归四国，尚焉之？使贾不忠于君，四国之王尚焉用贾之身？桀听谗而诛其良将，纣闻谗而杀其忠臣，至身死国亡。今王听谗，则无忠臣矣。”

[注释]

①妃：婚配。

[译文]

秦王于是就召见姚贾，问道：“我听说你用我的钱财去结交诸侯，有这回事吗？”姚贾回答说：“有。”秦王说：“你有什么脸面再来见我？”姚贾说：“曾参对他的双亲十分孝敬，天下人都想把曾参当作自己的儿子；伍子胥对他的国君十分忠诚，天下的国君都想把伍子胥当作自己的臣子；善于女工的女子手非常工巧，天下人都想让她做自己的妻子。如今我效忠于大王您，大王您却不知道。我不到四国，又能到哪里去呢？倘若我不忠诚于大王的话，四国的国君又怎么会信任我呢？夏桀听信别人的谗言，把良将给诛杀了；殷纣王听信诽谤之言，把忠臣杀害了，最终自己死了，国家也灭亡了。如今大王要是听信谗言的话，就没有忠臣了。”

畜牧封侯

晋献公灭虞，俘虏了虞公及其大夫百里奚，将他们作为穆姬陪嫁送到秦国。百里奚逃到宛，被楚国人捉去放牧。秦穆公胸怀大志，得知百里奚已经逃到楚国，于是派使者到楚，用五张羊皮赎回百里奚，而后重用百里奚，秦国大治。

王曰：“子监门子，梁之大盗，赵之逐臣。”姚贾曰：“太公望[1]齐之逐夫，朝歌之废屠，子良之逐臣，棘津之雠(chóu)[2]不庸，文王[3]用之而王(wàng)。管仲其鄙人之贾人也，南阳之弊幽[4]，鲁之免囚，桓公用之而伯。百里奚(xī)虞(yú)之乞人，传卖以五羊之皮，穆公相之而朝西戎。文公[5]用中山盗，而胜于城濮。此四士者，皆有诟(gòu)丑，大诽(fěi)天下，明主用之，知其可与立功。使若卞随、

务光、申屠狄⑥，人主岂得其用哉？故明主不取其污，不听其非，察其为己用。故可以存社稷者，虽有外诽者不听，虽有高世之名无咫(zhǐ)尺之功者不赏。是以群臣莫敢以虚愿望于上。”

秦王曰：“然。”乃复使姚贾，而诛韩非。

［注释］

①太公望：指姜太公吕望，人称姜子牙，周国的开国功臣。②雠：通“售”，买。③文王：周文王姬昌。④弊幽：隐蔽不被人知道。弊，通“蔽”。⑤文公：晋文公重耳。⑥卞随、务光、申屠狄：皆为商代的隐士。

［译文］

秦王说：“你是守门人的儿子，魏国的盗贼，赵国驱逐的大臣。”姚贾回答说：“姜太公曾经被妻子逐出家门，在朝歌当屠夫却没人买肉，在子良手下做事被驱逐，在棘津做苦力也没人雇用，周文王任用他却称王于天下。管仲是鄙贱的商贾，在南阳的时候隐蔽不被人所知道，又是鲁所赦免的阶下囚，齐桓公任用他，并成就了霸业。百里奚是虞国的乞丐，五张羊皮就能把他买过来的人，秦穆公任用他为相国，最终使得西戎前来朝拜。晋文公任用了中山的大盗，却在城濮打了胜仗。这四个人都曾有做过让人诟病的丑事，被天下人诽谤，英明的君主却任用他，知道他可以帮助自己建立功业。倘若是像卞随、务光、申屠狄这样的人，国君怎么可能会任用呢？所以圣明的君主不在乎他身上有污点，不听从他不好的地方，洞察他的可用之处为自己所利用。所以可以使社稷保存的人，即使外面有人谤击也不听从，即使有很高的声望，没有一点功劳，也不进行奖赏。这样的话大臣们就不敢有以虚妄的想法求赏于君王了。”

秦王说：“你说得很对。”于是就再次任用姚贾，而诛杀了韩非。

齐策一

靖郭君将城薛

靖(jìng)郭君将城薛①，客多以谏。靖郭君谓谒(yè)者②，无为客通③。齐人有请者曰：“臣请三言④而已矣，益一言，臣请⑤烹(pēng)！”靖郭君因见之。客趋⑥而进曰：“海大鱼。”因反⑦走。君曰：“客有于此⑧。”客曰：“鄙(bǐ)臣不敢以死为戏。”君曰：“亡⑨，更言之。”对曰：“君不闻大鱼乎？网不能止⑩，钩不能牵⑪，荡而失水，则蝼(lóu)蚁(yǐ)得意焉。今夫齐亦君之水也。君长⑫有齐阴(yìn)⑬，奚以薛为？失齐，虽隆⑭薛之城到于天，犹之无益也。”君曰：“善。”乃辍城薛。

[注释]

①将城薛：将要修筑薛地的城墙。②谒者：负责通报的官吏。③通：通报。④三言：三个字。⑤请：请将我。⑥趋：小步快走，这是古代臣子面见君主时的一种礼节。⑦反：通“返”，返回，回头走。⑧有于此：留于此，意思是说留下来继续将话说完。⑨亡：通“无”，意思是不要这么做。⑩止：捕获。⑪牵：牵引，即用鱼钩钓住。⑫长：长久地、永久地。⑬阴：庇护，荫庇。⑭隆：使之高。

鱼

[译文]

靖郭君田婴打算在薛邑修筑城墙，门客纷纷前来劝阻。靖郭君下令给传达人员，让他们不要给那些门客通报。齐国有一个门客要求接见，说道：“请允许我说三个字就可以了，多说一个字的话，就请将我烹死！”于是靖郭君就同意召见了他。门客急步上前来禀告靖郭君说：“海大鱼。”说完后转身就走了。靖郭君说道：“你不要这么着就走了，留下来继续将话说完吧。”门客说：“我不敢拿自己的性命来开玩笑。”靖郭君说：“别这么说，请您继续说完。”门客便说道：“您没听说过海中的大鱼吗？用渔网无法捕到它，用鱼钩也不能将它钓上来；可是，一旦它处于干得连一滴水都没有的境地时，那些小小的蚂蚁、蝼蛄也能将其制服。现在齐国就相当于是您的水呀。如果您可以长久地得到齐国荫庇，要薛邑又有何用呢？可是一旦您失掉了齐国，即便是将薛邑的城墙修筑得像天一样高，又有何用呢？”靖郭君说：“你说得很有道理。”于是便放弃了在薛邑修筑城墙的意图。

靖郭君善齐貌辨

靖郭君善齐貌辨[1]。齐貌辨之为人也多疵(cī)[2]，门人弗(fú)说[3]。士尉[4]以证靖郭君，靖郭君不听，士尉辞而去。孟尝君[5]又窃[6]以谏，靖郭君大怒，曰：“刬(chàn)而类[7]，破吾家，苟可慊[8]齐貌辨者，吾无辞为之。”于是舍之上舍，令长子御，旦暮进食。

［注释］

①齐貌辨：人名，靖郭君的门客。②多疵：许多毛病，在此指其不拘泥于小节。③说：通“悦”，喜欢。④士尉：人名，靖郭君的门客。⑤孟尝君：田文，靖郭君田婴的儿子，“战国四公子”之一。⑥窃：暗中。⑦刬而类：灭了我们这一族。刬，灭；类，族类。⑧慊：使之满意。

［译文］

靖郭君对齐貌辨特别的亲近。但是齐貌辨和人相处不拘泥于小节，因此许多门客都不喜欢他。一个名叫士尉的门客想要劝说靖郭君，靖郭君不听取他的进谏，士尉就告辞离开了。孟尝君又在私下进谏想把齐貌辨驱逐出去，靖郭君十分恼怒，说：“哪怕是灭了我们这个家族，破坏了我的家业，如果能让齐貌辨满意，我将为此没有任何推辞！”于是田婴就安排齐貌辨住在上等客房，还派长子给齐貌辨驾车，早晚服侍他吃饭。

数年，威王薨(hōng)[1]，宣王立。靖郭君之交，大不善于宣王，辞而之薛，与齐貌辨俱留。无几何，齐貌辨辞而行，请见宣王。靖郭君曰：“王之不说(yuè)[2]婴甚，公往，必得死焉。”齐貌辨曰：“固[3]不求生也，请必行。”靖郭君不能止。

［注释］

①薨：古时对帝王或诸侯去世的委婉表达。②说：通“悦”，喜欢。③固：原本。

齐钟离春

钟离春是战国时齐国无盐人，又称钟无盐。貌丑，年过四十未嫁，后来亲自前往向齐宣王主张“拆渐台，罢女乐，退谄谀，进直言，选兵马，实府库”，被齐宣王立为王后，命她做太子的嫡母。

［译文］

几年之后威王驾崩了，齐宣王继位莅政。靖郭君田婴与齐宣王相交很不好，于是就辞官回到自己的封地薛地，和齐貌辨都留在了薛城。可是没过多少时间，齐貌辨就向田婴告辞，请求晋见齐宣王。田婴对他说：“宣王不喜欢我田婴，你去的话，必然会被处死！”齐貌辩说：“我原本也不想活着回来了，我一定要去。”田婴没有办法阻止他。

齐貌辨行至齐，宣王闻之，藏怒以待之。齐貌辨见宣王，王曰：“子，靖郭君之所听爱夫？”齐貌辩曰：“爱则有之，听则无有。王之方为太子之时，辨谓靖郭君曰：‘太子相不仁，过颐(yí)豕视(shǐ)，若是者①信反。不若废太子，更立卫姬婴儿郊师。’靖郭君泣而曰：‘不可，吾不忍也。’若听辨而为之，必无今日之患也。此为一。至于薛，昭阳请以数倍之地易②薛。辨又曰：‘必听之。’靖郭君曰：‘受薛于先王，虽恶于后王，吾独谓先王何乎！且先王之庙在薛，吾岂可以先王之庙与楚乎？’又不肯听辨。此为二。”宣王大息，动于颜色曰：“靖郭君之于寡人一至此乎？寡人少，殊不知此。客肯为寡人来靖郭君乎？”齐貌辨对曰：“敬诺③。”

［注释］

①若是者：像这样的人。②易：指交换。③敬诺：向对方很恭敬地做出肯定答复。

［译文］

齐貌辨出行，来到了齐国，宣王听闻了这件事，心怀愤怒等待齐貌辨的到来。齐貌辩朝见宣王，宣王对他说：“你，是不是靖郭君所恩宠和听信的人？”齐貌辨说：“靖郭君的确对臣很恩宠，但并不是听信。当年宣王您还是太子的时候，我曾经对靖郭君说：‘太子相貌不够仁爱，两腮太大，喜欢像猪一样偷看。像这样的人如果当了国君的话必然违背正道。不如废掉太子，再立卫姬的儿子郊师为太子。’靖郭君却大哭着对我说：‘不行，我不忍心。’倘若靖郭君什么都听信并按照我说得做的话，靖郭君肯定不会有今天的祸害，这是第一件事。到了薛城之后，楚相国昭阳请求用几倍的土地和靖郭君交换薛地，我又对靖郭君进谏说：‘您一定要听信这个请求啊。’靖郭君说：‘薛地是我从先王那里得到的，即使宣王厌恶我，我若易地又该怎么向先王交代啊？并且薛地还是先王的宗庙所在的地方，我怎么能够把先王的宗庙给楚国呢？’他又不肯听信于我。这是第二件事。”齐宣王长叹一声，脸色都变了，说：“靖郭君对我的感情竟然会如此深厚啊！我年少，不知道这些。先生您肯为我请求靖郭君回来吗？”齐貌辨答道：“可以。”

靖郭君衣①威王之衣，冠，带其剑。宣王自迎靖郭君于郊，望之而泣。靖郭君至，因请相之。靖郭君辞，不得已而受。七日谢病，强辞，三日而听。

当是时，靖郭君可谓能自知人矣。能自知人，故人非之，不为沮(jǔ)。此齐貌辨之所以外生、乐患、趣难者也。

[注释]

①衣：穿上。

[译文]

靖郭君田婴穿上威王赐给自己的衣服，戴上威王赐给自己的帽子，腰里佩戴着威王赐给自己的宝剑。宣王自己到都城的郊外迎接他，宣王一看到他就哭了。靖郭君来到朝廷之后，宣王就请求他担任相国。靖郭君推辞，没有办法最后就接受了。但是七天之后，就又声称生病而强行推辞，三天之后宣王总算才答应了田婴的辞职。

这时候，靖郭君可以说是能够了解别人啊！由于自己可以了解别人，因此即使别人非议，他也不会为此沮丧。这也就是齐貌辨把生死放在外边、乐于帮人解除忧患、救助处于危难中之人的原因。

邯郸之难

邯郸之难①，赵求救于齐。田侯②召大臣而谋，曰：“救赵孰与勿救？”邹子③曰：“不如勿救。”段干纶(lún)④曰：“弗救，则我不利。”田侯曰：“何哉？”“夫魏氏兼邯郸，其于齐何利哉？”田侯曰：“善。”乃起兵，曰：“军于邯郸之郊。”段

干纶曰：“臣之求利，且不利者非此也。夫救邯郸军于其郊，是赵不拔而魏全也。故不如南攻襄陵[5]以弊魏。邯郸拔而承魏之弊，是赵破而魏弱也。”田侯曰：“善。”乃起兵南攻襄陵，七月邯郸拔。齐因承魏之弊，大破之桂陵。

齐威虞姬

齐威王初即位，诸侯并伐，国人不治。虞姬劝告威王要疏远进谗和阿谀的卿大夫，亲自问政，任用贤明有才的人，虞姬因而遭到卿大夫们的怨恨。

［注释］

①邯郸之难：指魏国攻打邯郸之事。邯郸，赵国的国都，位于今河北邯郸。②田侯：指齐威王。③邹子：指邹忌，齐国的相国。④段干纶：齐国的臣子。⑤襄陵：魏国的地名，位于今河南睢县。

［译文］

魏国攻打邯郸城，赵王就向齐国寻求救助。齐威王召集群臣一起商议，齐威王问：“救赵还是不救赵，哪个比较好呢？”邹忌回答道：“不如不要帮助赵国。”大臣段干纶说：“如果不救赵的话，就会对我们齐国不利。”威王问道：“为何？”段干纶回答道：“如果魏国占取了邯郸城，这对齐国而言又能有何利呢？”威王说：“是。”于是齐国就发兵救赵，威王下令说：“把军队驻扎在邯郸城郊外。”段干纶又说：“我所指的有没有好处并不在于此。救助邯郸，把军队驻扎在邯郸城的郊外，这样，赵国的都城邯郸就不会被攻破，而魏国因为停战也会使实力得以保全。因此我们不如向南攻打魏国的襄陵，这样魏军就会很疲惫。如果邯郸城被攻破的话，我们就可以借魏军疲惫的机会出兵魏国，如此的话赵国国都被攻破了，而魏军也会被削弱。”威王说：“好。”于是齐国就向南发兵攻打魏地襄陵，七月份的时候，邯郸城被魏军攻破，齐国借此魏军疲弊之机，在桂陵大败魏军。

南梁之难

南梁之难[1]，韩氏请救于齐。田侯[2]召大臣而谋曰：“早救之孰与晚救之便？”张丏（miǎn）[3]对曰：“晚救之，韩且折而入

于魏，不如早救之。”田臣思④曰：“不可，夫韩、魏之兵未弊，而我救之，我代韩而受魏之兵，顾反⑤听命于韩也。且夫魏有破韩之志，韩见且亡，必东愬（sù）于齐。我因阴结⑥韩之亲，而晚承魏之弊，则国可重，利可得，名可尊矣。”田侯曰：“善。”乃阴告韩使者而遣之。

[注释]

①南梁之难：指魏国攻打韩国南梁之事。南梁，韩国地名，位于今河南临汝一带。②田侯：齐威王。③张丐：齐国的臣子。④田臣思：齐国的臣子。⑤顾反：反过来。⑥阴结：暗地里结盟.

[译文]

魏国发兵韩地南梁，于是韩国就向齐寻求救助。齐威王就召集群臣一起商议这件事，齐王说：“早点救助韩国还是晚点救助韩国，哪种对我们比较有利？”张丐回答说：“假若我们晚些救助韩国的话，韩国就会反过来投靠魏国，还是早点救助韩国为好。”田臣思说：“不可以，现在韩国和魏国的军队都还没有疲弊，如果我们发兵帮助韩国，我们就会替韩军经受魏军的进攻，这样反而会使我们听从于韩国的控制。并且魏国有攻破韩国的志愿，韩国看着自己快要灭亡了的时候，肯定会向东求助于齐。我们可以秘密地与韩国建立良好的邦交，晚些时候借魏军疲惫的时候再救助韩国。这样的话齐国就会受到重视，也可以得到好处，威名也会更为尊贵。”齐威王说：“好的。”于是就派人秘密与韩国的使者结交，并让他先返回韩国。

韩自以专有齐国，五战五不胜，东愬于齐，齐因起兵击魏，大破之马陵①。魏破韩弱，韩、魏之君因田婴②北面而朝田侯。

[注释]

①马陵：地名，位于今河北大名一带。②田婴：齐国的大臣。

[译文]

韩国自以为有齐国的救援，与魏军打了五次仗五次都没有取胜，于是就再次向齐国求助，齐国于是就发兵讨伐魏国，在马陵大败魏军。魏国被击破，韩国也衰弱了，于是韩国和魏国的君王通过田婴面北而朝拜齐威王。

田忌为齐将

田忌为齐将，系梁太子申，禽庞涓①。孙子②谓田忌曰："将军可以为大事乎？"田忌曰："奈何？"孙子曰："将军无③解兵而入齐。使彼罢弊于先弱守于主④。主者，循轶（xún yì）之途也，辖（xiá）击摩车而相过。使彼罢弊先弱守于主，必一而当十，十而当百，百而当千。然后背太山，左济，右天唐⑤，军重踵（zhǒng）高宛⑥，使轻车锐骑冲雍门⑦。若是则齐君可正，而成侯可走。不然，则将军不得入于齐矣。"田忌不听，果不入齐。

[注释]

①庞涓：魏国的将领。②孙子：指孙膑，善于运用战术和计谋。③无：通"毋"，指不要。④主：地名。⑤天唐：齐地名，位于今山东禹城一带。⑥高宛：齐地名，位于今山东高青一带。⑦雍门：齐国都城临淄的西城门。

孙膑晚下云梦山

孙膑和庞涓都是鬼谷子的学生，庞涓先下山辅佐魏王，孙膑后下山。此图描写的就是孙膑出山的情景。

[译文]

田忌身为齐国的将军，在和魏军的交战中擒获了魏国的太子申和魏国的将领庞涓，大臣孙膑对将军田忌说："将军您是否可以成就一番大事呢？"田忌问："什么意思？"孙膑回答说："将军您不要解散了军队回到齐国，您让那些疲弊老弱的兵士驻守主地。主地，道路狭窄的只有沿着车辙的痕迹才能通行，两车一起的话就会碰撞摩擦。倘使您让这些疲惫老弱的兵士在主地驻守的话，必定能够一个当十个，十个当百个，百个当千个。在此之后将军您就率兵背靠泰山，涉过左边的济水，穿越右边的天唐，把辎重直接运送到高宛，最后让轻便的车、动作迅速的骠骑冲到齐国国都临淄城的雍门。如果这样的话齐王就会听从于您，成侯邹忌也必定会逃走。

不这样的话，将军您就无法回到齐国了。”田忌没有听取孙膑的建议，果然没能返回齐国。

邹忌修八尺有余

邹忌修①八尺有余，身体昳(yì)丽。朝②服衣冠窥(kuī)镜，谓③其妻曰：“我孰与④城北徐公美？”其妻曰：“君美甚，徐公何能及公也！”城北徐公，齐国之美丽者也。忌不自信，而复问其妾曰：“吾孰与徐公美？”妾曰：“徐公何能及君也！”旦日，客从外来，与坐谈，问之客曰：“吾与徐公孰美？”客曰：“徐公不若君之美也！”

[注释]

①修：长，此处指身高。②朝：早上。③谓：对。④孰与：哪一个更美，表示比较。

[译文]

邹忌身高八尺有余，容光焕发。早晨，他穿戴完毕对着镜子端详自己，对他的妻子说：“我和城北徐公相比，谁漂亮？”他的妻子说：“你漂亮极了，徐公哪里比得上你！”城北徐公，是齐国有名的美男子。邹忌不信自己比徐公还漂亮，又问他的小妾说：“我与徐公比，谁漂亮？”小妾说：“徐公哪能比得上您呢！”白天，从外边来了一个客人，邹忌同他交谈，又问他说：“我和徐公比谁漂亮？”客人回答说：“徐公比不上您漂亮！”

明日①，徐公来。孰②视之，自以为不如；窥镜而自视，又弗如远甚③。暮，寝而思之曰：“吾妻之美我者，私④我也；妾之美我者，畏我也；客之美我者，欲有求于我也。”

[注释]

①明日：第二天。②孰：通“熟”，仔细地。③又弗如远甚：又觉得比徐公差远了。弗，不；甚，十分。④私：偏爱。

[译文]

第二天，徐公来了，邹忌仔细端详他，自以为比不上徐公漂亮；又对着镜子端详自己，更觉得比徐公差远了。晚上邹忌睡觉时考虑这件事，醒悟道：“我的妻子认为我漂亮，是因为她偏爱我；小妾说我漂亮，是因为她害怕我；客人夸我漂亮，是因为他有求于我啊！”

于是入朝见威王曰：“臣诚①知不如徐公美，臣之妻私臣，臣之妾畏臣，臣之客欲有求于臣，皆以美于徐公。今齐地方②千里，百二十城，宫妇左右③，莫不私王；朝廷之臣，莫不畏王；四境之内，莫不有求于王。由此观之，王之蔽(bì)④甚矣！”王曰：“善。”

［注释］

①诚：实在，的确。②地方：土地方圆。③左右：指亲近之臣。④蔽：被蒙蔽。

［译文］

于是，邹忌就上朝去见齐王，说：“我确实知道自己不如徐公漂亮，可是我的妻子偏爱我，我的小妾害怕我，我的客人有求于我，因此都说我比徐公漂亮。现在齐国土地纵横千里，有一百二十座城邑，宫中的后妃和侍臣，没有一个不偏爱大王；朝廷里的臣下，没有一个不害怕大王；全国的百姓，没有一个不想求助于大王。由此看来，大王所受的蒙蔽实在太厉害了！”齐王说：“你说得对。”

乃下令：“群臣吏民，能面刺①寡人之过者，受上赏；上书谏(jiàn)寡人者，受中赏；能谤(bàng)议②于市朝，闻寡人之耳者，受下赏。”令初下，群臣进谏，门庭若市。数月之后，时时而间进。期年③之后，虽④欲言，无可进者。燕、赵、韩、魏闻之，皆朝于齐。此所谓战胜于朝廷。

［注释］

①面刺：当面指责。②谤议：指责，批评。③期年：满一年。④虽：即使。

［译文］

于是下了一道命令：“无论是朝廷大臣、地方官吏还是全国百姓，能当面指责我的过错的，给予上等奖赏；能上奏章直言规劝我的，给予中等奖赏；能在公共场合批评我，又能传到我耳朵里的，给予下等奖赏。”命令刚公布的时候，群臣纷纷进言规劝，宫廷门前就像集市一样热闹。几个月以后，还断断续续地有人来进言规劝。一年以后，即使想要进言规劝，也没有什么可说的了。燕、赵、韩、魏等国听说了这件事，都来朝见齐王。这就是人们所说的“修明政治，在朝廷上就能战胜外部敌人”。

秦假道韩、魏以攻齐

秦假道韩、魏以攻齐，齐威王①使章子将②而应之。与秦交和③而舍，使者数相往来。章子为变其徽(huī)章，以杂秦军。候者④言章子以齐入秦，威王不应。顷之间，候者复言章子以齐兵降秦，威王不应。而此者三。有司请曰："言章子之败者，异人而同辞，王何不发将而击之？"王曰："此不叛寡人明矣，曷为击之！"

［注释］

①齐威王：应该是齐宣王。②将：指统帅。③交和：双方军队对峙。④候者：侦察人员。

［译文］

秦军向韩国和魏国借道去攻打齐国，齐威王就派大臣匡章领兵出迎秦军。齐军和秦军两军对峙，双方使节屡次相互出使来往。匡章就改变了齐军的军旗服装，冒充混杂到秦军里。齐王的侦察人员向齐王报告说："匡章带领齐军向秦军投降了。"齐威王没有什么回应。过了一会儿，侦察人员又向齐王报告说："匡章带领齐军向秦军投降了。"齐威王依然没有什么回应。事情就这样一连反复了好几次。有个官员向齐王请示道："不同的探兵都一致地声称匡章战败投敌，大王您为什么不派遣军队去征讨他呢？"威王回答说："很明显这个人不会背叛我，为什么要派兵去征讨他呢？"

顷间，言齐兵大胜，秦军大败，于是，秦王拜西藩之臣而谢于齐①。左右②曰："何以知之？"曰："章子之母启，得罪其父，其父杀之而埋马栈(zhàn)之下。吾使者章子将也，勉之曰：'夫子之强，全兵而还，必更葬将军之母。'对曰：'臣非不能更葬先妾③也。臣之母启得罪臣之父。臣之父未教而死。夫不得父之教而更葬母，是欺死父也。故不敢。'夫为人子而不欺死父，岂为人臣欺生君哉？"

［注释］

①秦王拜西藩之臣而谢于齐：秦王称自己为"西藩之臣"，朝拜齐王并向其谢

旌贤去奸

齐威王即位之初，朝中大臣都赞誉即墨大夫，毁谤阿大夫。威王发现，即墨大夫用钱财贿赂朝臣，求得赞誉。阿大夫勤于政事，百姓称道，但却得罪朝臣，因此受到毁谤。威王处死了即墨大夫，从此，齐国大治。

罪。②左右：指近臣。③先妾：指其母亲，是对先父的妻子的谦称。

[译文]

不久之后，有人传报说："齐军大获全胜，秦军战败。"于是，秦王就自称"西藩之臣"朝拜齐王并向齐王谢罪。近臣们都问齐王："大王您怎么会知道章子没有战败投敌呢？"齐王说："章子的母亲启，得罪了章子的父亲，章子的父亲就杀了他母亲，并把他母亲埋在了马栈之下。我任用章子为将出兵迎击秦军，勉励他说：'倘若你能作战得胜，率领全部的军队返还到齐国，我必定会把您的母亲迁土重葬。'匡章说：'我并非不能替我母亲迁土重葬。只是因为我的母亲启得罪了我的父亲。我父亲没有教导我为母亲迁土重葬就死了。我未能得到父亲的准许，把母亲迁土重葬了，这实际就是欺骗死去的父亲。因此我不敢为母亲迁葬。'作为儿子他不会欺骗去世的父亲，作为臣子又怎么会欺骗尚且还活着的君王呢？"

苏秦为赵合从说齐宣王

苏秦为赵合从①说齐宣王曰："齐南有太山②，东有琅(láng)邪(yá)，西有清河，北有渤(bó)海，此所谓四塞之国也。齐地方二千里，带甲数十万，粟(sù)如丘山。齐车之良，五家之兵，疾如锥矢，战如雷电，解如风雨。即有军役，未尝倍太山，绝清河，涉渤海也。临淄(zī)之中七万户，臣窃度③之，下户三男子，三七二十一万，不待发于远县，而临淄之卒，固以二十一万矣。临淄甚富而实，其民无不吹竽(yú)、鼓瑟(sè)、击筑、弹琴，斗鸡、走犬、六博④、踏踘(jū)⑤者；临淄之途，车毂(gǔ)击，人肩摩(mó)，连衽(rèn)成帷(wéi)，举袂(mèi)成幕，挥汗成雨；家敦而富，志

高而扬。夫以大王之贤与齐之强，天下不能当。今乃西面事秦，窃为大王羞之。

[注释]

①合从：合纵。从，通“纵”。②太山：指泰山。③度：猜度。④六博：一种利用十二个棋子赌博的方式。⑤踏踘：蹴鞠，类似于现在的踢皮球，是从练兵演变而出的一种游戏。

[译文]

苏秦替赵国建立合纵盟约之事游说齐宣王说：“齐国，在南面有泰山，在东面有琅琊山，在西面有清河，在北面又有渤海，这就是所说的四面都有要塞的国家。齐国土地方圆两千里，拥有战甲的兵士达几十万人，粮食堆积得就像山丘一样。齐国的战车十分精良，拥有五个国家军队的帮助，行军作战就像飞驰的箭一样迅速，作战就像雷电一样富有气势，结束战争如同风雨一样迅速停止。即使有战事，也没有哪个国家可以翻越泰山，涉过清河，跨越渤海。都城临淄城内就有多达七万户百姓，我暗地里估算，每户人家不少于三个壮丁，三七就是二十一万，不用从远方调集过来的兵力，仅临淄城的兵士就能达到二十一万人。而且临淄人民生活十分富庶殷实，没有哪个百姓不会吹竽、鼓瑟、击筑、弹琴、斗鸡、赛狗、赌博、踢球的；临淄城的道路上车子多的车轴相互撞击，人多的摩肩接踵，把人们的衣襟连起来的话都可以当帷帐，把衣服袖子举起来的话就能当幔幕，每人擦一下汗的话就可以像下雨一样。人们生活都富裕殷实，志气昂扬。以大王您的贤明，齐国又这么的富强，天下诸侯没有哪个可以和您对抗。可是现在齐王您竟然臣奉西面的秦国，我暗地里为大王您感到羞耻。

“且夫韩、魏之所以畏秦者，以与秦接界也。兵出而相当，不至十日，而战胜存亡之机决矣。韩、魏战而胜秦，则兵半折，四境不守；战而不胜，以亡随其后。是故韩、魏之所以重与秦战而轻为之臣也。

[译文]

“并且韩国和魏国害怕秦国，是因为和秦国交界。假设与秦国交战对抗的话，不出十天，是战败还是战胜，是生存还是灭亡就能决定了。如果韩国和魏国与秦作战并战胜的话，韩、魏两国的军队也必然会折损一半，四面的边境也将不能防守；如果韩、魏与秦交战战败的话，随之而来的就是灭亡。因此韩、魏两国才不会与秦国作战，宁愿使自己国家被轻视而臣奉于秦国。

“今秦攻齐则不然，倍韩、魏之地，至闱(wéi)①、阳晋之道，径亢父之险，车不得方轨②，马不得并行，百人守险，千人不能过也。秦虽欲深入，则狼顾③，恐韩、魏之议④其后也。是故恫(dòng)疑虚猲(hè)⑤，高跃而不敢进，则秦不能害齐，亦已明矣。夫不深料秦之不奈我何也，而欲西面事秦是群臣之计过也。今无臣事秦之名，而有强国之实，臣固愿大王少留计。”

齐王曰：“寡人不敏，今主君以赵王之教诏之，敬奉社稷以从。”

[注释]

①闱：地名，即卫，地势险要。②方轨：在此指并排而行。轨，两辆车轮子之间的距离。③狼顾：狼有回头向后看的习惯，以防背后遭到偷袭。④议：计谋。⑤恫疑虚猲：疑虑恐惧，虚张声势地吓唬人。

[译文]

“假若如今秦发兵攻打齐国的话，情况就不是这个样子，背后是韩国和魏国的土地，卫地和阳晋是必须要经过的道路，要通过险要的亢父之地，那里车马无法并列前进，一百个人来守护天险的话，一千个人都不能通过。虽然秦国想要深入齐地，但是必须像狼一样顾及到后方，害怕韩国和魏国阴谋从后面袭击。因此秦兵只能虚张声势地恐吓齐国，跳得很高可事实上却不敢贸然进攻，由此可见，秦国无法对齐国构成祸害，这是很显然的。不仔细地考虑一下认识到秦国不能把齐国怎么样，而想要盲目地臣事西面的秦国，这是大臣们的计谋错了。如今齐国还没有臣事秦国的名分，并且拥有强大的国家的实力，因此我希望大王您能稍微加以思量。”

齐王回答说：“我不是很聪明，如今承蒙先生奉赵王之命教诲我，我愿意使整个齐国都听命于您。”

张仪为秦连横齐王

张仪为秦连横齐王曰：“天下强国无过①齐者，大臣父兄殷(yīn)众富乐，无过齐者。然而为大王计者，皆为一时说而不顾②万世之利。从人③说大王者，必谓齐西有强赵，南有韩、魏，负海之国也，地广人众，兵强士勇，虽有百秦，将无奈我何。大王览其说，而不察其至实。

[注释]

①过：超过。②顾：考虑，想到。③从人：想要合纵的人。从，通“纵”，合纵。

[译文]

张仪为秦国的连横政策而去游说齐宣王说：“天下的强国没有超过齐国的，朝野上下的大臣及家族都富足安乐，这一点也没有哪个国家能比得上齐国。可惜为大王出谋划策的人，都是为一时的近利而空谈理论，并不能为万世的长治久安作打算。那些主张合纵的人，必然向大王说：‘齐国西面有强赵，南面有韩、魏，东面濒临大海，土地广阔，人民众多，兵强马壮，即使有一百个秦国，也对齐国无可奈何。’大王只接受了他们的游说，却没有考虑到这些话是否实在。

“夫从人朋党[1]比周，莫不以从为可。臣闻之，齐与鲁三战而鲁三胜，国以危，亡随其后，虽有胜名而有亡之实，是何故也？齐大而鲁小。

[注释]

①朋党：结党。

[译文]

“主张合纵的人，都互相结党，认为合纵政策很好。据臣所知：齐和鲁交战三次，每次都是鲁国胜利，可是鲁国却因胜而衰，最后竟因此而亡国。只徒有胜利的虚名，实际上却陷于危亡的命运，这是什么道理呢？因为齐国大而鲁国小。

冰雪堂张仪用智

此图描绘的是张仪当了秦国的相国之后，故意冷落苏秦，从而激励苏秦，使苏秦终成大智。这与史实不符，真实情况是苏秦先发迹，故意冷落张仪，激励其奋发向上。

“今赵之与秦也，犹齐之于鲁也。秦、赵战于河漳(zhāng)[1]之上，再[2]战而再胜秦；战于番吾[3]之下，再战而再胜秦。四战之后，赵亡卒数十万，邯郸仅存。虽有胜秦之名，而国破矣！是何故也？秦强而赵弱也。

[注释]

①河漳：黄河和漳河。②再：两次。③番吾：赵国地名，位于今河北磁县附近。

[译文]

“现在赵国和秦国相比，就如同齐国和鲁国一样。秦、赵战于黄河和漳河之滨，赵国两次交战两次战胜秦军，在赵邑番吾山下作战，又是两次都打败了秦军。但是四次战争以后，赵国损失几十万大军，仅仅只剩下一个首都邯郸。这就是虽然有战胜秦国的虚名，可是赵国却因此而削弱，这是什么缘故呢？还是因为秦国强大而赵国弱小啊。

“今秦、楚嫁子取妇，为昆弟①之国；韩献宜阳，魏效河外，赵入朝渑[miǎn]池，割河间以事秦。大王不事秦，秦驱韩、魏攻齐之南地，悉赵涉河关，指博关，临淄[zī]、即墨②非王之有也。国一日被攻，虽欲事秦，不可得也。是故愿大王熟③计之。”

[注释]

①昆弟：兄弟，指像兄弟一样亲近。②博关、即墨：齐国地名，分别位于今山东博平、平度一带。③熟：仔细。

[译文]

“如今秦、楚互通婚姻，两国约为兄弟之邦。韩国献宜阳给秦国，魏国献河外给秦国，而赵国更到秦邑渑池给秦王朝贡，并且割让河间地方给秦，他们纷纷成为秦的附庸国。假如大王不臣事秦国，秦国就会驱使韩、魏攻打齐国的南部，然后还将全部征调赵国之兵渡过河关，长驱直入向博关进攻，这样临淄和即墨就不是大王所有了。假如齐国忽然有一天被攻破，那时即使再想臣事秦国已来不及了，因此希望大王慎重考虑。”

齐王曰：“齐僻邻隐居，托①于东海之上，未尝闻社稷之长利。今大客②幸而教之，请奉社稷以事秦。”献鱼盐之地三百里于秦也。

[注释]

①托：寄托，寄居。②大客：高贵的客人，暗指张仪。

[译文]

齐宣王说：“齐国地方偏僻鄙陋，而且东临大海，还没听说过对国家的长远计划，所幸现在有贵客前来指教，寡人愿意以国家土地来侍奉秦国。”于是齐国献给秦国出产鱼盐的土地三百里。

齐策二

昭阳为楚伐魏

昭阳①为楚伐魏，覆军杀将，得八城，移兵而攻齐。陈轸(zhēn)为齐王使，见昭阳，再拜贺战胜，起而问：“楚之法，覆军杀将，其官爵何也？”昭阳曰：“官为上柱国②，爵为上执珪(guī)③。”陈轸曰：“异贵于此者何也？”曰：“唯令尹耳。”

［注释］

①昭阳：楚国的将军。②上柱国：官职名，一种非常高的官职。③上执珪：楚国爵位名，爵位很高。珪，大臣们上朝时手中拿着的长条形状玉器。

［译文］

楚将昭阳统帅楚国的军队讨伐魏国，打败魏军并绞杀了魏国的将领，得到了八座城池，又调兵转而进攻齐国。陈轸作为齐国的使者，面见楚将昭阳，两次拜过之后就向昭阳祝贺胜利，接着站起来问道：“楚国的法制，灭敌军杀敌将，官爵将会是什么？”昭阳答道：“官职应为上柱国，爵位应为上执珪”。陈轸又问：“还有什么能比这个更为显贵的？”昭阳说：“那就只能是令尹了。”

陈轸曰：“令尹贵矣，王非置两令尹①也。臣窃为公譬(pì)可也？楚有祠者，赐其舍人卮酒。舍人相谓曰：‘数人饮之不足，一人饮之有余。请画地为蛇，先成者饮酒。’一人蛇先成，引酒且饮之，乃左手持卮，右手画蛇，曰：‘吾能为之足。’未成，人之蛇成，夺其卮曰：‘蛇固无足，子安能为之足？’遂饮其

汉素卮

卮是先秦两汉时期常用的饮酒器皿。圆形，容量四升。

酒。为蛇足者，终亡其酒。今君相楚而攻魏，破军杀将得八城，不弱兵，欲攻齐。齐畏公甚，公以是②为名居足矣。官之上非可重也。战无不胜，而不知止者，身且死，爵且后归，犹为蛇足也。”昭阳以为然，解军而去。

[注释]

①令尹：楚国最为尊贵的爵位。②以是：凭借这些。

[译文]

陈轸就说：“令尹是很尊贵，可是楚王不能设置两个令尹啊，我可以私自替将军您打个比方吗？楚国有个人去祭祀祖先，赐给他的舍人们一卮酒。这些舍人们商议道：‘这酒，几个人都喝的话不够，一个人喝的话就绰绰有余，我们比赛在地上画蛇吧，先画好的人把这卮酒喝了。’有个人先画好了蛇，拿过来酒卮将要喝酒，于是左手拿着酒卮，右手却又画起来蛇了，说道：‘我能给蛇画上脚。’可惜蛇足还没有画完，别人的蛇也画完了，就夺去了他手中的酒卮，说：‘蛇原本是没有脚的，你又怎么硬要给它画上脚呢？’于是就喝了酒。替蛇添加脚的人最终却丧失了他的酒。现在将军您辅助楚王讨伐魏国，灭敌军杀敌将，攻取了八座城池，兵力还没有削弱，又想要攻打齐国。齐国十分害怕您，您凭借这些立身扬名已经足够了，官位上没有办法再提高了。战无不胜，但是却不知道要适可而止的人，就快要死了，爵位也将会归其他的人所有，这就好比是画蛇添足啊。”昭阳认为是这样，于是就撤兵走了。

秦攻赵

秦攻赵，赵令楼缓①以五城求讲②于秦，而与之伐齐。齐王恐，因使人以十城求讲于秦。楼子恐，因以上党二十四县许秦王。

赵足之齐，谓齐王曰：“王欲秦、赵之解③乎？不如从合于赵，赵必倍④秦，倍秦，则齐无患矣。”

[注释]

①楼缓：赵国的臣子。②讲：讲和。③解：解除。④倍：通“背”，背叛，背弃。

[译文]

秦军攻打赵军，赵王派遣大臣楼缓用五个城池作为条件与秦国讲和，希望秦国与其联手讨伐齐国。齐王很害怕，于是就派人用十座城池作为条件，请求和秦国讲和。楼缓畏惧了，于是就把上党二十四个县许诺给秦王。

赵国人赵足就到齐国对齐王说："齐王您想让秦国和赵国解除联盟关系吗？大王您不如和赵国结盟。如此一来，赵国必然会背叛秦国，一旦赵国背叛了秦国，齐国也就没有什么忧患了。"

秦攻赵长平

秦攻赵长平，齐、楚救之。秦计曰："齐、楚救赵，亲[1]，则将退兵；不亲，则遂攻之。"

[注释]

①亲：指关系友好、亲近。

[译文]

秦兵攻打赵国的长平，齐、楚两国共同出兵救赵，秦王推断说："现在齐、楚两国来救援赵国，如果这两国和赵国精诚合作我们就退兵，否则我们就乘势攻打长平。"

赵无以食，请粟于齐，而齐不听。苏秦谓齐王曰："不如听之以却[1]秦兵，不听则秦兵不却，是秦之计中，而齐、燕之计过[2]矣。且赵之于燕、齐，隐蔽[3]也，齿之有唇也，唇亡则齿寒。

[注释]

①却：退。②过：错误。③隐蔽：指屏障。

[译文]

赵军缺乏食粮，准备向齐国借粮，可是齐国不肯借，苏秦对齐王说："大王不如把粮借给赵国，以便由赵国击退秦兵；假如不肯借粮给赵，那秦兵就不会击退，这正好中了秦国的计谋，而齐、燕的计划也实在有所失误。况且赵国是燕、齐的屏障，彼此的关系就如同牙齿和嘴唇一般，嘴唇如果没有了，那牙齿就会感到寒冷。

"今日亡赵，则明日及齐、楚矣。且夫救赵之务[1]，宜若奉[2]漏瓮(wèng)，沃焦釜(fǔ)[3]。夫救赵，高义也；却秦，显名

也。义救亡赵，威却强秦，不务为此，而务爱粟，则为国计者过矣。”

[注释]

①务：事情。②奉：捧。③沃焦釜：往烧干的锅里加水。

[译文]

“今天假如让秦灭亡赵国，那明天就会轮到齐、楚灭亡。救援赵国的事，如同用漏桶来灌救烧焦的锅一样。何况救赵又是一种高德义行，而击退秦兵又足可名震诸侯。既有救赵的义行，又可抵抗强秦的威风，不把兵用到这方面，却偏偏吝惜少许米粮，这就是基本国策的错误。”

铸釜图

釜就是锅，是从古到今人们不可缺少的炊具。

或谓齐王

或[1]谓齐王曰：“周、韩西有强秦，东有赵、魏。秦伐周、韩之西，赵、魏不伐周、韩，为割韩却周害也。及韩却周割之，赵、魏亦不免与秦为患矣。今齐秦伐赵、魏，则亦不果[2]于赵、魏之应秦而伐周、韩。今齐入于秦而伐赵、魏，赵、魏亡之后，秦东面而伐齐，齐安得救天下乎？”

[注释]

①或：有人。②果：一说应为“异”。

[译文]

有人向齐王进谏说道：“周国和韩国西面有强大的秦国，东面又有赵国和魏国。一旦秦国攻打周国和韩国的西部，纵使赵国和魏国不进攻周、韩，这两个国家必然要割让土地，韩国会退却，周国也会受到重大伤害。等到韩国、周国退却、被分割之后，赵国和魏国也无法免除秦国的祸乱。如今齐国鼓动秦国攻打赵、魏两国，这就和之前赵、魏两国鼓动秦国攻打周、韩没什么不同了。如今齐国依附秦国，去讨伐赵、魏两国，等到赵、魏两国灭亡了之后，秦国就会向东讨伐齐国，大王您又怎能得到天下诸侯的援救呢？”

齐策三

楚王死

楚王死，太子在齐质。苏秦谓薛公[1]曰："君何不留楚太子，以市[2]其下东国。"薛公曰："不可。我留太子，郢[3]中立王，然则是我抱空质而行不义于天下也。"苏秦曰："不然，郢中立王，君因谓其新王曰：'与我下东国，吾为王杀太子；不然，吾将与三国共立之。'然则下东国必可得也。苏秦之事可以请行；可以令楚王亟[4]入下东国；可以益割于楚；可以忠太子而使楚益入地；可以为楚王走太子；可以忠太子使之亟去；可以恶苏秦于薛公；可以为苏秦请封于楚；可以使人说薛公以善苏子；可以使苏子自解于薛公。"

［注释］

①薛公：孟尝君田文，战国四公子之一，因世袭他的父亲田婴的封地薛地，故称为薛公。②市：指交换，做买卖。③郢：楚国的国都。④亟：紧急，立刻。

［译文］

楚王驾崩，太子还在齐国做人质。苏秦对孟尝君说道："大人您为什么不扣留楚国太子，让楚国把东部靠近齐国边境的土地割让给齐国呢？"薛公说："不可以，倘若我把太子扣留了，楚国都中会再立下新的国君，这样的话我就等于是扣留了一个没用的人质，并且还会成为天下的不义之人。"苏秦又说："事情并非这样，倘若楚国再立下新君的话，您就可以对新君说：'您把楚国东部靠近齐国边境的土地让给我的话，我就替您把太子杀掉；不这样的话，我就会联合韩、魏三国共同拥立楚太子。'如此一来楚国东部靠近齐国边境的土地必然能够得到。苏秦请求出使游说此事；使得楚王立刻把楚国东部靠近齐国边境的土地献出来，还可以得到楚国更多的割让之地；可以因为忠诚于太子使楚国割让更多的土地给我们；我们可以替楚王把太子赶走；可以因为忠诚于太子让太子马上离开齐国；可以在孟尝君面前诋毁苏秦；可以替苏秦向楚王讨得封赏；可以让人游说孟尝君，让他与苏秦交好；还可以使苏秦自己向孟尝君解说。"

苏秦谓薛公曰：“臣闻谋泄[1]者事无功，计不决[2]者名不成。今君留太子者，以市下东国也。非亟得下东国者，则楚之计变，变则是君抱空质而负名于天下也。”薛公曰：“善。为之奈何？”对曰：“臣请为君之楚，使亟入下东国之地。楚得成，则君无败矣。”薛公曰：“善。”因遣之。

［注释］

①泄：泄露。②决：坚决。

［译文］

苏秦对孟尝君说：“我听说谋略泄漏了的人，办事将无法取得功绩，谋略不能被坚决实施的人，威名就无法成就。如今孟尝君您扣留了楚太子，是想要楚国用下东国之地来交换。假若您不能马上得到下东国，楚国可能会再作打算，改变计策的话您将只是守着一个没有用处的人质，并且还会被天下人视为不义。”薛公说：“是啊，那应该如何是好啊？”苏秦回答说：“我请求替您出使楚国，使楚国立刻把下东国之地献给您。只要楚国答应了，您就不会失败了。”薛公说：“好。”因此就派苏秦出使楚国。

谓楚王曰：“齐欲奉太子而立之。臣观薛公之留太子者，以市下东国也。今王不亟入下东国，则太子且倍[1]王之割而使齐奉己。”楚王曰：“谨受命。”因献下东国。故曰“可以使楚亟入地也”。

［注释］

①倍：成倍，加倍。

［译文］

苏秦来到楚国后游说新立的楚王道：“齐国打算拥立太子为国君。据我观察薛公田文扣留太子，是想要楚国用下东国之地来进行交换，倘若大王您不尽快把下东国先给齐国，太子就将会将成倍的土地割给齐国，以便齐国拥立自己作为楚国的君王。”楚王说：“谨遵您的指教。”于是就把下东国献给了齐国。因此说“可以使楚国立刻把下东国之地割让给齐国”。

谓薛公曰：“楚之势可多割也。”薛公曰：“奈何？”“请告太子其故，使太子谒之君，以忠太子。使楚王闻之，可

以益入地。”故曰“可以益割于楚”。

[译文]

苏秦就又对薛公说：“楚国的形势可以割让更多的土地。”孟尝君问：“我们又该怎么办才好呢？”苏秦说：“我请求告诉太子可以拥立他为国君的事，条件是割让更多的楚地，使太子拜见您，以便表明齐国对于太子的忠诚。然后让楚王听闻这件事。这样就可以得到更多的割让之地。”因此说“可以从楚国割取更多的土地”。

谓太子曰：“齐奉太子而立之，楚王请割地以留太子，齐少其地。太子何不倍楚之割地而资齐，齐必奉太子。”太子曰：“善。”倍楚之割而延齐。楚王闻之，恐，益割地而献之，尚[1]恐事不成。故曰“可以使楚益入地也”。

[注释]

①尚：尚且。

[译文]

苏秦就对楚太子说：“齐国打算奉立太子您为楚国的君王，但是楚王要割给齐国土地，以达到使齐国拘禁太子的目的，齐国认为割地太少了。太子您为什么不允诺割成倍的土地给齐国，如此一来齐国必然会拥立您为楚君。”太子答应说：“好。”就允诺割成倍的土地以扩展齐国。楚王听闻这件事后非常恐惧，也答应献出成倍的楚地，尚且害怕事情办不成。因此说“可以让楚国献出更多的土地”。

谓楚王曰：“齐之所以敢多割地者，挟[1]太子也。今已得地而求不止者，以太子权王也。故臣能去太子。太子去，齐无辞，必不倍于王也。王因驰强齐而为交，齐辞必听王。然则是王去雠（chóu）而得齐交也。”楚王大悦曰：“请以国因。”故曰“可以为楚王使太子亟去也”。

[注释]

①挟：要挟，胁迫。

[译文]

苏秦对楚王说：“齐国敢于向楚国索求割让更多的土地，原因就在于挟持了太子。如今齐国已经得到了楚地，却并没有停止索求，是拿太子要挟楚王您。因此我能让楚太子从齐国离开。太子一旦离开，齐国就没有托词了，也就必然不会向您索求成倍的土地了。大王您就会因此和强齐建立邦交。齐国必然会听从于大王您。这样的话大王您既赶走了仇敌，又与齐国建立邦交。”楚王十分高兴，说：“请先生您为齐、楚建交吧！”因此说“可以立刻为楚王把太子赶出齐国”。

谓太子曰：“夫剬(zhì)[1]楚者王也，以空名市者太子也，齐未必信太子之言也，而楚功见矣。楚交成，太子必危矣。太子其图之。”太子曰：“谨受命。”乃约车而暮去。故曰“可以使太子急去也”。

[注释]

①剬：同“制”，控制。

[译文]

苏秦对太子说：“控制楚国的人是楚王，太子您只能说空话把土地割给齐国，齐国不一定会相信您的话，而楚王献出土地的实效已经显现。一旦齐、楚建立邦交，太子您必定很危险。太子您早作打算啊。”太子说：“谨遵您的指教。”于是就预备好车马，晚上逃离了齐国。因此说“可以使太子立刻离开齐国”。

苏秦使人请薛公曰：“夫劝留太子者苏秦也，苏秦非诚以为君也，且以便楚也。苏秦恐君之知之，故多割楚以灭迹也。今劝太子者又苏秦也，而君弗知。臣窃为君疑之。”薛公大怒于苏秦。故曰“可使人恶[1]苏秦于薛公也”。

[注释]

①恶：诋毁。

[译文]

苏秦让人对薛公田文说：“劝您拘禁楚太子的人是苏秦，但是苏秦并非真正的为了孟尝君您，而是为了楚国的利益考虑。苏秦害怕被您发现这些，因此让楚国多割一些土地给齐，这是为了掩盖自己为楚国着想的痕迹。如今劝太子逃离的人也是苏秦，您并不知道这些。我私下替您怀疑他。”薛公田文十分恼怒苏秦。因此说：“可以让人在薛公田文面前诋毁苏秦。”

又使人谓楚王曰：“夫使薛公留太子者苏秦也；奉王而代立楚太子者又苏秦也；割地固[1]约者又苏秦也；忠王而走

太子者又苏秦也。今人恶苏秦于薛公，以其为齐薄而为楚厚也。愿王之知之。”楚王曰：“谨受命。”因封苏秦为武贞君。故曰“可以为苏秦请封于楚也。”

[注释]

①固：巩固。

[译文]

苏秦又使人对楚王说：“让薛公田文拘禁太子的人是苏秦，让齐国尊奉大王为国君，代替太子的人也是苏秦，让楚国割让土地巩固齐、楚邦交的人也是苏秦，忠诚于大王使太子逃离齐国的人还是苏秦。如今有人在薛公田文面前诋毁苏秦，认为他对齐国不好，而偏袒楚国。希望大王您知道这些。”楚王说：“谨遵教导。”因此册封苏秦为楚国的武贞君。因此说“可以替苏秦在楚国求得封赏”。

又使景鲤(lǐ)①请薛公曰：“君之所以重于天下者，以能得天下之士，而有齐权也。今苏秦天下之辩士也，世与少有。君因不善苏秦，则是围塞天下士，而不利说途也。夫不善君者，且奉苏秦，而于君之事殆矣。今苏秦善于楚王，而君不蚤(zǎo)②亲，则是身与楚为雠(chóu)也。故君不如因而亲之，贵而重之，是君有楚也。”薛公因善苏秦。故曰“可以为苏秦说薛公以善苏秦”。

[注释]

①景鲤：楚国的相国。②蚤：通“早”。

[译文]

苏秦又让楚相景鲤对齐相薛公说：“您之所以能够得到天下诸侯的尊重，是由于您能得到天下的士人，拥有齐国的实权。如今苏秦是天下非常善于辩论的人，整个世间都少有。您对苏秦不友善的话，就会堵塞天下士人，会对游说等外交活动造成不利。那些与您不友善的人，就会奉立苏秦，而薛公您行事就会有危险了！如今苏秦与楚王十分友善，假若您不尽早亲善苏秦，您就会成为楚王的仇敌。因此薛公您最好亲善苏秦，尊重他，如此一来您就会得到楚国的亲善。”薛公于是就善待苏秦。因此说“可以派人替苏秦游说薛公，使薛公亲善苏秦”。

孟尝君将入秦

孟尝君将入秦，止者千数，而弗听。苏秦欲止之，孟尝君曰：“人事者吾已尽知之矣，吾所未闻者，独①鬼事耳。”苏秦曰：“臣之来也，固不敢言人事也，固且以鬼事见君。”

［注释］

①独：仅仅，只不过。

［译文］

孟尝君田文打算到秦国去，劝阻他的人有数千人，但是他都不听。苏秦想要制止他，孟尝君说：“人世间的事我早已全部知道了，我还没有听闻过的，就只有鬼的故事了。”苏秦回答说：“臣今天来面见您，原本就也不敢谈论人事，原本就是因为鬼事才来见您的。”

孟尝君见之。谓孟尝君曰：“今者臣来，过于淄上①，有土偶人与桃梗相与语。桃梗谓土偶人曰：‘子，西岸之土也，挺②子以为人，至岁八月，降雨下，淄水至，则汝残矣。’土偶曰：‘不然，吾西岸之土也，土则复西岸耳。今子东国之桃梗也，刻削子以为人，降雨下，淄水至，流子而去，则子漂漂者将何如③耳？’今秦四塞之国，譬若虎口，而君入之，则臣不知君所出矣。”孟尝君乃止。

［注释］

①淄上：淄水之上。淄，水名。②挺：糅合，捏合。③何如：往哪里。

［译文］

于是孟尝君田文就见了苏秦。苏秦告诉孟尝君：“我这一次来见您，从淄水上经过的时候，有个泥偶和一个桃木制成的木偶在说话，桃木偶对泥偶说：‘你是西岸的土，是用土把你做成人的形状的，到八月的时候，天降大雨，淄水上涨，到时候你就会被冲坏了。’土偶说：‘你说得不对，我的确是西岸的土，即使被冲坏了可依然是西岸的土。但是现在你是东岸的桃梗。你被人刻成人的形状，等到下雨的时候，淄水上涨，你就会被水冲走，一路漂泊，不知道将会漂往哪里。’如今秦国四面都是险要之塞，这就好像是虎口，一旦您掉进虎口，我不知道您的出路在哪里。”

于是孟尝君就放弃了前往秦国的想法。

孟尝君燕坐

孟尝君燕坐，谓三先生曰："愿闻先生有以补之阙①者。"

一人曰："訾(zǐ)②！天下之主，有侵君者，臣请以臣之血湔(jiàn)其衽(rèn)③。"

田瞀(mào)④曰："车轶之所能至，请掩足下之短，诵足下之长。千乘之君与万乘之相其欲有君也，如使而弗及也。"

胜臀曰："臣愿以足下之府库财物收天下之士，能为君决疑应卒⑤，若魏文侯之有田子方、段干木⑥也。此臣之所为君取矣。"

［注释］

①阙：过错。②訾：表示语气。③湔其衽：指溅洒他们的衣襟。湔，通"溅"，溅到；衽，衣襟。④田瞀：人名，孟尝君的门客。⑤卒：通"猝"，仓猝。⑥田子方、段干木：魏文侯的谋士。

［译文］

孟尝君田文在家里闲坐，就对三个门客说道："我想要听听几位先生有没有什么可以帮助我改正缺点的办法？"

一个门客说道："嘻！普天之下若有哪个诸侯敢冒犯大人您，我请求用自己的鲜血去溅洒他们的衣襟。"

门客田瞀说："只要是车辆能够到达的地方，我请求去为您掩饰不足，歌颂您的优点。拥有千乘车辆的君主和万乘车辆的相国，他们都想要有求于您，倘若需要出使的话，我只害怕大人您不让我为您效力。"

胜臀说："我愿意用您府库中的财物收取各个诸侯国的贤士，替大人您裁决疑惑之事，应对突然间的变故，就如同魏文侯所拥有的田子方、段干木一样。这是我想要为您做的。"

秦宫狗盗

孟尝君曾入秦为相，后被秦昭王扣留。他的食客装狗钻入秦宫偷出狐白裘献给昭王妾，昭王妾向昭王求情，释放了孟尝君。

孟尝君舍人有与君之夫人相爱者

孟尝君舍人有与君之夫人相爱[1]者。或以问[2]孟尝君曰：“为君舍人，而内与夫人相爱，亦甚不义矣。君其杀之。”君曰：“睹貌而相悦者，人之情也，其错[3]之勿言也。”

居期年，君召爱夫人者而谓之曰：“子与文游久矣，大官未可得，小官公又弗欲。卫君与文布衣交[4]，请具[5]车马、皮币，愿君以此从卫君游。”于卫甚重。

［注释］

①爱：私通，有私情。②问：告诉。③错：通“措”，放置。④布衣交：指交情很好。⑤具：预备，准备。

［译文］

孟尝君家里有个舍人和他的夫人私通。有人向孟尝君报告了这件事，说道：“他作为您的舍人，却在家里与您的夫人私通，这个人也太不讲道义了。大人您还是杀了他吧。”孟尝君说：“见到美貌之人而相互喜欢，这乃是人间的常情，还是就这样放置一边，不要再提这件事了。”

一年之后，孟尝君召见那个与他夫人私通的人，对那个人说道：“先生您和我交往也已经很久了，没有当上大官，小官您又不想做。卫国君主和我有着很好的交情。我为您预备好车马、皮裘、锦帛之物，希望您带着这些东西去和卫国君主结交。”这个人到了卫国之后很受重视。

齐、卫之交恶，卫君甚欲约[1]天下之兵以攻齐。是人谓卫君曰：“孟尝君不知臣不肖，以臣欺君。且臣闻齐、卫先君，刑马压羊[2]，盟曰：‘齐、卫后世无相攻伐，有相攻伐者，令其命如此[3]。’今君约天下之兵以攻齐，是足下倍先君盟约而欺孟尝君也。愿君勿以齐为心。君听臣则可；不听臣，若臣不肖也，臣辄（zhé）[4]以颈血湔（jiàn）[5]足下衿。”卫君乃止。

齐人闻之，曰：“孟尝君可语善为事矣，转祸为功。”

［注释］

①约：联合。②刑马压羊：宰马杀羊。③令其命如此：让他们的命运如同这些马、羊一样遭受杀戮。④辄：就。⑤湔：通“溅”，溅到。

［译文］

齐国和卫国邦交不好，卫君非常想要与天下诸侯联盟，统帅联军攻打齐国。孟尝君的那个舍人对卫君说：“孟尝君不知道我很没有才能，把我举荐给您，使得大王您受到了欺骗。并且我听闻齐国和卫国两国的先王曾经杀马宰羊，盟誓说：‘齐国和卫国的后世子孙彼此之间不能相互讨伐，如果相互讨伐的话，就让他们的命运像这些马、羊一样遭受杀戮。’如今大王您召集天下诸侯的联盟之军准备讨伐齐国，这是君王您背叛了齐、卫两国先君的歃血之盟，欺骗了孟尝君。愿大王您不要再有攻打齐国之心。您如果听取我的劝告那就没事了，否则，像我这样没有才能的人，割破脖子也要让血溅到您的衣襟上。”于是卫君就停止了攻打齐国的准备。

齐国人听说这事后，都说：“孟尝君称得上善于办事的人，能把祸患变为功劳。”

孟尝君有舍人而弗悦

孟尝君有舍人而弗悦，欲逐之。鲁连[1]谓孟尝君曰：“猿猕猴错木据水则不若鱼鳖；历险乘危则骐骥(qí jì)不如狐狸；曹沫[2]之奋三尺之剑，一军不能当[3]，使曹沫释其三尺之剑，而操铫(yáo)鎒(nòu)[4]，与农夫居垅亩之中，则不若农夫。故物舍其所长，之其所短，尧亦有所不及矣。今使人而不能，则谓之不肖；教人而不能，则谓之拙。拙则罢之，不肖则弃之。使人有弃逐，不相与处，而来害相报者，岂非世之立教首也哉？”孟尝君

鲁仲连

鲁仲连，又名鲁仲连子、鲁连子、鲁仲子和鲁连，是战国末年齐国稷下学派后期代表人物，著名的平民思想家、辩论家和卓越的社会活动家。

曰："善。"乃弗逐。

［注释］

①鲁连：鲁仲连，齐国人。②曹沬：人名，鲁庄公的武士，十分骁勇。③当：通"挡"，抵挡。④铫鎒：古时类似于镢头、锄头的两种农具。

［译文］

孟尝君门下有个舍人，孟尝君不喜欢他，想要把他驱逐出去。鲁仲连就对孟尝君说道："猿、猕、猴一旦离开树木落到水中，就会还不如鱼鳖灵敏；经过险阻之地攀爬危险的岩石，良骑也比不上狐狸。古时的武士曹沬举起三尺长的剑，即使万人也抵挡不了，但是倘若让曹沬放下他的三尺宝剑，而手持锄头，和农夫一起在田地里劳动，他就会还不如一个农夫。因此事物舍弃自己的长处，而从事自己所不擅长的，即使是尧这样的圣人也有比不上的事。如今您不能用人之长，就称别人没有才能；让人做他不擅长的事做不了，就说他愚笨。认为他愚笨就罢免他，认为他不才就抛弃他。倘若每个人都驱逐抛弃那些不能与之相处的人，将来又会报往昔的仇怨，这岂不是替以后的事留下一个不好的开端吗？"孟尝君说："是。"于是就没有驱逐那个舍人。

国子曰秦破马服君之师

国子①曰："秦破马服君②之师，围邯郸。齐、魏亦佐秦伐邯郸，齐取淄鼠，魏取伊是。公子无忌③为天下循便计，杀晋鄙，率魏兵以救邯郸之围，使秦弗有而失天下。是齐入于魏，而救邯郸之功也。

［注释］

①国子：齐国的大臣，官居大夫。②马服君：这里指赵将赵括。因其父赵奢被封马服君，赵括承袭了其父的封号。③公子无忌：魏国的信陵君，战国四公子之一。

［译文］

齐臣国子说："秦军攻破赵括的军队，围困了赵国的都城邯郸。齐、魏两国也与秦国一起讨伐邯郸，齐夺下了淄鼠，魏攻取了伊是。魏国的信陵君为天下采用便宜之计杀死魏将晋鄙，统帅魏国的军队解救了邯郸的围困，使秦国没有得到任何利益，反而丧失了四海之内的民心。这都是齐军侵入魏地，才造就了信陵君解救邯郸之围的功绩。

“安邑者，魏之柱国①也；晋阳者，赵之柱国也；鄢郢者，楚之柱国也。故三国与秦壤界，秦伐魏取安邑，伐赵取晋阳，伐楚取鄢郢矣。福三国之君，兼二周之地，举韩氏取其地，且天下之半。今又劫赵、魏，疏中国，封卫之东野，兼魏之河南，绝赵之东阳，则赵、魏亦危矣。赵、魏危，则非齐之利也。韩、魏、赵、楚之志，恐秦兼天下而臣其君，故专兵一志以逆②秦。三国之与秦壤界而患急，齐不与秦壤界而患缓。是以天下之势不得不事齐也。故秦得齐，则权重于中国；赵、魏、楚得齐则足以敌秦。故秦、赵、魏得齐者重，失齐者轻。齐有此势，不能以重于天下者何也？其用者过也。”

[注释]

①柱国：国都。②逆：抵抗。

[译文]

“安邑，魏之都城；晋阳，赵之国都；鄢郢，楚之国都。这三个国家原本就和秦国的边境相接，秦攻破了魏国就能够占领安邑，讨伐赵国就能够夺取晋阳，攻打楚国就能够夺取鄢郢。再威逼三国的国君臣服，兼并东、西两周之地，攻破韩国，秦国所攻取的土地将要达到天下土地的一半。如今又劫掠赵国和魏国，使中原各国之间疏离，夺取卫国的东地，吞噬魏国的河内地区，控制了赵国的东阳，如此一来，赵、魏就将处于危境了。赵、魏两国危急，这对齐国而言没有好处。韩、魏、赵、楚四国的心思，是害怕秦国兼并了天下的诸侯，使这四国的国君向秦称臣，因此他们齐心合力共同抵抗秦国。魏、赵、楚这三个国家因为与秦国边境交接，因此深为忧虑；而齐国因为边境不与秦国交接，因此也就不是十分的担忧。天下诸侯在这种形势下就必然要依赖齐国。所以一旦秦国得到了齐国的襄助，它的权势就会压倒天下诸侯；而赵、魏、楚三国如果得到了齐国的襄助，力量就足以与秦国对抗。因此秦国和赵、魏这一方能够得到齐国的一方，权势就会更大；而没有得到齐国的一方，权势就太轻。齐国有这样大的权势，却仍然无法在天下诸侯中起到重要作用，这是什么原因呢？这是由于齐国用人不当。”

齐策四

齐人有冯谖者

齐人有冯谖（xuān）者，贫乏不能自存，使人属①孟尝君，愿寄食门下。孟尝君曰："客何好？"曰："客无好也。"曰："客何能？"曰："客无能也。"孟尝君笑而受之曰："诺。"左右以君贱之也，食以草具。

[注释]

①属：通"嘱"，嘱托。

[译文]

齐国有一个名叫冯谖的人，他穷困潦倒，因而不得已就托人引荐到孟尝君那里当一名食客。孟尝君问："客人有什么爱好吗？"冯谖回答说："没有什么爱好。"孟尝君又问："客人有什么才干吗？"冯谖回答说："没有什么才干。"孟尝君笑着同意接受他，说："好吧。"左右的人以为孟尝君轻视这个食客，于是就用粗茶淡饭来给他吃。

居有顷①，倚柱弹其剑，歌曰："长铗（jiá）②归来乎！食无鱼③。"左右以告。孟尝君曰："食之，比门下之客。"居有顷，复弹其铗，歌曰："长铗归来乎！出无车。"左右皆笑之，以告。孟尝君曰："为之驾，比门下之车客。"

[注释]

①顷：一段时间。②长铗：长剑。③食无鱼：孟尝君把门下的宾客分为三等，所吃的东西也不同，最低等吃菜，最高等吃肉，中等吃鱼。孟尝君原本把冯谖归入最低等吃菜，因此冯谖声称"食无鱼"。

[译文]

过了一段时间，冯谖靠在柱子上敲着剑唱道："长剑啊，咱们回去吧！因为我饭里没有鱼肉。"左右的人把这话告诉孟尝君，孟尝君说："给他鱼肉吃，和中等门下客相同！"过了一段时间，冯谖又敲起他的长剑唱道："长剑啊，咱们回去吧！因为我外出没有车子坐。"左右的人都笑他得寸进尺，并且也把这事告诉给孟尝君，孟尝君说：“给他车坐，和门下有车的客人相同。”

于是乘其车，揭其剑，过其友曰：“孟尝君客我。”后有顷，复弹其剑铗，歌曰：“长铗归来乎！无以为家。”左右皆恶之，以为贪而不知足。孟尝君问：“冯公有亲乎？”对曰：“有老母。”孟尝君使人给其食用，无使乏[1]。于是冯谖不复歌。

［注释］

①乏：穷尽，完。

［译文］

于是冯谖就坐上车子，佩带上剑去访问他的朋友说：“孟尝君优待我为上客。”后来又过了一段时间，冯谖再敲起他的剑唱道：“长剑啊，咱们回去吧！因为我不能养家。”左右的人都讨厌冯谖，认为他是一个贪得无厌的人，可是孟尝君却问：“冯先生有家眷吗？”冯谖说：“家有老母。”于是孟尝君就派人给冯谖母亲送去衣食等生活费用，使他的老母也不再穷困。从此冯谖才不再唱发牢骚的歌了。

后孟尝君出记[1]，问门下诸客：“谁习计会，能为文收责[2]于薛者乎？”冯谖署曰：“能。”孟尝君怪之，曰：“此谁也？”左右曰：“乃歌夫‘长铗归来者’也。”孟尝君笑曰：“客果有能也，吾负[3]之，未尝见也。”

［注释］

①记：告示。②责：通“债”，讨债。③负：辜负。

［译文］

后来孟尝君贴出一张告示，问门下食客说：“请问哪一位通晓簿记？以便为我到薛地去讨债。”这时冯谖就在布告上写道：“我通晓簿记。”孟尝君看了很诧异地问：“应答的是谁呀？”左右的人回答说：“就是那个唱‘长剑回去歌’的人。”孟尝君笑着说：“这位冯先生果然有本领，我真对不起他，因为我还未曾接见过他。”

请而见之，谢曰：“文倦于事，愦(kuì)[1]于忧，而性懧(nuò)愚[2]，沉于国家之事，开罪于先生。先生不羞，乃有意欲为收责

于薛乎？”冯谖曰：“愿之。”于是约车治装[3]，载券契(quàn qì)而行，辞曰：“责毕收，以何市而反[4]？”孟尝君曰：“视吾家所寡[5]有者。”

［注释］

①愦：昏聩，昏乱。②拧愚：懦弱愚钝。③约车治装：准备车子服装。④以何市而反：买些什么回来？市，买；反，通“返”，返回。⑤寡：少。

［译文］

于是就派人把冯谖找来，孟尝君当面向他道歉说：“我每天为事务奔忙，身心都很疲倦，因此使我忧思昏乱。再加上我生性愚笨懦弱，国家的政务又纠缠在身，以致怠慢了先生，所幸先生不介意这些，先生愿意替我去薛地收债吗？”冯谖说：“我愿意去。”于是孟尝君就给冯谖准备车子服装，让他拿着所有债券和契约出发，临辞行时他问孟尝君说：“臣为贤公收完债时，要为贤公买些什么回来呢？”孟尝君回答说：“买些家里所缺少的东西。”

驱而之[1]薛，使吏召诸民当偿者，悉来合券。券遍合，起矫命[2]以责赐诸民，因烧其券，民称万岁。

［注释］

①之：到。②矫命：假托命令。

［译文］

于是冯谖就坐上车子到达了薛地，他命官吏把所有应当还债的百姓集合起来，欠债的百姓都拿着债券来核对。可是当债券对完之后，冯谖就假传孟尝君的命令，把要收的债款都赏给这些百姓，并且立刻焚毁了所有的债券和契约，百姓们都高兴得当场高呼万岁。

长驱到齐，晨而求见。孟尝君怪其疾也，衣冠[1]而见之，曰：“责毕收乎？来何疾也！”曰：“收毕矣。”“以何市而反？”冯谖曰：“君云‘视吾家所寡有者’。臣窃计，君宫中积珍宝，狗马实外厩，美人充下陈。君家所寡有者以义耳！窃以为君市义。”

［注释］

①衣冠：穿上衣服，戴上帽子。

［译文］

然后冯谖马上又坐车回到齐都临淄，清晨一大早就去见孟尝君。孟尝君奇怪他回来得这么快，于是就赶紧穿好衣冠接见冯谖说：“债都收完了吗？怎么回来得这么快呢？”冯谖回答说：“都收完了。”“那你给我买什么东西回来了？”冯谖回答说：“贤公曾对臣说‘买些家里所缺少的东西’，因此臣在私下盘算，认为贤公宫中堆积有珍宝，外厩又有很多骏马和名狗，尤其是美女住满了后宫。所以臣认为贤公家中所缺的就是‘义’，臣为贤公买了一些‘义’回来。”

孟尝君曰：“市义奈何？”曰：“今君有区区之薛，不拊（fǔ）爱①子其民，因而贾（gǔ）利②之。臣窃矫君命，以责赐诸民，因烧其券，民称万岁。乃臣所以为君市义也。”孟尝君不说，曰：“诺，先生休矣！”

［注释］

①拊爱：抚爱。拊，通“抚”。②贾利：像商人一般向他们谋取利益。

［译文］

孟尝君问：“怎么买‘义’？”冯谖回答说：“现在贤公只有这小小的一块薛地，贤公不但不爱护薛地的百姓，反倒像商人一般向他们谋取利益。因此臣才私自假传贤公的命令，把所有债款都赏给那些人，并当场烧毁了所有债券，百姓莫不高兴得高呼‘万岁’，这就是臣为贤公所买的‘义’。”孟尝君听了这话很不高兴地说：“我都知道了，先生去休息吧！”

后期年，齐王谓孟尝君曰：“寡人不敢以先王之臣为臣①。”孟尝君就国于薛，未至百里，民扶老携幼，迎君道中。孟尝君顾谓冯谖：“先生所为文市义者，乃今日见之。”冯谖曰：“狡兔有三窟，仅得免其死耳。今君

兔

兔子在自然界中是弱小的动物，但兔子能够凭借自己的智慧，生生不息。冯谖劝孟尝君学习兔子“狡兔三窟”的生存智慧，以保禄位。

有一窟，未得高枕而卧也。请为君复凿二窟。”

［注释］

①寡人不敢以先王之臣为臣：我不敢用先王的臣子做臣子，指罢免其官职。

［译文］

过了一年以后，齐王对孟尝君说：“寡人不敢用先王的臣子做臣子。”不得已孟尝君只好回到自己的封地薛地去，还差一百里路，薛地的百姓就扶老携幼来迎接他，这时他回过头来对冯谖说：“先生以前所说为我买的‘义’，大概就是今天这种场面吧！”冯谖说：“连狡猾的兔子都有三个洞，但是也只不过免得一死罢了。如今贤公才只有一个洞，根本还不能高枕无忧，所以让臣再给贤公多挖两个洞。”

孟尝君予车五十乘，金五百斤，西游于梁，谓惠王曰：“齐放其大臣孟尝君于诸侯，诸侯先迎之者，富而兵强。”于是，梁王虚①上位，以故相为上将军，遣使者，黄金千斤，车百乘，往聘孟尝君。冯谖先驱诫孟尝君曰：“千金，重币也；百乘，显使也。齐其②闻之矣。”

［注释］

①虚：空缺。②其：表示推测，揣度。

［译文］

于是孟尝君就给冯谖五十辆车子和五百两黄金，派他到西面的梁国去游说，他对梁惠王说：“齐王把他的大臣孟尝君放逐到国外去，哪个诸侯先迎接他，就可以富国强兵。”这时梁王就留出一个相国的职位，把原来的相国调任为上将军，另外派了一个使者带了一千斤黄金和一百辆兵车，到薛地去聘请孟尝君，冯谖先赶回薛地告诉孟尝君说：“一千斤黄金是极贵重的聘礼，一百辆兵车是极显耀的使节，齐王应该听到这件事了。”

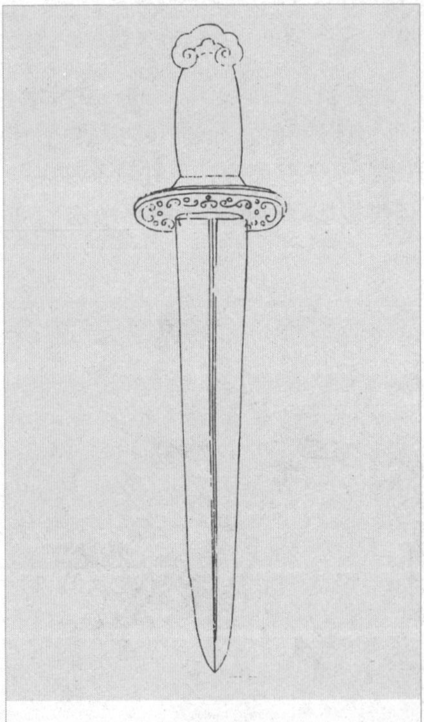

周服剑

服剑是腰间所佩戴之宝剑。先秦时期，只有贵族男子才有资格佩剑，所以剑是贵族身份的象征。

梁使三反，孟尝君固辞①不往也。齐王闻之，君臣恐惧，

遣太傅赍(jī)②黄金千斤，文车二驷，服剑一，封书谢孟尝君曰：“寡人不祥，被③于宗庙之祟(suì)，沉于谄谀(chǎn yú)之臣，开罪于君，寡人不足为也。愿君顾先王之宗庙，姑反国统万人乎！”

[注释]

①固辞：坚决推辞。②赍：送给某人礼物。③被：遭到。

[译文]

梁国的使节往返了三次，孟尝君都坚决婉谢不去梁国。齐王听到了这个消息以后，君臣都非常恐惧，就派太傅送黄金一千斤、四马花车两辆、佩剑一把，另外又附了一封信向孟尝君谢罪说：“都是寡人的不好，大概是有宗庙的鬼神作怪，才糊里糊涂听了谄媚阿谀之臣的话，以致得罪了贤公。寡人自己不会治理国家，希望贤公能顾念先王的宗庙，暂且回国辅佐寡人治理万民！”

冯谖诫孟尝君曰：“愿请先王之祭器，立宗庙于薛①。”庙成，还报孟尝君曰：“三窟已就，君姑高枕为乐矣。”

[注释]

①立宗庙于薛：在薛地建立宗庙，这样可以巩固孟尝君的地位。

[译文]

冯谖忠告孟尝君说：“请贤公乘这个机会把先王的祭器移来薛地建立宗庙！”薛地的宗庙落成以后，冯谖回来向孟尝君汇报说：“贤公的三个洞臣都已经替贤公挖好，从此贤公就可以高枕无忧安享快乐了。”

孟尝君为相数十年，无纤介之祸(xiǎn)①者，冯谖之计也。

[注释]

①无纤介之祸：指没有丝毫灾祸。纤、介，都是细小的意思。

[译文]

孟尝君做了几十年的丞相，一直没有遭受丝毫灾祸，这都是仗着冯谖的计谋。

孟尝君为从

孟尝君为从(zōng)①。公孙弘谓孟尝君曰：“君不以②使人先观秦王。意者③秦王帝王之主也，君恐不得为臣，奚暇(xī xiá)④从

管仲

管仲，春秋时期齐国著名的政治家。他辅佐齐桓公，对内实行改革，对外采取“尊王攘夷”的方针以建立霸权。孔子评价管仲的功绩时说：“微管仲，吾其披发左衽矣。”

以难之？意者秦王不肖之主也，君从以难之，未晚。”孟尝君曰：“善，愿因请公往矣。”公孙弘：“敬诺。”以车十乘之秦。

[注释]

①从：通“纵”，合纵。②以：应为“如”。③意者：假若。④暇：时间。

[译文]

孟尝君田文想要建立合纵同盟。公孙弘对孟尝君说：“贤公您不如先派遣人去调查一下秦王。倘若秦王是一个能够称帝于天下的圣明的君王，只怕您以后做臣子都不行，哪里还有什么时间去组织建立合纵盟约，去对抗秦国呢？倘若秦王是没有才能的君王，您再去组织建立合纵盟约去对抗秦国，也还不晚呀！”孟尝君说：“好，我愿意请求先生去一趟秦国。”公孙弘回答说：“好。”于是他就带了十辆车马到秦国去了。

昭王闻之，而欲愧①之以辞。公孙弘见，昭王曰：“薛公之地大小几何？”公孙弘对曰：“百里。”昭王笑而曰：“寡人地数千里，犹未敢以有难也。今孟尝君之地方百里，而因欲难寡人，犹可乎？”公孙弘对曰：“孟尝君好人，大王不好人。”昭王曰：“孟尝君之好(hào)人也，奚如？”公孙弘曰：“义不臣乎天子，不友乎诸侯；得志不惭为人主，不得志不肯为人臣，如此者三人。而治，可为管、商之师，说义听行，能致其，如此者五人。万乘之严主也，辱其使者，退而自刎，必以其血污其衣，如臣者十人。”昭王笑而谢之曰：“客胡为若此，寡人直与客论耳！寡人善孟尝君，欲客之必谕(yù)②寡人之志也。”公孙弘曰：“敬诺。”

公孙弘可谓不侵矣。昭王，大国也；孟尝，千乘也。

立千乘之义而不可陵(líng)③，可谓足使矣。

［注释］

①愧：羞愧，羞辱。②谕：告诉。③陵：通“凌”，凌辱。

［译文］

秦昭王听说这件事之后，打算用言语来羞辱公孙弘。公孙弘面见秦昭王，秦昭王问：“孟尝君的封地大小有多少呢？”公孙弘回答说：“方圆一百里。”昭王笑着说：“我的土地有方圆数千里，尚且不敢对抗别人，如今孟尝君只有区区一百里的土地，就想要对抗我，这还可以吗？”公孙弘回答说：“孟尝君好招揽贤士，但是大王您却不爱招揽贤士。”秦昭王说：“孟尝君爱招揽贤士，又能怎样呢？”公孙弘回答说：“孟尝君讲求道义，即使是不能臣事天子，不能与诸侯相友善；得志，不愧是百姓的主子；不得志，也不愿意去做大臣。像这样的人，他有三个。治国，能够当管仲和商鞅的师傅，讲述道义，听取建议并实行，能够劝孟尝君做到这些的，他有五个人。大王您虽贵为万乘之国令人敬畏的君主，但是侮辱他的使节，我将退一步自杀而死，一定要让我的血溅污您的衣服。像我这样的人，孟尝君还有十个人。”昭王笑了笑，道歉说：“先生您为什么非要这样呢，我只不过是和先生谈论谈论。我对孟尝君非常友善，想请先生一定要告诉孟尝君我的心思。”公孙弘说：“遵命。”

公孙弘可以称得上是不辱使命了。秦昭王，拥有万乘的大国，孟尝君，拥有千乘封地。但是公孙弘使得千乘之地的正义不被凌辱，可以称得上是完成使命了。

鲁仲连谓孟尝

鲁仲连谓孟尝：“君好士也。雍门①养椒亦，阳得子养，饮食、衣裘(qiú)与之同之，皆得其死。今君之家富于二公，而士未有为君尽游②者也。”君曰：“文不得是二人故也。使文得二人者，岂独不得尽？”对曰：“君之厩马百乘，无不被绣衣而食菽(shū)粟③者，岂有骐(qí)麟(lín)、騄(lù)耳哉？后宫十妃，皆衣缟(gǎo)、纻(zhù)，食粱④、肉，岂有毛嫱(qiáng)、西施哉？色与马取于今之世，士何必待古哉？故曰：‘君之好士未也。’”

［注释］

①雍门：原为地名，此处借地名代指人。②尽游：全心全意地对待彼此。③菽粟：

越女西施

西施是中国古代四大美人之首。传说越王勾践被吴王夫差所困，于是献上美女西施迷惑夫差，夫差沉迷美色，勾践则卧薪尝胆，最终复国成功。

豆子和米。④粱：指一种比较好的小米。

[译文]

鲁仲连对孟尝君田文说道："君子喜欢贤士，雍门子当年供养椒亦，阳得子供养贤士，饮食、穿衣都与贤士们保持一样，贤士都愿意为他们而去卖命。现在您的家里比当年雍门子、阳得子二人要富裕的多，但是却没有贤士全心全意地与您相待的。"孟尝君说："这是因为我没有碰到像这两个人一样的贤士。倘若田文我能得到像这两个人一样的贤士，怎么可能没人不为我竭尽全力呢？"鲁仲连回答说："您马厩里有百匹马，他们都穿着锦绣马衣，吃着豆类、小米这样的饲料，是否有骐麟、骒耳这样的良马呢？您的后宫有十位妃子，都穿着白纱、细麻这样的衣服，都吃的是白米、精肉，难道就有毛嫱、西施这样的美女吗？美色和骏马都取自于当今的社会，为何贤士就必须要从古代选取呢？因此我说：'您并非是真正的喜爱贤士。'"。

孟尝君逐于齐而复反

孟尝君逐于齐而复反①。谭拾子②迎之于境，谓孟尝君曰："君得无有所怨齐士大夫？"孟尝君曰："有。""君满意杀之乎？"孟尝君曰："然。"谭拾子曰："事有必至，理有固然，君知之乎？"孟尝君曰："不知。"谭拾子曰："事之必至者，死也；理之固然者，富贵则就之，贫贱则去之。此事之必至，理之固然者。请以市谕③：市，朝则满，夕则虚，非朝爱市而夕憎之也。求存故往④，亡故去。愿君勿怨！"孟尝君乃取所怨五百牒(dié)削去之，不敢以为言。

[注释]

①反：通"返"，返回。②谭拾子：齐国的大臣。③谕：指比喻，打比方。④求

存故往：想要买东西因此就去了。

［译文］

孟尝君被齐国驱逐之后又返回来了，谭拾子就到边境去迎接他，对孟尝君说道："您对齐国的这些士大夫们有些怨恨吧？"孟尝君回答道："有。""如果把他们杀了，您就会满意了吧？"孟尝君回答说："是这样的。"谭拾子又说："事物有它必然的结果，道理有它原本的样子，您懂吗？"孟尝君回答说："不懂。"谭拾子说："事物必然的结果，是死亡；道理原本的样子是，如果富贵的话，人们就会亲近他，假若贫穷低贱的话，人们就会离开他。这就是事物的必然结果，道理原本的样子。请让我来用市场打个比方：市场上，早上的时候人很满，晚上就空了，这并非是因为人们早上喜欢市场，晚上憎恶市场。而是因为早上市场上有人们需要的东西，因此就到市场上去了。而晚上市场上没有人们所需要的东西了，所以就离开了。希望贤公您别怨恨他们。"于是孟尝君就把他所怨恨的五百个人的名字从竹板上削了下去，不敢再提。

齐宣王见颜斶

齐宣王见颜斶（chù）①，曰："斶前！"斶亦曰："王前！"宣王不悦。左右②曰："王，人君也；斶，人臣也；王曰'斶前'，亦曰'王前'，可乎？"斶对曰："夫斶前为慕势，王前为趋士；与使斶为趋势，不如使王为趋士。"

［注释］

①颜斶：齐国的隐士。②左右：近臣。

［译文］

齐宣王召见隐士颜斶，对他说："颜斶，你往前来！"颜斶也说："大王，您往前来！"齐宣王于是就很不高兴。近臣们说："大王，是百姓的君王；你，只是个臣子；大王说'颜斶，你往前来'，你也说'大王，您往前来'，这合适吗？"颜斶回答说："我往前去是攀附权势，大王往前来是谦恭地对待士人；与其让我攀附权势，不如让大王谦恭地对待士人。"

王忿（fèn）然①作色曰："王者贵乎，士贵乎？"对曰："士贵耳，王者不贵。"王曰："有说乎？"斶曰："有。昔者秦攻齐，令曰：'有敢去柳下季②垄五十步而樵（qiáo）采者，死不赦（shè）。'

柳下惠

柳下惠姬姓展氏，名获，字禽，一字季，春秋鲁国大夫无骇之后。食采柳下，谥号“惠”，故称“柳下惠”。柳下惠是春秋时期著名的贤人君子，其“坐怀不乱”的故事流传千载。

令曰：‘有能得齐王头者，封万户侯，赐金千镒③。’由是观之，生王之头曾不若死士之垄也。”宣王默然，不悦。

［注释］

①忿然：愤怒的样子。②柳下季：指柳下惠，古时鲁国的贤士。③镒：古代的重量单位，一镒相当于二十两。

［译文］

齐宣王脸上露出十分生气的样子，说：“大王高贵，还是士人高贵呢？”颜斶回答说：“士人高贵，君王不高贵。”齐宣王问：“有什么说法吗？”颜斶回答说：“有，之前秦国讨伐齐国，下令道：‘如果有人胆敢在柳下季的坟墓五十步以内砍柴的，定判处死罪，绝不赦免。’又下令道：‘有谁能够得到齐王的首级，就赏封万户侯，赏赐黄金千镒。’从这可以看出，活着的君王的首级，还比不上死去的士人的坟墓。”宣王听了不说话，非常不高兴。

左右皆曰：“斶来！斶来！大王据千乘之地，而建千石①钟，万石簴②；天下之士，仁义皆来役处；辩知③并进，莫不来语；东西南北莫敢不服；求万物不备具，而百无不亲附。今夫士之高者乃称匹夫，徒步而处农亩，下则鄙野、监门闾里。士之贱也亦甚矣！”

［注释］

①石：为重量单位，一石相当于一百二十斤。②簴：摆放乐器的架子。③知：通“智”，智慧。

［译文］

近臣们都说：“颜斶你过来！颜斶你过来！君王拥有千乘大国的国土，建造了千石重的大钟，还有万石重的乐器的架子；普天之下的士人们，仁义之士都来到此处；能言善辩之士和聪明智慧的士人都想要觐见，没有谁不想向前言语；东西南北的各个诸侯没有谁敢不服；齐王想要的万物无不齐备，百姓们没有不亲近依附的。

如今高阶层的士人都自称为匹夫，走路要步行，居于农田之中；下等的士人则处在偏僻的乡野，为闾里看护大门。士人也太低贱了！”

夏禹

禹是上古时期中国的圣贤之一，也是治水英雄，是中华民族的大功臣。他的功绩，千古传诵。《左传·昭公元年》就记载有刘定公的“微禹，吾其鱼乎”的感叹，这是人们对禹丰功伟绩的最好评价。

斶（chù）对曰：“不然，斶闻古大禹之时，诸侯万国。何则？德厚之道得，贵士之力也。故舜起农亩，出于野鄙，而为天子。及汤之时，诸侯三千。当今之世，南面称寡①者乃二十四。由此观之，非得失之策与？稍稍②诛灭，灭亡无族之时，欲为监门闾里，安可得而有乎哉？是故《易传》不云乎：‘居上位未得其实③，以喜其为名④者，必以骄奢为行；据慢骄奢，则凶从之。’是故无其实而喜其名者削；无德而望其福者约；无功而受其禄者辱；祸必握⑤。故曰‘矜功不立，虚愿不至’，此皆幸乐其名华而无其实德者也。

［注释］

①南面称寡：古代的国君都是坐北朝南，因此说面向南面称王。②稍稍：渐渐，逐渐。③实：指内在的品行道德。④名：指外在的虚名。⑤握：通“渥”，深厚。

［译文］

颜斶回答说：“不对。我曾听闻古代大禹的时候，有上万个诸侯。怎么样治理呢？即注重教化、尊崇道德，重视士人的力量。因此舜在农田中被起用，出自偏僻的山野，最后成为一代天子。到了汤的时候，天下有三千个诸侯。如今坐北朝南称孤道寡的才有二十四个。从这来看，这不是‘得到士人’和‘失去士人’的策略不同所造成的吗？渐渐地诸侯之间互相厮杀以至被灭族的时候，想要成为闾里看门的人，难道还可以吗？因此《易传》不是说了嘛：‘处在上位的统治者，没有内在的修养，

成汤

汤，商朝的建立者，又称武汤、武王、天乙、成汤。汤是儒家理想中的古代圣贤形象。

只喜欢那种外在的虚名，他们一定会用骄傲奢侈的方式来办事；傲慢奢侈，灾祸一定随后就到。’因此说没有内在的修为，只喜欢外在的空名的人，国家就将衰弱；没有德行，却期盼得到福泽的人，一定会处于困窘之境；没有功绩，却得到俸禄的人，必将受到羞辱。祸害必然会深重。因此说‘居功自傲的人无法建立功业，只喜好虚名的人终将不能达成所愿’，这都是说喜欢华而不实的虚名，而没有内在的道德修养的人。

“是以尧有九佐，舜有七友，禹有五丞，汤有三辅，自古及今而能虚成名于天下者，无有。是以君王无羞亟①问，不愧下学。是故成其道德，而扬功名于后世者，尧、舜、禹、汤、周文王是也。故曰：‘无形者，形之君也；无端者，事之本也。’夫上见其原，下通其流，至圣人明学，何不吉之有哉？老子②曰：‘虽贵必以贱为本，虽高必以下为基。是以侯王称孤、寡、不穀（gǔ）③，是其贱之本与。’非夫？孤、寡者，人之困贱下位也，而侯王以自谓，岂非下人而尊贵士与？夫尧传舜，舜传禹，周成王任周公旦④，而世世称曰明主，是以明乎士之贵也。”

［注释］

①亟：指屡次，多次。②老子：名耳，道家学说的代表人物，学说集中体现在其著作《老子》之中。③不穀：指不善，是古时诸侯、君王对自己的谦称。④周公旦：周武王的弟弟，成王莅位时年纪尚小，由周公旦辅政。

［译文］

“因此尧帝有九个辅佐之人，舜帝有七位好友，禹帝有五位辅佐之臣，商汤有三位辅助之人，从古到今，只依靠外在的虚名就称霸天下的人，根本就没有。因此国君们应该不耻下问，不因为向地位不如自己的人学习而羞愧，这样才能修养出内在的道德，被后世人宣扬功名，尧、舜、禹、汤、周文王就是这种人。因此说：

‘没有形状的东西主宰着有形的东西，没有开端的东西是做事的根本。’向上能看到它的开端，向下能知道它的流变，已经达到了圣明和明晰学问的极致了，还能有什么不吉利的事呢？老子说：‘显贵一定要视卑贱为根本，高一定要以下为基础。因此诸侯君王自称为孤、寡、不穀，这正是把卑贱作为根本。’难道不是这样吗？孤、寡，是指人居于困境、处于卑贱的地位。诸侯、君王以孤、寡自称，这难道不是谦居人下、尊重士人吗？尧把帝位传给舜，舜把帝位传给禹，周成王任用周公旦，世世代代都把他们称颂为明君。这恰恰是由于他们懂得士人的高贵。”

宣王曰：“嗟乎，君子焉可侮哉！寡人自取病耳。及今闻君子之言，乃今闻细人①之行。愿请受为弟子。且颜先生与寡人游，食必太牢②，出必乘车，妻子③衣服丽都。”

颜斶(chù)辞去，曰：“夫玉生于山，制则破焉；非弗宝贵矣，然夫璞不完。士生乎鄙野，推选则禄焉；非不得尊遂也，然而形神不全。斶愿得归，晚食以当肉，安步以当车，无罪以当贵，清静贞正以自虞④。制言者，王也；尽忠直言者，斶也。言要道已备矣，愿得赐归，安行而反臣之邑屋！”则再拜而辞去也。

斶知足矣，归反扑，则终身不辱也。

[注释]

①细人：指小人。②太牢：牛羊猪全备，是非常高的饮食待遇。③妻子：妻子和孩子。④虞：通“娱”，娱乐。

[译文]

宣王说：“哎呀！君子哪里可以侮辱呢？我是自取羞辱啊。今天我听了您的一席话，才知道这是小人的行为。请求您收我为学生吧。而且颜先生如果能够和我交友的话，吃的必定是上等宴席，外出必定会有车马可供差遣，妻子儿女必然衣着华丽。”

颜斶推辞离去了，说：“玉生在山里，一经过加工就破坏了玉本来的样子；并不是不珍贵，只是不能保存璞玉本来的面貌。士人生活在偏远的乡野，推举选拔之后享受俸禄；并非是不尊贵显赫，只是他的形貌和精神都无法保全。我希望能够返回乡野，饿了再吃饭，就当吃的是肉，悠闲地散步就当是坐车了，不犯罪就当是富贵了，清静纯正，自娱自乐。让我进言的人，是大王您；竭尽忠诚对大王直言劝谏的是我。我主要想说的也已经说完了，希望大王您能恩赐我返回，平安地返回我家乡的小屋。”于是向齐王拜了两次以告别。

颜斶已经知足了，返回家乡，恢复他纯朴的面貌，这样终身都没有受到侮辱。

先生王斗造门而欲见齐宣王

先生王斗[1]造门而欲见齐宣王，宣王使谒(yè)者[2]延入。王斗曰：“斗趋见王，为好势；王趋见斗，为好士。于王何如？”使者复还报。王曰：“先生徐之，寡人请从。”宣王因趋而迎之于门，与入。曰：“寡人奉先君之宗庙，守社稷，闻先生直言正谏(jiàn)不讳(huì)。”王斗对曰：“王闻之过。斗生于乱世，事乱君，焉敢直言正谏？”宣王忿然作色，不说(yuè)。

[注释]

①王斗：齐国人。②谒者：传令官，传令的人。

[译文]

齐人王斗登门想要面见拜访齐宣王，宣王就派传令官把王斗引领进来。王斗却对传令官说：“我来面见大王，是攀附权势；大王前来迎接我，却是善待士人。大王会认为哪个好呢？”传令官再次向宣王禀报。宣王说：“让先生稍候片刻，我前去迎接。”于是宣王就出来在门口迎接他，与他一起进来。宣王说：“我守奉先王的宗庙，守护国家社稷，听说先生您能直言进谏，没有什么忌讳。”王斗回答说：“大王您听的不对。我生活在乱世之中，又侍奉昏乱之君，哪里敢直言进谏呢？”宣王脸上露出愤怒之色，非常不高兴。

有间，王斗曰：“昔先君桓公所好者。九合诸侯，一匡天下。天子受[1]籍，立为大伯。今王有四焉。”宣王说，曰：“寡人愚陋，守齐国，唯恐失抎(yǔn)[2]之，焉能有四焉？”王斗曰：“否。先君好马，王亦好马；先君好狗，王亦好狗；先君好酒，王亦好酒；先君好色，王亦好色；先君好士，是王不好士。”宣王曰：“当今之世无士，寡人何好？”王斗曰：“世无骐驎(lín)、騄(lù)耳，王驷(sì)已备矣；世无东郭俊、卢氏之狗，王之走狗已具矣；世无毛嫱(qiáng)[3]、西施，王宫已充矣。王亦不好士也，何患无士？”王曰：“寡人忧国爱民，固愿得士以治之。”王斗曰：“王之忧国爱民，不若王爱尺縠(hú)[4]也。”

王曰："何谓也？" 王斗曰："王使人为冠，不使左右便辟，而使工者何也？为能之也。今王治齐，非左右便辟无使也，臣故曰'不如爱尺縠'也。"

宣王谢曰："寡人有罪国家。"于是举士五人任官，齐国大治。

西 施

西施是春秋时代著名的美女，以至后世之人将其用作美女的代称。西施有"沉鱼之貌"，相传她在溪边浣纱，水中的鱼儿被她的美貌所吸引，看得发呆，都忘了游泳，沉入水底。这幅画表现的就是西施在水边浣纱的情景。

[注释]

①受：通"授"，指授予。②抎：通"陨"，陨落。③毛嫱：越王的爱妾。④尺縠：一尺绸纱。

[译文]

片刻之后，王斗又说："以前先君桓公所喜好的是九次召集诸侯，匡正天下。天子授予他封地，立其为天下霸主。现在大王您有四种爱好和先君桓公相同。"宣王很高兴，说："我愚钝、孤陋寡闻，守护齐国只害怕有失当之处，哪里有和先君相同的四种爱好呢？" 王斗说："不。先君桓公喜爱马，大王您也爱马；先君桓公喜爱狗，大王您也爱狗；先君桓公喜爱喝酒，大王您也喜爱喝酒；先君桓公好色，大王您也好色；但是先君桓公喜好贤士，大王您却不喜欢贤士。"宣王说："如今世间没有贤士，我又怎能喜爱贤士呢？" 王斗说："如今世间没有骐骥、騄耳这样的良驹，但是大王您的车马已经很齐备了；如今世间没有东郭之地的俊、韩地的卢氏这样的狗，但是大王您的猎犬也已经齐备了；如今世间没有毛嫱、西施这样的美女，但是大王您的后宫之中美女也已经很充足了。大王您也只是不喜欢贤士，又怎么会担心没有贤士呢？" 宣王说："我忧心国家爱护百姓，原本是想要得到贤士帮我治理国家的。"王斗说："大王您忧心国家，爱护百姓，比不上您对一尺绸纱的喜爱。"宣王说："此话怎讲？" 王斗说："大王让人为您做帽子，不让近臣们去做，却让工匠去做，这是因为什么呢？这是因为他们能够做好。如今大王治理齐国，不是近臣就不让去治理。因此我说：'大王您对国家百姓的爱比不上对一尺绸纱的爱。'"

宣王谢罪说："我对国家犯下了罪过啊。"于是就举荐了五名贤士担任官职，来治理齐国，齐国一时政治修明。

齐王使使者问赵威后

齐王使使者问赵威后，书[1]未发，威后问使者曰：“岁[2]亦无恙[3]耶？民亦无恙耶？王亦无恙耶？”使者不说，曰：“臣奉使使威后，今不问王而先问岁与民，岂先贱而后尊贵者乎？”威后曰：“不然，苟无岁，何以有民？苟无民，何以有君？故有问舍本而问末者耶？”

[注释]

①书：信件，书信。②岁：指收成。③恙：原指毒虫，后泛指病灾。

[译文]

齐襄王让使臣去问候一下赵威后，赵威后还没有把书信打开，就问使者：“今年收成没有什么灾祸吧？百姓也都安乐吧？齐王没有什么大恙吧？”使者不高兴，说：“臣奉齐王的命令出使赵国，问候太后，如今太后您不先问候我们齐王却问收成和百姓，这不是先问候卑贱后问候尊贵吗？”赵威后回答说：“不对。假设没有收成，又怎么会有百姓？倘若没有百姓，又怎么会有君王？哪里有不问候根本，却问候末梢的呢？”

乃进而问之曰：“齐有处士[1]曰钟离子，无恙耶？是其为人也，有粮者亦食(sì)，无粮者亦食；有衣者亦衣，无衣者亦衣。是助王养其民也，何以至今不业也？叶阳子无恙乎？是其为人，哀鳏寡(guān guǎ)[2]，恤孤独，振[3]困穷，补不足。是助王息其民者也，何以至今不业也？北宫之女婴儿子无恙耶？彻其环瑱(tiàn)，至老不嫁，以养父母。是皆率民而出于孝情者也，胡为至今不朝也？此二士弗业，一女不朝，何以王齐国、子万民乎？於(wū)陵[4]子仲尚存乎？是其为人也，上不臣于王，下不治其家，中不索交诸侯。此率民而出于无用者，何为至今不杀乎？”

[注释]

①处士：隐居不为官的人。②鳏寡：老年无妻为鳏，老年无夫为寡。③振：通

"赈"，赈济，救济。④於陵：齐国的地名。

［译文］

于是赵威后又接着问道："齐国有个处士叫钟离子，他还好吗？他这个人，有粮食的人他供食给这些人，没粮食的，他也供食给这些人；有衣服的人，他拿衣服给他们，没有衣服的人，他也让他们有衣服可穿，他这是在帮助国君养育人民，为什么到现在都没有得到重用呢？叶阳子他还好吗？他这个人，哀悯体恤鳏寡孤独的人，救济贫困、不充足的人。这是在帮助齐王体恤齐国的人民啊，为什么到现在还没有得到任用呢？北宫家的女儿婴儿子还好吧？她去掉耳环、玉饰，一直到现在老了都没有婚嫁，以便奉养父母，这是用真心来孝敬父母成为人民的代表，为什么到现在还没有得到朝廷的褒奖呢？这两位贤士不被任用，这位孝顺的女儿不被嘉奖，齐王还怎么统治齐国、以万民为子呢？於陵的子仲是否还活着？他这个人，上不对齐王行为臣之道，下不能管治好自己的家业，中间不和诸侯交往，这是在用无用之人统率百姓啊，为何齐王到现在都没有把他处死呢？"

苏秦谓齐王

苏秦谓齐王曰："齐、秦立为两帝，王以天下为尊秦乎？且尊齐乎？"王曰："尊秦。""释帝①，则天下爱齐乎？且爱秦乎？"王曰："爱齐而憎秦。""两帝立，约伐赵，孰与伐宋之利也？"王曰："不如伐宋。"对曰："夫约然与秦为帝，而天下独尊秦而轻齐；齐释帝，则天下爱齐而憎秦；伐赵不如伐宋之利。故臣愿王明②释帝，以就③天下；倍约傧(bìn)秦④，勿使争重；而王以其间⑤举宋。夫有宋，则卫之阳城危；有淮北，则楚之东国危；有济西则赵之河东危；有阴、平陆，则梁门不启⑥。故释帝而贰之以伐宋之事，则国重而名尊，燕、楚以形服，天下不敢不听，此汤、武之举也。敬秦以为名，而后使天下憎之，此所谓'以卑易尊'者也。愿王孰虑之也。"

［注释］

①释帝：放弃帝号。②明：公开。③就：靠近，亲近。④倍约傧秦：倍，通

“背”，违背。傧，通“摈”，抛弃。⑤间：趁机。⑥不启：关闭大门。

[译文]

苏秦对齐王说道：“如果齐国和秦国都建立帝号，大王认为诸侯是会尊重秦国呢？还是尊重齐国？”齐王说：“尊重秦国。”苏秦说：“如果放弃帝号的话，诸侯是会亲近齐国呢，还是会亲近秦国？”齐王说：“诸侯将会亲近齐国而憎恨秦国。”“如果齐、秦两国都建立了帝号，结盟一同去进攻赵国，或者是去进攻宋国，哪个对我们更为有利呢？”齐王说：“不如去进攻宋国对我们有利。”苏秦说：“齐国和秦国联合起来约定共同建立帝号，可诸侯只会尊重秦国而将看轻齐国；如果齐国放弃帝号的话，诸侯就会亲近齐国而憎恨秦国；联合起来去进攻赵国不如其进攻宋国对我们有利。根据这上面三点，我希望大王可以公开宣布放弃称帝，以便于和天下诸侯亲近；然后和秦国解除盟约，不再和秦国争高下。大王可趁机灭掉宋国。只要占有了宋国，卫国的阳城就会陷入危急之境；只要占有了淮北，楚国的东地就会陷入危急之境；只要占有了济西，赵国的河东就会陷入危急之境；只要占有了陶邑和平陆，魏国就会闭门以防守。因此说，我们要放弃帝号，改变计划去进攻宋国，那样一来，齐国的地位就举足轻重了，而大王的名声也可以得以尊显，燕国、楚国也都会因为形势的变化而向齐国臣服，天下诸侯便不敢不听从于大王您，这可是相当于商汤、周武王那样的伟大功业啊。放弃帝号名义上来看是尊秦，实际上却会让诸侯都去痛恨秦国，这就是我们所说的‘以卑易尊’的策略啊。希望大王您要深思熟虑啊。”

齐策五

苏秦说齐闵王

苏秦说齐闵王曰：“臣闻用兵而喜先天下者忧，约结而喜主怨者孤。夫后起者藉（jiè）[1]也，而远怨者时也。是以圣人从事，必藉于权，而务兴于时。夫权藉者，万物之率也；而时势者，百事之长也[2]。故无权籍，倍时势，而能事成者寡[3]矣。

[注释]

①藉：凭借。②时势者，百事之长也：意思是利用时势是做任何事情的核心。③寡：少。

[译文]

苏秦游说齐闵王道：“臣听说喜欢首先在天下挑动战争的人必然有后患，不顾惹人憎恨而主持缔结盟约的人必然陷于孤立。所以说，后发制人有所凭借，顺应时势方能远离怨恨。所以圣人开创事业，必然借助权势，并且利用时机而兴起。借助权势是统率万物的关键，利用时势是做任何事情的核心。所以不凭借权势，违背时机，却能办成大事的太少了。

“今虽干将、莫邪[1]，非得人力，则不能割刿（guì）矣。坚箭利金，不得弦机之利，则不能远杀矣。矢非不铦（xiān）[2]，而剑非不利也，何则？权藉不在焉。

[注释]

①干将、莫邪：宝剑。阳刚的宝剑为干将，阴柔的宝剑称为莫邪。②铦：锋利。

[译文]

“现在虽然有干将、莫邪等宝剑，但是如果没有人力的作用，就不能切割东西；虽有锐利的弓箭和坚硬的箭头，如果得不到弓弦弩机的配合，也不能够射杀远处的敌人。箭并不是不锐利，剑也不是不锋利，那是什么缘故呢？是因为没有借助权势。

“何以知其然也？昔者赵氏袭卫，车舍人不休傅，卫国城割平①，卫八门土而二门堕(duò)矣，此亡国之形也。卫君跣(xiǎn)行②，告遡(sù)于魏。魏王身被甲底剑，挑赵索战。邯郸之中骛(wù)，河、山③之间乱。卫得是藉也，亦收余甲而北面，残刚平，堕④中牟(móu)之郭。

[注释]

①割平：割让土地求和。②跣行：指光着脚逃命。③河、山：指黄河、太行山。④堕：攻取。

[译文]

“如何知道是这样呢？从前赵国袭击卫国，掌管兵车的人前进不止，当赵国大军攻进卫国以后，卫国就割地向赵国求和。当时卫国的八道城门都用土堵死，结果有两道城门被毁，这就是亡国的情形。卫国君主光着脚逃命，派人求救于魏国。魏武侯身披甲胄，手持锋利的剑向赵国挑战，在赵都邯郸城中战马奔驰，黄河与太行山之间一片混乱。卫国利用这一形势，也收拾残兵向北进攻，收复卫邑刚平，攻下赵邑中牟的外城。

“卫非强于赵也，譬(pì)之卫矢而魏弦机也，藉力魏而有河东之地。赵氏惧，楚人救赵而伐魏，战于州西①，出梁门，军舍林中，马饮于大河。赵得是藉也，亦袭魏之河北烧棘(jí)沟，坠黄城。故刚平之残也，中牟之堕也，黄城之坠也，棘沟之烧也，此皆非赵、魏之欲也。然二国劝行之者，何也？卫明于时权之藉②也。

[注释]

①州西：魏国地名，位于今河南沁阳东部。②明于时权之藉：明察时势，凭借他国的力量。

[译文]

“由此可见，卫国并不比赵国强盛，假如把卫比作弓的箭，那么魏就等于是弓弦机弩，卫国依赖魏国的力量才占有河东这块地方。赵国感到恐惧，楚国人去救赵攻魏，在州西开战，从魏都大梁的城门出去，大军驻扎在林中，战马在黄河里饮水。赵国利用这些形势，也偷袭魏的河北，焚烧棘沟，攻陷黄城。因而说刚平的摧毁，中牟的攻破，黄城的攻陷，棘沟的焚烧，这些都不是赵、魏原来就能想到的。然而两国极力攻战，究竟是为什么呢？那是因为卫国明察时势，利用他国力量的缘故。

“今世之为国者不然矣。兵弱而好敌强，国罢[1]而好众怨，事败而好鞠(jū)之，兵弱而憎下人[2]也，地狭而好敌大，事败而好长诈。行此六者而求伯，则远矣。

[注释]

①罢：疲弊。②下人：在别人之下。

[译文]

“可是当今治理国家的人却不然。自己国家兵力本来薄弱，反倒喜欢去对抗强敌。国力本来疲惫不堪，反倒喜欢和人民结怨，战争已经失败了，反倒喜欢继续苦战下去。兵力薄弱，却以身居人下为可耻。土地狭小，仍然喜欢和大国为敌。战事失败了，却喜欢使用诈术。实行这六种办法却想要建立霸业，那就越走越远了。

“臣闻善为国[1]者，顺民之意，而料兵之能，然后从于天下。故约不为人主怨，伐不为人挫强。如此，则兵不费，权不轻[2]，地可广，欲可成也。昔者，齐之与韩、魏伐秦、楚也，战非甚疾也，分地又非多韩、魏也，然而天下独归咎于齐者，何也？以[3]其为韩、魏主怨也。

[注释]

①为国：治理国家。②权不轻：权势不会被削弱。③以：因为。

[译文]

“臣听说善于治理国家的人，顺从人民的意愿，并且有预料战事的能力，然后才从事平定天下的大事。所以缔约时不能自己主持，承担怨怒，作战不替他人去摧毁强敌，这样就不必消耗兵力，而且国权就不被削弱，土地就可以扩大，愿望也就可以实现。以前齐国跟韩、魏攻打秦、楚，战争并不算很激烈，齐国分得的土地又不比韩、魏多，然而天下诸侯偏偏归罪于齐国，这是什么道理呢？因为齐国替韩、魏结怨的缘故。

“且天下遍用兵矣，齐、燕战，而赵氏兼[1]中山，秦、楚战，韩、魏不休，而宋、赵专用其兵。此十国者，皆以

相敌为意，而独举心于齐者[2]，何也？约而好主怨，伐而好挫强也。

[注释]

①兼：兼并。②独举心于齐者：偏偏都憎恨齐国。独，偏偏。

[译文]

“再说那时天下诸侯都在用兵，齐、燕交战，又有赵国兼并中山，秦、楚开战，韩、魏两国又打个不休，而宋、赵也专事征伐。这十个国家，都勾心斗角互相敌对，然而天下诸侯却都憎恨齐国，这又是什么道理呢？因为在缔约时齐国喜欢站在怨仇的中心，战争时齐国喜欢攻打强敌的缘故。

“且夫强大之祸，常以王人[1]为意也；夫弱小之殃，常以谋人为利也。是以大国危，小国灭也。大国之计，莫若后起而重伐不义。夫后起之藉与多而兵劲，则事以众强適(dí)[2]罢寡也，兵必立也。事不塞天下之心，则利必附[3]矣。

[注释]

①王人：为他人之王，即称霸。②適：通“敌”，敌对。③附：依附，归附。

[译文]

“再说强国的祸患，是常把凌驾诸国之上作为自己的出发点；弱国遭受灾殃，常常是以图谋他人的利益作为自己的出发点。因而大国陷于危险，小国归于灭亡。大国的军事计划，莫如后发制人并讨伐不义之国。后起事容易有借口，支援的人多，兵力又强盛，这是用人多势强去对付疲惫衰弱的一方，所以在军事上必定能胜利成功。只要不使天下民意受到阻碍，那么利益也就必然会随之来到。

“大国行此，则名号不攘(rǎng)而至，伯王不为而立矣。小国之情，莫如仅[1]静而寡信诸侯。仅静，则四邻不反；寡信诸侯，则天下不卖[2]。外不卖，内不反，则槟(bīn)[3]祸。朽腐(xiǔ fǔ)而不用，币帛矫蠹(dù)而不服矣。小国道此，则不祠而福矣，不贷而见足矣。故曰：祖仁者王，立义者伯，用兵穷者亡。

[注释]

①仅：通“谨”，谨慎。②卖：出卖，反叛。③槟：摒弃，摒却。

[译文]

“大国假如能这样做，帝号根本不必争取就会自然来到，霸业根本不必努力就会自然成功。小国最好谨慎从事，不要轻信诸侯。小心谨慎，就不至于被邻国背叛；不轻信诸侯，就不至于被天下诸侯出卖。外面不会被出卖，里面不会被背叛，那么就可以躲开战祸。不亲信腐朽势力，货币布帛直到干枯蛀坏也是用不完的。小国如果能照这样做，即使不祈祷也会有福泽降临，即使不借贷自会丰足。所以说：‘崇尚仁者可以为王，建立义者可以称霸，穷兵黩武必然灭亡。’

“何以知其然也？昔吴王夫差以强大为天下先，强袭郢①而栖越，身从诸侯之君，而卒身死国亡，为天下戮者，何也？此夫差平居而谋王，强大而喜先天下之祸也。昔者莱、莒(jǔ)②好谋，陈、蔡③好诈，莒恃越而灭，蔡恃晋而亡，此皆内长诈，外信诸侯之殃也。由此观之，则强弱大小之祸，可见于前事矣。

[注释]

①郢：楚国国都。②莱、莒：莱国、莒国。③陈、蔡：春秋时期的两个小国。

[译文]

“怎么知道会如此呢？从前吴王夫差仗恃国家强大，率领天下诸侯袭击楚国，囚禁越王勾践，各诸侯都服从他的号令，然而到后来夫差却身死国亡，受到天下各诸侯的耻笑。这是什么道理呢？因为夫差平时喜欢君临他国之上，并且仗恃国家的强盛，率领天下诸侯制造祸端。以前莱国和莒国领主喜欢用阴谋，而陈国和蔡国喜欢用诈术；后来莒国虽然仗恃越国却灭亡了，蔡国虽然仗恃晋国也灭亡了，这都是因为对内使用诈术，对外轻信诸侯惹来的灾祸。由此看来，国家无论强大或弱小，只要遭到祸害，都可以在历史事实中看到证据。

吴王西子游八景

越王勾践为报灭国之仇，向吴王夫差进献美女西施。夫差宠爱西施，时常与之歌舞作乐，此图描绘的就是西施为夫差跳舞的场面。

“语曰：‘麒骥之衰也，驽(nú)马先之；孟贲(bēn)①之倦也，女子胜

之。’夫驽马、女子，筋骨力劲，非贤于麒骥、孟贲也。何则？后起之藉也。今天下之相与也不并灭，有而案②兵而后起，寄怨而诛不直，微用兵而寄于义，则亡天下可跼足而须③也。

［注释］

①孟贲：古时的大力士。②案：通“按”，止住。③跼足而须：跷足等待。

［译文］

“常言道：‘骏马衰老以后，驽马都能跑在它前面；孟贲疲倦以后，连女子都能战胜他。’驽马和女子的体力都不及骏马和孟贲强壮，那为什么反倒胜过骏马和孟贲呢？这就是因为有后发制人的优势。当今天下势均力敌的国家，彼此都不能灭亡对方，有的按兵不动伺机起事，借别人去诛讨邪恶势力，隐匿用兵的原因，假借正义之名，那吞并天下就可以跷足以待了。

“明于诸侯之故，察于地形之理者，不约亲，不相质①而固，不趋而疾，众事而不反，交割②而不相憎，俱强而加以亲。何则？形同忧而兵趋利也。何以知其然也？

［注释］

①相质：相互扣留人质。②交割：相互割让土地。

［译文］

“知晓诸侯的变故，精察地理形势，不结盟、不互相扣留人质，情谊也会更牢固；不慌张不急躁可以使事情进展迅速；诸侯间互相往来我们不要反对，互相割让土地我们也不要嫉恨，双方都强大了我们就设法亲近。这是什么道理呢？因为在形势上虽然各国有共同的忧患，而实际上战争是为了夺取利益。是如何知道这一点的呢？

“昔者齐、燕战于桓之曲，燕不胜，十万之众尽。胡人袭燕楼烦①数县，取其牛马。夫胡之与齐非素②亲也，而用兵又非约质而谋燕也，然而甚于相趋者，何也？何则形同忧而兵趋利也。由此观之，约于同形则利长，后起则诸侯可趋役也。

［注释］

①楼烦：地名，位于今山西太原。②素：向来，平日里。

[译文]

“当初齐、燕在桓山之曲的地方打仗，结果燕军惨败，十万大军全部被歼灭。胡人则乘机攻打燕国的楼烦几个县，抢夺无数牛马。胡人和齐国向来就不亲近，用兵时又没有缔结什么条约，或者用人质作抵押来共谋燕国，然而实际上合作的程度比订军事同盟还要彻底。这是什么道理呢？因为在形势上有共同的忧患，而战争的实质都是为了争夺利益。由此看来，和政治形势相同的国家结盟利益就会长远，后发制人就会有诸侯赶来协助。

“故明主察相①，诚欲以伯王也为志，则战攻非所先。战者，国之残也，而都县之费也。参费已先，而能从诸侯者寡矣。彼战者之为残也，士闻战则输私财而富军市，输饮食而待死士，令折辕而炊之，杀牛而觞(shāng)②士，则是路③君之道也。

[注释]

①察相：明察的相国。②觞：喝酒的一种金属容器，在此表示慰劳。③路：使虚弱。

[译文]

“所以英明的君主和精明的宰相，如果真有想做霸王的抱负，那就不能先发动战争，因为战争必会伤到国家的元气，并且要耗费各地的财用，会遭受各种损失。如果国家受到损伤，还能联合到其他诸侯的事很少见。战争是如此具有破坏性，因此士人一听到战争就捐献私有财产作为军费，商人更是拿出酒菜款待敢死勇士，长官也折断车前的横木当柴火，杀牛宰羊慰劳士卒，这些都是坑害君王的做法。

“中人祷(dǎo)祝，君翳酿(yì niàng)，通都①小县置社，有市之邑莫不止事而奉王，则此虚中之计也。夫战之明日②，尸死扶伤，虽若有功也，军出费，中哭泣，则伤主心矣。死者破家而葬，夷伤者空财而共药，完者内酺(pú)③而华乐，故其费与死伤者钧。故民之所费也，十年之田而不偿也。

[注释]

①都：都城。②明日：第二天。③酺：痛快地喝。

[译文]

“战前，国人祈祷，国君祭祀，大城市和小县城都设有神庙，有市场的城镇都

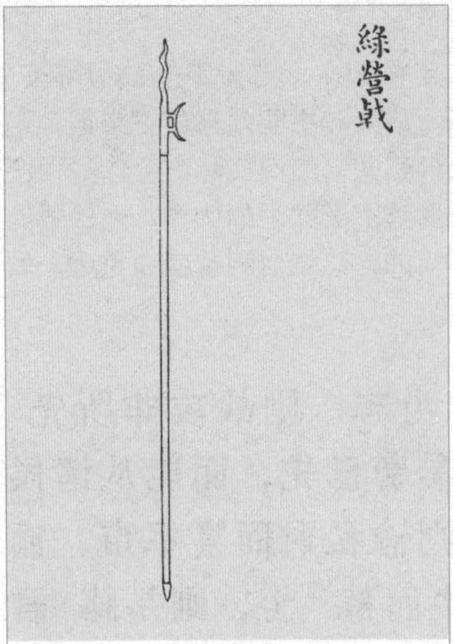

绿营戟
戟是冷兵器的一种，可刺可啄。

歇业来为君主效命，这些都是可以使国内空虚的行动。在战后的第二天，遍地死尸，人民搀扶着受伤的将士，他们虽然建立了赫赫战功，可惜军队所消耗的战费之多，和全国人民悲哀哭嚎之惨，已经令国君忧心。阵亡将士家属为安葬父兄而倾家荡产，负伤将士更为了医药费而用尽家中财产。那些侥幸未受伤的军人，在家里饮酒作乐，他们消耗的费用竟然和死伤将士相等。所有这些耗费的金钱，十年耕种的收获都抵偿不过。

“军之所出，矛戟(jǐ)折，镮(huán)弦绝，伤弩，破车，罢马，亡矢之大半。甲兵之具，官之所私出也，士大夫之所匿，厮养士之所窃，十年之田而不偿也。天下有此再费者，而能从①诸侯，寡矣。

[注释]

①从：通“纵”，合纵。

[译文]

“军队出发以后，矛和戟折损，弓弦拉断，弓弩损伤，兵车破坏，战马疲倦，箭损失大半。甲胄和兵器，是官家自己花钱买的，经过士大夫的藏匿和士卒的窃取，即使用十年耕种所得也无法补偿这笔损失。天下有这样庞大的浪费的国家，还能和诸侯联合，可太少了。

“攻城之费，百姓理襜(chān)蔽①，举冲橹②，家杂总，身窟穴，中罢于刀金。而士困于土功③，将不释④甲，期数而能拔城者为亟⑤耳。上倦于教，士断于兵，故三下城而能胜敌者，寡矣。

[注释]

①襜蔽：遮蔽矢石的器具。②冲橹：冲车和高巢车，泛指战车。③土功：争夺土地的战争。④释：解开，脱下。⑤亟：很快。

[译文]

“攻城的费用是如此庞大，以至于百姓有的整理遮蔽矢石的器具，有的运送兵车，有的在家织布，有的工作在地窖里面，有的在战乱中疲于奔命，尤其是那些在争夺土地的战争中的士兵更是困苦，将军都不敢脱下甲胄休息，一个月或几个月攻下一座城池已经算很快了。上面的长官无暇训练士兵，下面的士兵又缺少武器，所以攻下三个城池以后还能胜过敌人的，可太少了。

“故曰：彼战攻者非所先也。何以知其然也？昔智伯瑶攻范、中行氏[1]，杀其君，灭其国，又西围晋阳，吞兼二国，而忧一主[2]，此用兵之盛也。然而智伯卒身死国亡，为天下笑者，何谓也？兵先战攻，而灭二子患也。日[3]者，中山[4]悉起而迎燕、赵，南战于长子，败赵氏；北战于中山，克燕军，杀其将。

[注释]

①智伯瑶攻范、中行氏：智伯瑶、范、中行氏都是晋国的六卿。②一主：此指赵襄子，也是晋的六卿之一。③日：一说应为“昔”意为以前。④中山：国名。

[译文]

“因此可以断言：这种进攻不应该首先发动。怎么知道是如此呢？以前智伯瑶攻打范、中行氏，杀死他们的君主，灭亡他们的国家，然后又派大军往西围困晋阳。吞并了两个国家，并且又逼得赵襄子走投无路，这可算得上最成功的用兵了。然而到后来智伯却身死国亡，被全天下的人所耻笑。这是什么道理呢？是因为智伯首先发动战争而灭亡范、中行氏所引起的祸患。以前中山国调动全国的军队迎战燕、赵，南面在长子击败赵军，北面在中山击败燕军，杀死燕将。

“夫中山千乘之国也，而敌万乘之国二，再战北胜，此用兵之上节也。然而国遂亡，君臣于齐者，何也？不啬[1]于战攻之患也。由此观之，则战攻之败，可见于前事。

[注释]

①不啬：没有节制。

[译文]

“中山只不过是一个有一千辆兵车的小国，然而却能击败两个拥有一万辆兵车的大国，而且是接连战胜，这应该算是最会用兵的了。然而到头来国家仍不免灭亡，而中山的君主也做了齐国的臣子。这是什么道理呢？是因为对战事没有节制所招来的祸患。由此看来，发动战争而引起的失败，可以从以前的事实中看到。

“今世之所谓善用兵者，终战比胜[1]，而守不可拔，天下称为善，一国得而保之，则非国之利也。臣闻战大胜者，其士多死而兵益弱；守而不可拔者，其百姓罢[2]而城郭露。夫士死于外，民残于内，而城郭露于境，则非王之乐也。今夫鹄（hú）的[3]非咎罪于人也，便弓引弩而射之，中者则善，不中则愧，少长贵贱，则同心于贯之者，何也？恶其示人以难也。

［注释］

①终战比胜：始终在作战，接连取胜。②罢：疲惫。③鹄的：靶心。

［译文］

“当今所谓会用兵的人，有的是连战连胜，或者固守城池不可攻破，天下人称赞其战绩。然而即使这个国家的土地得以保存，也不能使国家长治久安。臣听说作战而能大获全胜的，将士都要阵亡大半，因而使兵力更弱；守城而不被敌人攻破的，它的百姓将疲惫不堪，甚而城里城外满目荒凉。在外有众多将士伤亡，在内人民饱受困苦，城郭在边境上成为废墟，这并不是君王值得高兴的事。要说箭靶上的红心并不会得罪人，但是人们都喜欢用箭来射它，射中的人们叫好，射不中的就很惭愧，不论老少尊卑都一心想要射中红心。这是什么道理呢？因为讨厌让人看出自己不会射箭。

“今穷战比胜，而守必不拔，则是非徒[1]示人以难也，又且害人者也，然则天下仇之必矣。夫罢士露国，而多与天下为仇，则明君不居[2]也；素用强兵而弱之，则察相不事。彼明君察相者，则五兵[3]不动而诸侯从，辞让而重赂至矣。

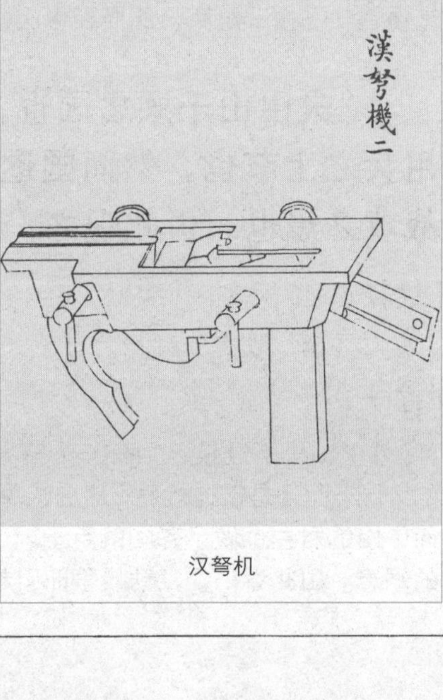

汉弩机

［注释］

①非徒：不仅仅，不只。②不居：不做。③五兵：五种兵器，即弓、弋、矛、戈、戟。

[译文]

“现在有人连年不停地战争，而且连战连胜，所守的城池敌人攻不破，这不但是与人为难，而且还损害他人利益，因此天下必然都仇视他。使战士困顿，国家虚空，又多和天下结仇，这是贤明君主所不肯做的事；常用兵作战，就会使强兵变成弱兵，这是贤明相国所不会做的事。至于明君和贤相，根本不需用弓弋矛戈戟等五种兵器，天下诸侯就服从了他们的号令，讲究辞让之礼，巨额的财富就自然送到他手中。

“故明君之攻战也，甲兵不出于军而敌国胜①，冲橹不施而边城降，士民不知而王业至矣。彼明君之从事也，用财少，旷日远而为利长者。故曰：兵后起则诸侯可趋役也。

[注释]

①敌国胜：战胜敌国。

[译文]

“所以明君发兵作战，不用出动军队就可以战胜敌国，不使用攻城陷阵的兵车就可降服边城，在百姓还不知道时就把王业缔造成功。那些明君所做的事，用钱少，所需的时间虽然长些，可是却能为国家奠定百年基础。所以说：只有军队后发制人，诸侯才会赶来助战。

“臣之所闻，攻战之道非师①者，虽有百万之军，比之堂上②；虽有阖（hé）闾、吴起之将，禽③之户内；千丈之城，拔之尊俎（zǔ）④之间；百尺之冲，折之衽席之上。故钟鼓竽瑟（yú sè）之音不绝，地可广而欲可成；和乐倡（chāng）优侏儒（zhū rú）之笑不之，诸侯可同日而致也。

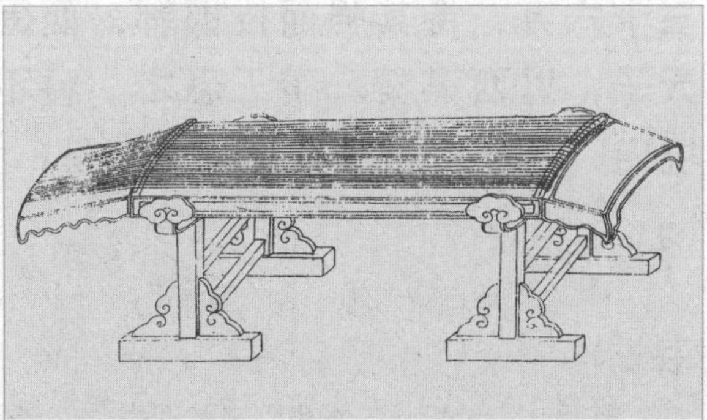

瑟

瑟，弦乐器，似琴。长近三米，古有五十根弦，后为二十五根或十六根弦，平放演奏。

[注释]

①师：军队。②比之堂上：使他们败于计谋中。③禽：通“擒”，擒获。④尊俎：酒杯和切菜板。尊，通“樽”，喝酒的容器。

[译文]

“据臣所知，攻城之道不在军队的多少。虽然有百万大军，也可以使他们败在我们的计谋之中；虽然有阖闾和吴起那样出色的军事家，也可以通过室内的计谋把他们俘虏；虽然有一千丈高的城墙，也可以使之在杯酒、饭菜之间倒塌；虽然有一百尺高的战车，也可以在坐卧之时将其折断。结果将是钟、鼓、竽、瑟等乐器的声音不绝于耳，土地得到扩充，愿望也可以实现，和着乐声而舞的优伶和矮人等欢笑的声音永不休止，各国诸侯在同一天来朝拜。

“故名配天地不为尊[1]，利制海内不为厚[2]。故夫善为王业者，在劳天下而自佚[3]，乱天下而自安，诸侯无成谋，则其国无宿忧也。何以知其然？佚治在我，劳乱在天下，则王之道也。

[注释]

①尊：尊贵。②厚：形容功劳大。③佚：通“逸”，安逸。

[译文]

“所以名号齐于天地不算高贵，财权控制四海不算功大。善于创建王业的人，在于使天下劳碌而自己安逸生活，使天下纷乱而自己安宁度日。如果能使各诸侯的阴谋无法得逞，那么自己的国家就永久消除了忧患。怎么能知道这些呢？生活安逸社会安定在于我，生活辛劳社会混乱在于天下人，这才是建立王业的根本办法。

“锐兵来则拒之，患至则趋[1]之，使诸侯无成谋，则其国无宿忧[2]矣。何以知其然矣？昔者魏王拥土千里，带甲三十六万，恃其强而拔邯郸，西围定阳，又从十二诸侯朝天子，以西谋秦。秦王恐之，寝不安席，食不甘味，令于境内，尽堞中为战具，竟为守备，为死士置将，以待魏氏。

[注释]

①趋：迎击。②宿忧：长久的忧患。

[译文]

“精兵攻来就抵抗，祸患到来就迎击，使诸侯阴谋不能得逞，那么我们的国家就没有长久的隐患了。怎么会知道是如此呢？从前魏惠王拥有土地千里，穿甲胄的战士三十六万，仗恃自己国家的强大，攻下赵都邯郸，又向西围攻定阳，后来又联合十二诸侯去朝见天子，想西去图谋攻击秦国。秦王听了很害怕，连睡觉都不能安枕、吃饭都吃不出味道，于是就在国内下一道命令，把全部城墙都配备上作战的武器，加强边防的军事设施，并且招募敢死队，调兵遣将，严阵以待魏军的进攻。

“卫鞅谋于秦王曰：‘夫魏氏其功大，而令行于天下，有十二诸侯而朝天子，其与必众。故以一秦而敌大魏，恐不如。王何不使臣见魏王，则臣请必北魏①矣。’秦王许诺。

[注释]

①北魏：击败魏国。

[译文]

“这时商鞅给秦王出计谋道：‘魏国势力强大，号令能通行天下，而且曾和十二诸侯朝见天子，魏国的党羽必定很多，一个秦国恐怕抵挡不住强大的魏国。大王不如派臣去见魏王，臣一定能使魏军败退。’秦王接受了商鞅的计策。

“卫鞅见魏王曰：‘大王之功大矣，令行于天下矣。今大王之所从十二诸侯，非宋、卫也，则邹、鲁、陈、蔡，此固大王之所以鞭棰①使也，不足以王天下。大王不若北取燕，东伐齐，则赵必从矣；西取秦，南伐楚，则韩必从矣。大王有伐齐、楚心，而从天下之志，则王业见②矣。大王不如先行王服，然后图齐、楚。’

[注释]

①鞭棰：马鞭。②见：完成，实现。

[译文]

“于是商鞅去见魏王说：‘大王的势力够大了，号令可行于天下。可是大王率领的十二诸侯，不是宋、卫，就是邹、鲁、陈、蔡，这些本来都是大王用马鞭驱策的小国，凭借他们根本不足以称王天下。所以大王实在不如北面联合燕国，东面去讨伐齐国，到那时赵国必然会服从；然后再往西联合秦国，往南征讨楚国，到那时韩国必定会顺服。大王若有讨伐齐、楚的决心，又顺从了天下人的志愿，那王业就可以实现了。大王不如先准备天子的服装，然后再去图谋齐、楚。’

“魏王说于卫鞅之言也，故身广公宫，制丹衣柱，建九斿(liú)①，从七星之旟(yú)②。此天子之位也，而魏王处之。于是齐、

楚怒，诸侯奔齐，齐人伐魏，杀其太子，覆其十万之军。魏王大恐，跣（xiǎn）行按兵于国，而东次于齐，然后天下乃舍之。当是时，秦王垂拱③受西河之外，而不以德魏王。

［注释］

①九斿：指绘有青龙的一种旗帜，边上缀有九条丝带。②七星之旐：古时战争中的一种旗。③垂拱：垂手，拱手，在此指非常简单，不费劲。

［译文］

“魏王很乐意听到商鞅的话，所以亲自指挥扩建宫殿，制作红色的王袍和柱衣，树立天子的旌旗，打着画有朱雀的军旗，这些都是天子的威仪，可是魏王全用上了。这时齐、楚两国大为愤怒，诸侯都赶去援助齐国，齐国联合各诸侯发兵攻魏，杀死魏太子申，消灭魏国十万大军。魏王非常恐惧，光着脚狼狈逃回国内命令停止进军，后来又臣服齐国，这时天下诸侯才停止进攻魏国。到这时，可以说秦王在垂衣拱手之间不费吹灰之力就得到了西河以外的土地，但是并不感激魏王的好意。

“故曰卫鞅之始与秦王计也，谋约不下席，言于尊俎之间，谋成于堂上，而魏将①以禽于齐矣；冲橹未施，而西河之外入于秦矣。此臣之所谓比之堂上，禽将户内，拔城于尊俎之间，折冲席上者也。”

［注释］

①魏将：指庞涓。

［译文］

“所以说当商鞅和秦王谋划时，策划不需走下座席，议论是在酒宴之间，计谋在厅堂之上形成，而魏将庞涓却被齐国俘虏了。兵车战船不曾使用，西河以外的土地就已经归秦国所有了。这都是臣所说的：‘在厅堂上打败敌人，在帷幄里俘虏敌将，在酒宴上攻下敌城，在坐席上折断敌人兵车。’”

齐策六

齐负郭之民有孤狐咺者

齐负郭[1]之民有孤[2]狐咺(xuān)者，正议，闵(mǐn)王斮(zhuó)[3]之檀衢(tán qú)，百姓不附；齐孙室子陈举直言，杀之东闾，宗族离心；司马穰苴[4]为政者也，杀之，大臣不亲。以故燕举兵，使昌国君[5]将而击之。齐使向子[6]将而应之。齐军破，向子以舆(yú)一乘亡。达子[7]收余卒，复振，与燕战，求所以偿者，闵王不肯与，军破走。

［注释］

①负郭：指临近城郊的地方。②孤：衍文，无实义。③斮：斩杀。④司马穰苴：司马，官职名；穰苴，人名。⑤昌国君：燕将，即乐毅。⑥向子：齐国的大臣。⑦达子：齐国的将军。

［译文］

齐国靠近城郊的地方有个叫狐咺的人，直言批评国家，闵王在檀成的街上把他斩了，百姓们都不敢亲近闵王了；齐国宗室后代陈举直言进谏，被齐闵王在东闾处死，宗族的人也不和闵王一心了；司马穰苴执管朝政，也被闵王处死了，大臣也不再亲近闵王了。于是燕国趁此机会发兵，任命乐毅率领军队，攻打齐国。齐国任命向子帅军应战。齐军败，向子驾着战车逃亡了。后来达子将军又召集了残余的士卒，再次振作起来，与燕军再战，达子将军向齐王要求给士兵发放补偿金，闵王不肯给予，齐军最终大败而逃。

王奔莒(jǔ)，淖(zhuō)齿[1]数之曰："夫千乘、博昌[2]之间方数百里，雨血沾衣，王知之乎？"王曰："不知。""嬴、博之间地坼(chè)[3]至泉，王知之乎？"王曰："不知。""人有当阙(què)而哭者，求之则不得，去之则闻其声，王知之乎？"王曰："不知。"淖齿曰："天雨血沾衣者，天以告也；地坼至泉者，地以告也；人有当阙而哭者，人以告也。天地人皆以告矣而

王不知戒焉，何得无诛乎？”于是杀闵王于鼓里④。

［注释］

①淖齿：原为楚将。公元前284年燕将军乐毅攻破了齐国国都临淄，齐闵王逃亡莒地。淖齿受楚王之命救助齐国，被闵王任用为齐相。②千乘、博昌：皆为齐地名，分别位于今山东高青、博兴一带。③地坼：土地干裂。④鼓里：莒地的地名。

［译文］

后来闵王逃往莒地，楚将淖齿数落闵王说：“齐国的千乘与博昌两地间方圆几百里，下着血雨沾湿了衣服，大王您知道吗？”闵王回答说：“不知道。”淖齿问：“嬴、博两地之间土地都干裂得涌出泉水，大王您是否知道？”闵王回答说：“不知道。”淖齿又问：“有人对着宫门哭，可是寻找的时候却看不到人，离去之后就又听到声音了，大王您是否知道？”闵王又回答说：“不知道。”淖齿说：“天降血雨沾湿衣服，这是老天在警诫您；地枯裂到涌出泉水，这是大地在警告您；有人对着宫门哭，这是人在警告您。天、地、人都警告您，但大王您还是不知道警诫，又怎么会不受到惩罚呢？”于是淖齿就在莒地鼓里把闵王给杀了。

太子乃解衣免服，逃太史之家，为溉(gài)园。君王后太史氏女，知其贵人，善事之。田单以即墨之城，破亡余卒，破燕兵，绐(dài)骑劫①，遂以复齐，遽(jù)迎太子于莒(jǔ)，立之以为王。襄王即位，君王后以为后，生齐王建。

后识法章

此图描绘的是齐闵王太子法章在太史家遇君王后，君王后见法章气度不凡，非等闲之辈，于是二人私定婚姻的故事。

［注释］

①骑劫：燕国的将军。

［译文］

太子于是就换了衣服，逃避到了太史的家里，为太史家浇灌花园。后来成为王后的太史家的女儿知道他应该是一位贵人，对他非常友好。齐将田单凭借即墨城为据点，收拾残兵，攻破了燕军，以诡诈之计战胜了燕将骑劫，于是得以收复失地，马上就到莒地迎接太子，尊立太子为齐国国王。齐襄王继位之后，就册封太史家的女儿为王后，生下了后来的齐王建。

王孙贾年十五事闵王

王孙贾年十五事①闵王。王出走②，失王之处。其母曰："女③朝出而晚来，则吾倚门而望；女暮出而不还，则吾倚闾而望。女今事王，王出走，女不知其处，女尚何归？"

王孙贾乃入市中曰："淖(zhuō)齿乱齐国，杀闵王，欲与我诛者袒④右！"市人从者四百人，与之诛淖齿，刺而杀之。

[注释]

①事：侍奉。②出走：指逃亡。③女：通"汝"，你。④袒：裸露。

[译文]

王孙贾刚刚十五岁，侍奉齐闵王。国都沦亡，齐闵王逃亡了，王孙贾找不到闵王逃到了哪里。他的母亲就对他说："以前你早上出去晚上回来，我就靠着家门等着你回来；如果你晚上出去没有回来，我就靠着闾门等着你回来。而你如今侍奉齐王，齐王逃走了，你连他到哪里去了都不知道，你还回家干什么？"

于是王孙贾到市场，说："相国淖齿惑乱齐国，杀害了闵王，有谁愿意和我一起去诛杀淖齿的，就裸露右肩！"市场上有四百人都跟着他走了，和他一起去诛杀淖齿，最终刺杀了淖齿。

燕攻齐取七十余城

燕攻齐，取七十余城，唯莒、即(jí)墨①不下。齐田单以即墨破燕，杀骑劫②。初，燕将③攻下聊城，人或谗之④。燕将惧诛，遂保守聊城，不敢归。田单攻之岁余，士卒多死，而聊城不下。

[注释]

①唯莒、即墨：均为齐地名，分别位于今山东莒县和平度。②骑劫：燕国将领。③燕将：指昌国君乐毅。④人或谗之：朝廷内有人诋毁他。

[译文]

燕国攻打齐国，攻占了七十多座城池，只剩下了莒地和即墨城还没有攻下。齐

火牛破敌

田单本是齐国都城临淄管理市场的官吏，燕国攻打齐国时，田单率宗族逃到即墨，后被推举为即墨守将。田单出奇制胜，用火牛阵大败燕军，而后驱逐燕军，使齐国复国。

将田单就凭借着即墨城的残兵攻破了燕国，绞杀了燕军将领骑劫。当初，燕将乐毅攻取齐国的聊城，朝廷内有人诋毁他，燕将乐毅唯恐被诛杀，于是就留守齐地聊城，不敢回到燕国。田单攻打聊城打了一年多，大部分的士卒都已经死了，但是聊城还是没有攻下。

鲁连乃书，约之矢，以射城中，遗①燕将曰：“吾闻之，智者不倍②时而弃利，勇士不怯死而灭名，忠臣不先身而后君。今公行一朝之忿，不顾燕王之无臣，非忠也；杀身亡聊城，而威不信于齐，非勇也；功废名灭，后世无称，非知也。故知者不再计，勇士不怯（qiè）死。今死、生、荣、辱，尊、卑、贵、贱，此其一时也。愿公之详计，而无与俗同也。

［注释］

①遗：对。②倍：通“背”，背弃。

［译文］

后来齐臣鲁仲连就给乐毅写了封信，把书信绑在箭上，射到聊城之中，对乐毅说道：“我听说，聪明的人是不会违背战机、放弃利益的，勇士是不会畏惧死亡和毁掉英名的，忠臣是不会先考虑自己而后才考虑君王的。如今将军您竟然因为一时的激愤，而不考虑燕王将要没有臣子了，这是不忠；如果您自杀，聊城将被攻破，威名就不会再被齐人信服，这是不勇；功绩、英名都将毁于一旦，不会被后世所称道，这是不智。因此聪明的人不会再三考虑，勇敢的人不会畏惧死亡，现如今生死荣辱、尊卑贵贱，都将决定于您一时的裁决。希望将军您能仔细考虑，不要与俗人一样。

“且楚攻南阳①，魏攻平陆，齐无南面之心②，以为亡③南

阳之害，不若得济北④之利，故定计而坚守之。今秦人下兵，魏不敢东面，横秦之势合，则楚国之形危。且弃南阳，断右壤，存济北，计必为之。今楚、魏交退，燕救不至，齐无天下之规，与聊城共据，期年⑤之弊，即臣见公之不能得也。

［注释］

①南阳：齐国地名，位于今山东邹县一带。②南面之心：指抵抗楚、魏的打算。③亡：丧失。④济北：指聊城。⑤期年：满一年。

［译文］

“并且虽然楚国攻打齐地南阳、魏国讨伐齐地平陆，但齐国没有还击楚、魏的打算，我们以为丢掉南阳的害处，比不上得到聊城的好处，因此我们决议围困聊城。现在秦王又发兵帮齐国，魏国也不敢攻打东面的平陆；秦、齐两国联合的形势已定，楚国的形势就会很危急。并且即使是丧失南阳、丢掉平陆，只要能使济北聊城之地得以保存，齐国必定会按此行事。现在楚、魏两国已经先后退兵，燕国的援救之军还没有到来，齐国已经不会再被天下诸侯图谋，我们会和聊城共存亡，这一年攻战的弊漏，我就知道将军您是不会取胜的。

“齐必决之于聊城，公无再计。彼燕国大乱，君臣过计，上下迷惑。栗腹①以百万之众，五折于外，万乘之国，被围于赵，壤削主困，为天下戮②，公闻之乎？今燕王方寒心独立，大臣不足恃（shì），国弊祸多，民心无所归。今公又以弊聊之民，距全齐之兵，期年不解，是墨翟之守也；食人炊骨，士无反北之心③，是孙膑、吴起之兵也。能以见于天下矣！

孙膑功成身退

孙膑马陵一战，大破魏军，为齐国立下不世之功。但孙膑却选择功成身退，退隐江湖。

［注释］

①栗腹：燕国的相国。②戮：羞辱。③反北之心：反叛之心。

[译文]

“齐国必然会和燕军在聊城决战，将军您没有别的办法。您的燕国现在大乱，君臣都没有计策，上上下下都惶惑不已。相国栗腹将帅百万军队，却在外面五次战败。燕国作为万乘之国，竟然被赵国围困，土地被削割，国君也很困扰，被天下诸侯所侮辱，将军您知道吗？现在，燕王十分寒心孤立，臣子们不足以倚仗，国家破败，祸事不断，民心无所归依。如今你用疲惫的聊城子民，抵抗齐国所有的军队，已经一年了却没有解除围困，这是像墨翟一样善于守城；人们饿到以人肉、人骨为食，但是将士们却没有反叛背弃的心思，这是像孙膑、吴起一样善于统领军队。您的才能足以被天下所见啊！

“故为公计者，不如罢①兵休士，全车甲，归报燕王，燕王必喜，士民见公如见父母，交游攘(rǎng)臂而议于世，功业可明矣。上辅孤主，以制群臣；下养百姓，以资说士。矫国革俗，于天下功名可立也。意者②，亦捐燕弃世，东游于齐乎？请裂地定封，富比陶、卫③，世世称孤寡，与齐久存，此亦一计也。二者显名厚实也，愿公熟计而审处一也。

[注释]

①罢：停止。②意者：或者。③陶、卫：指秦国的魏冉、商鞅。魏冉的封地在陶，商鞅本是卫国人。

[译文]

“所以，替将军您打算，不如撤兵休战，使战车甲胄得以保全，回国禀报燕王，燕王必定会很高兴。将士百姓见到您就像是见到父母一样，相互交游，挽着手臂，被世人所谈论，您的功业会显扬天下。您对上可以辅佐孤独无援的国君，辖制群臣；对下养育百姓，供给说客；矫正国家弊病，革除陋俗，可以在天下建立功名。或者您也可以捐弃燕国，抛弃世人的评价，向东周游于齐国。我会请求齐王赐予您封地，就像秦国的魏冉、商鞅一样富有，爵位世代相袭，与齐国长久共存，这也是一计。这两计一个具有显赫的威名，一个能得到丰厚的实利，希望将军您能仔细考虑，审慎地选择一下。

“且吾闻，效小节者不能行大威，恶小耻者不能立荣名。昔管仲射桓(huán)公中钩，篡(cuàn)也；遗公子纠而不能死，怯也；束缚桎梏(zhì gù)①，辱身也。此三行者，乡里不通②也，世主不臣也。使管仲终穷抑幽囚而不出，惭耻而不见，穷年没寿，不免

为辱人贱行矣。然而管子并三行之过，据齐国之政，一匡天下，九合诸侯，为伍伯首，名高天下，光照邻国。

［注释］

①桎梏：脚链和手铐。②通：交往。

［译文］

“而且我听说拘泥于小节的人不能建树大功，不能忍受小小耻辱的人不能成就功名。以前管仲射中齐桓公的带钩，这是篡位谋反的罪；遗弃公子纠不能为之效死，这是胆怯的表现；手脚带上锁链，这是极大的侮辱。这三种行为，即使是乡野百姓都不会和他交往，世间的君主们都不会让他做大臣。倘若管仲始终贫困抑郁不得志，被幽闭囚禁而不能出仕，感到惭愧羞耻而不现身，一直到死，也难免被视为羞辱且行为卑劣之人。但是管仲同时兼备这三种过错，最终却执掌齐国之政，匡扶天下，九次与诸侯联盟，辅佐齐桓公成为五霸之首，管仲自己也名扬天下，光辉照耀邻国。

“曹沫(mò)为鲁君[①]将，三战三北，而丧地千里。使曹子之足不离陈[②]，计不顾后，出必死而不生，则不免为败军禽将。曹子以败军禽将，非勇也；功废名灭，后世无称，非知也。故去三北之耻，退而与鲁君计也，曹子以为遭。齐桓公有天下，朝诸侯，曹子以一剑之任，劫桓公于坛位之上，颜色不变，而辞气不悖。三战之所丧，一朝而反之，天下震动，惊骇，威信吴、楚，传名后世。若此二公者，非不能行小节死小耻也，以为杀身绝世，功名不立，非知也。故去忿恚之心，而成终身之名，除感忿之耻，而立累世之功。故业与三王争流，名与天壤相敝[③]也。公其图之！”

燕将曰：“敬闻命矣！”因罢兵到读[④]而去。故解齐国之围，救百姓之死，仲连之说也。

［注释］

①鲁君：指鲁庄公。②陈：通“阵”，指阵地，战场。③名与天壤相敝：指声名和天地一起凋敝。④到读：应为“倒韣”，倒背着弓套。

［译文］

“曹沫作为鲁庄公的将军，打了三次仗败了三次，丧失了上千里的土地。倘若曹沫的脚不离开战场，行事不考虑后果，出战一定会战死无法生还，这样就无法避免被敌军擒获。如果曹沫被敌军擒获，这是不勇；功名废弃，不被后世所称道，这是不智。因此他隐忍了三次战败的耻辱，退却不战与庄公共同商讨，曹沫认为这只是偶然的遭遇。齐桓公称霸天下，诸侯朝拜，曹沫凭着一把宝剑，在祭坛之上把齐桓公劫持了，脸色都不变一下，言辞不卑不亢。三次战争所丧失的土地，一朝就收回了，震惊天下。威名为吴楚所信服，为后世所流传。这两个人，不是不能遵守小节，为小小的耻辱而死，而是因为他们认为自杀离世，功名尚未建立，这是不智的表现。因此才摒弃愤恨之心，成就终生的威名；忍受一时的耻辱，立下万世的功绩。因此两人的功业能够和三王一比高低，声名能够和天地共存。希望将军考虑考虑！”

乐毅回答说：“愿意听从先生之命！”于是撤兵倒背着弓套离开了。所以说，解除齐国的围困，救百姓免于死亡的是鲁仲连的游说之辞啊。

燕攻齐，齐破

燕攻齐，齐破。闵王奔莒(jǔ)，淖(zhuō)齿①杀闵王。田单守即墨之城，破燕兵，复②齐墟。襄王为太子征③。齐以破燕，田单之立疑，齐国之众皆以田单为自立也。襄王立，田单相之。

［注释］

①淖齿：燕军攻破齐都临淄，齐闵王逃亡莒地。楚将淖齿受楚王之命救助齐国，被闵王任用为齐相，后杀害了闵王。②复：指收复。③征：证实，闵王被害之后，太子隐居于民间。

［译文］

燕国讨伐齐国，齐都临淄被攻破。齐闵王逃奔到莒地，相国淖齿把闵王杀害了。田单守住了即墨城，攻破了燕军，又收取了齐国的失地。证实了太子即后来的襄王的身份。齐国战胜了燕国，人们都疑惑田单是否拥立襄王为齐君，齐国的百姓都认为田单会自立为王。可是后来襄王被拥立为齐君，而田单成了相国。

过菑(zī)水①，有老人涉菑而寒，出不能行，坐于沙中。田单见其寒，欲使后车分衣，无可以分者，单解裘而衣之。襄王恶之，曰：“田单之施，将欲以取我国乎？不早图，恐后之。”左右顾无人，岩下有贯珠者，襄王呼而问之曰：“女闻吾言乎？”对曰：“闻之。”王曰：“女以为何若？”对曰：

“王不如因以为己善。王嘉②单之善，下令曰：‘寡人忧民之饥也，单收而食之；寡人忧民之寒也，单解裘而衣之；寡人忧劳百姓，而单亦忧之，称寡人之意。’单有是善，而王嘉之。善单之善，亦王之善已。”王曰：“善。”乃赐单牛酒，嘉其行。

[注释]

①菑水：指淄水。②嘉：嘉奖，褒奖。

[译文]

田单路过淄水的时候，有位老人渡淄水，由于过分寒冷，出水后竟然不能走路了，坐在沙滩上。田单见老人如此寒冷，就想让后车的人把衣服分给老人一些；但是却没有可以分出来的衣服，于是田单脱下自己的皮裘让老人穿上。襄王十分嫌恶他的做法，说：“田单的施舍，是想要谋取我的国家吗？不早点图谋此事，恐怕将来就晚了。”襄王向左右两边看了看没有人，只有岩石下有个串珠的匠人，襄王就把他喊过来，问道：“你可曾听到我说的话？”匠人回答道：“听到了。”襄王问：“你觉得怎么样？”匠人回答说：“大王您不如因此做一件对自己有好处的事。大王您嘉奖田单的善行，下令说：‘我担忧百姓遭受饥饿，田单就把他们收养，为他们提供饭食；我担心人民会寒冷，田单就把自己的皮裘脱下来让他们穿；我担心百姓过于劳累，田单也很担心这一点，很称我的心意。’田单有这样的善行，大王您褒奖他。善待田单的善行，也就成了大王您的善行。”襄王说：“好。”于是，就赐给田单很多牛和酒，褒奖他的善行。

后数日，贯珠者复见王曰：“王至朝日，宜召田单而揖之于庭，口劳①之。”乃布令②求百姓之饥寒者收谷③之。乃使人听于闾里。闻丈夫之相与语，举曰：“田单之爱人，嗟(jiē)乃王之教泽也！”

[注释]

①口劳：犒劳，慰劳。②布令：指颁布命令。③收谷：收养，收容。

[译文]

几天之后，串珠的那个匠人又前来拜见襄王，对襄王说：“大王您上朝的时候，最好召见田单，并且在大庭之上给他作揖，犒劳他。”于是齐襄王就颁布政令，搜求饥饿寒冷的百姓，收容供养他们。于是又派人到乡里之中，听取百姓的议论。百姓们相互谈论，都说：“田单之所以爱护百姓，这都是大王教导的恩泽啊！”

貂勃常恶田单

貂(diāo)勃常恶田单，曰："安平君①，小人也。"安平君闻之，故为酒而召貂勃，曰："单何以得罪于先生，故常见②誉于朝？"貂勃曰："跖(zhí)③之狗吠尧，非贵跖而贱尧也，狗固吠非其主也。且今使公孙子贤，而徐子不肖。然而使公孙子与徐子斗，徐子之狗，犹时攫(jué)公孙子之腓(féi)而噬(shì)之也。若乃得去不肖④者，而为贤者狗，岂特攫其腓而噬之耳哉？"安平君曰："敬闻命。"明日，任之于王。

［注释］

①安平君：指田单。②见：被，表被动。③跖：盗跖，相传为大盗。④不肖：不好。

［译文］

齐人貂勃一直在诽谤田单说："安平君田单是小人。"田单听到这句话以后，就故意设酒宴请貂勃，席间他问貂勃说："我田单不知怎么得罪了先生？以至先生经常在朝廷赞美我。"貂勃回答说："盗跖的狗对圣尧吠叫，并不是知道盗跖高贵而瞧不起尧，是因为狗本来就对不是它的主人的人狂叫。现在假如公孙子好，而徐子不好。可是若是公孙子和徐子打架时，徐子的狗还是要扑过去咬公孙子的腿。可见如果可以离开坏主人，去做一只好主人的狗，那它岂止是扑过去咬人的腿？"田单说："明白了！"第二天，田单就把貂勃推荐给齐襄王。

王有所幸臣九人之属，欲伤安平君，相与①语于王曰："燕之伐齐之时，楚王使将军将万人而佐②齐。今国已定，而社稷已安矣，何不使使者谢于楚王？"王曰："左右③孰可？"九人之属曰："貂勃可。"

［注释］

①相与：一起。②佐：辅佐，在此指救援。③左右：指近臣。

［译文］

这时襄王有九个宠臣，都想要陷害田单，因此就一起对襄王说："当燕国侵略我齐国时，楚王派淖齿为将率领一万人救援齐国。现在齐国已经安定，社稷也平稳无事，为什么不派遣使者去向楚王致谢呢！”齐襄王问：“在左右侍臣中，谁可以出任谢使呢？”九个宠臣一致回答说：“貂勃最适合。”

貂勃使楚。楚王受而觞(shāng)之，数日不反[1]。九人之属相与语于王曰：“夫一人身，而牵留万乘者，岂不以据势[2]也哉？且安平君之与王也，君臣无礼，而上下无别。且其志欲为不善。内牧百姓，循抚其心，振[3]穷补不足，布德于民；外怀戎翟(dí)、天下之贤士，阴结诸侯之雄俊豪英。其志欲有为也，愿王之察之。”

［注释］

①反：通“返”，返回。②以据势：因为仰仗权势。据，仰仗，依靠。③振：救济，救助。

［译文］

貂勃出使楚国以后，楚王设宴款待他，把他留在宫中几天也没有回国，因此，这九名宠臣就乘机向齐襄王进谗言说：“楚王是一位大国的君主，可是如今竟殷勤款待小小使臣貂勃，这很可能是仰仗着安平君田单的缘故。田单不讲君臣之礼，不分上下尊卑，而且心怀造反阴谋。所以他才对内安抚百姓、笼络人心、广施恩德救济贫民；对外施恩于戎翟、结纳天下诸侯贤达、暗中和英雄豪杰交往。可见田单确实有意造反，但愿大王能够多多加以注意。”

异日[1]，而王曰：“召相单来。”田单免冠徒跣(xiǎn)[2]肉袒(tǎn)[3]而进，退而请死罪。五日，而王曰：“子无罪于寡人，子为子之臣礼，吾为吾之王礼而已矣。”

［注释］

①异日：有一天。②徒跣：赤脚。③袒：裸露。

［译文］

有一天，齐襄王对侍臣说：“把宰相田单给我叫来。”田单知道情况不好，就摘下官帽，光着脚，赤着上半身，低着头走到齐襄王面前，请襄王赐死罪。过了五天，襄王对田单说：“你并没有得罪寡人，只不过你依臣礼而为，我依君礼而为罢了。”

貂勃从楚来，王赐诸前，酒酣(hān)，王曰：“召相田单而

文 王

文王是商代末年西方诸侯之长。姬姓，名昌。相传文王在位五十年，已为翦商大业作好充分准备，但未及出师便去世。

来。”貂勃避席稽首曰：“王恶得此亡国之言乎？王上者孰与[1]周文王？”王曰：“吾不若也。”貂勃曰：“然，臣固知王不若也。下者孰与齐桓公？”王曰：“吾不若也。”

[注释]

①孰与：与……相比较。

[译文]

貂勃从楚国回来以后，齐襄王当面赐他酒喝，正当他喝得兴高采烈时，襄王又对左右侍臣说：“把宰相田单叫来。”这时貂勃就离开宴席，跪在地上给襄王磕头说：“请问君王为何说出这种‘亡国之言’呢？请问君王比周文王如何？”齐襄王说：“寡人不如周文王。”貂勃说：“是的，臣也知道君王不如周文王，那么君王下比齐桓公如何呢？”齐襄王说：“寡人也不如齐桓公。”

貂勃曰：“然，臣固知王不若也。然则周文王得吕尚[1]以为太公，齐桓公得管夷吾[2]以为仲父，今王得安平君而独曰‘单’。且自天地之辟，民人之治，为人臣之功者，谁有厚于安平君者哉？而王曰‘单’。恶得此亡国之言乎？

[注释]

①吕尚：指姜太公吕望，曾辅佐周武王灭商。②管夷吾：指管仲。

[译文]

貂勃说：“是的，臣也认为君王不如齐桓公。因为周文王得到吕尚以后，拜他为‘太公’；齐桓公得到管仲以后，称他为‘仲父’，现在君王得到安平君，却直呼他为‘田单’。再说自从开天辟地有人类以来，为人臣的论功劳，谁敢和安平君相比呢？可是如今君王竟直呼安平君为‘田单’，君王怎么能说出这种‘亡国之言’？

“且王不能守先王之社稷，燕人兴师而袭齐墟，王走而之[1]城阳之山中。安平君以惴惴(zhuì zhuì)[2]之即墨，三里之城，五

里之郭，敝卒七千，禽其司马，而反千里之齐，安平君之功也。

［注释］

①之：到。②惴惴：惊恐不安的样子。

［译文］

“况且当初君王不能维护先王的社稷，燕人兴兵侵入齐国，占领首都临淄，君王逃往城阳山中。所幸有安平君的倾力协助，他仅凭陷入敌人包围的即墨一城，也就是三里之城、五里之郭以及七千残兵败将，而大举向燕军反攻，俘虏燕军主将骑劫，收复齐国一千多里的失地，这可都是安平君的汗马功劳。

“当是时也，阖(hé)城阳而王，城阳、天下莫之能止。然而计之于道，归之于义，以为不可，故为栈(zhàn)道木阁，而迎王与后于城阳山中，王乃得反，子临百姓。今国已定，民已安矣，王乃曰‘单’。且婴儿之计不为此。王不亟(jí)①杀此九子者以谢安平君，不然，国危矣！”王乃杀九子而逐其家②，益封安平君以夜邑万户。

［注释］

①亟：赶快。②逐其家：指放逐他们的家眷。

［译文］

“假如那时安平君关上城阳门自立为王，城阳之人、天下诸侯谁也不能制止他。然而他却从道义上筹划，大义凛然地认为不可以这样做。于是安平君在山里修栈道，到城阳山中毕恭毕敬地迎接君王和王后，因此君王才能回国统治万民。现在国家已经安定，君王就直称功臣的姓名，臣认为即使是三尺之童都不会这样做。假如君王不赶紧杀死这九名奸臣，向安平君谢罪，那臣认为我们的国家就危险了。”于是齐襄王就立刻下令杀死九名奸臣，把他们的家属都放逐到遥远的边区，然后加封田单夜邑一万户。

齐闵王之遇杀

齐闵王之遇杀，其子法章变姓名，为莒太史家庸夫①。

太史敫（jiǎo）女，奇[2]法章之状貌，以为非常人，怜而常窃衣食之，与私[3]焉。莒中及齐亡臣相聚求闵王子，欲立之。法章乃自言于莒，共立法章为襄王。襄王立，以太史氏女为王后，生子建。太史敫曰："女无谋[4]而嫁者，非吾种也，污吾世矣。"终身不睹[5]。君王后贤，不以不睹之故失人子之礼也。襄王卒，子建立为齐王。君王后事秦谨，与诸侯信，以故建立四十有余年不受兵。

[注释]

①庸夫：普通人，这里是指仆人。②奇：以之为奇。③私：私通。④无谋：没有媒人。⑤不睹：不再相见，意思是断绝关系不再往来。

[译文]

齐闵王被杀害以后，他的儿子法章变换了姓名，到莒地一个名敫的太史家去做仆人。太史敫的女儿好奇法章的相貌，认为他不是平常人，对他十分怜爱，常常将衣服和食物偷偷地送给他，并和他有了私情。莒地的民众以及从齐国国都逃到莒地的大臣后来聚集在一起，共同商议要找到闵王的儿子，并将立其为王。在莒地的法章便主动出来承认自己就是太子，于是众人便立他为襄王。襄王即位以后，便立太史敫的女儿为王后，后来生下太子名建。王后的父亲太史敫说："没有通过媒妁之言就出嫁的女儿，不是我们家的后人，有污我们清白的家世。"于是便和他的女儿断绝了关系，终身不再相见。王后为人贤惠，并没有因为父亲和她断绝了关系就不再顾念父女间应有的礼节。齐襄王死了以后，他的儿子建便被立为齐王，王后对秦国一向是态度谨慎，对待其他诸侯也十分恭敬诚信，因此在齐王建在位的四十多年间，齐国没有遭受到什么大的战祸。

秦始皇尝使使者遗[1]君王后玉连环曰："齐多知[2]，而解此环不[3]？"君王后以示群臣，群臣不知解。君王后引[4]椎椎破之，谢秦使曰："谨以解矣。"及君王后病且[5]卒，诫建曰："群臣之可用者某。"建曰："请书之。"君王后曰："善。"取笔牍受言。君王后曰："老妇已亡矣。"君王后死，后胜相[6]齐，多受秦间[7]金、玉，使宾客入秦，皆为变辞[8]，劝王朝秦，不修[9]攻战之备。

[注释]

①遗：赠送。②知：通"智"，聪明。③不：通"否"。④引：拿起。⑤且：将要。⑥相：担任相国。⑦间：离间，这里指的是离间君臣关系的人。⑧变辞：迎合之辞。⑨修：准备。

[译文]

秦始皇曾派使臣送给王后一副玉连环，说道："我听说齐国的人都很聪明，有人能将这个玉连环解开吗？"王后便将玉连环拿给群臣看，群臣中没有人知道应该怎样将其解开。王后便拿起一把椎子，一下子将它敲破，然后对秦王的使臣说："现在已经解开了。"后来王后病危，将要死去的时候，她告诫齐王建说："群臣中值得信用的有这么几个人。"齐王建说："请让我将他们的名字写下来。"王后说："好的。"于是，齐王便去取笔和木简用来记录她的遗言。王后却说道："现在我已经忘记了。"王后死了以后，后胜开始担任齐国的相国，他大肆收受了那些离间齐国君臣关系的秦人的金、玉，每次他派往秦国去的宾客，全都说一些符合秦国利益的迎合之辞，他们劝说齐王建前去秦国朝拜，却丝毫不考虑战备的问题。

园中幽会

此图描绘的是君王后与法章园中幽会、私定终身的情景。

齐王建入朝于秦

齐王建入朝于秦，雍(yōng)门司马前曰："所为立王者，为社(shè)稷(jì)耶？为王立王耶？"王曰："为社稷。"司马曰："为社稷立王，王何以去①社稷而入秦？"齐王还车而反②。即墨大夫与雍门司马谏而听之，则以为可可③为谋，即入见齐王曰："齐地方④数千里，带甲⑤数百万。夫三晋大夫皆不便⑥秦，而在阿、鄄(juàn)之间者百数，王收而与之百万之众，使收三晋之故地，即临晋之关可以入⑦矣；鄢郢大夫不欲为秦，而在

城南下者百数，王收而与之百万之师，使收楚故地，即武关可以入矣。如此，则齐威可立，秦国可亡。夫舍南面之称制，乃西面而事秦，为大王不取⑧也。”齐王不听。秦使陈驰诱齐王内之，约与五百里之地。齐王不听即墨大夫而听陈驰，遂入秦，处之共⑨松柏之间，饿而死。先是齐为之歌曰：“松邪！柏邪！住建共者客耶？”

［注释］

①去：离开。②反：通“返”，返回。③可可：一说为“可与”。④地方：地，土地。方，方圆。⑤带甲：穿戴者铠甲的士兵。⑥便：亲近，便利。⑦入：这里是攻入的意思。⑧不取：不可取，不明智。⑨共：地名，在今天的河南辉县。

［译文］

齐王建将要到秦国去朝见秦王，齐国都城雍门的司马上前来到齐王的马车前进谏说：“请问大王，我们是为了国家而立王呢？还是为大王您而立王呢？”齐王说：“当然是为国家。”司马说：“既然是为了国家而立王，那您为何还要抛弃自己的国家而前往秦国呢？”齐王听了便调转车头返回宫中去了。即墨大夫因为这件事，便认为齐王是值得与之共谋的，于是便进宫拜见齐王，说道：“齐国的土地有方圆数千里，戎装的大军也有数十万。赵、魏、韩三国的大夫们都不愿意亲近秦国为其谋利，而是在东阿、鄄城两地间聚集了数百人。大王如果和赵、魏、韩三国大夫联合起来的话，再给他们百万之众的兵力，就可以将三国被秦国占领的土地全都收复过来，还可以向秦国东边的临晋关进攻；楚国的大夫也不愿意为秦国效力，在我国南部的城南之下聚集了数百人，大王如果和楚国联合的话，给予他们百万大军，可以将楚国被秦国占领的土地收复过来，还可以向秦国南边的武关进攻。这样一来，齐国强大的威势便可以建立起来了，还可以趁机将秦国灭掉。现在您却舍弃称王天下的大好时机，而甘愿在西方听命于秦国，我认为大王您这么做的确是不可取的呀。”然而齐王没有听从他的建议。秦王派遣宾客陈驰将齐王引诱到了秦国，欺骗他说约定给他以五百里的土地。齐王没有采纳即墨大夫的良策，却轻信了陈驰的诱骗，于是他到了秦国以后，秦王就将他安置在了共邑，让他居住在荒僻的松柏之间，最终被活活地饿死。在这以前，齐国人便作了这么一首歌谣：“松树呀！柏树呀！导致齐王死在共邑的，正是那些善于权变狡诈的宾客啊！”

齐以淖君之乱

齐以淖（zhuō）君之乱仇秦。其后秦欲取①齐，故使苏涓之楚，

令任固之齐。齐明谓楚王曰："秦王欲楚不若②其欲齐之甚也。其使涓来，以示齐之有楚，以资③固于齐。齐见楚，必受固。是王之听涓也，适为固驱以合齐、秦也。齐、秦合，非楚之利也。且夫涓来之辞，必非固之所以之齐之辞也。王不如令人以涓来之辞，谩固于齐④，齐、秦必不合。齐、秦不合，则王重⑤矣。王欲收齐以攻秦，汉中⑥可得也。王即欲以秦攻齐，淮、泗(sì)⑦之间亦可得也。"

[注释]

①取：争取。②不若：不如，比不上。③资：帮助。④谩固于齐：让齐国觉得态度很轻慢从而不相信他。⑤重：受重视，地位得以提高。⑥汉中：楚国的属地。⑦淮、泗：淮北和泗水，齐国的属地。

[译文]

齐国因为淖齿杀死了闵王对秦国怀有仇视之意。后来，秦国想要将齐国争取过来，就派苏涓前往出使楚国。又派了任固前往齐国。齐明对楚王说道："秦王想要争取楚国的愿望，不如他想要争取到齐国的愿望更为迫切。秦国派苏涓来到楚国，是为了向齐国表示秦、楚两国关系之亲善，并用以帮助任固在齐国更好地开展活动。齐国看到秦、楚两国亲善的话，便一定会同意任固提出的要求，这样一来，大王如果同意了苏涓的要求，那就等于是在帮助任固去联合齐、秦。然而齐、秦两国的联合，却对楚国没有任何有利之处，而且苏涓来楚国所说的这一套，必定和任固去齐国所说的那一套是不一样的，大王您不如派人去齐国将苏涓来楚国所说的那一套重楚轻齐的话说出来，从而就能让齐国轻慢，并且不再相信任固所说的话，这样一来，齐、秦两国必定不能够再联合了。齐、秦不能联合的话，大王的地位就随之提高了。到那个时候，大王如果想联和齐国一起攻打秦国的话，那楚国被秦国夺去的汉中之地也就能够收回了；大王如果想联合秦国攻打齐给国的话，齐国的淮北、泗水之间的土地也就可以为楚国所有了。"

楚策一

苏秦为赵合从说楚威王

苏秦为赵合从说楚威王曰："楚，天下之强国也。大王，天下之贤王也。楚地西有黔(qián)中、巫郡①，东有夏州、海阳，南有洞庭、苍梧，北有汾陉(fén xíng)②之塞、郇(xún)阳③。地方五千里，带甲百万，车千乘，骑万匹，粟(sù)支十年，此霸王之资也。夫以楚之强与大王之贤，天下莫能当④也。

［注释］

①巫郡：位于今重庆巫山一带。②陉：陉山。③郇阳：位于今陕西旬阳一带。④当：通"挡"，抵挡。

［译文］

苏秦替赵国实行合纵，游说楚威王说："楚国是天下的强国，大王是天下贤明的君主。楚国西面有黔中、巫郡，东面有夏州、海阳，南面有洞庭、苍梧，北面有汾泾、郇阳。国土纵横五千里，兵士百万，战车千辆，战马万匹，粮食可以支撑十年，这是建立霸王之业的资本。凭着楚国的强大和大王的贤明，天下没有谁能抵挡。

"今乃欲西面而事秦，则诸侯莫不南面而朝于章台①之下矣。秦之所害于天下莫如楚，楚强则秦弱，楚弱则秦强，此其势不两立。故为王至计，莫如从亲②以孤秦。大王不从亲，秦必起两军：一军出武关；一军下黔中。若此，则鄢(yān)郢(yǐng)动矣。臣闻治之其未乱，为之其未有也；患至而后忧之，则无及已。故愿大王之早计之。

［注释］

①章台：位于今陕西西安。②从亲：合纵，与盟约国友善。从，通"纵"，合纵。

［译文］

"现在大王竟然想要向西服侍秦国，那么诸侯就没有不倒向西方到章台之下去朝拜秦王的了。秦国在诸侯中最害怕的莫过于楚国，楚国强大，秦国就衰弱，楚国衰弱，秦国就强大，这就是秦、楚势不两立的道理。所以替大王着想，不如合纵，以便孤立秦国。大王如果不实行合纵，秦国一定会出动两支军队攻打楚国：一支军队从武关杀出，一支军队直下黔中，如果像这样的话，都城鄢郢一带就不安定了。我听说，要在祸乱没有产生以前就做好准备，要在事情没有发生之前就处理妥当；祸乱临头，然后再去解决它，就来不及了。所以希望大王趁早考虑这个问题。

“大王诚能听臣，臣请令山东之国[1]，奉四时之献，以承大王之明制，委社稷宗庙，练士厉兵，在大王之所用之。大王诚能听臣之愚计，则韩、魏、齐、燕、赵、卫之妙音美人，必充后宫矣。赵、代良马橐(tuó)驼[2]，必实于外厩(jiù)。故从合则楚王，横成则秦帝。今释霸王之业，而有事人[3]之名，臣窃为大王不取也。

[注释]

①山东之国：崤山以东的诸侯国。②橐驼：指骆驼。③事人：服侍别人。

[译文]

“大王如果能够听从我的意见，我愿意号召山东各国向您进献四时的贡品，接受大王圣明的指示，把国家宗庙委托给您，训练士兵，磨砺兵器，任凭大王指挥调遣使用。大王如果真能采用我的计划，那么，韩、魏、齐、燕、赵、卫等国的歌伎美女一定会填满您的后宫；赵、代地区的好马、骆驼一定会充满您的畜圈。如果合纵联盟能够成功，楚国就能称王；而连横阵线能够成立，秦国就能称帝。现在您放弃称霸的大业，甘愿承担服侍别人的丑名，我实在不赞成大王的这种做法。

“夫秦虎狼之国也，有吞天下之心。秦，天下之仇雠(chóu)[1]也，横人皆欲割诸侯之地以事秦，此所谓养仇而奉雠者也。夫为人臣而割其主之地，以外交强虎狼之秦，以侵天下，卒[2]有秦患，不顾其祸。夫外挟强秦之威，以内劫其主，以求割地，大逆不忠，无过此者。

[注释]

①仇雠：仇敌。②卒：最终。

[译文]

“秦国是个像虎狼一样残暴的国家，有吞灭六国的野心。秦国是天下共同的仇敌，

主张连横的人都想分割诸侯的土地来讨好秦国，这是奉养仇敌的做法。作为臣下却割让君主的土地，对外结交像虎狼一样残暴的秦国，从而侵吞天下，最终遭到秦国的侵犯，就不顾自己国家的祸患。在外倚仗秦国的强大声威，在内部威逼自己的君主，要求割让土地，背叛国家，不忠于君主，没有什么罪过比这更严重的了。

“故从亲，则诸侯割地以事楚；横合，则楚割地以事秦。此两策者，相去远矣，有亿兆之数。两者大王何居焉①？故弊邑赵王，使臣效愚计，奉明约，在大王命之。”

[注释]

①两者大王何居焉：两者大王选择哪一个呢？

[译文]

“如果合纵相亲，那么各国将割让土地来侍奉楚国；而连横成功，楚国则将割让土地侍奉秦国。这两种策略相距很远，有天壤之别。这两者，大王将选择哪一种呢？所以敝国赵王派我来进献这不成熟的计策，送上盟约，听取大王的决策。”

楚王曰：“寡人之国，西与秦接境，秦有举巴蜀、并汉中①之心。秦，虎狼之国，不可亲也。而韩、魏迫于秦患，不可与深谋，恐反人以入于秦②，故谋未发而国已危矣。

[注释]

①举巴蜀、并汉中：攻占巴蜀兼并汉中。②恐反人以入于秦：恐怕他们反过来把楚国的计划透露给秦国。

[译文]

楚王说：“我们国家西面和秦国接界，秦国有攻占巴蜀兼并汉中的野心，秦国是像虎狼一样残暴的国家，不可以亲近。韩国和魏国经常遭受秦国的威胁，不能和他们共同谋划大事；如果和他们深入谋划大事，恐怕他们反倒把楚国的计划透露给秦国，这样，计划还没有实行，国家就已面临危险了。

“寡人自料，以楚当秦，未见胜焉。内与群臣谋，不足恃也。寡人卧不安席，食不甘味，心摇摇如悬旌，而无所终薄①。今君欲一天下，安诸侯，存危国，寡人谨奉社稷以从。”

[注释]

①无所终薄：无所依托，指没有可依靠的。

[译文]

“我自己估计，拿楚国去抵挡秦国，不一定能取胜。在朝廷里和大臣们商议，他们也不足以依赖。我躺在床上睡不安稳，吃东西也感觉不到甜美的滋味，心神不定，就像悬挂着的旗子随风飘动，终究无所依托。现在您想要统一天下，安定诸侯，拯救危国，我愿意把国家托付给您，听从您的安排。”

张仪为秦破从连横

张仪为秦破从连横，说楚王曰：“秦地半天下，兵敌四国，被山带河，四塞以为固。虎贲(bēn)之士[①]百余万，车千乘，骑万匹，粟(sù)如丘山。法令既明，士卒安难乐死。主严以明，将知以武。虽无出兵甲，席卷常山之险，折天下之脊，天下后服者先亡。且夫为从者，无以异于驱群羊而攻猛虎也。夫虎之与羊，不格[②]明矣。今大王不与猛虎而与群羊，窃[③]以为大王之计过矣。

[注释]

①虎贲之士：指勇猛的兵士。②格：格斗，抗争。③窃：私下。

[译文]

张仪为了秦国破坏合纵、建立连横阵线，游说楚王说：“秦国地盘占了天下一半，兵力足以抵挡四方的国家，有山环水绕的地理优势，四面都有险阻，可以坚守。勇猛的士兵上百万，战车千辆，战马万匹，粮食堆积成山。法令严明，士兵安于危难，乐于牺牲，君主威严而贤明，将帅聪慧而勇敢。只是不出兵罢了，一旦出兵就可以席卷恒山的险隘，切断诸侯的要害之地，诸侯中最后服从的一定最先灭亡。再说主张合纵阵线的人，无异于驱赶羊群去进攻猛虎。猛虎和绵羊不用格斗，胜负大家都很明白。假如大王不依靠猛虎而亲近一群绵羊，我私下认为大王的主意错了。

“凡天下强国，非秦而楚，非楚而秦。两国敌侔[①]交争，其势不两立。而大王不与秦，秦下甲兵，据宜阳，韩之上地不通；下河东，取成皋(gāo)，韩必入臣于秦。韩入臣，魏则从风而动。秦攻楚之西，韩、魏攻其北，社稷岂得无危哉？且夫约从者，聚群弱而攻至强也。夫以弱攻强，不料敌而

轻战，国贫而骤[2]举兵，此危亡之术也。

[注释]

①侔：相当。②骤：频繁。

[译文]

“大概天下的强国，不是秦国就是楚国，不是楚国就是秦国。两国势均力敌互相争斗，一定是势不两立。如果大王不亲附秦国，秦国出兵占领宜阳，韩国的上党就会被切断；秦国攻下河东，夺取成皋，韩国一定会投降，归顺秦国为臣。韩国归顺以后，魏国就会闻风而动。秦国攻打楚国的西面，韩、魏进攻楚国的北面，楚国怎么会不危险呢？再说组织合纵的人，聚集一些弱国去攻打极强的国家。以弱国攻打强国，不估量对方的力量而轻易交战，国家贫穷却频繁用兵，这是招致危亡的做法。

“臣闻之，兵不如者，勿与挑战；粟不如者，勿与持久。夫从人者，饰辩虚辞[1]，高主之节行，言其利而不言其害，卒有楚祸，无及为已，是故愿大王之熟计之也。

[注释]

①饰辩虚辞：指说话夸夸其谈，花言巧语。

[译文]

“我听说，军队不如人家的强大，就不要挑起战争；粮食不如人家的多，就不要打持久战。鼓吹合纵的人，夸夸其谈，花言巧语，赞扬君主的操守品行，只说他们有利的一面，不讲他们不利的一面，一旦招来楚国的祸害，就来不及收拾了，因此希望大王认真地考虑这个问题。

“秦西有巴蜀、方船[1]积粟，起于汶山[2]，循江而下，至郢三千余里。舫(fǎng)船[3]载卒，一舫载五十人，与三月之粮，下水而浮，一日行三百余里；里数虽多，不费马汗之劳。不至十日而距扞(hàn)关，扞关惊，则从竟陵已东，尽城守矣，黔中、巫郡非王之有已。

[注释]

①方船：两条船并联在一起称为“方船”。②汶山：位于今四川茂县西北。③舫船：指上文所说的“方船”。

[译文]

“秦国西面有巴郡、蜀郡，两船并行装运粮食，从汶山出发，沿长江而下，到达郢都三千多里。两船相并运送士兵，每船装载五十人和三个月的粮食，顺水而下，每天行驶三百多里，路程虽然长，然而不费牛马的力气，不用十天就能到达扞关；扞关吃紧，那么夷陵以东全都要筑城而守，黔中、巫郡将不属大王所有了。

“秦举甲出之武关，南面而攻，则北地[1]绝。秦兵之攻楚也，危难在三月之内，而楚恃[2]诸侯之救，在半岁之外，此其势不相及也。夫恃弱国之救，而忘强秦之祸，此臣之所以为大王之患也。且大王尝与吴人五战三胜而亡之，陈卒尽矣；有偏守新城而居民苦矣。臣闻之，攻大者易危，而民弊者怨于上。夫守易危之功，而逆强秦之心，臣窃为大王危之。

[注释]

①北地：楚地，指今河南信阳北部地区。②恃：依靠，依赖。

[译文]

“秦国发兵出武关，向南进攻，那么楚国就和北部边地断绝联系。秦军攻打楚国，危险期在三个月之内，而楚国等待诸侯救援，要半年以上，这肯定来不及。依靠弱国援救而忘记强秦的祸患，这是我替大王担忧的道理。再说，大王曾经和吴国交战，虽然五战三胜消灭了吴国，但阵地上的士兵都死光了，楚军又远守新夺取的城邑，使得活着的百姓生活艰苦了。我听说，进攻强大的国家易遭危险，百姓疲惫就怨恨君上。追求易遭危险的功业，而违背强秦的心意，我暗地里替大王感到危机。

“且夫秦之所以不出甲于函谷关十五年以攻诸侯者，阴谋有吞天下之心也。楚尝与秦构难[1]，战于汉中。楚人不胜，通侯、执珪死者七十余人，遂亡汉中。楚王大怒，兴师袭秦，战于蓝田，又却。此所谓两虎相搏者也。夫秦、楚相弊[2]，而韩、魏以全制其后。计无过于此者矣，是故愿大王熟计之也。

[注释]

①构难：发生交战。②相弊：互相削弱。弊，使之疲弊。

[译文]

“再说秦国之所以十五年不曾出兵函谷关攻打各诸侯国，是因为它有吞并天下

的野心，一直忙于暗中策划。楚国曾经和秦国在汉中交战，楚国失败，彻侯、执珪大臣中战死的就有七十多人，于是汉中失守。当时的楚王非常生气，又发兵攻击秦国，在蓝田交战，又被打败。这就是所说的两虎相斗。秦国、楚国互相削弱，而韩、魏两国却保存实力，趁机控制楚国的后方。没有比两虎相斗更错误的计策了，所以希望大王仔细地考虑这个问题。

“秦下兵攻卫阳晋，必关扃(jiōng)天下之匈[1]，大王悉起兵以攻宋，不至数月而宋可举。举宋而东指，则泗上十二诸侯，尽王之有已。凡天下所信约从亲坚者苏秦，封为武安君而相燕，即阴[2]与燕王谋破齐共分其地。乃佯[3]有罪，出走入齐，齐王因受而相之。居二年而觉，齐王大怒，车裂苏秦于市。夫以一诈伪反覆之苏秦，而欲经营天下，混一诸侯，其不可成也亦明矣。

[注释]

①关扃天下之匈：指封锁诸侯的交通要道。扃，门闩，在此引申为关闭。卫阳晋，是秦、齐、楚、晋彼此之间的交通要塞。②阴：暗中。③佯：假装。

[译文]

“秦国出兵攻打卫国的阳晋，必然卡住诸侯的交通要道，大王出动全部军队去攻打宋国，不要几个月宋国就可以攻下，攻下宋国然后一直向东，那么泗水流域各小诸侯国就会归大王所有了。天下信守合纵盟约最坚定的人只有苏秦，他被封为武安君，在燕国做了相国以后，就暗中与燕王商议攻破齐国，瓜分其土地，于是假装得罪燕王，从燕国逃亡到齐国，齐王就收留了他，并且让他担任相国。过了两年才被发觉，齐王非常恼火，在街市上把苏秦五马分尸，靠一个欺诈虚伪的苏秦，就想左右天下、统一各国，那显然不可能成功。

“今秦之与楚也，接境壤界，固形亲之国也。大王诚能听臣，臣请秦太子入质于楚，楚太子入质于秦，请以秦女为大王箕帚(jī zhǒu)之妾，效万家之都，以为汤沐之邑，长为昆弟之国，终身无相攻击。臣以为计无便于此者[1]。故敝邑秦王，使使臣献书大王之从车下风，须[2]以决事。”

[注释]

①计无便于此者：指没有比这更好的计策了。②须：等待，等候。

[译文]

“现在秦国和楚国接境连界，本来就是国土相连的邻邦。大王如果能听取我的意见，我将让秦国太子来楚国做人质，楚国太子到秦国做人质，让秦王的女儿做侍奉大王的姬妾，进献居民万户的都邑作为大王的汤沐邑，两国长久地做兄弟邻邦，一辈子互不攻击。我认为没有比这更好的计策了。所以敝国秦王派我来向大王递交盟书，我等待大王的答复。”

楚王曰：“楚国僻陋，托①东海之上。寡人年幼，不习国家之长计。今上客幸教以明制，寡人闻之，敬以国从。”乃遣使车百乘，献骇(hài)鸡之犀(xī)、夜光之璧于秦王。

[注释]

①托：依托。

[译文]

楚王说：“楚国地处僻远之地风俗粗野，寄居在东海之滨。我年纪很轻，不懂什么是国家长远之计。现在承蒙贵客的英明教导，我已领教，我国愿意听从您的主意。”于是派出百辆车子，向秦王进献犀牛角和夜光璧。

威王问于莫敖子华

威王问于莫敖子华①曰：“自从先君文王以至不穀②之身，亦有不为爵劝，不为禄勉，以忧社稷者乎？”莫敖子华对曰：“如华不足知之矣。”王曰：“不于大夫，无所闻之。”莫敖子华对曰：“君王将何问者也？彼有廉其爵，贫其身，以忧社稷者；有崇其爵，丰其禄，以忧社稷者；有断脰(dòu)③决腹，一瞑(míng)④而万世不视，不知所益，以忧社稷者；有劳其身，愁其志，以忧社稷者；亦有不为爵劝，不为禄勉，以忧社稷者。”

[注释]

①莫敖子华：楚国的大臣。莫敖，官职名；子华，人名。②不穀：古时君王对自己的谦称。③脰：脖子，颈部。④瞑：闭眼。

楚白贞姬

白公即白公胜，楚平王废太子建之子，在楚国发动叛乱失败而死。白公胜的妻子在白公胜死后，守寡纺织，谢绝了吴王婚聘，吴王称其为“贞姬”。

[译文]

楚威王问莫敖子华道：“从先王文王到我这一代，是否还有不是因为爵位而劝谏，不是因为俸禄而勉励，而只是忧虑国家社稷的大臣吗？”子华回答说：“像我这样的人还不足以知道此事。”威王说：“我要不从你这得知的话，我就无从得知了。”子华回答说：“大王您问的究竟是哪类臣子呢？有十分清廉的官员，安于贫困，而担心国家社稷的；有为了使其爵位显赫，使俸禄能够丰厚，而担心国家社稷的；有愿意砍头剖腹，视死如归，不考虑自己的利益，而只为国家社稷忧心的；有身体疲惫，苦其心志，而为国家社稷忧心的；还有不是因为爵位而劝谏，不是因为俸禄而勉励，却为国家社稷忧虑的。”

王曰：“大夫此言将何谓也？”莫敖子华对曰：“昔令尹子文①，缁(zī)帛之衣②以朝，鹿裘(qiú)以处；未明而立于朝，日晦而归食；朝不谋夕，无一日之积。故彼廉其爵，贫其身，以忧社稷者，令尹子文是也。

[注释]

①令尹子文：楚成王时的臣子。令尹，为官职名；子文，人名。②缁帛之衣：黑色的丝制类衣服。

[译文]

威王问：“子华你此话都是指的谁呢？”子华回答说：“昔日令尹子文，穿着素朴的黑色丝制衣服上朝，在家闲处的时候就只穿着粗糙的鹿皮衣。天还没有亮他就已经站在朝廷那儿了，天色黑得都看不清了才回去吃饭。吃了早饭就没晚饭，连一天的口粮都没有积存下来。所以，我所说为官清廉，安于贫困，而只忧心国家社稷的就是令尹子文。

“昔者叶公子高①，身获于表薄②，而财③于柱国；定白公之祸，宁楚国之事；恢先君以揜(yǎn)方城之外，四封不侵，

名不挫于诸侯。当此之时也，天下莫敢以兵南乡。叶公子高食田六百畛(zhěn)[4]。故彼崇其爵，丰其禄，以忧社稷者，叶公子高是也。

［注释］

①叶公子高：沈诸梁，子高是他的字。②表薄：指偏僻的野草丛生的地方。③财：通“才”，才能，才干。④畛：古时的土地丈量单位，一畛相当于一千亩。

［译文］

“往昔叶公子高，出生于偏僻之地，但是却有柱国之才；平定了白公的祸乱，宁息了楚国的战事，拓展了先君的土地，一直打到方城之外，四面的诸侯没人敢来侵犯，楚王的威名不会在诸侯中有所损伤。那时，天下诸侯没有谁敢发兵南侵。叶公子高得到了六百畛的封地，因此我所说的为了使其爵位显赫，使俸禄丰厚，而担心国家社稷的，是叶公子高。

“昔者吴与楚战于柏举[1]，两御之间夫卒交。莫敖大心[2]抚其御之手，顾而大息曰：‘嗟乎！子乎！楚国亡之月至矣！吾将深入吴军，若扑一人，若捽(zuó)一人，以与大心者也，社稷其为庶几乎！’故断脰决腹，壹瞑(yì míng)而万世不视，不知所益，以忧社稷者，莫敖大心是也。

［注释］

①柏举：位于今湖北麻城一带。②莫敖大心：人名，楚国的大臣。

［译文］

“昔日吴国和楚国在柏举作战，双方之间只有两辆战车的距离，士卒们已经短兵相接了。莫敖大心抚摸着战车车夫的手，看着他们叹息说：‘唉！哎呀！楚国灭亡的时候已经到了，我准备深入吴军，如果能打倒一个敌人，如果能抓住一个敌人，用他们的命换我的命，这样楚国应该就不至于灭亡啊！’因此我所说的愿意砍头剖腹，视死如归，不考虑自己的利益，而只为国家社稷忧心的人，指的就是莫敖大心。

“昔吴与楚战于柏举，三战入郢，寡君身出，大夫悉属，百姓离散。棼(fén)冒勃苏[1]曰：‘吾被坚执锐，赴强敌而死，此犹一卒也，不若奔诸侯。’于是赢粮潜行，上峥(zhēng)山，逾深谿(xī)，蹠(zhí)[2]穿膝暴，七日而薄[3]秦王之朝，雀立不转，昼吟宵

哭，七日不得告，水浆无入口，瘨(diān)而殚(dān)闷，旄(máo)④不知人。秦王闻而走之，冠带不相及，左奉其首，右濡(rú)其口，勃苏乃苏。秦王身问之：'子孰谁也？'棼冒勃苏对曰：'臣非异，楚使新造盩(zhōu)棼冒勃苏。吴与楚人战于柏举，三战入郢，寡君身出，大夫悉属，百姓离散。使下臣来告亡，且求救。'秦王顾令，不起。'寡人闻之，万乘之君得罪一士，社稷其危，今此之谓也。'

[注释]

①棼冒勃苏：指申包胥。棼冒，姓氏；勃苏，人名。②蹠：脚掌。③薄：接近，到达。④旄：丧失知觉。

[译文]

"昔日吴国和楚国在柏举作战，吴军攻取了三次，就攻入了楚国的都城，楚王逃走了，大夫们也都跟随而去，百姓离散，棼冒勃苏说：'倘若我身披战甲，手执锐利的武器，与强敌交战而死，这也仅仅是一个普通兵卒，不如向其他诸侯奔走求救。'于是棼冒勃苏就背着干粮偷偷走了，翻越高山，跋涉深水溪谷，脚掌都磨烂了，膝盖也破了，走了七天终于到达秦王的朝廷，向雀鸟一样立在那不走，日夜哭泣，七天了也未能禀告秦王，他滴水未进，头昏眼花最终晕倒了，不知人事。秦王听说后赶紧跑到他那儿去，帽子和衣带都没有系，左手扶着他的头，右手给他灌水喝，这样勃苏才苏醒了过来，秦王亲自问话：'你是谁啊？'勃苏答道：'我不是别人，正是楚王差遣而来的刚刚犯了罪的使者棼冒勃苏。吴国和楚国在柏举打仗，吴国攻打了三次，就攻入了楚都郢，国君逃亡在外，大夫们也都跟随而去，百姓离散。因此楚王特差遣我来向秦王您报告楚国将要灭亡了，并且请求您能够援救楚国。'秦王回头看了看他，让他起来，棼冒勃苏却不起。秦王说：'我曾听说，拥有万乘战车的君王，倘若得罪了志士，社稷就会有危机，现在棼冒勃苏就是这样的志士啊。'

"遂出革车千乘，卒万人，属①之子满与子虎，下塞②以东，与吴人战于浊水而大败之，亦闻于遂浦。故劳其身，愁其思，以忧社稷者，棼冒勃苏是也。

[注释]

①属：通"嘱"，嘱托，交代。②塞：边塞，边关。

[译文]

“于是秦王就派出上千辆战车，上万士兵，把此事交代给子满和子虎，出了边关之后，就向东逼进，和吴军在浊水大战，并大破吴军，还曾听闻后来又在遂浦交战。因此我所说的有不顾身体疲惫，苦其心志，而为国家社稷忧心的人，说的就是棼冒勃苏。

“吴与楚战于柏举，三战入郢，君王身出，大夫悉属，百姓离散。蒙穀[1]结斗于宫唐之上，舍斗奔郢，曰：‘若有孤，楚国社稷其庶几乎！’遂入大宫，负鸡次之典[2]，以浮于江，逃于云梦之中。昭王反郢，五官失法，百姓昏乱；蒙穀献典，五官得法，而百姓大治。此蒙穀之功多，与存国相若，封之执圭，田六百畛（zhěn）。蒙穀怒曰：‘穀非人臣，社稷之臣，苟社稷血食[3]，余岂悉无君乎？’遂自弃于磨山之中，至今无冒。故不为爵劝，不为禄勉，以忧社稷者，蒙穀是也。”

[注释]

①蒙穀：楚将。②鸡次之典：指记载法律的大典。③血食：古时要杀牲畜祭祀社稷之神，这里指国家没有灭亡。

[译文]

“昔日吴国和楚国在柏举作战，吴军攻取了三次，就攻入了楚国的都城，楚王逃走了，大夫们也都相随而去，百姓离散，楚将蒙穀在宫唐之地遭遇吴军并交战，后来蒙穀就逃离战斗奔回楚都郢，说：‘倘若还有楚王的孤子的话，楚国社稷也许能免遭灭亡。’于是就进入大宫，背着法律大典，顺江漂浮而去，逃到了云梦之地。后来楚昭王又回到楚都郢，但是官员们办事没有法典可以依循，百姓混乱；直到蒙穀献出法典，官员们才有了法典可以依循，百姓也得到很好的治理。

伍子胥一战入郢

伍子胥一家受楚平王陷害，家破人亡。伍子胥逃亡到吴国后，得到吴王阖闾的重用，最终带领吴兵攻入楚国，报了家仇。

蒙穀的功劳之大，可以和保存楚国相匹敌，因此楚王封他执圭之爵，赐予他封田六百畛。蒙穀却很愤怒地说：‘我不是大王的臣子，而是国家社稷的臣子，倘若国家没有灭亡，我又怎么会担心没有君王？’于是他到磨山之中隐居，一直到现在也没有爵位。因此我所说的不是因为爵位而劝谏，不是因为俸禄而勉励，而为国家社稷忧虑的人，是指蒙穀啊。”

王乃大息曰：“此古之人也，今之人焉能有之耶？”莫敖子华对曰：“昔者先君灵王好小要，楚士约食，冯(píng)①而能立，式而能起。食之可欲，忍而不入；死之可恶，然而不避。华闻之：‘其君好发者，其臣抉拾②。’君王直不好，若君王诚好贤，此五臣者，皆可得而致之。”

[注释]

①冯：通“凭”，凭借。②抉拾：古时射箭的工具。

[译文]

楚王于是就叹息道：“这些都是古代的人，现在的人哪里还会有这样的呢？”莫敖子华回答说：“以前先君楚灵王喜欢腰细的人，于是楚国人就节食，以致身体弱得要凭靠着东西才能站稳，扶着东西才能站起来。吃东西是人原本的欲望，可是却忍着饥饿不吃东西，死亡是人所厌恶的，可是却不想办法逃避。我还听说：‘如果一个国家的国君喜欢射箭的话，这个国家的大臣们也会努力学习射箭。’大王您现在只是不喜欢贤士，倘若君王您真的喜欢贤士的话，这五种贤士，都可以出现并来到您面前。”

楚策二

楚怀王拘张仪

楚怀王拘张仪①，将欲杀之。靳(jìn)尚②为仪谓楚王曰：“拘张仪，秦王必怒。天下见楚之无秦③也，楚必轻矣。”又谓王之幸夫人郑袖④曰：“子亦自知且贱于王⑤乎？”郑袖曰：“何也？”尚曰：“张仪者，秦王之忠信有功臣也。今楚拘之，秦王欲出之。秦王有爱女而美，又简择⑥宫中佳丽好玩习音者，以欢从之；资之金玉宝器，奉以上庸(yōng)⑦六县为汤沐邑，欲因张仪内之楚王。楚王必爱，秦女依强秦以为重，挟宝地以为资，势为王妻以临于楚。王惑于虞(yú)⑧乐，必厚尊敬亲爱之而忘子，子益贱而日疏矣。”郑袖曰：“愿委之于公，为之奈何？”曰：“子何不急言王，出张子。张子得出，德子无已时，秦女必不来，而秦必重子。子内擅楚之贵，外结秦之交，畜⑨张子以为用，子之子孙必为楚太子矣，此非布衣之利也。”郑袖遽(jù)说楚王出张子。

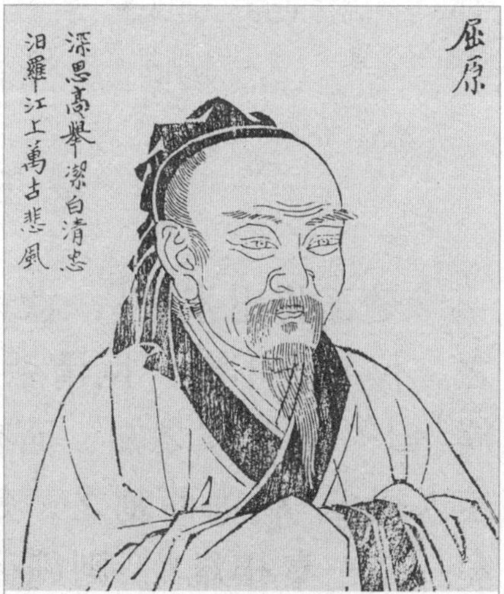

屈原

楚国在战国七雄中，实力仅次于秦国，但楚怀王听信张仪的“连横”之计，排斥屈原的联齐抗秦之计，轻信张仪，被秦国玩弄于股掌之间。

[注释]

①楚怀王拘张仪：张仪曾以赠六百里土地与楚国为诱饵游说怀王与齐国绝交，但是楚与齐绝交后，张仪却声称割地是六里，于是怀王大怒攻秦，又遭受大败。因此张仪再

次出使楚国，怀王才会拘禁他。②靳尚：楚怀王的宠幸之臣，和张仪关系亲近。③楚之无秦：楚国丧失了秦国的邦交。④郑袖：楚怀王宠幸的妃子。⑤且贱于王：指将被大王所轻视，即失宠于怀王。⑥简择：挑选。⑦上庸：秦国地名，位于今湖北竹山一带。⑧虞：通“娱”，娱乐。⑨畜：畜养，收留。

[译文]

楚怀王把秦国的说客张仪给拘禁了，打算把他给杀了。佞臣靳尚就替张仪游说怀王道：“拘禁了张仪，秦王一定会十分愤怒。天下的诸侯们知道楚国没有了秦国的友好邦交，楚国就会被人所轻视。”之后靳尚又对怀王所宠幸的妃子郑袖说道：“您自己知不知道您马上要失宠于怀王了？”郑袖问：“这是为何？”靳尚回答道：“张仪，是非常忠诚于秦王的大臣，并且对秦国有功，如今楚王却把他给拘禁了，秦王想要让楚王放了张仪。秦王有个宠爱的很漂亮的女儿，为了使她高兴，秦王还挑选了宫中既美丽又精通音乐的宫女来陪嫁；并且还送给她很多金玉宝器，把秦国的上庸六县赠予她为汤沐邑，以此来为她提供享乐的费用，想要通过张仪把她嫁给君王为妻。楚王一定会很喜爱她，秦王的女儿又有强秦来依靠，必然会被重视，还有珠宝土地这么多资本，必然会成为楚王的妻子而君临楚国。楚王就会沉迷于娱乐，一定会更加敬重宠爱她，而把您给忘了。您会一天比一天更为轻贱，被忽视。”郑袖说：“我愿意将此事委托给您，我该怎么办呢？”靳尚说：“您为何不马上劝谏君王，把张仪给放了。倘若张仪能被放了，肯定会十分感激您的恩德，秦王的女儿肯定也就不会来了，此外秦国也一定会很尊重您。您在楚国国内享有尊贵的地位，对外又与秦国结交，有张仪任您驱使。您的子孙一定会成为楚国的太子，这可不是普通的好处啊。”于是郑袖赶紧去游说楚怀王把张仪给放了。

楚王将出张子

楚王将出张子①，恐其败己也，靳(jìn)尚谓楚王曰：“臣请随之。仪事王不善，臣请杀之。”楚小臣，靳尚之仇也，谓张旄(máo)②曰：“以张仪之知，而有秦、楚之用，君必穷矣。君不如使人微要③靳尚而刺之，楚王必大怒仪也。彼仪穷，则子重矣。楚、秦相难④，则魏无患矣。”张旄果令人要靳尚刺之。楚王大怒，秦构兵而战。秦、楚争事魏，张旄果大重。

[注释]

①将出张子：将要释放张仪。张子，即指张仪。②张旄：为魏国的大臣。③微要：偷偷地拦截。微，偷偷地，私下。④相难：相互发生战难。

[译文]

楚怀王准备释放张仪，又担心他欺骗自己。靳尚对楚怀王说："请让我跟着张仪。如果他不好好侍奉大王，我就把他杀了。"楚王有个近侍之臣是靳尚的仇人。他对魏国大臣张旄说："凭着张仪的智慧，秦、楚两国都要任用他，那么你一定会不得志了。你不如派人暗中拦截靳尚把他杀了，楚王一定特别怨恨张仪。张仪陷入困境，那么你就得势了。楚、秦发生武装冲突，那么魏国就没有后患了。"张旄果真派人拦截靳尚把他杀了。楚王非常气愤，于是秦、楚两国打了起来。秦国和楚国争相讨好魏国，张旄果真受到重用。

楚襄王为太子之时

楚襄王为太子之时，质于齐[1]。怀王薨(hōng)[2]，太子辞于齐王而归。齐王隘(ài)[3]之："予我东地五百里，乃归子。子不予我，不得归。"太子曰："臣有傅[4]，请追而问傅。"傅慎子曰："献之地，所以为身也。爱地不送死父，不义。臣故曰，献之便。"太子入，致命齐王曰："敬献地五百里。"齐王归楚太子。

[注释]

①质于齐：在齐国当人质。②薨：古代诸侯或大官的死称为薨。③隘：阻拦，阻挡。④傅：指太子的老师。

[译文]

楚襄王做太子的时候，曾在齐国做人质。楚怀王死了，太子就向齐闵王告辞，想回楚国去。齐闵王阻止他说："你割让楚国东部靠近齐国的土地五百里给我，我才同意你回去；你不割地给我，就不放你回去。"太子说："我有个师傅，让我去问问他。"太子的师傅慎子说："割让土地给齐国，能保全你自己；舍不得土地就不能回国为你父亲送葬，这是不道义。所以我说还是割让土地有利。"太子入朝，回报齐闵王说："我愿意敬献五百里土地。"齐闵王这才放太子回国。

太子归，即位为王。齐使车五十乘，来取东地于楚。楚王告慎子曰："齐使来求东地，为之奈何？"慎子曰："王明日朝群臣，皆令献其计。"上柱国子良[1]入见。王曰："寡

人之得求反②，王③坟墓、复群臣、归社稷也，以东地五百里许齐。齐令使来求地，为之奈何？”

[注释]

①上柱国子良：上柱国，官职名；子良，楚国臣子。②反：通“返”，返回。③王：一说应为“主”，主持之意。

[译文]

太子回到楚国，即位做了楚王。齐国派了使车五十辆，来向楚国索取东地。楚王告诉慎子说：“齐国使者来索要东地。这该怎么办呢？”慎子说：“大王明天召见群臣，让他们都说说自己的看法。”第二天，上柱国子良来拜见楚王。楚王说：“我能够回到楚国来，主持先王的祭祀，使群臣各归其位，国家不致灭亡，是因为我答应给齐国割让东地五百里。现在齐国派使臣来索要土地，这可怎么办呢？”

子良曰：“王不可不与也。王身出玉声，许强万乘之齐而不与，则不信，后不可以约结诸侯。请与而复攻之。与之信，攻之武。臣故曰与之。”子良出，昭常①入见。王曰：“齐使来求东地五百里，为之奈何？”昭常曰：“不可与也。万乘者，以地大为万乘。今去东地五百里，是去战国之半也，有万乘之号而无千乘之用也，不可。臣故曰勿与，常请守之。”

[注释]

①昭常：楚国臣子。

[译文]

子良说：“大王不能不给齐国封地。大王口出玉言，亲口答应了万乘之强齐，如果不兑现，那就是不讲信用，以后就没办法和诸侯打交道了。请先割地给齐国，然后再出兵攻打齐国。割地给齐国，表示守信用；攻打它，表示不示弱。所以我认为还是割地给齐国。”子良出来以后，昭常进来拜见楚王。楚王说：“齐国使者来索取东地五百里，该怎么办呢？”昭常说：“不能给他。万乘大国，是因为土地广阔才成为万乘大国的。如果割去东地五百里，这就割掉了国家的一半啊，这样楚国虽然有万乘大国的名号，却没有千乘之国的实际，这样做不行。所以我说不能割地给齐国，我愿意守卫东地。”

昭常出，景鲤①入见。王曰：“齐使来求东地五百里，为之奈何？”景鲤曰：“不可与也。虽然，楚不能独守。王

身出玉声，许万乘之强齐也而不与，负不义于天下。楚亦不能独守。臣请西索救②于秦。”景鲤出，慎子入，王以三大夫计告慎子曰：“子良见寡人曰：‘不可不与也，与而复攻之。’常见寡人曰：‘不可与也，常请守之。’鲤见寡人曰：‘不可与也，虽然楚不能独守也，臣请索救于秦。’寡人谁用于三子之计？”

[注释]

①景鲤：楚国臣子。②索救：寻求救助。

[译文]

昭常出来以后，景鲤进去拜见楚王。楚王说：“齐国使者来索取东地五百里，对此怎么办呢？”景鲤说：“不能给他。即使如此，楚国也不能单凭自己的力量守住东地。大王口出玉言，亲口答应了万乘之强齐却不给，在天下人面前背上了不讲信用的罪名，楚国也不能独守东地，我愿意往西到秦国去请求支援。”景鲤出来以后，慎子又进去，楚王把三个大夫的主意都告诉了慎子，说：“子良对我说：‘不能不割地给齐国，给了以后再进攻它。’昭常对我说：‘不能割地给齐国，我愿意守卫东地。’景鲤对我说：‘不能割地给齐国，虽然如此，但是楚国不能独自守卫东地，我愿意到秦国去请求救兵。’我不知道对他们三个人的意见该采取谁的好？”

慎子对曰：“王皆用之。”王佛(fú)然①作色曰：“何谓也？”慎子曰：“臣请效其说，而王且见其诚然也。王发上柱国子良车五十乘，而北献地五百里于齐。发子良之明日②，遣昭常为大司马，令往守东地。遣昭常之明日，遣景鲤车五十乘，西索救于秦。”王曰：“善。”乃遣子良北献地于齐。遣子良之明日，立昭常为大司马，使守东地。又遣景鲤西索救于秦。

[注释]

①佛然：生气的样子。②明日：第二天。

[译文]

慎子回答说：“大王对他们三个人的主意全部采纳。”楚王满脸不高兴地说：“你这是什么意思？”慎子说：“请让我说说我的想法，然后大王就会知道事情确需如此。大王派遣上柱国子良带领五十辆兵车，往北到齐国去进献东地五百里。派遣子良的第二天，再任命昭常为大司马，让他去守卫东地。派遣昭常的第二天，再派景鲤带领五十辆车，往西到秦国去请求救兵。”楚王说：“好。”于是派子良往北到齐国去献地。派遣子良的第二天，又任命昭常为大司马，让他去守卫东地，又派遣景鲤往西到秦国去请求救兵。

子良至齐，齐使人以甲受东地。昭常应齐使曰：“我典主①东地，且与死生。悉五尺至六十②，三十余万弊甲钝兵，愿承下尘。”齐王谓子良曰：“大夫来献地，今常守之何如？”子良曰：“臣身受命弊邑之王，是常矫也。王攻之。”

[注释]

①典主：管理。②五尺至六十：从儿童到六十岁的老人。

[译文]

子良到了齐国，齐国派甲兵来接收东地。昭常回答齐国使者说：“我主管东地，将与东地共存亡。我已征召从儿童到六十岁的老人全部从军，共三十多万人，虽然我们的铠甲破旧，兵器鲁钝，但是愿意奉陪。”齐闵王对子良说：“您来献地，昭常却在那里守卫，这是怎么回事？”子良说：“我是亲自从敝国君王那里接受的命令，昭常守卫东地，是他假传王命。大王去攻打他。”

齐王大兴兵，攻东地，伐昭常。未涉疆，秦以五十万临①齐右壤。曰：“夫隘楚太子弗出，不仁；又欲夺之东地五百里，不义。其缩甲②则可，不然，则愿待战。”齐王恐焉。乃请子良南道楚，西使秦，解齐患。士卒不用，东地复全。

[注释]

①临：逼近。②缩甲：退兵。

[译文]

齐闵王大举出兵，进攻东地，讨伐昭常。齐军还没有进入东地疆界，秦国就派出五十万大军进攻齐国西部地区。理由是：“阻止楚太子不让他回国，这样做不仁；又想掠夺楚国东地五百里，这样做不义。你们如果收兵便罢，不然的话，我们就准备决一死战。”齐闵王很害怕，于是就请求子良返回楚国，往西出使秦国，去解除齐国的祸患。楚国没有使用一兵一卒，竟然留住了东地。

楚策三

五国伐秦

五国伐秦。魏欲和，使惠施[1]之楚，楚将入之秦而使行和。杜赫(hè)谓昭阳曰[2]："凡为伐秦者，楚也。今施以魏来，而公入秦。是明[3]楚之伐而信魏之和也。公不如无听惠施，而阴使人以请听秦。"昭子曰："善。"因谓惠施曰："凡为攻秦者，魏也。今子从楚为和，楚得其利，魏受其怨。子归，吾将使人因魏而和。"

［注释］

①惠施：魏国的相国。②杜赫谓昭阳曰：杜赫对昭阳说。杜赫、昭阳，楚国的大臣。③明：表明。

［译文］

燕、赵、韩、魏、楚五国结盟攻打秦国。魏国想要与秦言和，就派遣相国惠施出使楚国。楚国将派他入秦，作为使者去谈判和解。楚臣杜赫对昭阳将军说道："讨伐秦国的这五国中，以楚国为首领，如今魏相惠施从魏国来到楚国，而大人您却让他去秦国，这是表明楚国主张讨伐，而魏国主张和解。大人您不如别听从魏相惠施的，而自己暗地里派人请求听从于秦国。"昭阳说："好吧。"于是就派人对惠施说："讨伐秦国的五国之中，魏国是首领。如今您要是和楚国一起去与秦国讲和，必然是楚国得到好处，魏国却被怨恨。相国您回去吧，我将差遣人打着魏国的名号去和秦国谈判和解。"

惠子反[1]，魏王不说[2]。杜赫谓昭阳曰："魏为子先战，折兵之半，谒(yè)病不听，请和不得，魏折而入齐、秦，子何以救之？东有越累[3]，北无晋，而交未定于齐、秦，是楚孤也。不如速和。"昭子曰："善。"因令人谒和于魏。

［注释］

①反：通"返"，返回。②说：通"悦"，喜悦。③越累：越国这个隐患。

[译文]

于是惠施就返回到了魏国，魏王十分不高兴。杜赫又对昭阳说道："魏国替您首先出战，结果一半的兵力都损耗了，声称陷入困境请求援助，却没人来救助，请求议和又未能得到允许。如果魏国反过来投奔齐国和秦国了，您该怎样挽回这种局面呢？况且东边有越国这个隐患，北边又没有三晋的救援，而且和齐、秦两国的邦交还未能定下来，这样的话楚国就会很孤立。您不如速速与魏国和解吧。"昭阳说："好的。"于是昭阳就差遣人去与魏国和解。

唐且见春申君

唐且①见春申君②曰："齐人饰身修行得为益，然臣羞而不学也。不避绝江河，行千余里来，窃③慕大君之义，而善君之业。臣闻之，贲(bēn)、诸④怀锥刃而天下为勇，西施衣褐而天下称美。今君相万乘之楚，御⑤中国⑥之难，所欲者不成，所求者不得，臣等少也。

[注释]

①唐且：指唐雎。②春申君：楚国的相国黄歇。③窃：暗地里。④贲、诸：孟贲、专诸，古代的勇士。⑤御：防御。⑥中国：中原之国。

[译文]

唐雎拜见春申君说："齐国人修养好是为了得到好处，可我认为这是耻辱，而不去学它。我不惜涉江河，行走千余里地来到楚国，是因为我暗地里敬慕您的义气，而且欣赏您的业绩。我听说，孟贲、专诸即使怀揣锥子一样的武器，天下的人也认为他们是勇士；西施即使身穿粗布衣服，天下的人也称她为美人。现在您身为万乘楚国的国相，抵挡着中原诸侯这样的大敌，可是您想要实现的事却没有实现，想得到的东西却得不到，就是因为缺少像我这样的人。

"夫枭(xiāo)棋①之所以能为者，以散棋佐之也。夫一枭之不如不胜五散，亦明矣。今君何不为天下枭，而令臣等为散乎？"

[注释]

①枭棋：在古代的六博棋中以枭棋最大。

[译文]

"枭棋之所以能够取胜，是因为有散棋帮助它，单独一个枭棋不能战胜五个散棋，这是很明显的事。现在您为什么不做天下的枭棋，而让我们做散棋呢？"

楚策四

庄辛谓楚襄王

庄辛①谓楚襄王曰："君王左州侯②，右夏侯③，辇(niǎn)从④鄢陵君与寿陵君，专淫逸侈(chǐ)靡(mí)，不顾国政，郢都必危矣。"襄王曰："先生老悖(bèi)⑤乎？将以为楚国妖祥⑥乎？"庄辛曰："臣诚见其必然者也。非敢以为国妖祥也。君王卒幸四子者不衰，楚国必亡矣。臣请辟⑦于赵，淹留以观之。"庄辛去，之赵，留五月，秦果举鄢、郢、巫、上蔡、陈之地，襄王流揜(yǎn)于城阳。于是使人发驺(zōu)，征庄辛于赵。庄辛曰："诺。"

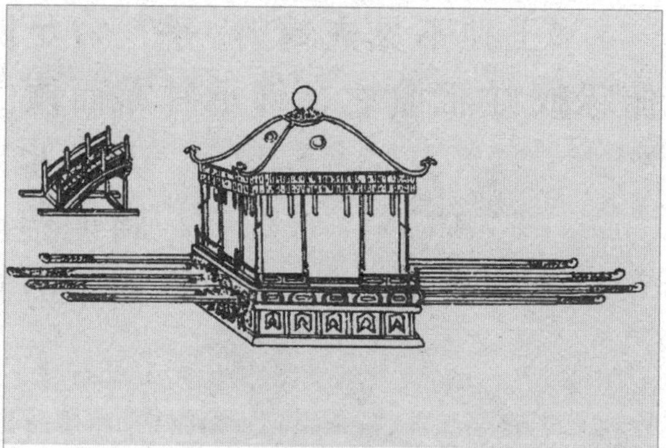

皇帝大驾卤簿玉辇

辇是古代帝王专用的代步工具。

[注释]

①庄辛：楚国大臣，楚庄王的后代，以庄为氏。②州侯：楚襄王近臣，因州邑是他的封地，故称之为州侯。③夏侯：为楚襄王近臣，因夏邑是他的封地，故称之为夏侯。④辇从：跟随在楚王的辇车之后，亦指鄢陵君与寿陵君为楚王的宠臣。⑤悖：昏乱。⑥妖祥：指不祥。⑦辟：通"避"，躲避。

[译文]

庄辛对楚襄王说："大王左边有州侯，右边有夏侯，车后跟着鄢陵君和寿陵君，一味荒淫享乐，奢侈无度，不关心国家政事，国都郢城将会保不住了！"楚襄王说："先生你老糊涂了吧？还是认为我这样做是楚国的不祥之兆呢？"庄辛说："我肯定会看到楚国有这么一天，绝不敢用这样的话故意为楚国散布不祥之兆。大王始终宠爱这四个人，如不知收敛，楚国一定会灭亡。我请求到赵国去避一避，住一段时间看看。"庄辛离开楚国，到赵国去了。呆了五个月，秦军果然攻下了鄢、郢、巫郡、上蔡、陈等地，楚襄王流亡，躲藏在城阳。于是派遣专人，出动车马到赵国，召请庄辛回国。庄辛说："好吧！"

庄辛至，襄王曰：“寡人不能用先生之言，今事至于此，为之奈何？”庄辛对曰：“臣闻鄙(bǐ)语[1]曰：‘见兔而顾犬，未为晚也；亡羊而补牢，未为迟也。’臣闻昔汤、武以百里昌，桀、纣以天下亡。今楚国虽小，绝长续短[2]，犹以数千里，岂特[3]百里哉？

[注释]

①鄙语：俗语。②绝长续短：截取长的，把短的补上。③特：仅仅，只。

[译文]

庄辛一到楚国，襄王就对他说：“我当初没有听先生的忠告，如今事情到了如此地步，怎么办呢？”庄辛回答说：“我听俗话说：‘看见了兔子，再回头招呼狗，并不算晚；羊儿跑丢了，再修补羊圈，也不嫌迟。’我听说以前商汤和周武王凭着百里的地盘昌盛起来，夏桀和商纣王拥有整个天下却灭亡了。现在楚国虽然不大，取长补短，也还有几千里的地盘，怎么只百里呢？

“王独不见夫蜻蛉[1]乎？六足四翼，飞翔乎天地之间，俯啄蚊虻(méng)而食之，仰承甘露而饮之，自以为无患[2]，与人无争也。不知夫五尺童子，方将调饴(yí)胶丝，加己乎四仞之上，而下为蝼蚁食也。

蜻蜓

庄辛在这里是用蜻蜓打比方，劝说楚襄王居安思危。

[注释]

①蜻蛉：蜻蜓。②患：祸患。

[译文]

“大王难道不曾见过蜻蜓吗？六只脚，四个翅膀，飞翔在天地之间，俯身可以啄食蚊蝇，仰首可以接饮甘露，自以为不会有什么灾难，跟谁也没有竞争。哪里晓得那五尺来高的小孩，正在调和糖浆，抹在丝网上，把它从三丈来高的地方粘下来，落在地上让蝼蛄和蚂蚁吃掉。

“蜻蛉其小者也，黄雀因[1]

是以。俯啄白粒，仰栖茂树，鼓翅奋翼，自以为无患，与人无争也。不知夫公子王孙，左挟弹，右摄②丸，将加己乎十仞之上，以其颈为招。昼游乎茂树，夕调乎酸咸，倏忽之间，坠于公子之手。

[注释]

①因：和……一样。②摄：拿。

[译文]

“蜻蜓的事是小事，黄雀也是这样。它俯身啄食米粒，仰头飞起可以栖息在茂密的树丛中，振翼飞翔，自以为没有什么灾难，跟谁也没有竞争。岂不知公子王孙正左手握着弹弓，右手拿着弹丸，要把它从七八丈的空中射下来，正拿它的脖颈作箭靶子。它白天还在繁茂的树林间飞翔，晚上已被人加上佐料做成了菜肴，顷刻之间，落到了公子王孙的手里。

“夫黄雀其小者也，黄鹄(hú)①因是以。游于江海，淹②乎大沼，俯噣鳝鲤，仰啮(niè)蔆(líng)衡，奋其六翮(hé)，而凌清风，飘摇乎高翔，自以为无患，与人无争也。不知夫射者，方将修其䃂(bō)庐③，治其缯(zēng)缴(zhuó)④，将加己乎百仞之上。彼礛(lán)磻(bō)⑤，引微缴，折清风而抎(yǔn)⑥矣。故昼游乎江河，夕调乎鼎鼐(nài)。

[注释]

①黄鹄：指天鹅。②淹：栖息。③䃂卢：弓箭。④缯缴：带有丝绳的箭。⑤磻：锐利的箭。⑥抎：通“陨”，陨落。

[译文]

“黄雀的事也还是小事，那天鹅也是如此。它在江海上飞翔，在大沼泽里栖息，俯身啄食鲇鱼和鲤鱼，仰头咬食菱角和香草，鼓起翅膀，乘着清风，在高空中自由自在地飞翔，自以为没有什么祸患，跟谁也没有竞争。不知道那猎人射手正在修理弓矢，准备带丝绳的箭，将把它从七八十丈的高空射下来，它身中利箭，拖着细细的丝绳，划过清风坠落在地上。它白天还在江河中游戏，晚上就已被人煮到了锅里。

“夫黄鹄(hú)其小者也，蔡圣侯①之事因是以。南游乎高陂(bēi)，北陵乎巫山，饮茹(rú)溪流，食湘波之鱼，左抱幼妾，右拥嬖(bì)女，与之驰(chí)骋(chěng)乎高蔡②之中，而不以国家为事。不知

夫子发③方受命乎宣王，系已以朱丝而见之也。

[注释]

①蔡圣侯：一说为蔡灵侯。②高蔡：地名，位于今河南上蔡。③子发：楚国之臣。

[译文]

“天鹅的事也是其中的小事，蔡圣侯的事也是这样。他南游高丘，北登巫山，在茹溪饮马，吃湘水之鱼，左手抱着年轻的妃子，右手搂着宠爱的侍女，跟她们在高蔡驱车驰骋，却不把国家的大事放在心上。不知道那子发正接受楚宣王的命令，要用红绳子捆绑他去见宣王。

“蔡圣侯之事其小者也，君王之事因是以。左州侯，右夏侯，辇从鄢(yān)陵君与寿陵君，饭封禄之粟，而戴方府①之金，与之驰骋乎云梦之中，而不以天下国家为事。不知夫穰侯方受命乎秦王，填黾(méng)塞②之内，而投己乎黾塞之外。”

[注释]

①方府：国库。②黾塞：亦作“鄳塞”，位于今河南信阳一带。

[译文]

“蔡圣侯之事还是其中的小事，大王的事情也是这样。您左边有州侯，右边有夏侯，车后面跟着鄢陵君和寿陵君，吃着从封地取来的粮食，运载着国库里的钱财，跟他们放马奔驰，在云梦游乐，却不把国家大事放在心上。大王哪里知道那穰侯正接受秦王的命令，率领军队越过黾塞，攻进我国境内，要把大王赶到黾塞之外。”

襄王闻之，颜色变作，身体战栗。于是乃以执珪①而授之为阳陵君，与淮北之地也。

[注释]

①执珪：较高的一种爵位。

[译文]

楚襄王听了这番话，脸色大变，浑身发抖。于是授给庄辛执珪的爵位，封他为阳陵君，并赐予淮北之地。

有献不死之药于荆王者

有献不死之药于荆王者，谒(yè)者操以入。中射之士①问曰：“可食乎？”曰：“可。”因夺而食之。王怒，使人杀中射之士。中射之士使人说王曰：“臣问谒者，谒者曰可食，臣故食之。是臣无罪，而罪在谒者也。且客献不死之药，臣食之而王杀臣，是死药也。王杀无罪之臣，而明②人之欺王。”王乃不杀。

[注释]

①中射之士：卫士。②明：说明，证明。

[译文]

有人献长生不死的仙药给楚王，传递人拿着药走入宫中。有个宫中卫士看见后问道：“是可以吃的东西吗？”传递人回答说：“是的。”卫士于是就抢过来吃了下去。楚王知道以后大怒，就要杀死这个卫士。这个卫士托人向楚王解释说：“臣问传递人，他告诉臣说是可以吃的，臣才拿过药来吃下去，这事臣没有罪，有罪的乃是传递人。况且客人所献的是长生不死药，臣吃了药大王就杀我，这岂不成了丧命药。大王杀死一个没有罪的臣子，就证明有人在欺骗大王。”楚王于是没有杀他。

天下合从

天下合从，赵使魏加见楚春申君①，曰：“君有将乎？”曰：“有矣，仆欲将临武君②。”魏加曰：“臣少之时好射，臣愿以射譬(pì)之③，可乎？”春申君曰：“可。”加曰：“异日者，更羸(léi)④与魏王处京台之下，仰见飞鸟。更羸谓魏王曰：‘臣为王引弓虚发而下鸟。’魏王曰：‘然则射可至此乎？’更羸曰：‘可。’有间，雁从东方来，更羸以虚发而下之。魏王曰：‘然则射可至此乎？’更羸曰：‘此孽(niè)也。’王曰：‘先生何以知之？’对曰：‘其飞徐而鸣悲。飞徐者，故疮(chuāng)痛也；

鸣悲者，久失群也。故疮未息而惊心未去也。离弦音，引而高飞，故疮陨(yǔn)也。’今临武君尝为秦孽，不可为拒秦之将也。”

［注释］

①春申君：指楚相国黄歇，战国四公子之一。②临武君：楚国的将军。③以射譬之：用射箭打个比方。譬，譬喻，打比方。④更羸：人名。

［译文］

天下诸侯建立了合纵联盟，赵王派遣大臣魏加去拜见楚国的春申君，魏加对春申君说：“您有没有大将？”春申君说：“有。我打算让临武君担任大将。”魏加说：“我年少的时候非常喜好射箭，我想用射箭来打个比方，行吗？”春申君说：“行啊。”魏加说：“有一天更羸和魏王一起在高台的下面，仰望天空看到飞鸟。更羸就对魏王说道：‘我替大王您拉开弓弦虚射，飞鸟就会掉落下来。’魏王说：‘但是射箭的技艺竟能够高超到这种地步吗？’更羸说：‘行啊。’一会儿，有只大雁从东面飞过来，更羸就拉开弓弦摆出射箭的姿势虚射，飞雁果真掉落下来了。魏王说：‘但是射箭的技艺真的能够高超到这种地步吗？’更羸说：‘这是只身上有旧伤的鸟。’魏王问：‘先生您是如何知道的呢？’更羸回答说：‘它飞得很慢而且叫声很悲凉。飞得慢，是由于旧伤的疼痛；鸣声悲凉，是由于与鸟群失散了很长时间。旧伤还没有痊愈，受惊之心还没有恢复。听到拉弦的声音，就会奋力高飞，旧伤复发，所以就掉下来了。’如今临武君曾经为秦国所败，就像那只飞雁一样不足以担当抗拒强秦的将军。”

汗明见春申君

汗明见春申君，候[1]问三月，而后得见。谈卒，春申君大说之。汗明欲复谈，春申君曰：“仆已知先生，先生大息[2]矣！”汗明憱焉，曰：“明愿有问君而恐固[3]，不审君之圣孰与尧也？”春申君曰：“先生过矣，臣何足以当尧！”汗明曰：“然则君料臣孰与舜？”春申君曰：“先生即舜也。”汗明曰：“不然，臣请为君终言之。君之贤实不如尧，臣之能不及舜。夫以贤舜事圣尧，三年而后乃相知也。今君一时而知臣，是君圣于尧，而臣贤于舜也。”

[注释]

①候：等候。②大息：好好地休息。③固：浅薄。

[译文]

汗明前去面见楚相国春申君，等了三个月的时间，才得以相见。谈完之后，春申君很喜欢汗明。汗明想再与春申君谈论，春申君说："我已经知道先生了，先生您请好好休息吧。"汗明很慌张，说道："我有事想问问您，但又担心自己太浅薄为您所笑。不知您和尧相比，哪一个更圣明呢？"春申君说："先生您错了，我怎么能够和尧相比呢？"汗明又问："那么您觉得我和舜相比，哪一个更有贤能呢？"春申君说："先生您就是舜啊！"汗明说："不，我请求您让我把话说完。您的确没有尧帝圣明，我的才能也比不上舜帝。有贤能的舜侍奉圣明的尧帝，三年的时间才了解了彼此。如今您一会儿的时间就了解了我，这就代表您比尧帝还要圣明，而我则比舜帝还要有贤能。"

春申君曰："善。"召门吏为汗先生著客籍，五日一见。汗明曰："君亦闻骥（jì）乎？夫骥之齿至矣，服盐车而上太行。蹄申膝折，尾湛胕（chén fū）溃①，漉（lù）汁洒地，白汗交流，中阪迁延，负辕不能上。伯乐遭之。下车攀而哭之，解纻（zhù）衣以幂②之。骥于是俯而喷，仰而鸣，声达于天，若出金石声者，何也？彼见伯乐之知己也。今仆之不肖，阨（è）于州部③，堀（kū）穴穷巷、沉洿鄙俗之日久矣，君独无意湔（jiān）拔④仆也，使得为君高鸣屈于梁乎？"

伯乐相马

"千里马常有，而伯乐不常有。"这幅画表现的就是伯乐看到千里马被用于拉车时的场景。

[注释]

①尾湛胕溃：尾巴下垂，脚趾溃烂。胕，同"跗"，脚趾；湛，同"沉"，下垂；溃，溃烂。②幂：覆盖，遮盖。③阨于州部：困厄的生活在底层。阨，通"厄"；州部，指社会的底层。④湔拔：洗涤，祛除。

[译文]

春申君说："好。"于是春申君就召唤门吏，把汗明记录在门客簿上，每五天接见一次。汗明说："贤公您也听闻过千里马吧？千里马长成了，却套着盐车攀爬太行山，后蹄伸直，前膝弯曲，尾巴下垂，脚趾都磨烂了，盐水洒了一地，自己也累得直流汗，爬到半山坡的时候就不再向前了，负载着辕车爬不上去。这时碰到了伯乐，伯乐下车抚摸着马，为它伤心流泪，他脱下自己的麻布衣裳披在千里马身上。此时千里马低着头，喘着气，之后抬头嘶鸣，声音传上了云霄，仿佛是金与石撞击发出的声响，这是为何呢？千里马明白伯乐很了解它。如今我不才，生活困厄处在社会底层，居住在地穴穷巷之中，沦落在鄙俗的环境中很久了，贤公难道没有为我祛除厄运，让我因您而鸣喊出委屈的心意吗？”

楚考烈王无子

楚考烈王无子，春申君患之，求妇人宜子者进之甚众，卒无子。

赵人李园持其女弟①，欲进之楚王，闻其不宜子，恐又无宠，李园求事春申君为舍人。已而谒(yè)归，故②失期。还谒，春申君问状③。对曰：“齐王遣使求臣女弟，与其使者饮，故失期。”春申君曰：“聘(pìn)入④乎？”对曰：“未也。”春申君曰：“可得见乎？”曰：“可。”于是园乃进其女弟，即幸于春申君。知其有身⑤，园乃与其女弟谋。

[注释]

①女弟：指妹妹。②故：故意。③状：情况。④聘入：下聘礼。⑤有身：有身孕。

[译文]

楚考烈王没有儿子，相国春申君因为这件事很担心，四处寻求能生育的女子，向楚王进献了很多，但始终也没有儿子。

赵国人李园带着自己的妹妹，打算把她进献给楚王，但是又听闻楚王不宜生子，担心妹妹会不能得宠。后来李园就请求事奉春申君，当了他门下的舍人。不久请假回家，又故意延误归期。归来之后谒见春申君，春申君就询问原因，李园回答道：“齐王派使者来求娶我的妹妹，我因为和那个使者喝酒而延误了归期。”春申君问：“下聘礼了吗？”李园回答说：“还没有。”春申君问：“我能见一见吗？”李园回答说：“可以。”于是李园就把他的妹妹进献出来，很快就为春申君所宠幸。后来李园知道妹妹有了身孕，就与妹妹一起谋议。

园女弟承间说春申君曰："楚王之贵幸君，虽兄弟不如。今君相楚王二十余年，而王无子，即百岁[1]后，将更立兄弟。即楚王更立，彼亦各贵其故所亲，君又安得长有宠乎？非徒然也，君用事久，多失礼于王兄弟，兄弟诚立，祸且及[2]身，奈何以保相印、江东之封乎？今妾自知有身矣，而人莫知，妾之幸君未久，诚以君之重而进妾于楚王，王必幸妾。妾赖天而有男，则是君子之为王也，楚国封尽可得，孰与其临不测之罪乎？"春申君大然[3]之，乃出园女弟谨舍，而言之楚王。楚王召入，幸之。遂生子男，立为太子，以李园女弟立为王后。楚王贵李园，李园用事。

［注释］

①百岁：去世的委婉表达。②及：到达。③然：认为是对的。

［译文］

李园的妹妹就趁机游说春申君，说道："楚王给您的信任和尊贵，哪怕是兄弟都比不上。如今您已经辅佐楚王二十多年了，但是楚王始终没有儿子。一旦楚王去世，必然会改立他的兄弟为王。而新任楚王即位后，他就会使他的亲近之人得以显贵，您又怎能够长期拥有君王的宠信？不仅仅是这样，您执掌政权已经很久了，对楚王的兄弟一定有很多失礼之处，如果楚王的兄弟真的继位为王，祸患就会降临到您的身上，您又怎能使您的相印得以保全、江东的封地得以守护呢？如今我自己知道怀有身孕，但是并没有别人知晓。我得到您的宠幸的时间又不是很长，倘若能借助于您显赫的地位将我进献给楚王，楚王必定会宠幸于我。倘若得到上天的庇护生下个男孩，那么就是您的儿子成为楚王，您就可以得到整个楚国，这与让您面临不测的祸患相比，哪个更好呢？"春申君非常同意她的建议。于是就将李园的妹妹转移到隐蔽的地方，并向楚王说了进献李园妹妹的事。于是楚王就把她召入宫中，临幸她。后来果真生下了个男婴，被册立为太子，李园的妹妹被册封成了王后。楚王很看重李园，李园很快掌权。

李园既入其女弟为王后，子为太子，恐春申君语泄而益骄，阴[1]养死士，欲杀春申君以灭口，而国人颇有知之者。

春申君相楚二十五年，考烈王病[2]。朱英谓春申君曰："世有无妄[3]之福，又有无妄之祸。今君处无妄之世，以事无妄之主，安不有无妄之人乎？”春申君曰：“何谓无妄之福？”曰：“君相楚二十余年矣，虽名为相国，实楚王也。五子皆相诸侯。今王疾甚，旦暮且崩，太子衰弱，疾而不起。而君相少主，因而代立当国，如伊尹周公。王长而反政，不，即遂南面称孤④，因而有楚国。此所谓无妄之福也。”春申君曰：“何谓无妄之祸？”曰：“李园不治国，王之舅也；不为兵将，而阴养死士之日久矣。楚王崩，李园必先入，据本议制断君命，秉权而杀君以灭口。此所谓无妄之祸也。”春申君曰：“何谓无妄之人？”曰：“君先仕臣为郎中，君王崩，李园先入，臣请为君劏(chóng)⑤其胸，杀之。此所谓无妄之人也。”春申君曰：“先生置之，勿复言已！李园，软弱人也，仆又善之，又何至此？”朱英恐，乃亡去。

［注释］

①阴：暗地里，偷偷地。②病：指重病。古人小病称为“疾”，病得很严重才称为“病”。③妄：出乎意料。④南面称孤：面向南边称王。古时君王坐北朝南，“孤”是君王的自称，因此说“南面称孤”。⑤劏：刺，插。

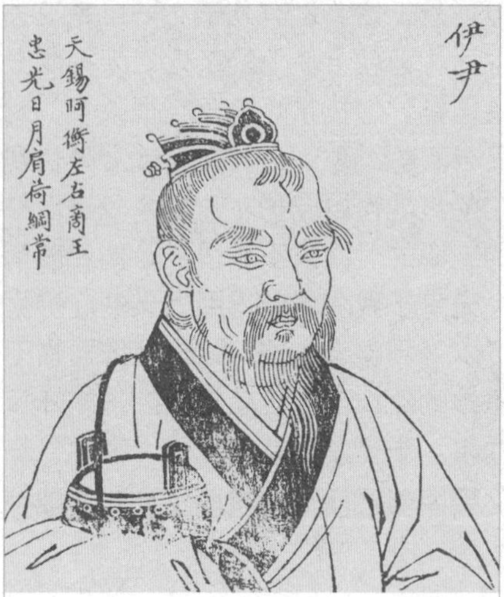

伊尹

商初大臣，尹为官名。曾躬耕务农于“有莘之野”，后被成汤重用，为政六十余载，治国有方，权倾一时。一生对中国古代的政治、军事、文化、教育等多方面作出了卓越贡献。

［译文］

李园已经使妹妹进了宫，并且被册封为王后，儿子又被册封为太子，李园很担心春申君说话泄漏出真相，并且会变得更加骄横，就暗地里养了一批刺客，打算把春申君杀了灭口，但是楚国内也有知道此事的人。

春申君辅佐楚王二十五年的时候，考烈王病得很厉害。朱英对春申君说道：“人世间有出乎意料的福，又有出乎意料的祸患；如今相国您就处在出人意料的世间，臣事出乎预料之外的君王，又怎能没有出乎意料的人呢？”春申君说：“什么是出乎意料的福？”朱英回答说：“您辅佐楚王长达二十余年，虽然名义上只是个相国，但实际上却相当于是

楚王。您的五个儿子都成为诸侯的辅佐之臣。如今楚王病重，旦夕之间就会驾崩，太子又身体虚弱，一旦楚王病得起不来床，您就得像伊尹和周公一样辅佐少主，并代替他执掌国家大权。等到少主长大之后再把国家政权还给少主，不这样的话，就面向南边称王，通过这样完全占有楚国。这就是所说的出乎意外的福。”春申君说：“出乎意料的祸又是指什么呢？”朱英回答说：“李园不是楚国的相国，只是楚王的大舅子，他没有手握兵权，但是背地里却养了一批刺客。一旦楚王驾崩，李园必定会首先进宫，按照他原本的打算专断楚王的命令，把持大权，把您杀了灭口，这就是所说的意料之外的祸患。”春申君说：“出乎意料的人又是指什么呢？”朱英回答说：“您先让我担任宫中侍卫之职，一旦楚王驾崩，李园首先入宫的话，我请求替您把刀插进他的胸膛，杀了他。这就是所说的出乎意料的人啊！”春申君说：“先生您还是将此事搁置起来吧！不要再说这些话了。李园是个非常软弱的人，我对他又很友善，他又怎能做出这样的事呢？”朱英非常恐惧，于是就逃亡了。

后十七日，楚考烈王崩，李园果先入，置死士止于棘(jí)门之内。春申君后入，止棘门。园死士夹刺春申君，斩其头，投之棘门外，于是使吏尽灭春申君之家。而李园女弟，初幸春申君有身，而入之王所生子者，遂立为楚幽王也。

是岁①，秦始皇立九年矣，嫪毐(lào ǎi)亦为乱于秦。觉，夷三族，而吕不韦废。

[注释]

①是岁：这一年。

[译文]

十七天之后，楚考烈王驾崩。李园果真率先入宫，把刺客们隐藏在棘门内。之后春申君进宫，刚到了棘门，李园的刺客们就两面夹击刺杀春申君，斩下了春申君的首级，扔到棘门以外，于是李园又派人将春申君一家都给灭了。而李园的妹妹，当初被春申君临幸怀孕，后来又被进献给楚王，生下的儿子，就被立为楚幽王。

同年，也就是秦始皇即位第九年，嫪毐也惑乱秦国，秦王发现了之后，嫪毐被诛灭三族，当时的秦相吕不韦也因此事被废黜。

赵策一

知伯从韩、魏兵以攻赵

知伯①从韩、魏兵以攻赵，围晋阳而水之，城下不沉者三板。郄疵(xì cī)谓知伯曰："韩、魏之君必反矣！"知伯曰："何以知之？"郄疵曰："以其人事知之。夫从韩、魏之兵而攻赵，赵亡，难必及韩、魏矣。今约胜赵而三分其地，今城不没②者三板，臼(jiù)灶生蛙，人马相食，城降有日，而韩、魏之君无喜志而有忧色，是非反如何也？"

[注释]

①知伯：原为晋国的臣子，与韩氏、赵氏、魏氏、范氏、中行氏同为晋国的六大臣，把揽权政，后来以知伯的实力最强。

②不没：没，即淹没；不没，即没有淹没。

关羽水淹七军

以水代兵，是古代常用的战法，三国关羽也曾水淹曹军，活捉曹魏大将于禁。

[译文]

知伯率领韩、魏两方的军队进攻赵襄子，围困了晋阳，并且往晋阳城内灌水，水面离城墙顶只有六尺。郄疵对知伯说："韩康子及魏宣子一定会谋反。"知伯说："您怎么知道？"郄疵说："是根据人的行为、表现知道的。您率领韩、魏两方的军队进攻赵襄子，赵襄子被灭亡后，祸患必然落到韩、魏双方的头上。现在您与韩、魏约定战胜了赵襄子后三家平分其地。现在晋阳城被水淹得离城墙顶还只剩下六尺，石臼和灶里已有水，生出了青蛙，城内人只有杀马食用，攻下晋阳城已指日可待，可是韩康子和魏宣子没有高兴起来，却面带愁容。这不是要反叛又是什么呢？"

明日，知伯以告韩、魏之

君，曰：“郄疵言君之且反也。”韩、魏之君曰：“夫胜赵而三分其地，城今且将拔矣，夫二家虽愚，不弃美利于前，背信盟之约，而为危难不可成之事，其势可见也。是疵为赵计矣，使君疑二主之心而解于攻赵也。今君听谗臣之言，而离二主之交，为君惜之！”趋而出。郄疵谓知伯曰：“君又何以疵言告韩、魏之君为？知伯曰：“子安知之？”对曰：“韩、魏之君视疵端而趋疾。”

郄疵知其言之不听，请使于齐，知伯遣之。韩、魏之君果反矣。

［译文］

第二天，知伯把郄疵这番话告诉了韩康子及魏宣子，说：“郄疵说你们要谋反。”韩康子、魏宣子说：“战胜赵襄子，我们三家平分其地，晋阳城马上就要攻下了。我们两家虽然愚蠢，也不至于把眼前的利益抛掉，违背盟约，去做那种危险而又不可能成功的事，这是显而易见的。这是郄疵为赵襄子出谋划策，让您怀疑我们二人的诚心，放松对赵襄子的进攻。现在您听信奸臣搬弄是非的话，任他离间我们之间的关系，我们实在为您痛惜。”他们说完转身就走。郄疵对知伯说：“您为什么又把我的话告诉韩康子和魏宣子呢？”知伯说：“您怎么知道的？”郄疵回答说：“韩康子、魏宣子看见我目光端正，但又很快就走过去了。”

郄疵知道知伯不会听他的话，就请求出使到齐国去，知伯同意派遣他到齐国。果然韩康子、魏宣子反叛了知伯。

知伯帅赵、韩、魏而伐范、中行氏

知伯帅赵、韩、魏而伐范、中行氏，灭之。休[1]数年，使人请地于韩。韩康子欲勿与，段规谏曰：“不可。夫知伯之为人也，好利而鸷（zhì）复[2]，来请地不与，必加兵于韩矣。君其与之。与之，彼狃，又将请地于他国，他国不听，必乡之以兵。然则韩可以免于患难，而待事之变。”康子曰：“善。”使使者致万家之邑一于知伯。知伯说[3]。

又使人请地于魏，魏宣子欲勿与。赵葭谏曰：“彼请地于韩，韩与之；请地于魏，魏弗与，则是魏内自强，而外怒知伯也。然则其错兵于魏必矣！不如与之。”宣子曰：“诺。”因使人致万家之邑一于知伯。知伯说。

［注释］

①休：指休整，修养。②复：一说为“愎”，固执。③说：同“悦”，高兴。

［译文］

知伯统帅着赵、韩、魏三方的军队去讨伐范氏和中行氏，把他们都给消灭了。军队休整了数年之后，知伯就差遣人去向韩氏索要土地。韩康子不想把土地给知伯，大臣段规劝谏道：“不可以，知伯这个人贪图利益并且很固执，如果他派人来索要土地我们不给他的话，必然会发兵讨伐我们。我们还是把土地给了他吧。送给了他，他就会习以为常，就会再到其他国家去索要土地，倘若别国不听从，他就必然会发兵讨伐这个国家。这样的话韩国就能够免遭战祸，等待时机发生变化。”韩康子说：“好吧。”于是就让使者把一万户的城邑送给了知伯，知伯非常高兴。

于是知伯就再次差遣人向魏氏去索要土地，魏宣子不打算给他。大臣赵葭就向魏宣子劝谏道：“知伯向韩氏索要土地，韩康子把土地给他了；如今又向魏氏索要土地，我们如果不给的话，这就代表魏氏在内自以为很强大，对外又让知伯很愤怒。这样的话，知伯必然会发兵讨伐魏氏。不如我们给了他吧。”魏宣子说：“那好吧”。于是就也让人把万户的城邑送给了知伯，知伯非常高兴。

又使人之赵，请蔡、皋狼①之地，赵襄子弗与。知伯因阴结韩、魏将以伐赵。赵襄子召张孟谈②而告之曰：“夫知伯之为人，阳亲而阴疏，三使韩、魏，而寡人弗与焉，其移兵寡人必矣。今吾安居而可？”张孟谈曰：“夫董阏安于③，简主④之才臣也，世治晋阳，而尹铎⑤循⑥之，其余政教犹存，君其定居晋阳。”君曰：“诺。”乃使延陵生将车骑先之晋阳，君因从之。至，行城郭，案府库，视仓廪，召张孟谈曰：“吾城郭之完，府库足用，仓廪实矣，无矢奈何？”张孟谈曰：“臣闻董子之治晋阳也，公宫之垣皆以荻蒿楛楚墙之⑦，其高至丈余，君发而用之。”于是发而试之，其坚则箘簬⑧之劲不能过也。君曰：“足矣，吾铜少若何？”张

孟谈曰：“臣闻董子之治晋阳也，公宫之室，皆以炼铜为柱质，请发而用之，则有余铜矣。”君曰：“善。”号令以定，备守以具。

[注释]

①蔡、皋狼：归属于赵襄子的土地。②张孟谈：赵襄子的臣子。③董阏安于：赵氏的家臣。④简主：赵襄子的父亲赵简子。⑤尹铎：赵氏的家臣。⑥循：遵循，按照。⑦以狄蒿楛楚墙之：荻、蒿、楛、荆条把它加固了。荻、蒿，都是草名；楛，一种灌木的名称；楚，即荆条。⑧箘簬：竹子。

[译文]

于是知伯就又差遣人去赵氏，索要蔡和皋狼两个地方，赵襄子没有给他。知伯于是就暗地里和韩、魏两方结盟，将要一起讨伐赵襄子。于是赵襄子就召见大臣张孟谈，对他说：“知伯这个人，表面上看起来和你很亲近，暗地里却对你很疏远，他曾三次差人到韩氏和魏氏，而我没有把土地给他，他必然会发兵讨伐我。如今我该怎么办才好呢？”张孟谈说：“董阏安于是先主简子很有才能的臣子，历代治理晋阳，之后尹铎也按照他的方法治理晋阳，他们政教的余风仍然保存着，您还是定居在晋阳城吧。”赵襄子说：“好”。于是就让延陵生带领着车马先去晋阳，之后赵襄子也尾随而去。到了以后，赵襄子就去巡视城内外，检查府库，巡视粮仓，之后又召见张孟谈，对他说：“我们的晋阳城内外都十分完善，府库钱财也足够用的了，粮食也很充实，但是没有箭将如何是好啊？”张孟谈说：“我曾听闻董安于治理晋阳时，宫墙都是用荻、蒿、楛、荆条加固了的，又一丈多高，您拆开墙使用这些东西啊！”于是就拆墙将它们取出来，进行尝试，即使是竹子也不如它们坚固。赵襄子说：“箭已经很充足了，但是我们的铜不够怎么办啊？”张孟谈说：“我曾听闻董阏安于治理晋阳的时候，宫室内的柱子都是用铜为材料做成的，请您拆掉来用吧，这样的话铜肯定会用不完。”赵襄子说：“好的”。号令已经明确，防守的器具也已经准备好了。

三国之兵乘晋阳城，遂战。三月不能拔，因舒军而围之，决[1]晋水而灌之。围晋阳三年，城中巢居而处，悬釜(fǔ)[2]而炊，财食将尽，士卒病羸(léi)。襄子谓张孟谈曰：“粮食匮(kuì)[3]，城力尽，士大夫病，吾不能守矣，欲以城下，何如？”张孟谈曰：“臣闻之‘亡不能存，危不能安，则无为贵知士也’。君释此计，勿复言也。臣请见韩、魏之君。”襄子曰：“诺。”

询求政术

董安于是赵简子的家臣，也是晋阳城的建城者。董安于到晋阳时，向蹇老询问如何治理晋阳，蹇老要其做到“忠”“信”“敢”三点，就是对君主要忠心，要取信于民，还要敢于为政，除恶务尽。正是由于董安于在晋阳的治理，使晋阳成为赵氏的坚强后方。

［注释］

①决：挖开。②釜：指锅。③匮：匮乏，缺乏。

［译文］

韩、魏、知伯三家的军队来到了晋阳城，很快就开战了。三个月了还没能攻下晋阳城，于是知伯就把军队分散开，围攻晋阳，挖开晋水把水灌到晋阳城。晋阳城已经被围困了三年，城中的百姓都像鸟一样居住在树上，吊起锅做饭，财物和粮食都快要用尽了。士兵们都十分疲惫羸弱。赵襄子就对张孟谈说道：“粮食匮乏，城中的力量也将要用尽了，士大夫们也都重病加身，我恐怕不能再守城了，想要举城投降，怎么样啊？”张孟谈说：“我曾听闻‘国家灭亡的时候不能保存，国家有危难不能将它安定，那就没必要重视那些才智之人了。’您还是放弃这种想法吧，不要再说了。我请求去拜见韩康子和魏宣子。”赵襄子说：“好。”

张孟谈于是阴见韩、魏之君，曰：“臣闻‘唇亡则齿寒’，今知伯帅二国之君伐赵，赵将亡矣，亡则二君为之次矣。”二君曰：“我知其然。夫知伯为人也，粗中而少亲，我谋未遂而知，则其祸必至，为之奈何？”张孟谈曰：“谋出二君之口，入臣之耳，人莫之知①也。”二君即与张孟谈阴约三军，与之期日。夜遣入晋阳，张孟谈以报襄子，襄子再拜之。

［注释］

①人莫之知：指没有人知道。莫，没有。

［译文］

于是张孟谈就偷偷地拜见韩、魏的主公，说道：“我曾听闻‘一旦唇亡的话就会齿寒’，如今知伯率领韩、魏两国的主公讨伐赵氏，赵氏即将灭亡。但是赵国一旦灭亡了，就该轮到韩、魏你们二位了。”韩、魏二位君主说：“我们也明白这个道理。知伯这个人，实际上非常粗暴而又缺乏仁爱，只怕我们的图谋还未能成功，就会被他知道，那时祸害必将降临到我们头上，那该怎么办啊？”张孟谈说：“这个图谋出自你们的嘴，进入到我的耳朵里，别人不会知道”。韩、魏两位君主就和张孟谈偷偷地建立了三军联合的盟约，定下日期。当天夜晚张孟谈就返回晋阳，将此事告诉赵襄子，赵襄子向他拜了两拜以致谢。

张孟谈因朝知伯而出，遇知过辕(yuán)门之外。知过入见知伯，曰：“二主殆(dài)①将有变。”君曰：“何如？”对曰：“臣遇张孟谈于辕门之外，其志矜，其行高。”知伯曰：“不然，吾与二主约谨(jǐn)矣，破赵三分其地，寡人所亲之，必不欺也。子释之，勿出于口。”知过出见二主，入说知伯曰：“二主色动而意变，必背②君，不如令杀之。”知伯曰：“兵箸晋阳三年矣，旦暮当拔③之，而飨(xiǎng)其利，乃有他心？不可，子慎勿复言。”知过曰：“不杀则遂亲之。”知伯曰：“亲之奈何？”知过曰：“魏宣子之谋臣曰赵葭(jiā)，康子之谋臣曰段规，是皆能移其君之计，君其与二君约，破赵则封二子者各万家之县一，如是则二主之心可不变，而君得其所欲矣。”知伯曰：“破赵而三分其地，又封二子者各万家之县一，则吾所得者少，不可。”知过见君之不用也，言之不听，出，更其姓为辅氏，遂去不见。

[注释]

①殆：害怕。②背：背叛。③拔：攻取。

[译文]

张孟谈于是就去朝见知伯，出来以后，在辕门外边碰到知过。知过就进去拜见知伯，说：“韩、魏二位君主恐怕会背叛生变。”知伯问：“从哪里知道？”知过回答说：“我在辕门外碰到了赵臣张孟谈，他的神情很骄矜，行为很傲慢。”知伯说：“他们不会如此，我和韩、魏二位君主约定好了，一旦破赵我们三分其地，这是我亲自与他们商定的，他们必然不会期瞒我的。您就放开这种疑虑吧，不要再说此事了。”知过出来之后又去拜见韩、魏二位君主，之后就又进去游说知伯说：“韩、魏两位君主的脸色神情有所变化，必然会背叛您的，不如现在杀了他们。”知伯说：“我们出兵晋阳已经三年了，很快就会攻破晋阳城，分享利益，又怎么会有二心呢？不行，你还是谨慎些，别再提起此事了。”知过说：“如果不杀他们的话就对他们亲善些吧。”知伯说：“该怎么样亲善呢？”知过说：“魏宣子有个叫赵葭的谋臣，韩康子有个叫段规的谋臣，都是能改变韩、魏两位君主心意的人，您就和两位君主约定，攻破赵军之后，就分封这二人每人一个万户的县邑。如此的话韩、魏二位君主的心就不会变，您也就可以得到自己想要的一切了。”知伯说：“破赵后其地由三家平分，再给他们二人的臣子各自分封一个万户的县邑，这样我所得到的就会变少了，不可以。”知过看到知伯不听从自己的计谋，出来之后，就改姓为辅氏，之后就离开了。

张孟谈闻之，入见襄子曰：“臣遇知过于辕门之外，其视有疑臣之心，入见知伯，出更其姓。今暮不击，必后之矣。”襄子曰：“诺。”使张孟谈见韩、魏之君曰：“夜期。”杀守堤之吏，而决水灌知伯军。知伯军救水而乱，韩、魏翼①而击之，襄子将卒犯其前，大败知伯军而禽知伯。知伯身死、国亡、地分，为天下笑，此贪欲无厌②也。夫不听知过亦所以亡也。

知氏尽灭，唯辅氏存焉。

[注释]

①翼：侧面。②厌：满足。

[译文]

张孟谈听闻此事之后，就进去拜见赵襄子，说道：“我在辕门的外面碰到了知过，看起来他对我有所怀疑，他进去拜见知伯，出来之后就把姓氏改变了。倘若今晚不攻击知伯的话，就会晚人一步。”赵襄子说：“好吧。”于是派遣张孟谈去对韩、魏二位君主说道：“今天晚上举事。”于是就把知伯守堤的官吏给杀了，又把晋水挖开倒灌知伯的军队。知伯的士卒都去救水了，军中一片混乱，韩和魏两军从侧翼夹击，赵襄子又率兵从正面攻击，大败知伯的军队，把知伯给活捉了。知伯人死了、国家亡了、土地也被瓜分了，招致天下人的耻笑，这都是由于贪得无厌。这也是由于他不听取知过的进谏才造成了最终的灭亡。

知氏的家族全部都被灭了，只剩下辅氏存了下来。

张孟谈既固赵宗

张孟谈既固赵宗，广封疆（jiāng），发五百①，乃称简②之涂③

以告襄子，曰："昔者前国地君之御有之曰：'五百之所以致天下者约：主势能制臣，无令臣能制主。故贵为列侯者，不令在相位；自将军以上，不为近大夫。'今臣之名显而身尊，权重而众服，臣愿捐功名，去权势以离众。"

[注释]

①五百：五伯，指春秋五霸。②简：赵襄子的父亲赵简子。③涂：通"途"，道路，这里指治国之道。

[译文]

张孟谈既然已经使赵氏的基业得以巩固，土地得以拓展，发扬五霸的精神，于是就称颂先主赵简子的治国之道，对赵襄子说道："以前先主简子治理国政，留下遗训：'五霸之所以可以统帅诸侯，原因是有所约束：君主的权力能够辖制大臣，不要让臣子可以反过来辖制君主。因此，如果已经具有列侯这样的地位的臣子，就不要再让他担任相国之职；在将军职位以上的臣子，不能让他们担任近大夫。'如今我的声名显赫，身份又尊贵，权势重大，又能令人服从，因此我请求捐弃功名，舍弃权势，远离大众。"

襄子恨然曰："何哉？吾闻辅主者名显，功大者身尊，任国者权重，信忠在己而众服焉。此先圣之所以集国家、安社稷乎！子何为然？"张孟谈对曰："君之所言，成功之美也；臣之所谓，持国之道也。臣观成事，闻往古，天下之美同，臣、主之权均之能美，未之有也。前事之不忘，后事之师。君若弗图[①]，则臣力不足。"怆然有决[②]色。

[注释]

①图：考虑。②决：通"诀"，诀别。

泣思直臣

赵简子的大臣周舍死后，赵简子十分怀念周舍在世时对自己的劝谏，以至于在宴会上都流下了眼泪。这说明赵简子求贤若渴、爱贤心切，而且乐于听取别人意见。

[译文]

赵襄子非常伤心地说：“您这是为何啊？我曾听闻辅佐君主的人，要声名显赫；为国家立下汗马功劳的人，地位就应该尊贵；统领国家的人，就应当握有重权。自己忠心奉主，又为大众所信服。这是古代圣贤们之所以能够统治国家，安定社稷的原因所在啊！您为何要这样啊？”张孟谈说：“您所说的是成功治国之美，而我所说的是治理国家的道理。我纵览古往今来的成大事者，普天之下美好的东西是相同的；但是大臣与国君平分政权，还能统治好的，还没有过这种情况。不忘记前面的教训，对以后做事是一种借鉴。倘若您不考虑这些的话，我也就无能为力了。”张孟谈非常伤心的样子，带有诀别的意味。

襄子去之。卧三日，使人谓之曰：“晋阳之政，臣下不使者何如？”对曰：“死僇[①]。”张孟谈曰：“左司马见使于国家，安社稷，不避其死，以成其忠，君其行之。”君曰：“子从事。”乃许之。张孟谈便厚以便名，纳地释事，以去权尊，而耕于负亲之丘。故曰：贤人之行，明主之政也。

[注释]

①死僇：指死刑。僇，同“戮”，杀戮。

[译文]

赵襄子让张孟谈先走了。在床上躺了三天，让人对张孟谈说道：“晋阳城的政务，臣子们不听从派遣，该怎么办好啊？”张孟谈回答说：“死刑。”张孟谈又对赵襄子道：“左司马为了国家，安定社稷，不顾及自己的生死，以成全其忠心，您就让我走吧！”赵襄子说：“那你就做自己想做的事吧。”于是赵襄子答应了张孟谈。张孟谈安然地享有盛名，他把封地归还了，舍弃了相位，放弃了权贵，亲自到负亲之丘耕地种田，因此说：贤臣有贤人之行那是因为有圣明的君主当政。

耕三年，韩、魏、齐、燕负亲以谋赵，襄子往见张孟谈而告之曰：“昔者知氏之地，赵氏分则多十城，复来，而今诸侯孰谋我，为之奈何？”张孟谈曰：“君其负剑而御臣以之国，舍[①]臣于庙，授吏大夫，臣试计之。”君曰：“诺。”张孟谈乃行，其妻之楚，长子之韩，次子之魏，少子之齐。四国疑而谋败。

［注释］

①舍：客舍，这里指住宿。

［译文］

张孟谈耕种了三年的时候，韩、魏、齐、楚背弃原本的亲近之约，想要对赵国有所图谋。赵襄子就前去拜访张孟谈，对他说道："之前知伯的土地，我们赵氏分的时候多分了十座城池，如今诸侯又想要对我们有所图谋，这该怎么办啊？"张孟谈说："您就让人给我背着剑，驾着车，到国都去吧，把我的住所安置在宗庙那里，授予我士大夫的官职，我去用计谋试一下。"赵襄子说："好。"于是张孟谈就让自己的妻子到楚国去出使，让长子到韩国去出使，让次子到魏国去出使，让幼子到齐国去出使。四国都彼此猜疑，对赵国的图谋也就失败了。

晋毕阳之孙豫让

晋毕阳①之孙豫让，始事范、中行氏而不说②，去而就知伯，知伯宠之。及三晋分知氏，赵襄子最怨知伯，而将其头以为饮器。豫让遁逃山中曰："嗟(jiē)乎！士为知己者死，女为悦己者容。吾其报知氏之仇矣！"

［注释］

①毕阳：晋国的侠义之士。②说：通"悦"，喜欢。

［译文］

晋国毕阳的孙子豫让，起初臣事范氏和中行氏，但是他们不喜欢他，之后就离开了投靠知伯，知伯非常宠信他。待到赵、魏、韩三家瓜分了知氏的土地的时候，赵襄子极为怨恨知伯，因此就用知伯的头骨做成器皿喝酒。豫让逃到山中，说："唉！义士为知己而死，女人为喜欢自己的人而梳妆打扮。我要报答知伯的知遇之恩！"

乃变姓名，为刑人①，入宫涂厕，欲以刺襄子。襄子如厕，心动，执问涂者，则豫让也。刃(rèn)其扞(hàn)②，曰："欲为知伯报仇。"左右欲杀之。赵襄子曰："彼义士也，吾谨避之耳。且知伯已死，无后，而其臣至为报仇，此天下之贤人也。"卒释之。

[注释]

①刑人：受过刑的人。②刃其扞：将瓦刀磨得锋利。扞，当作“圬”，泥土抹墙的工具。

[译文]

于是豫让就更改姓名，假装为受过刑的人，进入赵襄子的宫中粉刷厕所，想要行刺赵襄子。襄子到厕所去，看到他心里有些异样，就抓住他查问，竟然发现是豫让。豫让露出磨锋利的瓦刀对赵襄子说道：“我要替知伯报仇。”左右近臣们想要杀了豫让。赵襄子说：“他是个侠义之士，我谨慎些避开他吧。况且知伯已经死了，又没有后代，如今他的臣下前来寻仇，这是天下间的贤人啊！”最终把豫让放了。

豫让又漆身为厉[1]，灭须去眉，自刑以变其容，为乞人而往乞，其妻不识，曰：“状貌不似吾夫，其音何类吾夫之甚也。”又吞炭为哑变其音。其友谓之曰：“子之道甚难而无功，谓子有志则然矣，谓子智则否。以子之才而善事襄子，襄子必近幸子；子之得近，而行所欲，此甚易而功必成。”豫让乃笑而应之曰：“是为先知报后知，为故君贼新君，大乱君臣之义者无此[2]矣。凡吾所谓为此者，以明君臣之义，非从易也。且夫委质而事人，而求弑之，是怀二心以事君也。吾所为难，亦将以愧天下后世人臣怀二心者。”

[注释]

①漆身为厉：用漆涂遍全身，生满癞疮。厉，通“癞”，恶疮。②无此：没有超过这个的。

[译文]

豫让又在全身涂满了漆，使其生满癞疮，又刮掉了胡须眉毛，自毁容貌，扮成乞丐沿街行讨。他的妻子都认不出来他了，说：“此人样貌不像我的丈夫，为何声音如此相像呢？”于是豫让又吞食火炭把声音变哑了。他的朋友对他说：“你这样做太难了，但是却没有什么功效。说你有志气吧，的确是这样；但是说你很聪慧，那就不对了。凭你的才干去尽心侍奉赵襄子，赵襄子必然会对你很亲近信任，一旦你能够亲近赵襄子了，你就可以随心所欲地做事，这样很容易而且会有功效。”豫让笑了笑回答道：“这是为了先前知遇之恩报复现在的知遇之恩，为了先前的君王而杀害如今的新君。没有什么比这对君臣大义的扰乱更严重的了。我这样做，就是为了昭显君、臣之间的大义，并非是为了追求便宜行事。况且委身侍奉他人，又想杀了他，这是怀有二心去臣侍他。

所以我要采取困难的方法，是要使天下后世怀着二心去侍奉主子的人感到惭愧。”

居顷之，襄子当出，豫让伏所当过桥下。襄子至桥而马惊，襄子曰：“此必豫让也。”使人问之，果豫让。于是赵襄子面数豫让曰：“子不尝事范、中行氏乎？知伯灭范、中行氏，而子不为报仇，反委质事知伯。知伯已死，子独何为报仇之深也？”豫让曰：“臣事范、中行氏，范、中行氏以众人遇臣，臣故众人报之；知伯以国士遇臣，臣故国士报之。”襄子乃喟(kuì)然叹泣曰：“嗟乎！豫子！豫子之为知伯，名既成矣，寡人舍子，亦以①足矣。子自为计，寡人不舍子。”使兵环之。

［注释］

①以：通“已”，已经。

［译文］

过了不久，赵襄子恰巧要外出巡视，豫让就蹲伏在赵襄子必然要经过的桥下。赵襄子到了桥边的时候，马突然受惊，赵襄子说：“这个人必定是豫让。”就派人查问，果然就是豫让。于是赵襄子就当面数落豫让说：“你不是也曾经臣侍过范氏和中行氏吗？知伯杀了范氏和中行氏，你不仅没有替他们报仇，反而委身侍奉知伯。现在知伯已经死了，你为知伯报仇之心为什么独独如此迫切呢？”豫让回答说：“我臣侍范氏和中行氏的时候，范氏和中行氏只把我当成普通人，因此我也只像普通人一样回报他们；但是知伯却将我视作国家义士，因此我也用国家义士的方式回报他。”于是赵襄子长叹一声说：“哎！豫让啊，你这样对待知伯，你的声名已成。而我对你也已经仁至义尽了。你自己打算一下吧，我不会再放了你的！”赵襄子就让卫士包围了豫让。

豫让曰：“臣闻明主不掩①人之义，忠臣不爱②死以成名。君前已宽舍臣，天下莫不称君之贤。今日之事，臣故③伏诛，然愿请君之衣而击之，虽死不恨。非所望也，敢布腹心。”于是襄子义之，乃使使者持衣与豫让。豫让拔剑三跃，呼天击之曰：“而可以报知伯矣。”遂伏剑而死。死之日，赵国

之士闻之，皆为涕(tì)泣。

[注释]

①掩：阻挡。②爱：吝惜。③故：通“固”，原本。

[译文]

豫让说：“我曾听闻圣明的君主不阻碍别人的忠义之行，忠诚的臣子为了成就名节不会吝惜生命。您之前已经饶恕过我了，天下没有人不称颂您的贤明。今天的事，我原本应该伏法被诛，但是我请求您把王袍赐予我，让我刺击几下，这样即使我要死了也没有什么遗憾了。没有别的什么奢望，所以敢于诉说心事。”于是赵襄子为了使豫让成就义气，就让人把衣服拿给豫让。豫让拔出佩剑，跳跃了三次，仰天长叹用剑刺穿衣袍：“我终于可以回报知伯了！”说完就伏剑自杀了。豫让死的那天，赵国的忠义之士听说这件事后，都忍不住为他落泪。

苏秦说李兑

苏秦说李兑曰：“雒(luò)阳①乘轩(xuān)里苏秦，家贫亲②老，无罢车驽(nú)马，桑轮蓬(péng)箧(qiè)，羸(léi)縢，负书担橐(tuó)③，触尘埃，蒙霜露，越漳(zhāng)、河，足重茧，日百而舍，造外阙(què)，愿见于前，口道天下之事。”李兑曰：“先生以鬼之言见我则可，若以人之事，兑尽知之矣。”苏秦对曰：“臣固④以鬼之言见君，非以人之言也。”李兑见之。

[注释]

①雒阳：指洛阳。②亲：父母双亲。③橐：口袋的一种。④固：原本。

[译文]

苏秦对李兑说：“洛阳乘轩里苏秦，家境贫寒，双亲年迈，既没有破车劣马，也没有桑树做的车轮和蓬蒿编的车厢。只好打着绑腿穿着草鞋，背着书箱担着行囊，白天踏着尘土赶路，夜里冒着露珠睡觉，渡过了漳水、黄河，脚上磨起了一层层的茧子，每日行走百里才能休息，这样来到了您的宫阙之外，希望能够得到接见，亲自述说天下的大事。”李兑说：“先生和我谈论鬼事倒还可以，如果谈人间的事，我全都知道了。”苏秦回答说：“我本来就想跟您谈论鬼事，不谈人间的事。”李兑接见了苏秦。

苏秦曰：“今日臣之来也暮，后郭门，藉(jiè)席无所得，

寄宿人田中，旁有大丛[①]。夜半，土梗(gěng)与木梗斗曰：‘汝不如我，我者乃土也。使[②]我逢疾风淋雨，坏沮，乃复归土。今汝非木之根，则木之枝耳。汝逢疾风淋雨，漂入漳、河，东流至海，泛滥无所止。’臣窃以为土梗胜也。今君杀主父[③]而族之，君之立于天下，危于累卵。君听臣计则生，不听臣计则死。”李兑曰：“先生就舍[④]，明日复来见兑也。”苏秦出。

[注释]

①丛：树丛。②使：假如。③主父：指赵武灵王。④就舍：到馆舍休息。

[译文]

苏秦说：“今天我来晚了，城门已关闭，找不到投宿的地方，就睡在别人的田地里，旁边有个树丛。半夜时分，听到泥人和木偶在争吵，泥人说：‘你不如我，我本来就是土做的，假如碰上急风大雨，我被毁坏了，就又回到土里。你不是树根，而是树枝做成的，你如果遇上疾风大雨，就会漂进漳水、黄河，冲到东边的大海里，然后随波逐流，不知被带到哪里去。’我私下里认为还是泥人说的对。现在您杀了赵武灵王，又灭了他同族的人，您所处的地位，比垒起来的卵还危险。您如果听我的话，那么还能活下去，如果不听我的话，就只有死路一条。”李兑说：“先生请到馆舍去休息，明天再来见我。”苏秦就出去了。

李兑舍人谓李兑曰：“臣窃观君与苏公谈也，其辩过君，其博过君，君能听苏公之计乎？”李兑曰：“不能。”舍人曰：“君即不能，愿君坚塞两耳，无听其谈也。”明日复见，终日谈而去。舍人出送苏君，苏秦谓舍人曰：“昨日我谈粗[①]而君动，今日精而君不动，何也？”舍人曰：“先生之计大而规高，吾君不能用也。乃我请君塞两耳，无听谈者。虽然，先生明日复来，吾请资[②]先生厚用。”明日来，抵掌而谈[③]。李兑送苏秦明月之珠，和氏之璧，黑貂之裘，黄金百镒。苏秦得以为用，西入于秦。

［注释］

①谈粗：粗略地谈论。②资：指资助。③抵掌而谈：指两个人谈得十分投缘。

［译文］

李兑身边的人对李兑说："我私下注意您和苏秦的谈话，他的口才超过了您，他的博识也超过了您，您能听苏秦的计策吗？"李兑说："不能。"李兑身边的人说："您如果不打算听苏秦的话，就希望您堵住两只耳朵，不要听他讲话。"第二天，苏秦又来见李兑，整整谈了一天才离去。李兑身边的人送苏秦，苏秦对他说："昨天我谈得很简略，奉阳君倒心有所动，今天谈得很仔细，奉阳君却无动于衷，这是为什么？"李兑身边的人说："您的计谋宏大而高深，我的主人不能采用，是我让他堵住两耳，不听您讲。虽然如此，您明天还来，我能让他资助您足够的资财。"第二天苏秦又来了，两个人谈得很投机。于是李兑送给苏秦夜明珠、和氏璧、黑貂大衣和黄金百镒。苏秦拿这些东西作为经费，往西到秦国去了。

赵策二

苏秦从燕之赵，始合从

苏秦从燕之赵①，始合从，说赵王②曰：“天下之卿相人臣，乃至布衣之士，莫不高贤大王之行义，皆愿奉教陈忠于前之日久矣。虽然，奉阳君③妒（dù），大王不得任事，是以外宾客游谈之士，无敢尽忠于前者。今奉阳君捐馆舍，大王乃今然后得与士民相亲，臣故敢献其愚，效愚忠。

［注释］

①从燕之赵：苏秦为建立合纵盟约，先到燕国游说，之后又去赵国。②赵王：指赵肃侯。③奉阳君：赵王的弟弟。苏秦去燕国之前，打算先游说赵国，但遭到了奉阳君的冷遇，因此才先游说燕国。

［译文］

苏秦从燕国到赵国去，开始实行合纵，游说赵王说：“天下的公卿大臣以至平民百姓，没有一个不崇尚大王的品行道义，都愿意接受您的教化，为您效忠，这想法已很久了。虽然如此，但以前奉阳君嫉贤妒能，而大王又不能乾纲独断，因此外来之客和游说之士没有人敢在大王面前表现忠心。现在奉阳君已死，大王从今以后就能和士人百姓亲近了，所以我才敢向大王进献我愚陋的见解和一片忠心。

“为大王计，莫若安民无事，请无庸有为也。安民之本，在于择交①。择交而得则民安，择交不得则民终身不得安。请言外患：齐、秦为两敌，而民不得安；倚秦攻齐，而民不得安；倚齐攻秦，而民不得安。故夫谋人之主，伐人之国，常苦出辞断绝人之交，愿大王慎无出于口也。

［注释］

①择交：选择邦交。

［译文］

“替大王考虑，不如使人民安定，不要有所作为。使人民安定的根本在于选择邦交。邦交选择得恰当就能使人民安定；选择得不恰当，那么人民就不得安定。请让我说说赵国的外患：如果齐、秦两国都成为赵国的敌国，人民就得不到安宁；倚仗秦国去攻打齐国，人民得不到安宁；倚仗齐国去攻打秦国，人民也得不到安宁。所以那些想要图谋别人的君主、进攻别人的国家的人，总是冥思苦想地编造动听的话来断绝和人家的邦交。我希望大王慎重，不要说出这样的话来。

“请屏（bǐng）①左右，白言所以异，阴阳②而已矣。大王诚能听臣，燕必致毡裘（zhān qiú）狗马之地，齐必致海隅（yú）鱼盐之地，楚必致桔柚（yòu）云梦之地，韩、魏皆可使致封地汤沐之邑，贵戚父兄皆可以受封侯。夫割地效实③，五伯④之所以覆军禽⑤将而求也；封侯贵戚，汤、武⑥之所以放杀而争也。今大王垂拱⑦而两有之，是臣之所以为大王愿也。

[注释]

①屏：屏退，回避。②阴阳：此处暗指合纵与连横。③实：财富。④五伯：指春秋五霸，即齐桓公、晋文公、宋襄公、楚庄公、秦穆公。⑤禽：通“擒”，擒获。⑥汤、武：商汤、周武。⑦垂拱：垂衣拱手，指非常容易，不费力气。

[译文]

“请让左右的人回避，让我说明合纵与连横的利害关系。大王果真能听从我的忠告，燕一定会献出盛产毡裘狗马的土地，齐一定会献出盛产鱼盐的海湾，楚国一定会献出盛产橘柚的云梦泽，可以让韩和魏都献出封侯之地和汤沐之邑，您的父兄和贵戚都可接受封侯。夺取土地，获得财富，这是春秋五霸不惜军队覆灭、将领被擒而所追求的；贵戚得以封侯，这是商汤、周武用流放夏桀、杀死殷纣的手段才争得的。现在大王不费心力就可兼而有之，这是我替大王所希望得到的。

“大王与秦，则秦必弱韩、魏；与齐，则齐必弱楚、魏。魏弱则割河外，韩弱则效①宜阳。宜阳效则上郡②绝，河外割则道不通。楚弱则无援。此三策者，不可不熟③计也。夫秦下轵（zhǐ）道④则南阳动，劫韩包周则赵自销铄（xiāo shuò）⑤，据卫⑥取淇（qí）⑦则齐必入朝。秦欲已得行于山东，则必举甲而向赵。秦甲涉河逾漳（yú zhāng）⑧，据番吾，则兵必战于邯郸之下矣。此臣之所以为大王患也。

[注释]

①效：指献出。②上郡：一说为上党。③熟：仔细。④轵道：轵关径，今河南济源一带。⑤销铄：削弱。⑥卫：位于今河南濮阳一带。⑦淇：指淇城。⑧涉河逾漳：渡过黄河，越过漳水。河，黄河；漳，漳水。

[译文]

“大王如果支持秦国，那么秦一定会去削弱韩和魏；如果支持齐国，那么齐一定会削弱楚、魏。魏被削弱就免不了割让河外，韩被削弱就免不了献出宜阳。献出宜阳，那么上党就会面临绝境；割让河外，那么通往上党的道路就会断绝；楚被削弱，那么赵就失去了援助。这三方面的对策，不能不仔细地筹划。秦攻取轵道，那么南阳就危险；威逼韩国，包围周都，那么赵国就会自己削弱；占据卫国，夺取淇地，那么齐就一定向秦称臣。秦的贪欲既已从山东各国得到满足，那么就一定发兵进攻赵国。秦军渡过黄河，越过漳水，占据番吾，那么秦、赵两国的军队就一定要在邯郸城下交战了。这是我替大王所忧虑的。

“当今之时，山东[1]之建国，莫若赵强。赵地方二千里，带甲数十万，车千乘，骑万匹，粟支十年；西有常山，南有河、漳，东有清河，北有燕国。燕固弱国，不足畏也。且秦之所畏害于天下者，莫如赵。然而秦不敢举兵甲而伐赵者，何也？畏韩、魏之议其后也。然则韩、魏，赵之南蔽[2]也。秦之攻韩、魏也，则不然。无有名山大川之限，稍稍蚕食之，傅之国都而止矣。韩、魏不能支[3]秦，必入臣。韩、魏臣于秦，秦无韩、魏之隔，祸中于赵矣。此臣之所以为大王患也。

[注释]

①山东：崤山以东。②蔽：屏障。③支：应付。

[译文]

“当前，崤山以东的国家没有赵国强大。赵国的领土纵横两千里，战士数十万，战车千辆，战马万匹，粮食能支持十年；西面有恒山，南面有黄河、漳水，东面有清河，北面有燕。燕本来是个弱国，不值得害怕。秦国在诸侯中所畏忌的莫过于赵国。然而秦不敢发兵攻打赵国的原因是什么呢？担心韩和魏在背后暗算它。既然如此，那么韩和魏就是赵国南面的屏障了。秦国攻打韩和魏的形势就不是这样的，韩、魏没有名山大川等险地，秦可以慢慢地蚕食它们，直到逼近它们的国都才算完。韩、

魏不能对付秦国，就一定会向秦国称臣。秦国没有韩、魏两国的阻隔，那么战祸就会落到赵国头上了。这是我替大王所忧虑的。

“臣闻，尧无三夫之分，舜无咫尺之地，以有天下。禹无百人之聚，以王诸侯。汤、武之卒不过三千人，车不过三百乘，立为天子。诚得其道也。是故明主外料其敌国之强弱，内度①其士卒之众寡、贤与不肖，不待两军相当，而胜败存亡之机节，固已见于胸中矣，岂掩于众人之言，而以冥冥②决事哉？

[注释]

①度：忖度，估测。②冥冥：昏暗，此处指不清楚，糊涂。

[译文]

“我听说，尧的领地不足三百亩，舜没有尺寸之地，但他们拥有了天下；禹没有百人的村落，却统领了天下诸侯。商汤、周武的士卒不过三千人，战车不过三百辆，却做了天子。这是因为他们确实掌握了一定的方法。所以圣明的君主对外能预测他的敌国的强弱，对内能估量他的士兵数量及素质的优劣，不等两军对垒，对于决定胜败存亡的关键所在就早已成竹在胸了，难道能被众人的言论所蒙蔽，稀里糊涂地去决定大事吗？

“臣窃以天下地图案之。诸侯之地五倍于秦，料诸侯之卒，十倍于秦。六国并力为一，西面而攻秦，秦破必矣。今见破于秦①，西面而事②之，见臣于秦。夫破人之与破于人也，臣人之与臣于人也，岂可同日而言之哉！夫横人者③，皆欲割诸侯之地以与秦成。与秦成④，则高台榭(xiè)、美宫室，听竽瑟(yú sè)之音，察五味之和，前有轩辕，后有长庭，美人巧笑，卒有秦患，而不与其忧。是故横人日夜务以秦权恐吓诸侯，以求割地。愿大王之熟计之也。

[注释]

①见破于秦：指被秦国所打败。②事：侍奉，臣奉。③横人者：主张连横的人。④与秦成：与秦国联盟。

[译文]

“我私下里根据天下地图来考察，诸侯六国的土地五倍于秦国，六国的士兵估计十倍于秦国。六国齐心协力结为一体，向西攻打秦国，秦国一定能被打败。现在却被秦国打败，向西侍奉秦国，臣服于秦国。打败别人和被别人打败，让别人向自己称臣和自己向别人称臣，怎么能同日而语呢？主张连横的人，都想割让各国的土地来和秦国讲和，和秦国讲和就能把楼台亭阁建得更高大，把房屋修得更华丽，每天听优美的音乐，品尝美味的佳肴，前面有华丽的马车，后面有长庭，美女在其间娇声嬉笑。一旦遭受秦国的祸害，他们却不分担诸侯的忧患。所以那些讲连横的人整天凭借着秦国的威势恐吓诸侯，以求得割地。希望大王认真考虑这个问题。

“臣闻，明王绝疑去谗①，屏(bǐng)流言之迹，塞②朋党之门，故尊主广地强兵之计，臣得陈忠于前矣。故窃为大王计，莫如一③韩、魏、齐、楚、燕、赵，六国从亲④，以傧(bīn)畔⑤秦。令天下之将相，相与会于洹水之上，通质⑥刑白马以盟之。

[注释]

①绝疑去谗：排除疑惑，摒弃谗言。②塞：堵塞，塞住。③一：与之保持一致。④从亲：合纵，建立友好邦交。从，通“纵”。⑤傧畔：排斥背叛。畔，通“叛”，背叛。⑥通质：互相交换人质。

[译文]

“我听说，圣明的君主善于排除疑惑，摒弃谗言，抵制流言的影响，堵塞朋党的门路，这样尊显君主、开拓疆土、增强兵力的计策，才得以向君主陈述。所以私下里替大王考虑，不如联合韩、魏、齐、楚、燕、赵，六国合纵相亲，以抗拒秦国。号令天下的将相在洹水之滨盟会，交换质子，宰杀白马举行盟约。

“约①曰：秦攻楚，齐、魏各出锐师以佐②之，韩绝食道，赵涉河、漳，燕守常山之北。秦攻韩、魏，则楚绝其后，齐出锐师以佐之，赵涉河、漳，燕守云中。秦攻齐，则楚绝其后，韩守成皋，魏塞午道，赵涉河、漳、博关，燕出锐师以佐之。秦攻燕，则赵守常山，楚军武关，齐涉渤海，韩、魏出锐师以佐之。秦攻赵，则韩军宜阳，楚军武关，魏军河外，齐涉渤海，燕出锐师以佐之。诸侯有先

背约者，五国共伐之。六国从亲以摈秦，秦必不敢出兵于函谷关以害山东矣！如是则伯业③成矣！”

[注释]

①约：盟约。②佐：辅佐。③伯业：霸业。

[译文]

“共同订立盟约说：秦国如果攻打楚国，齐和魏各自出动精锐部队援助楚国，韩国就断绝秦国运送粮食的通道，赵国就渡过黄河、漳水，燕国就守住恒山北面的地带。秦国如果攻打韩和魏，那么楚国就切断秦军的后路，齐国派出精锐部队援助韩国和魏国，赵国渡过黄河、漳水，燕国守卫云中。秦国如果攻打齐国，那么楚国就切断秦国的后路，韩国守卫成皋，魏国把守午道，赵国渡过黄河、漳水，开往博关，燕国派出精锐部队来援助齐国。秦国如果攻打燕国，那么赵国就守卫恒山，楚国驻军武关，齐国沿渤海而上，韩和魏派出精锐部队去援助燕国。秦国如果攻打赵国，那么韩国就驻军宜阳，楚国驻军武关，魏国驻军河外，齐国沿渤海而上，燕国派精锐部队来支援赵国。诸侯有先背弃盟约的，其他五国就联合起来讨伐它。六国合纵相亲来排斥秦国，秦国一定不敢从函谷关出兵来危害山东六国了。如果这样，那么就可以成就霸王大业了。”

赵王曰：“寡人年少，莅①国之日浅，未尝得闻社稷之长计。今上客有意存天下，安诸侯，寡人敬以国从。”乃封苏秦为武安君，饰车百乘，黄金千镒，白璧百双，锦绣千纯，以约诸侯。

[注释]

①莅：执掌。

[译文]

赵王说：“我年纪轻，执掌国政的时间短，不曾听说过使国家长治久安的计谋。现在贵客有意保全天下，安定诸侯，我愿意让整个国家听从您的安排。”于是封苏秦为武安君，让他带上有文饰的车子百辆，黄金千镒，白璧数百，锦绣千匹，去邀结诸侯。

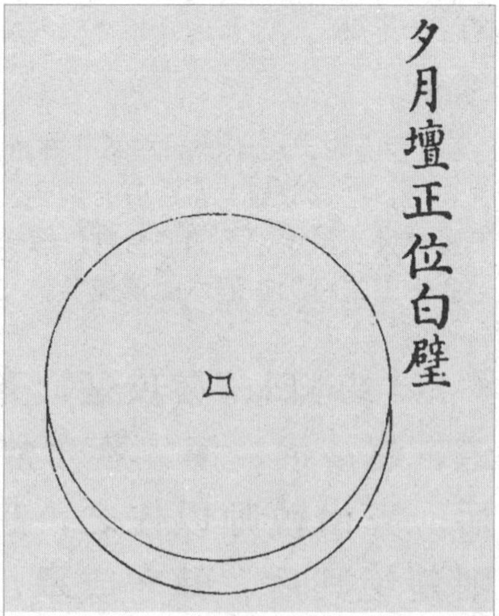

夕月坛正位白璧

璧是平圆形中间有孔的玉，古代在典礼时用作礼器。

张仪为秦连横说赵王

张仪为秦连横，说赵王曰：“弊邑秦王使臣敢献书于大王御史[1]。大王收率天下以傧(bīn)[2]秦，秦兵不敢出函谷关十五年矣。大王之威，行于天下山东。弊邑恐惧慑(shè)伏[3]，缮(shàn)甲厉兵[4]，饰车骑，习驰射，力田积粟，守四封之内，愁居慑处，不敢动摇，唯大王有意督过[5]之也。

［注释］

①大王御史：暗指赵王。②傧：抵抗。③慑伏：十分害怕的伏在地上。④缮甲厉兵：修缮铠甲磨快兵器。缮，修缮。⑤督过：监督过错。

［译文］

张仪替秦国推行连横主张，到赵国游说赵王说：“敝国君王派臣贸然前来上书给大王的御史。大王率领天下诸侯抗拒秦国，致使秦军十五年不敢出函谷关，而大王的威力通行于天下各国。我秦国对此非常恐惧，于是便修缮铠甲磨快兵器，整顿战车，苦练骑射，辛勤耕种，累积粮食，严守四面边疆，过着忧愁恐惧的日子，不敢轻举妄动，唯恐大王有心来指责我们的过错。

“今秦以大王之力，西举巴蜀，并汉中，东收两周而西迁九鼎，守白马之津。秦虽辟[1]远，然而心忿悁(yuān)含怒[2]之日久矣。今宣君[3]有敝甲钝兵，军于渑池，愿渡河逾漳，据番吾，迎战邯郸之下。愿以甲子之日[4]合战，以正殷纣之事。敬使臣先以闻于左右。

［注释］

①辟：通“僻”，偏僻。②心忿悁含怒：心中十分怨恨恼怒。③宣君：一说应为寡君。④甲子之日：周武王讨伐纣王得胜之日。

［译文］

“如今秦国仰仗大王的威力，西边攻取巴蜀，吞并汉中，东边征服东、西两周，把象征天子的九鼎运移到西方，镇守白马渡口。秦国虽然偏远，但是心中却怨恨恼怒很久了。如今秦王有破烂的铠甲和磨钝的兵器，军队驻扎在渑池，希望渡过黄河与漳水占领番吾，到邯郸城下请你们接战，希望在甲子之日和贵国作战，以仿效武王伐纣的故事。所以秦王才派臣先恭敬地奏报大王左右近臣。

“凡大王之所信以为从者，恃(shì)①苏秦之计。荧惑(yíng huò)②诸侯，以是为非，以非为是，欲反覆齐国而不能，自令车裂于齐之市。夫天下之不可一亦明矣。

［注释］

①恃：倚仗，倚恃。②荧惑：蒙惑，蛊惑。

［译文］

“一般说来，大王之所以信奉并推行合纵的主张，不过是仗着苏秦的计谋。苏秦蒙惑诸侯，颠倒是非，甚至想要左右齐国却没有成功，结果反而为自己招来杀身之祸，在齐国被处以五马分尸的酷刑。由此看来，天下显然是不能联合为一的。

“今楚与秦为昆弟之国①，而韩、魏称为东蕃之臣，齐献鱼盐之地，此断赵之右臂也。夫断右臂而求与人斗，失其党而孤居，求欲无危，岂可得哉？今秦发三将军，一军塞午道，告齐使兴师度清河，军于邯郸之东；一军军于成皋，驱韩、魏而军于河外；一军军于渑池。约曰：四国为一以攻赵，破赵而四分其地。

［注释］

①昆弟之国：像兄弟一样亲近的国家。

［译文］

“现在楚国和秦国是兄弟之邦，韩国、魏国也自称是秦国的东方之臣，齐国献出鱼盐之地，如此就等于切断了赵国的右臂。而一个被割断右臂的人，再来和人搏斗，就觉得势单力薄，所以要想没有危险，那根本是不可能的。如今秦国派出三名大将各率一军，一路军队封锁午道，并且命令齐国派兵渡过清河，列阵在赵都邯郸之东；一路军队驻扎在韩国的成皋，指挥韩、魏之军，列阵在魏国的河外；另一路军队驻扎在渑池。我们约定说：‘四国团结一致攻打赵国，破赵以后由四国瓜分赵国领土。’

“是故不敢匿①意隐情，先以闻于左右②。臣窃为大王计，莫如与秦遇于渑池，面相见而身相结也。臣请案兵无

攻，愿大王之定计。”

[注释]

①匿：指隐匿，隐藏。②左右：指近臣。

[译文]

“臣不敢隐瞒这种情形，因此先来告诉大王左右的侍臣。经臣私下替大王谋划，大王不如和秦王在渑池相会，会见以后就可交换意见联络感情。臣可以请秦兵暂时停止进攻，恳请大王迅速决定方略。”

赵王曰：“先王①之时，奉阳君相，专权擅势，蔽(bì)晦(huì)先王，独制官事。寡人宫居，属于师傅，不能与国谋。先王弃群臣，寡人年少，奉祠祭之日浅，私心固窃疑焉。以为一从不事秦，非国之长利也。乃且愿变心易虑，剖地②谢前过以事秦。方将约车趋行，而适闻使者之明诏。”于是乃以车三百乘入朝渑池，割河间以事秦。

[注释]

①先王：在此指赵肃侯。②剖地：割地。

[译文]

赵王说：“先王在位时，任命奉阳君为宰相，他为人专权跋扈，蒙骗先王，一人独断专行，而寡人当时在深宫中读书，根本不能参与朝政。当先王丢下君臣离开人间时，寡人年龄很小，亲政的日子自然很短，内心本来非常疑惑，认为联合诸侯订立合纵之盟抗拒秦国，根本不是治国安邦的长久之计，就立即改变计划，割让土地给秦国补偿原来的过失。正准备车马要到秦国去时，恰好使者也在这时拿着秦王诏令来到赵国。”于是赵王就率领三百辆战车到渑池去朝见秦王，又把河间之地献给了秦国。

武灵王平昼间居

武灵王平昼①间居，肥义②侍坐，曰：“王虑世事之变，权甲兵之用，念简、襄③之迹，计胡、狄之利乎？”

[注释]

①平昼：平日里。②肥义：赵国的臣子。③简、襄：指先王赵简子、赵襄子。

［译文］

赵武灵王平日里没事的时候闲坐着，肥义陪坐。肥义说：“大王您是否想过世间形势的变化，权衡过甲兵该如何使用，想念过简主和襄主的光辉业绩，谋划过怎样从胡、狄那里获得利益吗？”

王曰：“嗣（sì）立不忘先德，君之道也；错质务明主之长，臣之论也。是以贤君静而有道民便事之教，动有明古先世之功。为人臣者，穷①有弟长辞让之节，通有补民益主之业。此两者，君臣之分也。今吾欲继襄主之业，启胡、翟（dí）之乡，而卒世不见也。敌弱者，用力少而功多，可以无尽百姓之劳，而享往古之勋。夫有高世之功者，必负遗俗之累；有独知之虑者，必被庶人之恐。今吾将胡服骑射以教百姓，而世必议寡人矣。”

［注释］

①穷：在此指不得志。

［译文］

赵武灵王回答说：“继承王位不忘记先王的遗德，这是君王的基本道理；委身于君主，使君主的功勋得以发扬，这是做臣子们的道理。因此圣贤的国君在国家安定的时候就要对人民进行为国出力的教育，有战争的时候要昭显古代的功绩。身为臣子的人，即使在不得志之时也要具有尊老谦让的节操，官运亨通之时要对人民和国君有所裨益。这两者就是君主和臣子的本分。如今我想要继续开拓襄主的事业，扩展胡、翟地区，但是到现在为止还没有成效。胡、翟之地兵力薄弱，不用花费很大的力气就能取得较多的功业，不必百姓费尽辛劳，就能获得媲美先人的功勋。拥有很大功绩的人，一定会被世俗牵累；有独特思想的人，一定会被普通人所怨恨。如今我打算教育百姓穿胡服练习骑射，世人也必定会非议我啊。”

肥义曰：“臣闻之，疑事无功，疑行无名。今王即定负遗俗之虑，殆毋顾天下之议矣。夫论至德者不和于俗，成大功者不谋于众。昔舜舞有苗①，而禹袒（tǎn）入裸国，非以养欲而乐志也，欲以论德而要功也。愚者暗于成事，智者见于未萌，王其遂行之。”王曰：“寡人非疑胡服也，吾恐天下笑

之。狂夫之乐，知者哀焉；愚者之笑，贤者戚焉。世有顺我者，则胡服之功未可知也。虽驱世以笑我，胡地中山吾必有之。”

[注释]

①有苗：三苗，上古东南方的少数民族部落。

[译文]

肥义说：“我曾听闻，处理事情犹豫不决就会无法成功，行动迟疑不定就不会成就功名。如今大王既然已经决定背弃世俗的想法，那就不要再考虑天下人的非议了。凡是讨论最高尚的德的人必定不会和俗人相同，建立丰功伟绩的人都不会和众人进行商议。昔日舜跳三苗的舞蹈，禹裸露着身子进入裸身的部落，并不是因为想要放纵情欲，怡乐心志，而是因为想要宣扬道德，立下功绩。愚蠢之人在事情完成之后还搞不清楚，聪慧之人在事情还没有发生之前就洞悉了，大王您还是赶紧施行吧。”赵武灵王说：“我并非是疑虑‘胡服骑射’，而是害怕天下人嘲笑我。轻狂之人所快乐的事，智慧之人却会悲哀；愚蠢之人为之兴奋的事，贤明者却会忧心。倘若有支持我的世人，那么改穿胡服的功绩就无法估量。即使所有的人都嘲笑我，我也一定要占有胡地、中山的土地。”

王遂胡服，使王孙绁（xiè）[1]告公子成[2]曰：“寡人胡服，且将以朝，亦欲叔之服之也。家听于亲，国听于君，古今之公行也；子不反亲，臣不逆主，先王之通谊也。今寡人作教易服而叔不服，吾恐天下议之也。夫制国有常而利民为本，从政有经而令行为上。故明德在于论贱，行政在于信贵。今胡服之意非以养欲而乐志也。事有所出，功有所止。事成功立，然后德且见也。今寡人恐叔逆从政之经，以辅公叔之议。且寡人闻之，事利国者行无邪，因贵戚者名不累。故寡人愿募[3]公叔之义以成胡服之功。使绁谒之叔，请服焉。”

[注释]

①王孙绁：为赵国的臣子。②公子成：赵武灵王的叔父。③募：通“慕”，仰慕。

[译文]

于是武灵王就改穿胡服，并派王孙绁去对公子成说："我已经穿上了胡服，并且将要身着胡服上朝，我想要王叔您也能穿上胡服。在家服从父母，在国家服从君王，这是古往今来都要遵循的原则；孩子不可以违抗父母，大臣不能违逆君主，这是先王一直通用的规则。倘若现在我下令更改服装而王叔您不服从的话，我害怕天下之人会议论此事。治理国家要有法度，并且要以利民为根本；治理政事要有规则，并且要以政令能够很好地执行为最根本的规则。因此昭显德政关键在于对地位卑贱的民众有益，执行政令关键在于使显贵之人服从。如今我改穿胡服，并非为了放纵情欲，怡乐心志。事业有所始，功绩有所成。事业成就功名树立，德政就会显现出来。如今我害怕王叔违逆了从政的规则，所以才帮助您分析一下。并且我曾听闻，只要做的是对国家有益的事，你的行为就不会歪斜，通过贵族行事，就不会招致非议。因此我想要仰仗王叔的高义，建立改穿胡服的功勋。因此特意派王孙绁拜见王叔，希望您能够改穿胡服。"

公子成再拜曰："臣固闻王之胡服也，不佞(nìng)①寝疾，不能趋走，是以不先进。王今命之，臣固敢竭(jié)其愚忠。臣闻之，中国者，聪明睿知之所居也，万物财用之所聚也，贤圣之所教也，仁义之所施也，《诗》《书》《礼》《乐》之所用也，异敏技艺之所试也，远方之所观赴也，蛮夷之所义行也。今王释此，而袭远方之服，变古之教，易古之道，逆人之心，畔②学者，离中国，臣愿大王图之。"

[注释]

①不佞：不才，是一种谦虚的表达。②畔：通"叛"，背叛。

[译文]

公子成两拜致谢说："我原本就听闻大王已经改穿胡服了，只是因为我不才，卧病在床，不能快走，所以才没有赶快去觐见大王。如今大王既已给我下了命令，我因此才敢尽一下我的愚忠。我曾听闻，中原地区，是聪明而又睿智的人生活居住之所，是万物钱财积聚的地方，是贤圣之人训教的地方，是仁义道德实施的地方，是学习《诗》《书》《礼》《乐》并加以运用的地方，是施展奇思巧艺的地方，是远方之人前来观摩学习的地方，是蛮夷之地人民效仿的地方。如今大王却丢弃这些，改穿遥远偏僻的部落的服装，这是变更古代的教育，改变古代的原则，违逆人民的心意，背弃了所学的东西，遗弃了中原的文化，我恳请大王仔细考虑此事。"

使者报王。王曰："吾固闻叔之病也。"即之公叔成家

自请之曰：“夫服者，所以便用也；礼者，所以便事也。是以圣人观其乡而顺宜，因其事而制礼，所以利其民而厚其国也。被发文身，错臂左衽，瓯(ōu)越之民也。黑齿雕题①，鳀(tí)冠秫(shù)缝②，大吴之国也。礼服③不同，其便一也。是以乡异而用变，事异而礼易。是故圣人苟可以利其民，不一其用；果可以便其事，不同其礼。

［注释］

①黑齿雕题：把牙齿染黑，在额头上雕饰。题，指额头。②鳀冠秫缝：鳀，一种体积很大的鱼类。秫缝，指很粗糙的缝制。秫，通“鉥”，长针。③礼服：礼法和服装。

［译文］

王孙绁就把公子成的话禀报给了赵王。赵王说：“我原本就听闻王叔病了。”于是就立刻赶往王叔公子成家，亲自对公子成说：“衣服，是为了穿着方便，礼仪，是为了方便做事。所以古代的圣贤都在考察当地习俗之后才制定适宜的举措，按照当地的实际情况来拟定礼仪制度，因为这样既对人民有利，又能使国家获益。散发纹身，两臂交错而立，衣襟在左边，这是瓯越人的民风习俗。把牙齿染黑，在额头上雕饰，头上戴着鱼皮帽，身上穿着粗拙缝制的衣服，这是大吴国的民风习俗。虽然礼仪和衣服不一样，但是能够得到便利这一点却是相同的。因此地方不同，民风习俗就也会不同，情况不一样，处理事情的礼制也会发生改变。所以圣贤的君主因时制宜，倘若是能给百姓带来好处的，他们就不会统一习俗；假使能够对行事有所便利，就决不实行同样的礼制。

代赵夫人

赵襄子的姐姐嫁给代王为妻。赵简子死，赵襄子立。襄子刚处理完丧事，丧服尚未解除，便北登雁门的夏屋山，请姐夫代王前来赴宴。他精心布置了一场政治谋杀，密令宰人于席间用铜勺“击杀代王及其从官，遂兴兵平代地”。

“儒者一师而礼异，中国同俗而教离，又况山谷之便乎？故去就①之变，知者不能一；远近之服，贤圣不能同。穷乡多

异，曲学多辩。不知而不疑，异于己而不非者，公于求善也。今卿之所言者，俗也。吾之所言者，所以制俗也。今吾国东有河②、薄洛之水，与齐、中山同之，而无舟楫之用。自常山以至代、上党，东有燕、东胡之境，西有楼烦、秦、韩之边，而无骑射之备。故寡人且聚舟楫之用，求水居之民，以守河、薄洛之水；变服骑射，以备其燕、三胡、秦、韩之边。且昔者简主不塞晋阳以及上党，而襄主兼戎取代，以攘诸胡，此愚知之所明也。先时中山负齐之强兵，侵掠吾地，系累吾民，引水围鄗（hào），非社稷之神灵，即鄗几不守。先王忿之，其怨未能报也。今骑射之服，近可以备上党之形，远可以报中山之怨。而叔也顺中国之俗以逆简、襄之意，恶变服之名，而忘国事之耻，非寡人所望于子！”

［注释］

①去就：指舍弃和接受。②河：指黄河。

［译文］

“儒生虽然出自同一个老师，但是所奉行的礼法却不一样；中原地区虽然风俗一样，但是教化却不相同，更何况是偏僻深山中的民风习俗呢？因此对于民风习俗的舍弃还是接受，变化无常，即使是智者也不能统一；远近各地的服装，即使是圣贤之人也无法使其一致。偏僻的地方就会有很多怪异的习俗，邪僻的学说很爱狡辩。对于不明白的事情不要随便怀疑，不随便对和自己不一样的事物进行非议，这样才能无私地求善。如今您所说的，只是普通人的看法；而我所说的，正是要改变这些平常的看法。如今在我们赵国的东边有黄河与漳水，我们与齐国、中山国共同拥有它们，但是我们却没有战船可以使用。从常山到代郡、上党郡一带，东面和燕国和东胡相邻，西面又和楼烦、秦国、韩国接壤，但是我们却没有骑兵部队进行防备。因此我才打算制造战船，召集生活在水上的人，用来守护黄河与漳水；改穿胡服，学习骑射之术，用来防守与燕、三胡、秦国、韩国接壤的边境。昔日先王简主不将自己局限于晋阳和上党，先王襄主又兼并了戎狄，攻取了代郡，以此攘除胡人，这是愚笨的人和智者都能明白的。以前中山国依恃着齐国强大的兵力，侵略我们赵国的国土，掳掠我们的百姓，把水引进来淹灌鄗城，倘若没有社稷神灵的佑护，鄗城几乎就要防守不住了。先王十分愤怒，到现在还未能报仇。如今穿胡服练骑射，从近处说可以守护上党这样的地形；从长远来说可以把当年中山的仇给报了。但是王叔您却要沿袭中原地区的习俗，违逆先王简主和襄主的意愿，仇视改穿胡服的策略，却忘了国家的耻辱，这并不是我对您的期望啊！”

公子成再拜稽首曰：“臣愚不达于王之议，敢道世俗之闻。今欲继简、襄之意，以顺先王之志，臣敢不听令。”再拜。乃赐胡服。

赵文进谏曰：“农夫劳而君子养焉，政之经也；愚者陈意而知者论焉，教之道也；臣无隐忠，君无蔽言，国之禄①也。臣虽愚，愿竭其忠。”王曰：“虑无恶扰，忠无过罪，子其言乎！”

［注释］

①禄：福禄，福气。

［译文］

王叔公子成两拜稽首，说道：“我很愚笨不能领会大王的谋略，因此才敢说出世俗之见。如今大王打算继承先王简主和襄主的意愿，以顺应先王的遗志，我今天怎能不听从呢！”公子成又拜了拜。于是武灵王就赐给了公子成一套胡服。

赵文向武灵王进谏说：“农夫辛苦劳作，君子进行管理，这是治理政事的根本原则；愚钝之人陈述看法，智慧之人进行最后评定，这是进行教育的方法；臣子不向君王隐瞒逆耳的忠诚之言，君主不使进谏之路受到阻塞，这是国家社稷的福气。虽然我很愚钝，但是我依然想要竭尽自己的忠诚。”武灵王说：“一个人如果意志坚定就不会被邪恶所扰乱，如果忠心耿耿就不会有什么罪过，您还是直说吧！”

赵文曰：“当①世辅俗，古之道也；衣服有常，礼之制也；修②法无愆，民之职也。三者先圣之所以教。今君释此，而袭远方之服，变古之教，易古之道，故臣愿王之图之。”王曰：“子言世俗之闻。常民溺于习俗。学者沉于所闻，此两者所以成官而顺政也，非所以观远而论始也。且夫三代不同服而王，五伯不同教而政。知者作教，而愚者制焉；贤者议俗，不肖者拘焉。夫制于服之民不足与论心，拘于俗之众不足与致意③。故势与俗化而礼与变俱，圣人之道也。承教而动，循法无私，民之职也。知学之人，能与

闻迁；达于礼之变，能与时化。故为己者不待人，制今者不法古，子其释之。”

[注释]

①当：随着，适应。②修：遵循。③致意：说明意图。

[译文]

赵文说：“适应世道顺从民风民俗，这是古时就已经存在的规则；衣服有固定的样式，这是自古以来礼法的约定；遵守法律没有罪过，这是人民的职责，这三者是古时先贤对人们的教诲。如今君王您抛弃这些，改穿处于遥远之地的胡人的衣服，变更古时的教化，变革古时的道理，因此我希望大王您能够仔细考虑此事。”赵武灵王说：“您的话只是世俗所见。一般的人往往会沉溺于旧俗，读书之人又往往拘泥于有限的见闻，这两类人只会为官府做事、听从命令，无法高瞻远瞩，开拓创新。夏、商、周三代所穿着的服装虽然不同但却都称王于天下；春秋五霸虽然政教不同但却都使得国家大治。智慧之人制定法令，愚钝之人只能为法令所约束；圣贤之士讨论习俗，没有才能的人只能被旧的习俗约束。那些被旧的习俗礼法所约束的人，不值得与之交心；那些拘泥于世俗之见的民众，不值得向他们讲明你的意图。因此习俗要随着时势发生变化，礼法要和变化相一致，这是圣贤之人治国的法则啊！接受教育并听令行动，遵守法制公正无私，这才是百姓的天职啊。真正的智慧善学之人能随着见闻的不同改变看法；真正通晓礼法的人，能够随着时势的变化而改变。所以说为自己做事不用等待别人，治理当今世事的人不用完全效法古代，您应该懂了！”

赵造谏曰：“隐忠不竭，奸之属也。以私诬国，贱①之类也。犯奸者身死，贱国者族宗。反②此两者，先圣之明刑，臣下之大罪也。臣虽愚，愿尽其忠，无遁其死。”王曰：“竭意不讳，忠也；上无蔽言，明也。忠不辟危，明不距人。子其言乎。”赵造曰：“臣闻之，圣人不易民而教，知者不变俗而动。因民而教者不劳而成功，据俗而动者虑径而易见也。今王易初不循俗，胡服不顾世，非所以教民而成礼也。且服奇者志淫，俗辟者乱民。是以莅国者不袭奇辟③之服，中国不近蛮夷之行，非所以教民而成礼者也。且循法无过，修礼无邪，臣愿王之图之。”

[注释]

①贱：一说应为贼，乱臣贼子。②反：应为衍文。③辟：通“僻”，怪僻。

［译文］

赵造又向赵武灵王劝谏道："隐藏逆耳的忠言，不竭尽忠诚，这就等于是奸臣；为了个人利益贻误国事，这就等于是谋乱之臣。奸佞之人应当处死，危害国家之人要灭族。这两点，古代圣贤已经立下了很明确的刑罚，同时也是身为人臣所犯的最为严重的罪过了。我虽然很愚钝，但是我仍愿竭尽忠诚，不想躲避死亡。"武灵王说："没有任何隐讳地把意见全部都说出来，这是忠臣；君王不阻塞进谏，这是明主。忠诚之臣不躲避危险，圣明之主不拒绝大臣的进谏，您还是直说吧！"赵造说："我曾听闻，圣人不会更改百姓的习俗再对他们进行教化，智慧之人不会改变民俗再采取行动。按照民俗进行教导，不用劳苦就能获得成功；按照习俗采取行动，考虑问题很简单就会收到效果。如今大王您要变更原来的做法而不遵守习俗，改穿胡人的衣服还不顾及世人的非议，这不是教化百姓遵行礼法的方式。并且穿上奇异之服，会使得人心志淫靡，习俗怪僻就会使民心混乱。因此莅临国政的人不该穿奇异的服装，生活在中原的人不该学习蛮夷人的行为方式，这不是教化百姓遵行礼法的方式。并且遵循古法就不会犯什么错误，依循古礼就不会有邪恶，我恳请大王能够仔细考虑此事。"

王曰："古今不同俗，何古之法？帝王不相袭，何礼之循？宓（fú）戏[1]、神农教而不诛，黄帝、尧、舜诛而不怒。及至三王，观时而制法，因事而制礼，法度制令，各顺其宜；衣服器械，各便其用。故礼世不必一其道，便国不必法古。圣人之兴也，不相袭而王；夏殷之衰也，不易礼而灭。然则反古未可非，而循礼未足多也。且服奇而志淫，是邹、鲁无奇行[2]也；俗辟而民易，是吴、越无俊民[3]也。是以圣人利身之谓服，便事之谓教。进退之谓节，衣服之制，所以齐常民，非所以论贤者也。故圣与俗流，贤与变俱。谚曰：'以书为御者不尽于马之情，以古制今者不达于事之变。'故循法之功不足

伏 羲

以高世，法古之学不足以制今。子其勿反也。”

［注释］

①宓戏：指伏羲。②邹、鲁无奇行：邹国人和鲁国人都衣着奇特，但是却产生了很多圣贤之人，如孔子、孟子等。③俊民：才俊之民。

［译文］

武灵王说：“自古至今习俗并不相同，应该向古时的什么时候效仿呢？各个帝王时的礼法并不是一脉相承的，应该依循哪位帝王的礼法呢？伏羲氏和神农氏只进行教化却不诛杀，黄帝、尧、舜，虽然诛杀但是却并不株连。到了三代圣王的时候，就按照具体的时势制定法度，按照实际情况来制定礼仪习俗。法度、政令按照实际形势制定与之适宜，衣服器械各自都以便于使用为基准。因此整治社稷用不着只走一条路，只要是有益于国家，没有必要一定取法古代。出现圣人，并不是由于承袭古代才称霸天下；夏、殷两朝的衰落，也并不是由于礼法的改变才灭亡的。这样的话反叛古法，未必就可以非议，遵循礼法，未必就应该赞赏。并且倘若穿着奇特就会使人心志淫靡的话，邹国和鲁国就不会有杰出独特之人了；倘若民俗怪僻人们更会轻浮散漫的话，吴国和越国就不会有才俊之士了。因此圣人才将利于穿戴的称为衣服，把益于行事的称为教化。进退的礼节，服饰制作的规定，只是为了使百姓一致，并非是用来评估是否贤明的。所以圣人会伴随习俗的改变而改变，贤人能跟着变化而变化。俗话说：‘按照书本知识来驾驭马车，就无法使马充分施展能力；按照古法整治当世，就无法通晓当今世事的变化。’因此遵循古法立下的功业无法超过当世，效仿古人之法就无法将当世治理好。您不要再反对了。”

赵策三

赵惠文王三十年

赵惠文王[1]三十年，相都平君田单问赵奢(shē)[2]曰：“吾非不说[3]将军之兵法也，所以不服者独将军之用众。用众者，使民不得耕作，粮食挽赁[4]不可给也。此坐而自破之道也，非单之所为也。单闻之，帝王之兵所用者不过三万而天下服矣。今将军必负十万、二十万之众乃用之，此单之所不服也。”

［注释］

①赵惠文王：武灵王之子。②赵奢：赵国的将军。因封于马服这个地方，故又称马服君。③说：通“悦”，喜欢。④挽赁：赋税。

［译文］

赵惠文王执政三十年的时候，相国都平君田单对赵奢说：“我并非是不欣赏赵将军用兵之策，我不佩服的只是将军您用兵数量过多。用兵太多，人民就无法进行耕作，粮食、赋税就无法供给，这是坐等国家自己灭亡的道理啊，这不是我所想做的。我听说过，帝王所使用的兵力不多于三万，就使得天下归顺了。如今赵将军您每次作战必定要使用十万甚至是二十万的兵力，这是田单我所无法佩服的。”

马服曰：“君非徒不达于兵也，又不明其时势。夫吴干之剑[1]，肉试则断牛马，金试则截盘匜(yí)[2]；薄[3]之柱上而击之则折为三，质[4]之石上而击之则碎为百。今以三万之众而应强国之兵，是薄柱击石之类也。且夫吴干之剑材难，夫毋(wú)脊之厚而锋不入，无脾[5]之薄而刃不断。兼有是两者，无钓、咢(è)、镡(xín)、蒙须[6]之便，操其刃而刺，则未入而手断。君无十余、二十万之众，而为此钓、咢、镡、蒙须之便，而徒以三万行于天下，君焉能乎？且古者四海之内分为万国，城虽大无过三百丈者，人虽众无过三千家者，而以集兵

三万距，此奚难哉！今取古之为万国者分以为战国七，能具数十万之兵，旷日持久数岁，即君之齐已。齐以二十万之众攻荆，五年乃罢；赵以二十万之众攻中山，五年乃归。今者齐、韩相方，两国围攻焉，岂有敢曰我其以三万救是者乎哉？今千丈之城、万家之邑相望也，而索以三万之众围千丈之城，不存其一角，而野战不足用也，君将以此何之？”都平君喟然太息曰：“单不至也！”

[注释]

①吴干之剑：指吴国干将之剑。②匜：指古代的一种容器，用来装水。③薄：指靠近，接近。④质：通“置”。⑤脾：剑面上靠近剑刃的地方称为脾。⑥钧、咢、镡、蒙须：分别指剑环、剑刃、剑珥、剑绳。

[译文]

赵奢说道：“您不仅仅是不懂得用兵之法，而且还不能清楚现在的形势啊。那吴国干将之剑，砍在肉体上能够把牛、马都给砍断；砍在金属上能够把盘子、盆子砍断；砍在柱子上，剑却变成三段，砍在石头上，剑却能碎成一百块儿。如今倘若用三万士卒去应对强大之国的军队，就如同是宝剑砍在柱子上、击在石头上一样。此外吴国干将宝剑的铸造之材不但难求，而且倘若剑背的厚度不适宜，剑锋就不能刺入物体；倘若剑面的轻薄不适宜，剑刃就不能斩断物体。同时满足了这两方面，可是缺少剑环、剑刃、剑珥、剑绳这样的辅助之类的东西，操起剑刃去刺杀敌人的话，还没有刺到别人，自己的手指就已经断了。倘若您没有十几万、二十万的兵力，来像剑环、剑珥那样做辅助之用，想要仅仅以三万兵士横行天下，您又怎么能做到呢？并且古代的时候天下分成成千上万个国家。即使是大的城邑，城墙也不会多于三百丈；即便是人口众多，也不会多于三千户人家。用召集起来的三万兵士进攻这样的城邑，这又有什么难的呢？现在古代成千上万的国家已经相互合并为现在战国时期的七个国家，都能聚集起数十万的兵士，进行历时很长的持久战，如果仅以三万兵力进行战争的话，就会如同齐国一样遭到惨败了。齐以二十万的兵力讨伐楚国，五年的时间才使战争结束；赵国以二十万的兵力讨伐中山国，五年的时间才得以胜利归国。倘若如今齐国与韩国实力相当，并且都用全力讨伐彼此，哪里有人敢对我说他用三万人的兵力就可以救助这两个国家呢？如今有千丈长的城墙的大城、拥有上万户人家的大邑比比皆是，想要以三万兵力围攻有千丈城墙的大城，连城墙的一个角都不能围困，对于野战，兵力就更加不足了，您想要用这点兵做些什么呢？”都平君长叹道：“我的确不如您啊！”

秦攻赵于长平

秦攻赵于长平[①]，大破之，引兵而归。因使人索六城于赵而讲。赵计未定。楼缓[②]新从秦来，赵王与楼缓计之曰：“与秦城何如？不与何如？”楼缓辞让曰：“此非人臣之所能知也。”王曰：“虽然，试言公之私。”

[注释]

①长平：赵地名，位于今山西高平。②楼缓：人名，本为赵人，后为秦臣，此时为秦国做说客。

[译文]

秦国攻打赵国的长平，大败赵军，率兵返归。之后就通过使者向赵国索要六个城邑，以此作为议和的条件。赵国还尚未作出决择，此时楼缓刚刚由秦来赵，于是赵王就和楼缓进行商议，对他说道：“割给秦国城邑会怎么样呢，不割给秦国城邑又会怎么样呢？”楼缓推辞说：“这并非我这样的臣子所能知道的。”赵王说：“即使如此，我还是想请您说说您的看法。”

赵括之母

知子莫若母。赵王任用赵括为将，但赵括的母亲知道赵括只会纸上谈兵，劝谏赵王不要任用赵括。但赵王一意孤行，仍任用只会纸上谈兵的赵括为主将，最终导致长平之战的失败。

楼缓曰：“王亦闻夫公甫文伯[①]母乎？公甫文伯官于鲁，病死。妇人为之自杀于房中者二八。其母闻之，不肯哭也。相室[②]曰：‘焉有子死而不哭者乎？’其母曰：‘孔子，贤人也，逐于鲁，是人不随。今死，而妇人为死者十六人，若是者，其于长者薄而于妇人厚。’故从母言之，之为贤母也；从妇言

之，必不免为妒妇也。故其言一也，言者异则人心变矣。今臣新从秦来，而言勿与则非计也，言与之则恐王以臣之为秦也，故不敢对。使臣得为王计之，不如予之。”王曰：“诺。”

[注释]

①公甫文伯：鲁国的士大夫。②相室：管家。

[译文]

楼缓说：“大王您是否也听闻过鲁国士大夫公甫文伯之母的事呢？公甫文伯在鲁国为官的时候，因病去世了，房中竟有十六个妇人为他自杀殉情。他的母亲听闻之后，不肯为他伤心哭泣。管家问：‘哪里会有儿子死了却不哭泣的人呢？’公甫文伯的母亲回答道：‘孔子是圣贤之人，被鲁国驱逐的时候，他不肯跟随。如今他死了，竟然有十六个妇人为他自杀殉情。像他这样，对长者如此薄情，对妇人却是如此重情。’这些话是从他母亲口中说出，必然会被称为贤良之母；如若是从妇人口中说出，必定会免不了被称为心怀妒意的妇人。因此，虽然是同一句话，但是说的人不一样，听这些话的人的心情却会不同。如今我刚从秦回来，倘若我说不割地，那并非是替赵国打算；倘若说割地，又担心大王您以为我是在为秦国打算，因此我不敢回答您的问题。假若让我替大王打算，我认为不如把城邑割给秦国。”赵王说：“好吧。”

虞卿[①]闻之，入见王，王以楼缓言告之。虞卿曰：“此饰说也。”秦既解邯郸之围，而赵王入朝，使赵郝[②]约事于秦割六县而讲。王曰：“何谓也？”虞卿曰：“秦之攻赵也，倦而归乎？王以其力尚能进，爱王而不攻乎？”王曰：“秦之攻我也，不遗余力矣，必以倦而归也。”虞卿曰：“秦以其力攻其所不能取，倦而归。王又以其力之所不能攻以资之，是助秦自攻也。来年秦复攻王，王无以救矣。”

[注释]

①虞卿：赵国的臣子。②赵郝：赵国大臣。

[译文]

大臣虞卿听闻此事之后，就前去拜见赵王，赵王就对虞卿说了楼缓的话。虞卿说：“这是虚假巧饰之辞啊。”当此之时秦军以解除对邯郸城的围困，而赵王也已经入秦朝见，并派遣赵郝去与秦国商议将六县割给秦国以讲和之事。赵王问：“为什么这么说啊？”虞卿回答说：“大王您以为秦攻打我们赵国是由于疲于征战才返回秦国的呢，还是他们仍能够进攻，只是由于可怜您而不再进攻的呢？”赵王说：“秦攻打我赵国是不遗余力，必然是由于疲于征战才返回秦国的。”虞卿说：“秦国用全力攻打它不能攻取的地方，军队倦乏之后才返回秦国。但是大王您又将秦国无法夺取的土地割给它予以资助，这其实是在帮助秦国讨伐我们自己啊。等到来年秦国再次讨伐大王您的时候，大王您就没有办法挽救了。”

王又以虞卿之言告楼缓。楼缓曰：“虞卿能尽知秦力之所至乎？诚知秦力之不至，此弹丸之地犹不予也，令①秦来年复攻王，得无割其内而媾(gòu)②乎？”王曰：“诚听子割矣，子能必来年秦之不复攻我乎？”楼缓对曰：“此非臣之所敢任也。昔者三晋之交于秦，相善也。今秦释韩、魏而独攻王，王之所以事秦必不如韩、魏也。今臣为足下解负亲之攻，启关通敝③，齐交韩、魏。至来年而王独不取于秦，王之所以事秦者必在韩、魏之后也。此非臣之所敢任也。”

［注释］

①令：假使。②媾：议和。③敝：通“币”，货币。

［译文］

赵王又将虞卿的话对楼缓讲了一遍，楼缓说：“虞卿可以对秦军的兵力能够打到哪里了如指掌吗？倘若并不确知秦军的兵力到了什么程度，如今这弹丸之地我们都不割给秦国的话，倘若秦国明年再次讨伐大王您，您能够不割让腹地就和秦国议和么？”赵王说：“假若我听从您的建议把六城割给秦国，您能确定明年秦国必然不会再来讨伐我了吗？”楼缓回答说：“这并非臣子我可以保证的。昔日韩、赵、魏三晋和秦国相交，邦交友善，现在秦国留下韩、魏两国，而唯独攻打大王您，由此可见您对秦国的事奉必然没有韩、魏两国好。如今我可以为您调解由于背弃秦赵亲善关系而引起的战争，打开关塞，流通货币，以使赵国和秦国的邦交关系达到韩、魏两国与秦国的关系那样。但是至于明年，唯独大王您还无法与秦交好，那必然是由于您对秦国的事奉落在韩、魏两国之后了。这并非是我能够承担的。”

王以楼缓之言告。虞卿曰：“楼缓言不媾，来年秦复攻王，得无更割其内而媾？今媾，楼缓又不能必秦之不复攻也，虽割何益？来年复攻，又割其力之所不能取而媾也，此自尽之术也，不如无媾。秦虽善攻，不能取六城；赵虽

不能守，而不至失六城。秦倦而归，兵必罢。我以五城收天下以攻罢秦，是我失之于天下而取偿于秦也，吾国尚利。孰与坐而割地自弱以强秦？今楼缓曰：'秦善韩、魏而攻赵者，必王之事秦不如韩、魏也。'是使王岁[①]以六城事秦也，即坐而地尽矣。来年秦复求割地，王将予之乎？不与，则是弃前贵而挑秦祸也；与之，则无地而给之。语曰：'强者善攻而弱者不能自守。'今坐而听秦，秦兵不敝而多得地，是强秦而弱赵也。以益愈强之秦而割愈弱之赵，其计固不止矣。且秦虎狼之国也，无礼义之心，其求无已而王之地有尽。以有尽之地给无已之求，其势必无赵矣。故曰：此饰说也。王必勿与。"王曰："诺。"

[注释]

①岁：每年。

[译文]

赵王又对虞卿讲了楼缓的话。虞卿说："楼缓说不同秦国议和，倘若秦国明年再次讨伐大王您，您能够不割让腹地就和秦国议和么？但是如今同秦国议和，楼缓又无法确保秦国必然不会再来讨伐，那么即使是割让了土地，又有什么用呢？第二年秦军再次兴兵征战的话，又把他尽全力也无法得到的城邑作为议和的条件割让给它，这是自取灭亡的做法啊，不如还是不与秦国议和为好。秦国虽然擅长攻取，但还是无法夺取六城，赵国虽然无法固守，但还不至于丢掉六城，等到秦军疲惫了就会回去了，军队也会很疲弊。现在我们可以用五座城邑收买天下，来讨伐疲惫的秦国。如此一来，虽然我们丧失了送给诸侯们的土地，但是我们却可以从秦国获得补偿。我们赵国尚且还有好处。这和白白割让土地使自己被削弱从而使秦国强大比起来，哪一个更好呢？如今楼缓说：'秦国与韩国、魏国邦交友好，却讨伐赵国，必然是由于赵王您对秦国的事奉不如韩、魏两国好。'这就是说让赵王您每年都割给秦国六座城池来事奉秦国，也就是说坐着等待赵地割让完。如果明年秦国再向您索求土地，您是否还打算割给他？假使您不割给的话，就是放弃前面的功劳，挑起秦兵给赵国带来的祸端；假使您把土地割给秦国，赵王您就会没有土地可以割让了。俗话说：'强大的擅长进攻，弱小的无法自守。'如今倘若坐以待毙，听命于秦国，而秦军不需要劳累又能够多得到土地，这是使秦国得以增强、使赵国削弱啊。以此使秦国更为强大，从而宰割赵国，使得赵国更为疲弱，这种计策的危害就会无法穷尽。并且秦国是如同虎狼一样的国家，没有任何仁义之心，它的索求会没完没了，但是大王您的土地确实有限，用有限的土地，去满足秦国永无止境的要求，那么赵国灭亡就是必然趋势了。因此，楼缓的话只是伪饰之说。大王您千万不要把土地割给秦国啊。”赵王说：“好。”

楼缓闻之，入见于王，王又以虞卿言告之。楼缓曰：“不然，虞卿得其一，未知其二也。夫秦、赵构难而天下皆说①，何也？曰‘我将因②强而乘弱’。今赵兵困于秦，天下之贺战者则必尽在于秦矣。故不若亟（jí）割地求和以疑天下，慰秦心。不然，天下将因秦之怒，秦赵之敝而瓜分之。赵且亡，何秦之图？王以此断之，勿复计也。”

［注释］

①说：通“悦”，高兴。②因：凭借，倚仗。

［译文］

楼缓听闻此事之后，又前去拜见赵王，赵王就又对楼缓说了虞卿的话。楼缓说：“不对。虞卿他只知其一，却不知其二。秦国和赵国互相交战，天下诸侯都很高兴，这是为何啊？只是因为‘我们将要倚仗强大的秦国欺凌弱小的国家’。如今赵国的军队被秦所围困，天下庆贺此战的诸侯，必然都属于秦国阵营。因此您不如还是赶紧向秦国割地议和吧，以此来使诸侯迷惑，抚慰秦国。如若不然的话，天下诸侯将会趁着秦国的愤怒，秦国和赵国交兵疲惫之机，发兵对赵国进行瓜分。赵国就将要灭亡了，对秦国还能有什么图谋啊？大王您这样决定吧，不要再作图谋了。”

虞卿闻之，又入见王曰：“危矣，楼子之为秦也！夫赵兵困于秦，又割地为和，是愈疑天下而何慰秦心哉！是不亦大示天下弱乎？且臣曰勿予者，非固勿予而已也。秦索六城于王，王以五城赂齐。齐，秦之深雠（chóu）①也，得王五城，并力而西击秦也，齐之听王，不待辞之毕也。是王失于齐而取偿于秦，一举结三国之亲，而与秦易道也。”赵王曰：“善。”因发虞卿东见齐王，与之谋秦。虞卿未反②，秦之使者已在赵矣。楼缓闻之，逃去。

［注释］

①深雠：指很深的仇恨。②反：通“返”，返回。

[译文]

虞卿听闻此事之后，又前去觐见赵王，说道："赵国将要很危险了，楼缓这是在替秦国打算啊。赵军为秦所围困，倘若再割地给秦国，以此与之言和，这样就会使得天下诸侯们更加怀疑赵国之弱，又怎么能抚慰秦国的贪心呢？这难道不也是向天下诸侯表明赵国的软弱吗？并且我说不割给秦国土地，并非简单地不割地于秦。秦王向大王您索要六座城邑，大王您以五座城邑去贿赂齐国。齐国和秦国是有着很深仇恨的敌国，倘若能够得到您的五座城邑，必然会和您一起联手向西攻打秦国，齐王定会听从于您，不必等到把话说完。如此一来，大王您虽然在齐国那里丧失了土地，但是却能够从秦国那里获得补偿，您这样一举就能得到韩、魏、齐三国的亲近，并且会和秦国所处的位置对换。"赵王说："好。"于是就差遣虞卿向东前去拜见齐王，与他共同图谋秦国。还没等到虞卿从齐国返回赵国，秦国的使者就已经来到赵国了。楼缓听闻此事之后，就赶紧逃走了。

秦、赵战于长平

秦、赵战于长平，赵不胜，亡一都尉。赵王召楼昌①与虞卿曰："军战不胜，尉复死，寡人使卷甲而趋之，何如？"楼昌曰："无益也，不如发重使而为媾。"虞卿曰："夫言媾②者，以为不媾者军必破，而制媾者在秦。且王之论秦也，欲破王之军乎？其不邪？"王曰："秦不遗余力矣，必且破赵军。"虞卿曰："王聊听臣，发使出重宝③以附楚、魏。楚、魏欲得王之重宝，必入吾使。赵使入楚、魏，秦必疑天下合从也，且必恐。如此则媾乃可为也。"

[注释]

①楼昌：赵国的大臣，秦臣楼缓的弟弟。②媾：求和。③重宝：贵重的宝物。

[译文]

秦国和赵国在长平作战，赵军战败，赵国有一个都尉身亡了。于是赵王就召见大臣楼昌和虞卿，问道："我们赵军未能战胜，并且又有一个都尉战死，我想要让全军向秦国的军队进行偷袭，你们认为怎么样？"楼昌说："这不会有什么好处，您不如还是派遣显贵的特使和秦国商议和解吧。"虞卿说："想要议和的人认为倘若不和秦国商议和解，赵军必然会战败。但是控制议和的一方却是秦国，以大王您之见，秦国是想要击破赵军呢？还是不想击破赵军呢？"赵王说："秦国会全力以赴

攻打我军，必然是想要击破我军。”虞卿说道：“大王您暂且听从于我，派遣使者带上贵重的宝物，前去依附于楚、魏。楚国和魏国想要获得大王您那贵重的宝物，必然会让我们的使臣进入楚、魏两国。一旦我们赵国的使者进入了楚、魏两国，秦国必然会怀疑天下的诸侯已经建立了合纵联盟，并且必然会心怀恐惧。这样一来，与秦国的议和就能够成功了。”

赵王不听，与平阳君为媾，发郑朱[1]入秦，秦内之。赵王召虞卿曰：“寡人使平阳君媾秦，秦已内郑朱矣，子以为奚如？”虞请曰：“王必不得媾，军必破矣，天下之贺战者皆在秦矣。郑朱，赵之贵人也，而入于秦，秦王与应侯[2]必显重以示天下。楚、魏以赵为媾，必不救王。秦知天下不救王，则媾不可得成也。”赵卒不得媾，军果大败。王入秦，秦留赵王，而后许之媾。

［注释］

①郑朱：赵国的臣子。②应侯：指范雎，秦国的相国。

［译文］

赵王没有听取虞卿的计策，就和平阳君商议与秦国议和，派遣臣子郑朱前往秦国。秦国让郑朱进入了秦国。赵王又召见虞卿问：“我派平阳君去与秦国商议和解，秦国已经接纳了郑朱，你觉得会怎么样呢？”虞卿说：“大王您必定不能和解，赵军必然会被击破，天下庆贺战争获胜的诸侯，必定都属于秦国一方。郑朱，乃是赵国显贵之人，前往秦国，秦王与应侯范雎必然会很隆重地接待他，以此向天下诸侯表明赵国求和之心。楚国和魏国认为赵国已经与秦国和解了，肯定不会再救援赵军。秦国知晓天下诸侯都不会前来救助赵国，那么议和就不可能获得成功了。”赵国最终也没有与秦国成功议和，赵军果然也被秦军大败。于是赵王又前往秦国，秦国把赵王扣留了，之后才答应与赵国议和。

秦围赵之邯郸

秦围赵之邯郸[1]。魏安釐(xī)王[2]使将军晋鄙救赵。畏秦，止于汤阴，不进。魏王使客将军辛垣衍(yǎn)[3]间[4]入邯郸，因[5]平原君[6]谓赵王曰：“秦所以急围赵者，前与齐闵王争强为帝，

已而复归帝，以齐故。今齐闵王已益弱。方今唯秦雄天下，此非必贪邯郸，其意欲求为帝。赵诚发使尊秦昭王为帝，秦必喜，罢兵去。”平原君犹豫未有所决。

[注释]

①邯郸：赵国的都城，位于今河北邯郸。②魏安釐王：魏昭王之子。③辛垣衍：魏国的臣子。④间：偷偷地。⑤因：通过。⑥平原君：赵惠文王之弟，赵国的相国，封于东武城，与齐国的孟尝君、魏国的信陵君、楚国的春申君一起并称为战国四公子。

[译文]

秦国围攻赵都邯郸，魏安釐王派将军晋鄙救赵。可是晋鄙很惧怕秦兵，不敢前进，就驻扎在汤阴。不得已，魏王就再派客将军辛垣衍悄悄进入邯郸城，通过平原君赵胜对赵孝成王说：“秦兵之所以着急发兵围攻贵国邯郸，是因为秦以前和齐闵王争相逞威称帝，可是不久又把帝号取消。就因为齐国不称帝，所以秦国也取消了帝号，如今齐国已经愈发衰败，只有秦国雄霸天下，可见秦国并不一定是为了贪图邯郸之地，其真正用意是想要称帝。因而只要赵国能派遣专使，尊秦王为帝，那秦王必然很高兴，这样秦兵就会自解邯郸之围。”可是平原君还是犹豫不决。

此时鲁仲连①适游赵，会②秦围赵。闻魏将欲令赵尊秦为帝，乃见平原君曰：“事将奈何矣？”平原君曰：“胜③也何敢言事？百万之众折于外，今又内围邯郸而不能去。魏王使将军辛垣衍令赵帝秦。今其人在是④，胜也何敢言事？”

[注释]

①鲁仲连：齐国人。②会：恰逢，赶上。③胜：平原君的名。④是：指这里。

[译文]

这时鲁仲连刚好在赵国，正碰上秦兵围攻邯郸，他听说魏国准备叫赵王尊秦王为帝，于是就去见平原君说：“战事打算怎么安排呢？”平原君说：“我现在哪还敢谈战事？赵国的百万大军战败于外，如今国都邯郸又遭受秦兵的包围而无法击退。魏王派将军辛垣衍劝我赵王尊秦王为帝。现在辛将军就在这里，我还敢说什么？”

鲁连曰：“始吾以君为天下之贤公子也，吾乃今然后知君非天下之贤公子也。梁客辛垣衍安在？吾请为君责而归之①”平原君曰：“胜请召而见之于先生。”平原君遂见辛垣

衍曰："东国[2]有鲁连先生，其人在此，胜请为绍介而见之于将军。"辛垣衍曰："吾闻鲁连先生，齐国之高士也。衍，人臣也，使事有职。吾不愿见鲁连先生也。"平原君曰："胜已泄之矣。"辛垣衍许诺。

[注释]

①责而归之：指责他使他回去。②东国：指齐国，因为齐国在东面而称之。

[译文]

鲁仲连说："我当初以为阁下是天下的贤公子，到现在我才知道阁下是徒有虚名。魏将军辛垣衍在哪里？我可以替阁下责备一顿让他回去。"平原君说："那么我就把辛将军请来和先生见面。"于是平原君就去见辛垣衍说："齐国有一位鲁仲连先生，此人就在这里，我想给将军介绍和他认识。"齐垣衍说："我早就知道鲁仲连先生是齐国的高士，而我辛垣衍只不过是一个使臣，职责所在，所以我不愿见鲁仲连先生。"平原君说："可是我已经把您的情况告诉他了。"这样辛垣衍才答应和鲁仲连见面。

鲁连见辛垣衍而无言，辛垣衍曰："吾视居北围城之中者，皆有求于平原君者也。今吾视先生之玉貌，非有求于平原君者，曷为久居此围城之中而不去也？"

[译文]

鲁仲连见到辛垣衍竟一言不发，辛垣衍说："我知道凡是住在被围困的邯郸城中的人，都是为有求于平原君而来。但是我现在观察先生的表情，好像并非有求于平原君，真不知道先生为什么在这被围困的城内久住不走？"

鲁连曰："世以鲍焦[1]无从容[2]而死者，皆非也。今众人不知，则为一身。彼秦者，弃礼义而上首功之国也[3]。权使其士，虏使其民。彼则肆然而为帝，过而遂正于天下，则连有赴东海而死矣。吾不忍为之民也！所为见将军者，欲以助赵也。"辛垣衍曰："先生助之奈何？"鲁连曰："吾将使梁及燕助之。齐、楚则固助之矣。"

[注释]

①鲍焦：周代的隐士，相传自杀而死。②从容：指广阔的胸怀。③上首功之

国：是一个崇尚斩掉别人的首级为功劳的国家，即指秦国崇尚武力。上，通“尚”，崇尚。首功，以别人的首级为功。

[译文]

鲁仲连说：“世人都认为鲍焦是由于心胸狭隘而自杀，这都是错误的想法。如今一些人不明白，认为鲍焦只是为自己。再说那秦国是一个背弃礼义，崇尚战功，用权术操纵士大夫，把百姓当奴隶一般使用的国家。秦王假如肆无忌惮地称帝，并且以政令统治天下，那么我鲁仲连只有投东海而死。因为我不能忍受做秦王的顺民，所以才来会见将军，目的是想借此机会帮助赵国。”辛垣衍说：“请问先生要怎样帮助赵国呢？”鲁仲连说：“我准备鼓动梁、燕两国帮助赵国，而齐、楚两国本来已经帮助他们了。”

辛垣衍曰：“燕则吾请以从矣。若乃梁，则吾乃梁人也，先生恶[1]能使梁助之耶？”鲁连曰：“梁未睹秦称帝之害故也，使梁睹秦称帝之害，则必助赵矣。”

[注释]

①恶：表示诘问，怎么能。

[译文]

辛垣衍说：“燕国，我相信他们会听从您的意见。至于梁国，我可是梁国人，不知道先生要如何使梁国帮助赵国？”鲁仲连说：“这是因为梁国还没有看见秦国称帝的害处，假如梁能清楚秦国称帝之害，就必然发兵救赵。”

辛垣衍曰：“秦称帝之害将奈何？”鲁仲连曰：“昔齐威王[1]尝为仁义矣，率天下诸侯而朝周。周贫且微，诸侯莫朝，而齐独朝之。居岁余，周烈王崩，诸侯皆吊，齐后往。周怒，赴于齐曰：‘天崩地坼，天子下席。东藩之臣田婴齐后至，则斮（zhuó）[2]之。’威王勃然怒曰：‘叱嗟，而母婢也。’卒为天下笑。故生则朝周，死则叱之，诚不忍其求也。彼天子固然，其无足怪。”

[注释]

①齐威王：指田婴齐。②斮：斩，杀。

[译文]

辛垣衍说："秦王称帝的害处在哪里呢？"鲁仲连说："以前齐威王曾行仁义之政，他率领天下诸侯去朝拜周天子。当时的周朝既穷又弱，天下诸侯都不肯朝拜，只有齐国肯称臣朝拜。过了一年多，周烈王驾崩，诸侯都去吊丧，可是齐国却最后才到。周显王大怒，就派使臣警告齐王说：'天子驾崩，新即位的天子服丧，而齐国的田婴齐竟然最后才到，依法当处斩刑。'齐威王听了这话勃然大怒说：'呸！你只不过是一个贱婢所生的奴才。'后来被天下诸侯所嘲笑。齐王在周天子生时去朝拜他，死后却如此咒骂他，实在是由于无法接受周朝的苛求。至于说天子倒应该有点威风，这也没有什么值得奇怪的。"

辛垣衍曰："先生独未见夫仆乎？十人而从一人者，宁力不胜，智不若①耶，畏之也。"鲁仲连曰："然梁之比于秦若仆耶？"辛垣衍曰："然。"鲁仲连曰："然吾将使秦王烹醢(hǎi)②梁王。"辛垣衍怏(yàng)然③不悦曰："嘻！亦太甚④矣，先生之言也，先生又恶能使秦王烹醢梁王？"

[注释]

①不若：指不如，不及，比不上。②烹醢：古代的两种很残忍的酷刑。烹，用鼎煮人。醢，将人剁成肉酱。③怏然：很不开心的样子。④甚：过分。

[译文]

辛垣衍说："先生难道没有见过那些仆人吗？十个人服侍一个人，并不是因为力量和智慧不如主人，而是由于害怕主人。"鲁仲连说："那么梁国和秦国的关系，就如同仆人和主人的关系吗？"辛垣衍说："是的。"鲁仲连说："既然这样，我将要让秦王烹杀梁王，把梁王剁成肉酱。"辛垣衍很不高兴地说："唉！先生的话也未免太过分了，先生又怎能叫秦王烹杀梁王呢？"

鲁仲连曰："固也，待吾言之。昔者，鬼侯①、鄂侯②、文王③，纣之三公也。鬼侯有子而好，故入之于纣，纣以为恶，醢(hǎi)鬼侯。鄂侯争之急，辨之疾，故脯④鄂侯。文王闻之，喟然而叹，故拘之于牖(yǒu)里⑤之库，百日而欲舍之死。曷(hé)为与人俱称帝王，卒就脯醢之地也？

[注释]

①鬼侯：商纣王的大臣，封地位于今河北临漳。②鄂侯：商纣王的大臣，封地位

于今山西宁乡。③文王：周文王。④脯：肉干。⑤牖里：地名，位于今河南汤阴。

[译文]

鲁仲连说："我自然可以这样做，请将军听我解释。古时鬼侯、鄂侯、文王，是殷纣王的三公大臣。鬼侯有个女儿长得很漂亮，于是就献给纣王送入后宫，可是纣王讨厌她不够妩媚，结果纣王就把鬼侯烹杀剁成肉酱。鄂侯为这件事向纣王进言直谏，急切地辩论，结果纣王又把鄂侯杀死晒成肉干。文王听到这两件惨事以后，不由得长叹，结果竟被纣王囚禁在牖里的监牢里，准备把他囚禁一百天后再将他处死。为什么和人家同称帝王，结果反倒被杀死晒成肉干剁成肉酱呢？

"齐闵王将之鲁，夷维子①执策②而从，谓鲁人曰：'子将何以待吾君？'鲁人曰：'吾将以十太牢待子之君。'维子曰：'子安取礼而来待吾君？彼吾君者，天子也。天子巡狩，诸侯辟舍，纳于筦（guǎn）键③，摄衽抱几，视膳于堂下，天子已食，退而听朝也。'鲁人投其籥，不果纳。不得入于鲁，将之薛，假途④于邹。当是时，邹君死，闵王欲入吊。夷维子谓邹之孤曰：'天子吊，主人必将倍殡柩（bìn jiù），设北面于南方，然后天子南面吊也。'邹之群臣曰：'必若此，吾将伏剑而死。'故不敢入于邹。邹、鲁之臣，生则不得事养，死则不得饭含⑤。然且欲行天子之礼于邹、鲁之臣，不果纳。

[注释]

①夷维子：夷维，本为地名，此人以城邑为自己的姓，故称夷维子。②执策：拿着马鞭。策，马鞭。③筦键：钥匙。④假途：借道。⑤饭含：把粮食或玉放在死人嘴里，这是古人丧葬习俗。

[译文]

"齐闵王要去鲁国时，夷维子拿着马鞭子服侍在侧，他对鲁国人说：'你们要如何接待我们国君呢？'鲁国人说：'我们准备用猪、牛、羊各十头的太牢之礼款待你们国君。'夷维子说：'你们是从哪里学来这种礼节来接待我们国君的呢？我们国君乃是天子，天子到全国各地巡视时，诸侯都要避开正殿不住，交出钥匙、撩起衣襟、端着几案在堂下侍候天子进餐，天子吃完，诸侯才能退下处理政务。'鲁国人听了这话以后，就把关门锁上，不让齐闵王入境，以致使齐国君臣都不能进入鲁国。又要到薛国去的时候，想从邹国借路通过，正好碰上邹君死了，齐闵王要去吊丧，夷维子对邹君的遗孤说：'天子来吊丧，丧主必须把灵柩从北面移向南面，然后请天子面朝南吊唁。’邹国的群臣说：‘假如齐国一定叫我们这样做，那我们宁可伏剑自杀。’因此齐闵王君臣也不敢进入邹国。邹、鲁两国的臣子，当时君主在世时没能力更好地奉养，君主死了以后，也没有能力好好地按照丧葬习俗来办。但是要叫他们对齐闵王行朝拜天子之礼，他们却宁可不让齐闵王进入自己的国家。

“今秦万乘之国，梁亦万乘之国。俱据万乘之国，交有称王之名，睹其一战而胜，欲从而帝之，是使三晋之大臣不如邹、鲁之仆妾也。且秦无已而帝，则且变易诸侯之大臣。彼将夺其所谓不肖，而予其所谓贤；夺其所憎，而与其所爱。彼又将使其子女谗妾为诸侯妃姬，处梁之宫，梁王安得晏然而已①乎？而将军又何以得故宠乎？”

[注释]

①晏然而已：相安无事。

[译文]

“如今秦国是万乘大国，而梁国也是一个万乘之邦。既然都是万乘之邦，而且都互相称王，但是看见秦国一战而胜，就一起称秦王为帝，这是使三晋重臣连邹、鲁的奴隶都不如，再说秦王的野心无止境地膨胀，直到称帝成功，到那时他必调换诸侯的大臣；废除他所谓的奸臣，把官爵给他心目中的贤臣；剥夺他所憎恨的人的官职，然后任命他所喜欢的人为新官。同时他又要叫他的女儿做诸侯的妃子，住在梁宫里，梁王又怎能与她们相安无事？将军又怎能保全梁王宠信？”

于是，辛垣衍起，再拜谢曰：“始以先生为庸人，吾乃今日而知先生为天下之士也。吾请去，不敢复言帝秦①。”秦将闻之，为却军②五十里。

[注释]

①帝秦：以秦为帝。②却军：退却军队。

[译文]

辛垣衍听完鲁仲连这番话后，立刻肃然起敬再拜谢罪说：“我起初以为鲁先生是一个平凡的人，现在我才知道先生是天下的通达之士。因此我现在就想回梁国，再也不敢谈论尊秦王为帝的事了。”秦国将领听到这个消息后，立刻下令秦军后退五十里。

适会魏公子无忌①夺晋鄙军，以救赵击秦，秦军引而去。于是平原君欲封鲁仲连，鲁仲连辞让者三②，终不肯受。平原乃置酒，酒酣，起前以千金为鲁连寿。鲁连笑曰："所贵于天下之士者，为人排患、释难、解纷乱而无所取也。即③有所取者，是商贾(gǔ)之人也，仲连不忍为也。"遂辞平原君而去，终身不复见。

[注释]

①无忌：指魏安釐王的弟弟信陵君。他设计取得兵符，杀掉将军晋鄙，夺取了军权，帮助赵国战胜秦国。②辞让者三：再三推辞。③即：如果，假设。

[译文]

这时正好碰上魏公子无忌杀死晋鄙，夺下兵权救赵攻秦，秦将只好率兵回国。事后平原君想封赏鲁仲连，可是鲁仲连却再三辞谢，始终不肯接受。不得已平原君就摆设酒宴，当酒兴正浓时，平原君站起以千金为鲁仲连祝寿。然而鲁仲连只是笑一笑说："一个受天下崇拜的贤士，就应为人排难解忧而不收取报酬。假如收取报酬，那是商人的行为，我鲁仲连绝不会做这种事。"鲁仲连说完这话，就辞别平原君而去，从此终身不再来拜见平原君。

赵策四

赵太后新用事

赵太后[1]新用事，秦急攻之。赵氏求救于齐。齐曰：“必以长安君[2]为质，兵乃出。”太后不肯，大臣强谏。太后明谓左右：“有复言令长安君为质者，老妇[3]必唾(tuò)其面。”

[注释]

①赵太后：赵孝成王的母后。②长安君：赵太后的小儿子。③老妇：赵太后对自己的谦称。

[译文]

赵太后刚执政，秦国就抓紧攻赵。赵国向齐国请求救援。齐国说：“必须让长安君来做人质，我们才出兵。”赵太后不肯，大臣们都极力劝谏。赵太后明白地对左右的人说：“有再说让长安君去做人质的，我一定吐他一脸唾沫。”

左师触龙[1]愿见太后。太后盛气[2]而揖之。入而徐趋，至而自谢，曰：“老臣病足，曾不能疾走，不得见久矣。窃自恕，而恐太后玉体之有所郄(xì)[3]也，故愿望见太后。”太后曰：“老妇恃[4]辇(niǎn)而行。”曰：“日食饮得无衰乎？”曰：“恃粥耳。”曰：“老臣今者殊不欲食，乃自强步，日三四里，少益嗜(shì)食，和于身也。”太后曰：“老妇不能。”太后之色少解。

[注释]

①左师触龙：左师，官职名。触龙，人名，赵国的臣子。②盛气：十分生气。③郄：同“隙”，病态，不舒服。④恃：依靠，依仗。

[译文]

左师触龙说他希望拜见太后，太后怒气冲冲地等着他。触龙上殿后慢慢走上前去，到太后跟前道歉说：“老臣的脚有病，不能快走，很久没有拜见太后了。私下里因脚疾而宽恕自己，只是担心太后的身体欠佳，所以还是希望看看太后。”赵太后说：“我只能靠车子行动了。”触龙说：“饮食该不会减少吧？”太后说：“靠喝点粥罢了。”触龙说：“老臣最近很不想吃东西，就勉强散散步，每天走上三四里，渐渐地就喜欢吃东西了，身体也舒服些了。”太后说：“我可做不到啊。”太后的脸色稍微缓和了些。

左师公曰：“老臣贱息①舒祺（qí），最少，不肖。而臣衰，窃爱怜之。愿令得补黑衣②之数，以卫王宫，没死以闻。”太后曰：“敬诺。年几何矣？”对曰：“十五岁矣。虽少，愿及未填沟壑（hè）③而托之。”太后曰：“丈夫亦爱怜其少子乎？”对曰：“甚于妇人。”太后笑曰：“妇人异甚。”对曰：“老臣窃以为媪（ǎo）④之爱燕后⑤贤于长安君。”曰：“君过矣，不若长安君之甚。”

［注释］

①贱息：谦称，指自己的儿子。②黑衣：因宫中卫士所穿的衣服为黑色，所以借此指代卫士。③未填沟壑：指还没有死。④媪：对赵太后的尊称。⑤燕后：赵太后将自己的女儿嫁给了燕国国君，故言燕后。

［译文］

触龙说：“老臣有个儿子叫舒祺，年龄最小，不成才。可我已经衰老了，私下里很疼爱他。我希望能让他做一名卫士，来保卫王宫，因此冒死来向太后禀告。”太后说：“好吧。他几岁了？”触龙答道：“十五岁了。年纪虽小，老臣想趁着自己没死之前把他托付给您。”太后说：“男子汉也疼爱自己的小儿子吗？”触龙答道：“比妇人家还疼爱。”太后笑着说：“妇人家疼爱小儿子才特别厉害呢。”触龙说：“老臣私下里认为您疼爱燕后胜过疼爱长安君。”太后说：“你错了，我疼爱燕后远不如疼爱长安君。”

左师公曰：“父母之爱子，则为之计深远。媪之送燕后也，持其踵（zhǒng）①为之泣，念悲其远也，亦哀之矣。已行，非弗思也，祭祀必祝之，祝曰：‘必勿使反。’岂非计久长，有子孙相继为王也哉？”太后曰：“然。”左师公曰：“今三世以前，至于赵之为赵，赵主之子孙侯者，其继有在者乎？”曰：“无有。”

［注释］

①踵：脚后跟。

［译文］

触龙说："父母疼爱子女，就替他们做长远打算。您送燕后出嫁时，在车下握着她的脚后跟，为她掉眼泪，因为想到她要离家远嫁。也是感到伤心啊！燕后走了以后，您并不是不想她啊，祭祀时总是要替她祝福，祈祷说：'千万不要让她回来。'这难道不是替她做长远打算，希望她的子孙世代为王吗？"太后说："是的。"触龙说："从现在起，上推到三代以前，甚至推到赵氏立国的时候，赵君子孙被封侯的，他们的后代还有在侯位的吗？"太后答道："没有。"

曰："微独赵①，诸侯有在者乎？"曰："老妇不闻也。""此其近者祸及身，远者及其子孙。岂人主之子孙则必不善哉？位尊而无功，奉厚而无劳，而挟②重器多也。今媪尊长安君之位，而封之以膏腴(gāo yú)之地，多予之重器，而不及今令有功于国。一旦山陵崩③，长安君何以自托于赵？老臣以媪(ǎo)为长安君计短也，故以为其爱不若燕后。"太后曰："诺，恣(zì)君之所使之。"于是为长安君约车百乘质于齐，齐兵乃出。

［注释］

①微独赵：不仅仅是赵国。微，表示否定。②挟：掌控。③山陵崩：古时对国君、诸侯以及王后的死的委婉表达。

［译文］

触龙又问："不仅仅是赵国，就是其他诸侯的子孙后代还有在侯位的吗？"太后答道："我没听说过。"触龙说："他们当中遭祸早的，祸患就降到了自己身上；遭祸晚的，祸患就降到了子孙身上。难道国君封侯的子孙就一定都不好吗？只是因为他们地位尊贵却没有功勋，俸禄丰厚却没有劳绩，却拥有大量的贵重器物啊！如今您使长安君的地位很尊贵，又封给他肥沃的土地，给他很多贵重的器物，却不让他趁现在为国家立功。有朝一日太后去世，长安君凭着什么在赵国站住脚呢？老臣认为您替长安君打算得不够长远，所以说您疼爱长安君不如疼爱燕后。"太后说："好吧，那就任凭你安排吧。"于是为长安君准备了一百辆车子，送他到齐国做人质，齐国这才出兵。

子义①闻之曰："人主之子也，骨肉之亲也，犹不能恃无功之尊，无劳之奉，而守金玉之重也，而况人臣乎？"

［注释］

①子义：赵国的有才之士。

[译文]

子义听说了这件事，评论道："国君的儿子，是骨肉至亲，尚且不能倚仗没有功勋的高贵地位、没有劳绩的优厚俸禄，来长期保住贵重的金玉财宝，更何况是做臣子的呢？"

虞卿谓赵王

虞卿[1]谓赵王曰："人之情，宁朝人乎？宁朝于人也？"赵王曰："人亦宁朝人耳，何故宁朝于人？"虞卿曰："夫魏为从[2]主，而违者范座也。今王能以百里之地，若万户之都，请杀范座[3]于魏。范座死，则从事可移于赵。"赵王曰："善。"乃使人以百里之地，请杀范座于魏。魏王许诺，使司徒[4]执范座，而未杀也。

[注释]

①虞卿：赵国的相国。②从：通"纵"，合纵。③范座：魏国的相国。④司徒：古代的官职名，主要负责管理土地和民政。

[译文]

虞卿对赵王说："人的本性是愿意受别人朝见呢，还是愿意朝见别人呢？"赵王说："人都宁愿受别人朝见，怎么会愿意朝见别人呢？"虞卿说："魏国是合纵阵线的盟主，是范座令其成功的。如果大王能用百里之地或者万户的都邑，请求魏国杀掉范座，范座死了以后，合纵阵线的盟主可由赵国担任。"赵王说："好。"就派人用百里之地请求魏国杀掉范座。魏王答应了，派司徒拘捕了范座，却没有杀他。

范座献书魏王曰："臣闻赵王以百里之地，请杀座之身。夫杀无罪范座，薄故也；而得百里之地，大利也。臣窃为大王美之。虽然[1]，而有一焉，百里之地不可得，而死者不可复生也，则主必为天下笑矣！臣窃以为与其以死人市[2]，不若以生人市也。"

[注释]

①虽然：虽然如此。然，如此，这样。②市：交换，买卖。

[译文]

范座给魏王呈上了一封信，写道："我听说赵王用百里之地请求杀死我。杀了无辜的范座是小事一桩，得到百里之地是极大的便宜，我私下里替大王感到高兴。虽然如此，可还有一个问题，如果得不到百里之地，而死了的人又不能活过来，那么大王一定会被天下人耻笑了！我私下里认为，与其拿死人来做交易，不如用活人来做交易。"

又遗(wèi)其后相①信陵君②书曰："夫赵、魏，敌战之国也。赵王以咫尺之书来，而魏王轻为之杀无罪之座，座虽不肖③，故魏之免相也。尝以魏之故，得罪于赵。夫国内无用臣，外虽④得地，势不能守。然今能守魏者，莫如君矣。王听赵杀座之后，强秦袭赵之欲，倍赵之割，则君将何以止之？此君之累也。"信陵君曰："善。"遽(jù)言之王而出⑤之。

[注释]

①相：相国。②信陵君：指魏公子无忌，魏安釐王的弟弟。③不肖：不才，没有才能。④虽：即使。⑤出：释放。

[译文]

范座又给接替他相位的信陵君送了一封信，写道："赵国和魏国是势均力敌的国家。赵王派人送一封短信来到魏国，而大王就轻易地为他们杀害无辜的范座，我范座虽然没有才能，也曾是魏国被免职的相国。我曾经因顾全魏国的缘故而得罪了赵国。然而国家没有贤臣，即使在外面得到土地，也势必不能保住。而现在能够守住魏国的，除了您没有别人了。大王听从赵国杀死我以后，强大的秦国就会按照赵国的做法，以一倍于赵国的割地要求杀您，那么您打算用什么办法来避免这种情况呢？这是您的灾难。"信陵君说："对。"于是马上向魏王进言，把范座给放了。

五国伐秦无功

五国伐秦无功，罢于成皋(gāo)。赵欲构于秦①，楚与魏、韩将应之，齐弗欲。苏秦谓齐王②曰："臣以③为足下见奉阳君④矣。臣谓奉阳君曰：天下散而事秦，秦必据宋。魏冉⑤必妒(dù)君之有陶⑥也。秦王贪，魏冉妒，则陶不可得已矣。君无构，

齐必攻宋。齐攻宋，则楚必攻宋，魏必攻宋，燕、赵助之。五国据宋，不至一二月，陶必得矣。得陶而构，秦虽有变，则君无患矣。若不得已而必构，则愿五国复坚约。

[注释]

①构于秦：与秦讲和。构，讲和，和解。②齐王：指齐闵王。③以：通“已”，已经。④奉阳君：指李兑，赵臣。⑤魏冉：秦国的相国。⑥陶：宋地名，位于今山东定陶一带。

[译文]

五国联合进攻秦国，没有取得成功，在成皋休战。赵国想和秦国和解，楚、魏、韩三国准备响应，齐国不同意。苏秦对齐闵王说：“我已经为您会见了奉阳君。我对奉阳君说：‘诸侯解散了合纵联盟去投靠秦国，秦国必然要占据宋国，魏冉一定会妒忌您得到陶邑。秦王贪婪，魏冉妒忌，那么陶邑就得不到了。您不和秦国和解，齐国一定进攻宋国，那么楚国和魏国也必定进攻宋国，燕国和赵国就会帮助它们。五国进攻宋国，不出一两个月必然拿下陶邑。拿下陶邑然后和秦国和解，秦国即使有什么变故，那么您也就没忧患了。如果不得已，一定要和秦国和解，那么希望五国坚守盟约。

“五国愿得赵，足下雄飞，与韩氏大吏东免[1]，齐王必无召呡(mín)[2]也。使臣守约，若与有倍约[3]者，以四国攻之。无倍约者，而秦侵约，五国复坚而宾[4]之。今韩、魏与齐相疑[5]也，若复不坚约而讲，臣恐与国之大乱也。齐、秦非复合也，必有觭重者矣。后合与觭重者，皆非赵之利也。且天下散而事秦，是秦制天下也。秦制天下，将何以天下为？臣愿君之蚤[6]计也。

[注释]

①东免：勉励东面的齐国。免，通“勉”，指勉励，劝勉。②呡：指韩珉，主张与秦国亲近，曾出任齐国相国。③倍约：违背盟约。倍，通“背”，指违背，背叛。④宾：通“摈”，摈弃，摒弃。⑤相疑：相互猜疑。⑥蚤：通“早”，尽早。

[译文]

“五国投合赵国，您奋发有为，和韩国的大臣向东劝说齐王，齐国就不会召回韩珉。派臣下作盟约的监督人，如果盟国中有违背盟约的，就让其他四国攻打它；

如果五国没有违背盟约的，而秦国要侵犯盟国，五国就重新坚守盟约，抵抗秦国。现在韩、魏两国和齐国互相猜疑，如果五国不坚守盟约而互相和解，我担心盟国会出现大的内乱。齐、秦两国如不再次联合，那么两国一定会出现力量偏重的一方。齐、秦两国再次联合或失去平衡，都对赵国不利。再说，诸侯解散了合纵联盟去争着投靠秦国，那么秦国就能控制诸侯，秦国控制了诸侯，将如何治理天下呢？我希望您尽早考虑这件事。

“天下争秦，秦有六举，皆不利赵矣。天下争秦，秦王受负海之国[1]，合负亲之交，以据中国，而求利于三晋，是秦之一举也。秦行是计[2]，不利于赵，而君终不得陶，一矣。

［注释］

①负海之国：指齐国，齐国东临大海，故称负海之国。②是计：这个计策。

［译文］

“诸侯争着投靠秦国，秦国就会有六种方案，都对赵国不利。诸侯争着投靠秦国，秦国接受了齐国，再和其他诸侯联合，这就控制了中原地区，那么就会向赵、魏、韩三国索取利益，这是秦国的一个方案。秦国实行这个方案，对赵国不利，而您最终得不到陶邑，此是其一。

“天下争秦，秦王内韩呡（mín）于齐[1]，内成阳君于韩，相魏怀[2]于魏，复合衍交两王，而王贲（bēn）、韩佗[3]之曹，皆起而行事，是秦之一举也。秦行是计也，不利于赵，而君又不得陶，二矣。

［注释］

①内韩呡于齐：从齐国接纳韩珉。内，通“纳”，接纳。②魏怀：魏国人，主张亲善秦国。③王贲、韩他：秦国的大臣，主张拉拢韩国和魏国，攻打赵国。

［译文］

“天下争着投靠秦国，秦王让韩珉去齐国，让成阳君去韩国，让魏怀在魏国做国相，恢复赵、燕两国连横阵线，而王贲、韩佗等人都再度起用，执掌大权，这是秦国的一个方案。秦国实行这个方案，对赵国不利，而您又得不到陶邑，此是其二。

“天下争秦，秦王受齐受赵，三强三亲，以据魏而求安邑[1]，是秦之一举也。秦行是计，齐、赵应之，魏不待伐，

抱安邑而倍秦，秦得安邑之饶，魏为上交，韩必入朝，秦过赵已安邑矣，是秦之一举也。秦行是计，不利于赵，而君必不得陶，三矣。

［注释］

①安邑：魏国地名。

［译文］

“诸侯争着投靠秦国，秦王接受齐国和赵国，三个强国友好以后，就会控制魏国索取安邑，这是秦国的一个方案。秦国实行这个方案，齐、赵两国必会响应，魏国等不到进攻，就会献出安邑来给秦国扩充地盘，秦国得到富饶的安邑，魏国成了它的友邦，那么韩国必然也要倒向秦国，秦国就会挟安邑打败赵国，这是秦国的一个方案。秦国实行这个方案，这对赵国不利，而您一定得不到陶邑，此是其三。

“天下争秦，秦坚①燕、赵之交，以伐齐收楚，与韩呡而攻魏，是秦之一举也。秦行是计，而燕、赵应②之。燕、赵伐齐，兵始用，秦因收楚而攻魏，不至一二月，魏必破矣。秦举安邑而塞女戟③，韩之太行绝，下轵(zhǐ)道、南阳④而伐魏，绝韩，包二周，即赵自消烁(shuò)矣。国燥于秦，兵分于齐，非赵之利也。而君终身不得陶，四矣。

［注释］

①坚：巩固。②应：响应。③女戟：魏地名，与韩国距离比较近。④轵道、南阳：皆为魏地名，两地都位于今河南济源一带。

［译文］

“诸侯争着投靠秦国，秦国就巩固和燕、赵两国的外交关系去进攻齐国收服楚国，再与齐相韩珉合作去攻打魏国，这是秦国的一个方案。秦国实行这个方案，燕国和赵国必会响应。燕、赵两国进攻齐国，双方刚一交锋，秦国就联合楚国去攻打魏国，不到一两个月，魏国必然灭亡。秦国占领安邑，堵塞女戟，韩国的太行之道就被切断，秦国就出兵直下轵道、南阳去进攻魏国，断绝韩国的后路，包抄东周、西周，那么赵国就自然削弱了。国家被秦国削弱，军队又去进攻齐国，这对赵国不利，而您终身也得不到陶邑，此是其四。

“天下争秦，秦坚三晋之交攻齐，国破财屈，而兵东分

于齐，秦按兵攻魏，取安邑，是秦之一举也。秦行是计也，君按救魏，是以攻齐之已弊与秦争战也；君不救也，韩、魏焉免西合[①]？国在谋之中，而君有终身不得陶，五矣。

［注释］

①韩、魏焉免西合：韩、魏两国怎么能避免与秦国联合呢？免，避免。西合，因秦国位于西面，故言西合。

［译文］

“诸侯争着投靠秦国，秦国加强与赵、魏、韩三国的邦交关系以进攻齐国，国家破败，财富骤减，而军队又分布到东边的齐国。秦国于是进攻魏国，夺取安邑，这是秦国的一个方案。秦国实行这个方案，您就要去援救魏国，这样就需调动正在进攻齐国的疲惫赵军去和秦国交战；您不去增援魏国，韩、魏两国怎么能避免与秦国联合呢？赵国在秦国的图谋之中了，而您又终身得不到陶邑，此是其五。

“天下争秦，秦按为义，存亡继绝，固危扶弱，定无罪之君，必起中山与滕（téng）焉。秦起中山与滕[①]，而赵、宋同命，何暇（xiá）[②]言陶？六矣。

［注释］

①中山与滕：国名，指中山国、滕国。②暇：空闲。

［译文］

“诸侯争着去投奔秦国，秦国于是就假装仁义，复兴灭亡绝祀的国家，巩固扶持危难衰弱的国家，安抚无罪的君王，一定会恢复中山国和滕国。秦国恢复中山国和滕国，赵、宋两国就会同等命运，哪还有时间去考虑陶邑？此是其六。

“故曰君必无讲[①]，则陶必得矣。奉阳君曰：‘善。’乃绝和于秦，而收齐、魏以成取陶。”

［注释］

①讲：讲和。

［译文］

“所以说您一定不要和秦国和解，那么陶邑一定能够得到。”奉阳君说：“好。”于是放弃和秦国讲和，联合齐国和魏国，以求实现取得陶邑的计划。

魏策一

乐羊为魏将而攻中山

乐羊①为魏将而攻中山。其子在中山，中山之君烹(pēng)其子而遗之羹(gēng)，乐羊坐于幕下而啜(chuò)之，尽一杯。文侯谓睹师赞②曰：“乐羊以我之故，食其子之肉。”赞对曰：“其子之肉尚食之，其谁不食！”乐羊既罢中山，文侯赏其功而疑其心。

[注释]

①乐羊：魏国的将军。②睹师赞：魏国的臣子。

[译文]

乐羊担任魏国的将军进攻中山国。乐羊的儿子此时还在中山国，中山国的国君将乐羊的儿子煮了并做成肉羹送给他。乐羊坐在军帐中将肉羹喝了，喝完了一杯。魏文侯对大臣睹师赞说道：“乐羊由于我，把自己儿子的肉都给吃了。”大臣睹师赞回答道：“他自己儿子的肉尚且都能吃，还能有谁的肉吃不下啊！”乐羊已经攻取了中山国，魏文侯一面嘉奖他的功勋，一面又对他的忠心有所怀疑。

雨不失期

这幅画表现的就是魏文侯与虞人期猎的故事。治国要以信义为本，魏文侯雨不失期，言而有信。

文侯与虞人期猎

文侯与虞(yú)人①期②猎。是日饮酒乐，天雨。文侯将出，左右曰：“今日饮酒乐，天又雨，公将焉之？”文侯曰：“吾与虞人期猎，虽乐，岂可不一会期哉！”乃往，身自罢之。魏于是乎始强。

［注释］

①虞人：看守林苑的人。②期：定下约定。

［译文］

魏文侯与守林苑的人约定日期打猎。到了约定的这天，文侯与大臣们喝酒喝得正高兴之时，天却忽然下雨了。魏文侯打算出去，左右的大臣们说："今天喝酒喝得这么高兴，天又下雨了，公侯您要去哪儿啊？"文侯回答说："我和守林苑的人约定要去打猎，虽然现在我很快乐，但是怎么可以不赴约呢？"于是魏文侯就去了，一路车马劳顿。魏国从此开始变得强盛。

魏武侯与诸大夫浮于西河

魏武侯与诸大夫浮于西河。称曰："河山之险，岂不亦信固哉！"王错侍坐，曰："此晋之所以强也。若善修之，则霸王之业具①矣。"吴起对曰："吾君之言，危国之道也；而子又附之，是重危也。"武侯忿(fèn)然曰："子之言有说乎？"

［注释］

①具：完成。

［译文］

魏武侯和大夫们一起在西河上游船，魏武侯称赞道："河山这么险固，边防倚侍河山，难道不也是很坚固吗？"王错在一旁陪侍，说："这就是晋国强盛的原因所在，倘若能够好好地修整，就可以成就霸王之业了。"吴起回答说："君王之话，要将国家导向危难的路途啊；而王错您又对他进行附和，这实在是很危险啊。"魏武侯十分生气，说道："你的话有依据吗？"

吴起对曰："河山之险，信不足保也，是伯王之业，不从此也。昔者三苗之居，左彭蠡(lǐ)之波，右有洞庭之水，文山在其北而衡山在其南。恃(shì)①此险也，为政不善，而禹放逐之。夫夏桀(jié)之国，左天门之阴②，而右天谿(xī)之阳，庐、睪(gāo)③在其北，伊、洛④出其南。有此险也，然为政不善，而汤伐之。殷纣之国，左孟门而右漳(zhāng)、釜(fǔ)，前带河，后被山。有此险也，然为政不善，而武王伐之。且君亲从臣而胜降

脯林酒池

夏代最后一个君主桀宠爱妹喜，不理政事。建造的酒池中可以行船，堆起的酒糟足有十里长，池中之酒可供牛饮者三千人。夏桀沉迷酒色，不理政事，最终亡国。

城，城非不高也，人民非不众也，然而可得并者，政恶故也。从是观之，地形险阻，奚足以霸王矣？”武侯曰：“善。吾乃今日闻圣人之言也！西河之政，专委之子矣。”

[注释]

①恃：指倚仗，依靠。②阴：山的北面称为阴，山的南面称为阳。③庐、睪：指庐山、睪山。在今山西太原、交城一带。④伊、洛：伊水、洛水，二者均在今河南。

[译文]

吴起回答说：“河山虽然险固，但是不足以保全宗庙社稷，霸王的功业并不能靠此来成就啊。昔日三苗居住之地，左边有鄱阳湖，右边有洞庭湖，北面是文山，南面有衡山；三苗之君凭借这样艰险的地形，但是不能将国政执掌得很好，最终被禹给放逐了。夏桀的都城，左面临着天门山的北面，右边临着天豁山的南面，北边是庐山和睪山，南面是伊水和洛水；有这样艰险的地形，但是夏桀不能将国政执掌好，最终还是被商汤讨伐了。商纣的都城，左边有孟门，右边有漳水和釜水，前边有黄河将其环绕，后边有太行山将其遮蔽；拥有这样艰险的地形，但是商纣夏桀不能将国政执掌好，最终还是被周武王所讨伐。并且君王您曾亲自率领我们进攻敌城，迫其投降，那些城池的城墙并不是不高，城中的百姓并不是不多，但是最终被兼并，其原因就在于国政腐败。由此来看，凭借险要的地形，怎能够建立千秋霸业呢？”武侯说：“是啊。我如今才听闻了圣人之言啊！整治西河之事，我就将其专门委托给你了。”

魏公叔痤为魏将

魏公叔痤(cuó)①为魏将，而与韩、赵战浍(kuài)北，禽乐祚(zuò)②。魏王说，迎郊，以赏田百万禄之。公叔痤反走，再拜辞曰：“夫使士卒不崩，直而不倚，挠拣而不辟③者，此吴起余教

也，臣不能为也。前脉地形之险阻，决利害之备，使三军之士不迷惑者，巴宁、爨(cuàn)襄之力也。县赏罚于前，使民昭然信之于后者，王之明法也。见敌之可也，鼓之不敢怠倦者，臣也。王特为臣之右手不倦赏臣，何也？若以臣之有功，臣何力之有乎？”王曰：“善。”于是索吴起之后，赐之田二十万。巴宁、爨(cuàn)襄田各十万。

［注释］

①公叔痤：魏国的臣子。②禽乐祚：指擒获了赵将乐祚。禽，通“擒”，擒获。③辟：通“避”，躲避。

［译文］

魏臣公叔痤担任魏国的将领，与韩国和赵国在浍北交战，擒获了赵国的将领乐祚。魏王十分高兴，在郊外迎接他，把百万的田地奖赏给他作为俸禄。公叔痤却转身要走，并再拜推辞，说道：“使兵士们能够不被击溃，勇往直前，决不屈挠，这些都要归功于吴起留下的教导啊，不是我能做到的。战争之前勘察复杂险要的地形，裁决利害条件，三军将士没有被迷惑，这都要归功于巴宁、爨襄。在战争前线设立赏罚制度，在战争的后方又使得百姓坚定信守这一制度，这要归功于大王您法度严明啊。看见敌军可以讨伐，就敲响战鼓不敢懈怠，这才是我的职责啊。大王仅仅由于我的右手没有懈怠就对我进行赏赐，这是为何啊？倘若因为我有功劳，可我又有何功绩呢？”魏王说：“好吧。”于是就派人寻找吴起的后人，将二十万田地赏赐于他；奖赏巴宁、爨襄二人田地各十万。

王曰：“公叔岂非长者①哉？既为寡人胜强敌矣，又不遗贤者之后，不掩能士之迹，公叔何可无益乎？”故又与田四十万，加之百万之上，使百四十万。故《老子》曰：“圣人无积，既以为人己愈有；既以与人己愈多。”公叔当之矣。

老子

[注释]

①长者：指道德高尚的人。

[译文]

魏王说："难道公叔痤不是品德高尚的人吗？他不但为我战胜了强劲的敌人，还能不忘贤臣的后人，不使能士的功绩受到埋没，公叔痤怎能没有更多的奖赏呢？"于是就又把田地四十万赏赐给他，加上之前奖赏的一百万，共有一百四十万土地。所以《老子》有云："圣德之人不积攒，全力为别人，自己拥有的也会越多；尽力给予别人，自己拥有的也就愈多。"公叔痤就是这样的人。

魏公叔痤病

魏公叔痤(cuó)病，惠王往问之。曰："公叔病即不可讳(huì)，将奈社稷何？"公叔痤对曰："痤有御庶子公孙鞅(yǎng)，愿王以国事听之也。为弗能听，勿使出竟[1]。"王弗应，出而谓左右曰："岂不悲哉！以公叔之贤，而谓寡人必以国事听鞅，不亦悖(bèi)乎？"

[注释]

①竟：通"境"，边境。

[译文]

公叔痤生了病，魏惠王前往探望，问道："公叔病重，倘若万一发生什么不幸，国家社稷该如何是好啊？"公叔痤回答说："我有个御庶子名叫公孙鞅，希望大王您能听从他对国事的看法。假若您不愿听从他的建议，也不要让他离开国境。"惠王没有说话，从公叔痤那里出来之后就对近臣们说："这多么悲哀啊！凭公叔痤的贤能，却对我说国事一定要听从于公孙鞅，这难道不是糊涂吗？"

公叔痤死，公孙鞅闻之，已葬，西之秦，孝公[1]受而用之。秦果日以强，魏日以削。此非公叔之悖也，惠王之悖也。悖者之患，固以不悖者为悖。

[注释]

①孝公：指秦孝公渠梁。

[译文]

公叔痤病逝了，公孙鞅听闻此事，等到公叔痤安葬之后，就前往西面的秦国，秦孝公接待并任用了他。之后秦国果然日趋强大，而魏国却日趋削弱。这并不是公叔痤糊涂，而是惠王自己糊涂啊。糊涂之人的祸患，就是缘于把原本并不糊涂的人视为糊涂人。

张仪为秦连横说魏王

张仪为秦连横说魏王曰：“魏地方不至千里，卒不过三十万人。地四平，诸侯四通，条达辐凑（fú còu）①，无有名山大川之阻。从郑至梁不过百里，从陈至梁二百余里。马驰人趋，不待倦而至梁。南与楚境，西与韩境，北与赵境，东与齐境，卒戍四方，守亭障者参列。粟粮漕庾（yù）②不下十万。魏之地势，故战场也。魏南与楚而不与齐，则齐攻其东；东与齐而不与赵，则赵攻其北；不合于韩，则韩攻其西；不亲于楚，则楚攻其南。此所谓四分五裂之道也。

[注释]

①辐凑：辐，车轮上的条。凑，通“辏”，车轴。②漕庾：运河、粮仓。

[译文]

张仪替秦王前去建立连横同盟，对魏王游说道：“魏国国土方圆还不及千里，兵士不多于三十万。国土四周平坦，四面与诸侯通达，像车辐到车轴一样直接，没有高山大河可作阻挡。从韩国的都城郑到魏国的都城大梁不过百里的路途，从陈到大梁也只是二百里多一点。人马奔驰急趋，还没有等到疲倦的时候就到达大梁了。魏国南面和楚国的边境相接，西面和韩国的边境相接，北面又和赵国的边境相接，东面和齐国的边境相接。四面八方都要士卒戍守，守卫边境的哨所和屏障接连排列。运输存放军粮的运河、仓库不少于十万。魏国的地形，原本是一个战场。魏国倘若与南面的楚国交好，却不和齐国联盟，那么齐国就将从东面来攻打魏国；倘若与东面的齐国交好，却不和赵国建立联盟，那么赵国就将从北面进行攻击；倘若魏国不和韩国联盟，韩国就将从西面进行攻击；倘若不和楚国交好亲近，楚国就将从南面进行攻击。这就是所说的四分五裂的方式啊。

“且夫诸侯之为从者，以安社稷（jì）、尊主、强兵、显名也。

合从者一天下，约为兄弟，刑白马以盟于洹水之上，以相坚也。夫亲昆弟同父母，尚有争钱财，而欲恃诈伪反覆苏秦之余谋①，其不可成亦明矣。大王不事秦，秦下兵攻河外，拔卷、衍、燕、酸枣，劫卫取晋阳，则赵不南。赵不南则魏不北，魏不北则从道绝，从道绝则大王之国欲求无危不可得也。秦挟韩而攻魏，韩劫于秦，不敢不听。秦、韩为一国，魏之亡可立须②也，此臣之所以为大王患也。为大王计，莫如事秦，事秦则楚、韩必不敢动；无楚、韩之患，则大王高枕而卧，国必无忧矣。

[注释]

①苏秦之余谋：苏秦此时已经被处死，故称“余谋”。②立须：马上就可以等到。须，等待。

[译文]

“并且诸侯之所以建立合纵联盟，是为了国家社稷的安定，君主能够受到尊重，兵力得以增强，名声能够远扬。合纵者想要诸侯联盟，约定为兄弟一样亲近的国家，在洹水之上杀白马歃血结盟，使彼此之间的关系更为巩固。但是即使是同父同母的亲兄弟，尚且会彼此争夺钱财，更何况合纵联盟倚仗诡诈伪善、反反复复的苏秦残留下的计谋，合纵不会成功这已经是显而易见了。倘若大王您不与秦国亲近，秦国就会发兵攻打河外地区，一旦攻下了卷、衍、燕、酸枣之地，挟持卫国进攻晋阳，那么赵国就不能向南进攻了；倘若赵国不能向南进攻，那么魏国就无法向北进攻，这样合纵之事就会失败；合纵失败了，大王您的国家再想没有危险就不可能了。秦国挟持韩国讨伐魏国，韩被秦所控制，不敢不听命于秦国。秦国和韩国联手之后，魏国很快就会灭亡了，这就是我替大王您忧虑的原因所在。替大王您打算，不如臣事秦国，如果您臣事秦国，那么楚国和韩国必然不敢对您进攻。消除了楚国和韩国的忧患，大王您就高枕无忧了，国家必然没有忧患了。

“且夫秦之所欲弱莫如楚，而能弱楚者莫如魏。楚虽有富大之名，其实空虚；其卒虽众多，然而轻走易北，不敢坚战。魏之兵南面而伐，胜楚必矣。夫亏楚而益魏，攻楚而适秦，内嫁祸安国①，此善事也。大王不听臣，秦甲出而东，虽欲事秦而不可得也。

［注释］

①嫁祸安国：嫁祸于楚国，使魏国得以安定。

［译文］

“并且秦国最想要削弱的国家，定是楚国了，而最能使楚国得以削弱的国家，定是魏国了。楚国虽然享有富裕强大的名声，但其实都是徒有虚名。楚国兵士虽然很多，但动辄就会逃跑、不敢坚持战斗。倘若魏军南下讨伐楚国，必定会战胜楚国。使楚国受到亏损，魏国得以强大，进攻楚国，满足秦王的心愿，嫁祸于楚国，使魏国国内得以安定，这是善事啊。倘若大王您不听从我的建议，等到秦国发兵东进讨伐，那时候即使想要臣事秦国，也已经是不可能的了。

“且夫从人多奋辞[1]而寡可信，说一诸侯之王，出而乘其车；约一国而反，而成封侯之基。是故天下之游士，莫不日夜扼腕瞋目切齿以言从之便，以说人主。人主览其辞，牵其说，恶得无眩哉？臣闻积羽沉舟，群轻折轴，众口铄金，故愿大王之熟计之也。”魏王曰：“寡人蠢愚，前计失之。请称东藩，筑帝宫，受冠带，祠春秋，效河外。”

［注释］

①奋辞：夸谈之言辞。

［译文］

“并且主张合纵之人大多都是夸夸其谈，很少能够被信赖，对一个诸侯王进行游说，出来就乘坐这个君王赏赐的车子，联合了一个诸侯国返回之后，成功了就为自己封侯奠定了基础。因此天下的说客，没有不夜以继日地扼着手腕，睁大眼睛，咬牙切齿，慷慨激昂地言说合纵的益处，来游说国君。君王听了他们的花言巧语，被他们的说辞所打动，怎能不被其所迷惑呢？我曾听闻羽毛积攒多了也能够使船沉下，很轻的东西聚在一起，也能把车轴压折了，众口一词就能把金属熔化，因此我希望大王您仔细考虑一下。”魏王说：“我真是愚钝啊，以前的谋略都错了。我愿意成为秦国东边的臣国，为秦王修筑帝王行宫，接纳秦国的衣冠制度，在春季和秋季向秦国进贡祭祀之物，献出河外之地。”

魏策二

魏惠王死

魏惠王死，葬有日矣。天大雨雪，至于牛目，坏城郭，且为栈道而葬。群臣多谏太子者，曰：“雪甚如此而丧行，民必甚病之。官费又恐不给，请弛期[1]更日。”太子曰：“为人子而以民劳与官费用之故，而不行先王之丧，不义也。子勿复言。”群臣皆不敢言，而以告犀首。犀首曰：“吾未有以言之也，是其唯惠公[2]乎！请告惠公。”

[注释]

①弛期：延期。弛，通“迟”，延迟。②惠公：指惠施。

[译文]

魏惠王死了，安葬的日子已经定下了，却遭逢天降大雪，积雪到了牛的眼睛那么深，通往外城的路已经不通，打算修栈道以安葬。很多臣子进谏规劝太子说：“雪如此之大却举行丧礼，人民一定因此十分困苦，官费恐怕也不充足，请推迟安葬。”太子说：“身为人子，由于人民困苦、官费不足的原因，就不为先王举行安葬之礼，这不合乎道义。你们不要再提及此事了。”大臣们都不敢再说了，就告诉了犀首。犀首说：“我也没办法劝说太子，也许只有惠公可以吧！请让我告诉惠公吧。”

惠公曰：“诺（nuò）。”驾而见太子曰：“葬有日矣？”太子曰：“然。”惠公曰：“昔王季历葬于楚山之尾，栾水啮其墓，见棺之前和。文王曰：‘嘻！先君必欲一见群臣百姓也夫，故使栾水见之。’于是出而为之张于朝，百姓皆见之，三日而后更葬。此文王之义也。今葬有日矣，而雪甚，及牛目，难以行，太子为及日之故，得毋嫌于欲亟葬乎？愿太子更日。先王必欲少留而扶社稷、安黔首也，故使雪甚。因弛期而更为日，此文王之义也。若此而弗为，意者羞法文王

乎？”太子曰：“甚善。敬弛期，更择日。”

惠子非徒行其说也，又令魏太子未葬其先王而因又说文王之义。说文王之义以示天下，岂小功也哉！

[译文]

惠公说：“好吧。”便驾车前去拜见太子，说道：“安葬的日子已经定下了吗？”太子说：“是的。”惠公说：“昔日周王季历下葬在楚山脚下，地下漏水浸坏了墓穴，棺材前面的木头都露出来了。文王说：‘哎！先君必定是想要见见大臣、人民，才让水浸坏了棺材。’于是就将棺木取出，为他设立灵棚，百姓都前来拜见，三天之后又重新下葬。这是文王的道义啊。如今安葬的日子已经定下了，但是雪下得太大，都到了牛的眼睛那么深了，举行安葬之礼太难，太子您要求按期下葬，难道不是有些过于急躁了吗？希望太子能够择日再举行葬礼，先王必然是想要稍稍多待一会儿，扶持国家社稷，安慰百姓，因此才让雪下得那么大。所以还是推迟葬期另择良日吧，这可是文王的道义啊。倘若不这么做，或许是把效法文王视作耻辱吧？”太子说：“实在是太好了。敬请推迟日期，另择良日吧。”

惠施不仅使自己的主张得以实行，而且让魏太子没有匆忙安葬先王，又讲述了文王的道义。为天下人讲述文王的道义，这怎么能算是小事呢！

五国伐秦

五国伐秦，无功而还。其后，齐欲伐宋，而秦禁之。齐令宋郭[①]之秦，请合而以伐宋，秦王许之。魏王畏（wèi）齐、秦之合也，欲讲[②]于秦。

[注释]

①宋郭：齐国的臣子。②讲：讲和。

[译文]

韩、赵、魏、齐、楚五国攻打秦国，然而没有获得任何战绩就收兵了。后来，齐国想要攻打宋国，而秦国却从旁制止。于是齐王就派使臣宋郭西去秦国，目的是跟秦国组成连横之盟共同伐宋，秦昭王答应了。这时魏昭王很恐惧齐、秦的连横，就准备跟秦国讲和。

谓魏王曰：“秦王谓宋郭曰：‘分宋之城，服宋之强者，六国也。乘宋之敝[①]，而与王争得者，楚、魏也。请为王毋（wú）

禁楚之伐魏也，而王独举宋。王之伐宋也，请刚柔而皆用之。如[2]宋者，欺之不为逆者，杀之不为雠者也。王无与之讲以取地，既已得地矣，又以力攻之，期于啖（dàn）[3]宋而已矣。'

［注释］

①敝：通“弊”，疲惫。②如：像。③啖：吃，吞下。

［译文］

苏秦对魏昭王说：“秦王对宋郭说：‘瓜分宋国的城池，并且征服宋国的，是六国。乘宋国疲惫，而和齐王争夺战利品的，是楚、魏。所以请齐王不要禁止楚国攻打魏国，而齐王可以单独去攻打宋国。齐王去攻打宋国时，请刚柔并用。像宋这种国家，欺凌它不算不义，灭亡它不会结仇。齐王不必跟宋讲和就可获得土地，假如已经得到了土地，还用武力去攻打，目的只在吞并宋国。’

“臣闻此言，而窃为王悲，秦必且用此于王矣。又必且曰王以求地，既已得地，又且以力攻王。又必谓王使王轻齐，齐、魏之交已丑[1]，又且收齐以更索于王。秦尝用此于楚矣，又尝用此于韩矣，愿王之深计[2]之也。秦善魏不可知也已。故为王计，太上伐秦，其次宾[3]秦，其次坚约而详讲，与国无相离也。秦、齐合，国不可为也已。王其听臣也，必无与讲。

［注释］

①已丑：已经恶化。②深计：仔细考虑。③宾：通“摈”，摈弃，摒弃。

［译文］

“臣听到这话之后，就暗地里为大王感到悲哀，因为秦必然会用这种办法对待大王。且必然会对魏国说秦王只是索求土地，待秦国已经得到土地，又会用武力去攻打大王。又必然乘机挑拨魏齐关系，使大王轻视齐国，如此当齐、魏邦交恶化时，他再联齐改而向大王索取土地。秦曾经用这种办法对付楚，又曾经用这种办法对付韩，恳求大王要深思熟虑。秦国对魏国表示亲善，其用心不良。所以为大王考虑，上策是攻打秦国，中策是排斥秦国，下策是坚定合纵之盟，表面上跟秦国假装讲和，实际上跟盟国保持密切关系。秦、齐如果成为盟邦，那魏国大概就无计可施了。大王假如能采纳臣的意见，就不要跟秦讲和。

“秦权重魏，魏冉明孰，是故又为足下伤秦者，不敢显也。天下可令伐秦，则阴劝[1]而弗敢图也。见天下之伤秦也，则先鬻(yù)[2]与国而以自解也。天下可令宾秦，则为劫于与国而不得已者。天下不可，则先去而以秦为上交以自重也。如是人者，鬻王以为资者也，而焉能免国于患?

［注释］

①阴劝：暗中劝解。②鬻：出卖，背叛。

［译文］

“秦国国力强盛，秦相魏冉深谋远虑，所以又为您损害秦国，但是却不敢明显表露出来。可以让天下诸侯伐秦，不过只能在暗中劝解而不敢图谋。看见天下诸侯讨伐秦国，就先出卖盟国来解救自己。也可以让天下诸侯排斥秦国，这是受到盟国的威胁而出于不得已。天下诸侯的力量不够，就先退出盟约西去结交秦国来自保。进行这种阴谋的人，就是出卖大王作为自己的晋升资本，又怎么能免除国家的后患呢?

“免国于患者，必穷三节[1]，而行其上。上不可，则行其中；中不可，则行其下；下不可，则明不与秦两生以残秦，使秦皆无百怨百利，唯已之曾安。令足下鬻之以合于秦，是免国于患者之计也。臣何足以当之？虽然，愿足下之论臣之计也。

［注释］

①必穷三节：必须详尽地说明三种策略。三节，即上文所说的太上之策、其次之策、其次之策。

［译文］

“能免除国家忧患的，必须深明前面所说的上策、中策、下策等三策，而采用其中的上策。如果上策不能用就用中策，中策不能用就用下策，下策不能用就要摆明和秦势不两立的立场以打击秦国，使秦国既无怨恨也无利益，只敢求自己的安宁。假如大王出卖盟国来联合秦国，就算这是免除国难的计策，那臣又怎么能阻挡这些呢？虽说如此，希望大王重视臣的献策。

“燕齐雠国[1]也，秦兄弟之交也。合雠国以伐婚姻，臣为之苦矣。黄帝战于涿鹿之野，而西戎之兵不至。禹攻三

苗，而东夷之民不起。以燕伐秦，黄帝之所难也，而臣以致燕甲而起齐兵矣。

[注释]

①雠国：敌国。

[译文]

“燕与齐是仇敌之国，与秦国是兄弟之邦。联合仇敌去攻打有姻亲关系的国家，臣认为这是很难办的事。古时黄帝和蚩尤战于涿鹿之野时，西戎的军队并没有来支援。而大禹攻打三苗时，东夷的军民也没起来参战。由此可见，用燕、齐等国来攻打秦国，就连黄帝都感到为难，可是臣却能发动燕、齐两国之军。

“臣又遍事三晋之吏，奉阳君、孟尝君、韩呡(mín)、周最、韩余为徒从而下之，恐其伐秦之疑也。又身自丑于秦。扮之请焚天下之秦符[1]者，臣也；次传焚符之约者，臣也；欲使五国约闭秦关者，臣也。奉阳君、韩余为既和矣，苏修、朱婴既皆阴在邯郸，臣又说齐王而往败之。天下共讲，因使苏修游天下之语，而以齐为上交，兵请伐魏，臣又争之以死。而果西因苏修重报。臣非不知秦权之重也，然而所以为之者，为足下也。”

[注释]

①符：指符节，用作派遣使者或调兵时的凭证，符节上刻有文字，一个符节分为两半，一半由外出的使者或出征将帅保管，另一半由朝廷保管。

[译文]

“臣又遍交韩、赵、魏三国的官员，例如奉阳君、孟尝君、韩珉、周最、韩余为等人，臣曾在他们的门下做过事，唯恐他们怀疑讨伐秦国之举。又因为他们都遭受秦国的排斥，于是臣就做了一件事，请求烧掉天下诸侯所持前往秦国的符节。接着臣又通知焚烧符节的诸侯，目的是使五国断绝和秦国的来往。奉阳君、韩余为等都采取同一步骤，而苏修、朱婴他们都匿居在邯郸。臣又去游说齐王，以便破坏宋郭合秦的盟约。天下诸侯都主张合纵，我便使苏修游说天下诸侯们的意向，并且准备和齐国缔结上等邦交，齐军伐魏，臣以死来谏阻。最后果然在西方的苏修再次传来齐不再伐魏的报告，臣并非不知秦国权势之大，然而臣所以要这样做，一切都是为了您。”

齐、魏战于马陵

齐、魏战于马陵，齐大胜魏，杀太子申，覆十万之军。魏王①召惠施②而告之曰：“夫齐，寡人之雠也，怨之至死不忘。国虽小，吾常欲悉起兵而攻之，何如？”对曰：“不可。臣闻之，王者得度③而霸者知计。今王所以告臣者，疏于度而远于计。王固先属怨于赵④而后与齐战。今战不胜，国无守战之备，王又欲悉起而攻齐，此非臣之所谓也。王若欲报齐乎，则不如因变服⑤折节而朝齐，楚王必怒矣。王游人⑥而合其斗，则楚必伐齐。以休楚而伐罢齐，则必为楚禽矣。是王以楚毁齐也。”魏王曰：“善。”乃使人报于齐，愿臣畜而朝。

[注释]

①魏王：指魏惠王。②惠施：魏国的相国。③度：肚量，气量。④属怨于赵：与赵国结下仇恨。公元前 354 年，魏国联合宋、韩两国讨伐赵国，围困邯郸。⑤变服：指换下君王的衣服，改换诸侯的衣服。⑥游人：说客。

[译文]

齐军和魏军在马陵交战，齐军将魏军打了个惨败，并将魏国的太子申杀了，魏国十万大军覆灭。魏王就召大臣惠施入宫商议说：“齐国，是我的仇人，这种仇怨到死都不会忘。我们的国家虽然很小，但是我愿意发动全国所有的兵力来讨伐齐国，怎么样？”大臣惠施回答道：“不行啊。我曾经听闻，称王于天下的人要心胸宽阔，称霸于天下的人要善用谋略。如今国君您对我说的，显得心胸狭窄并且没有计谋。国君您原本是和赵国结下怨恨在先，而与齐国交战在后。现在交战未能获胜，国家还没有守战的准备，大王您又打算集结全国所有兵力攻打齐国，这并非是我所说的称王称霸的做法。倘若大王您想要报齐国的仇怨，那么还不如把您天子的衣服给脱下来，改穿诸侯的衣服，取缔天子的称号，作为诸侯去朝拜齐国，这样的话楚王必定十分愤怒。然后大王您再派遣说客，撺掇他们互相争斗，这样楚国一定会讨伐齐国，凭借安定的楚国前去讨伐疲惫的齐国，这样齐国必定被楚国所打败，这其实就是大王您借楚国的力量摧毁齐国。”魏惠王说：“好。”于是就差遣使者到齐国去，声称愿意作为臣子朝拜齐王。

田婴[1]许诺（nuò）。张丑[2]曰：“不可。战不胜魏，而得朝礼，与魏和而下楚，此可以大胜也。今战胜魏，覆十万之军，而禽太子申，臣万乘之魏而卑秦、楚，此其暴戾定矣，且楚王之为人也，好用兵而甚务名，终为齐患者，必楚也。”田婴不听，遂内[3]魏王，而与之并朝齐侯再三。赵氏丑之[4]。楚王怒，自将而伐齐，赵应之，大败齐于徐州。

马陵伏弩

孙膑在马陵用减灶之计，诱使庞涓孤军深入，埋伏弓箭手，乱箭射死庞涓。

[注释]

①田婴：齐国的相国。②张丑：齐国的臣子。③内：通“纳”，接纳。④丑之：以此为羞辱。

[译文]

田婴马上接受，张丑说：“这样做不行。如果我们没有战胜魏国，而能让魏国行朝见之礼，与魏国讲和之后共同攻楚，才可取得大胜。但现在我们已打败了魏国，歼灭了魏国的十万大军，擒杀了魏国的太子申，使魏国向我们称臣，这样就是会使秦楚两国的地位显得卑微，齐国就会被认为暴戾。并且楚王是个喜好用兵而又沽名钓誉的人，所以最终会成为齐国大患的，必定是楚国。”田婴没有听从，而接纳魏王，和他一起数次朝见齐威王。赵君感到很羞辱，楚王也十分愤怒，亲自统帅军队讨伐齐国，赵国派兵响应，最终在徐州大败齐军。

魏策三

华阳之战

华阳[1]之战，魏不胜秦。明年，将使段干崇[2]割地而讲。孙臣谓魏王曰："魏不以败之上割，可谓善用不胜矣；而秦不以胜之上割，可谓不能用胜矣。今处期年乃欲割，是群臣之私而王不知也。且夫欲玺者段干子也，王因使之割地；欲地者秦也，而王因使之受玺。夫欲玺者制地，而欲地者制玺，其势必无魏矣。且夫奸臣固皆欲以地事秦。以地事秦，譬犹抱薪而救火也，薪不尽则火不止。今王之地有尽，而秦之求无穷，是薪火之说也。"

［注释］

①华阳：韩国地名，在今河南新郑东南。②段干崇：魏国的臣子。

［译文］

在华阳之战中，魏国没有战胜秦国。等到第二年，魏王将要让段干崇向秦国割让土地与之讲和。大臣孙臣对魏王说道："魏国没有在战败的时候把土地割给秦国，可以称得上是善于应对这种战败的局面的了；而秦国未能在战胜的时候使魏国割让土地，可以称得上是不擅长利用这种战胜的条件的了。如今已经满一年了才想到向秦国割让土地，这是大臣们有私心而大王您并不知道啊。并且段干崇想要得到印玺，大王您因此就派他向秦国割让土地；秦国想要获得土地，大王您因此就让秦国来授予印玺。想要获得印玺的人控制着土地，而想要获取土地的人掌控着授予印玺的大权。这样魏国必定会消亡。并且奸佞之臣原本就想要用割地来讨好秦国。用割地来讨好秦国就好比是抱着柴薪救火一样，只要干柴没有烧完，火就不会灭。现在大王您的土地有限，但秦国的贪欲却永无止

璧

璧是一种中央有穿孔的扁平状圆形玉器，为我国传统的玉礼器之一。

境，这就是抱着柴救火。”

魏王曰：“善。虽然①，吾已许秦矣，不可以革②也。”对曰：“王独不见夫博者之用枭(xiāo)邪！欲食则食，欲握则握。今君劫于群臣而许秦，因曰不可革，何用智之不若枭也？”魏王曰：“善。”乃按其行。

[注释]

①虽然：即使这样。②革：变革，改变。

[译文]

魏王说：“好吧。即使是这样，但是我已经许诺秦国了，不能再改变了。”孙臣回答说：“难道大王您没有看到过赌博的人如何使用枭子吗？使用枭子的人，想吃子就吃子，想握在手里就握在手里。如今您被大臣们所胁迫而答应向秦国割让土地，并因此说不能改变，您运用智谋的能力为何还比不上使用枭子的人呢？”魏王说：“好。”于是就取消了向秦国割地议和的做法。

齐欲伐魏

齐欲伐魏，魏使人谓淳于髡(kūn)曰：“齐欲伐魏，能解魏患唯先生也。敝邑有宝璧二双、文①马二驷(sì)，请致之先生。”淳于髡曰：“诺。”入说齐王曰：“楚，齐之仇敌也；魏，齐之与国也。夫伐与国，使仇敌制其余敝，名丑而实危，为王弗取也。”齐王曰：“善。”乃不伐魏。

[注释]

①文：通“纹”，这里指彩绘。

[译文]

齐国想要进攻魏国，魏王就差人对淳于髡说：“齐国打算进攻魏国，现在能够为魏国解除祸患的就只有先生您了。我们国家拥有两对珍贵的璧玉，两辆由四匹马拉着的彩绘马车，请求让我将这些送给您。”淳于髡说：“好吧。”就入宫拜见齐王说：“楚，是齐的仇敌之国；魏，是齐的同盟之国。讨伐同盟国，而让自己的敌国趁自己疲惫的时机来牵制自己，不但名声不好并且实际上有危险，替大王您觉得这样不可取。”齐王说：“好吧。”因此齐国没有进军魏国。

客谓齐王曰："淳于髡言不伐魏者，受魏之璧、马也。"王以谓淳于髡曰："闻先生受魏之璧、马，有诸？"曰："有之。""然则先生之为寡人计之何如？"淳于髡曰："伐魏之事不便[①]，魏虽刺髡，于王何益？若诚不便，魏虽封髡，于王何损？且夫王无伐与国之诽[②]，魏无见亡之危，百姓无被兵之患，髡有璧、马之宝，于王何伤乎？"

[注释]

①伐魏之事不便：一说为"伐魏之事便"。②诽：非议。

[译文]

有位客人对齐王说道："淳于髡之所以说不讨伐魏国，是由于他收取了魏国的璧玉和宝马。"齐王于是就问淳于髡："我听说先生收取了魏国的璧玉和宝马，可有此事？"淳于髡说："是有此事。""那么先生先前替我打算的又是如何呢？"淳于髡回答道："倘若讨伐魏国是有好处的，那么即使魏国把我刺杀了，这对于齐王您能有什么好处呢？倘若讨伐魏国的确对齐国没有好处，魏国即使对我进行封赏，这对齐王您又有什么坏处呢？况且大王您不会因讨伐同盟之国而被非议，魏国没有毁灭的危机，百姓没有遭受兵祸，我获取璧玉、马匹这样珍宝，对于大王您又有什么伤害呢？"

秦将伐魏

秦将伐魏，魏王闻之，夜见孟尝君[①]，告之曰："秦且攻魏，子为寡人谋，奈何？"孟尝君曰："有诸侯之救则国可存也。"王曰："寡人愿子之行也。"重为之约车百乘。

[注释]

①孟尝君：指田文，战国四公子之一，此时担任魏国的相国。

[译文]

秦国将要讨伐魏国，魏王听闻此事之后，连夜前去会见孟尝君，对他说道："秦国将要讨伐魏国，您替我谋划一下，该怎么办才好？"孟尝君说："倘若能够得到诸侯的救助，国家就能够得以保存。"魏王说："我希望相国您能替我办这件事。"并郑重地替孟尝君准备了一百辆马车。

孟尝君之赵，谓赵王曰：“文愿借兵以救魏。”赵王曰：“寡人不能。”孟尝君曰：“夫敢借兵者，以忠王也。”王曰：“可得闻乎？”孟尝君曰：“夫赵之兵非能强于魏之兵，魏之兵非能弱于赵也。然而赵之地不岁①危，而民不岁死，而魏之地岁危，而民岁死者，何也？以其西为赵蔽也。今赵不救魏，魏歃(shà)盟②于秦，是赵与强秦为界也，地亦且岁危，民亦且岁死矣。此文之所以忠于大王也。”赵王许诺，为起兵十万，车三百乘。

［注释］

①岁：每年。②歃盟：歃血为盟。

［译文］

孟尝君到了赵国之后，对赵王说：“我想要向您借兵解救魏国。”赵王回答说：“我不能借兵给你。”孟尝君说：“敢向您借兵的，是要效忠于大王您啊。”赵王说：“可以听听你的道理何在吗？”孟尝君说：“赵国的军队并非就比魏国强大，魏国的军队并非比赵军弱小。只是赵国边境年年没有危机，百姓年年也没有大的死亡；但是魏国边境却年年遭受危机，每年都有大量百姓死亡，原因是什么呢？这是由于魏国是赵国在西边的屏障。倘若现在赵国不援助魏国，魏国就会和秦国歃血为盟，如此一来，赵国就和强大的秦国相接壤了。并且赵国边境将年年有危机，百姓每年也将大量死亡。这就是我所说的效忠于大王您啊。”于是赵王答应借兵给魏国，调遣军队十万人，战车三百辆。

又北见燕王曰：“先日公子常①约两王之交矣。今秦且攻魏，愿大王之救之。”燕王曰：“吾岁不熟二年矣，今又行数千里而以助魏，且奈何？”田文曰：“夫行数千里而救人者，此国之利也。今魏王出国门而望见军，虽欲行数千里而助人，可得乎？”燕王尚未许也。田文曰：“臣效便计于王，王不用臣之忠计，文请行矣，恐天下之将有大变也。”王曰：“大变可得闻乎？”曰：“秦攻魏，未能克之也，而台已燔(fán)，游已夺矣。而燕不救魏，魏王折节割地，以国之半与秦，秦必去矣。秦已去魏，魏王悉韩、魏之兵，又西

借秦兵，以因赵之众，以四国攻燕，王且何利？利行数千里而助人乎？利出燕南门而望见军乎？则道里近而输又易矣，王何利？”燕王曰：“子行矣，寡人听子。”乃为之起兵八万，车二百乘，以从田文。

［注释］

①常：通“尝”，曾经。

［译文］

孟尝君又到北边前去拜见燕王说：“昔日魏、燕两国的公子曾经为魏王和燕王建立了两国友好邦交。如今秦国将要进攻魏国，希望大王您救助一下魏国。”燕王说：“我们燕国两年都没有好的收成了，倘若现在又走几千里的路前去救助魏国，该会如何呢？”孟尝君说：“走几千里的路去救助别人，这对燕国是大利啊。如今，魏王一出国门就能够看到秦军，即使是想要走几千里路去救人，能够做到吗？”燕王依然没有许诺。孟尝君又说：“我把有利于大王的计策献给您，但是大王您不使用我忠诚的计，我请求离开燕国，我害怕天下将会有重大的变化发生。”燕王说：“我能听听有什么大变化吗？”孟尝君说：“秦国讨伐魏国，还未能攻克，但是高台已经被烧掉了，郊游宴飨的地方也已经被侵吞了。假若燕国不对魏国进行援助，魏王就会卑躬屈膝地向秦国割地求和，把魏国一半的土地割给秦国，这样秦军定会撤退。秦国从魏国撤军以后，魏王将集结韩、魏所有的兵力，再向西边的秦国借军，并与赵国联军，用四国的兵力来讨伐燕国，大王您将还会有什么利益啊？是行军数千里救助魏国有利呢？还是您一出燕国都城的南门就能看到敌军有利呢？四国与燕国的距离已经很近了，运输也十分便利，大王您又能有什么好处呢？”燕王说：“您回去吧，我听您的。”于是就为魏国调遣士兵八万人，战车二百辆，跟随着田文回魏国。

魏王大说①，曰：“君得燕、赵之兵甚众且亟(jí)矣。”秦王大恐，割地请讲于魏。因归燕、赵之兵而封田文。

［注释］

①说：通“悦”，高兴。

［译文］

魏王十分高兴，说：“您从燕国和赵国借来了这么多军队，而且速度还这么快。”秦王很畏惧，向魏国割让土地求和。魏国于是就让燕、赵两国的军队返回了，并赏赐了田文。

魏将与秦攻韩

魏将与秦攻韩，无忌①谓魏王曰：“秦与戎翟(dí)同俗，有虎狼之心，贪戾好利而无信，不识礼义德行。苟有利焉，不顾亲戚兄弟，若禽兽耳。此天下之所同知也，非所施厚积德也。故太后②母也，而以忧死；穰侯舅也，功莫大焉，而竟逐之；两弟③无罪，而再夺之国。此于其亲戚兄弟若此，而又况于仇雠之敌国也。今大王与秦伐韩而益近秦，臣甚或④之，而王弗识也，则不明矣。群臣知之而莫以此谏，则不忠矣。今夫韩氏以一女子⑤承一弱主，内有大乱，外安能支强秦、魏之兵，王以为不破乎？韩亡，秦尽有郑地⑥，与大梁邻，王以为安乎？王欲得故地，而今负强秦之祸也，王以为利乎？

［注释］

①无忌：指魏国的信陵君。②太后：指秦昭王的母亲宣太后。③两弟：指高陵君和泾阳君。④或：通“惑”，困惑。⑤一女子：指韩太后。⑥郑地：郑国的土地，此时郑国已经灭亡，被韩国侵吞。

［译文］

魏国将要与秦国联盟进攻韩国，信陵君对魏王说道：“秦国有着和戎狄一样的习俗，有像虎狼一样的心，贪婪暴虐追逐利益，没有信用，不懂得礼义德行。倘若是对他有利，就不会顾及亲戚兄弟的亲密关系，如同禽兽一样。这是天下人都知道的，秦国不是个施惠于人，为自己积德行的国家。秦国原来的太后本是秦昭王的母亲，却因为忧愤而死；穰侯本是昭王的舅舅，没有谁的功劳比他大，最终竟然被放逐；两个弟弟没有犯下什么罪，秦昭王却分别将他们的封地给剥夺了。对待自己的亲戚兄弟尚且如此，更何况是对仇敌之国呢？如今大王您与秦国一起讨伐韩国，与秦国更为接近，我对此十分困惑，倘若大王还没有认识到这一点，那就不明智了。倘若大臣们知道这些却没有人因为此事进谏，那就是不忠。如今韩国凭一个女人辅佐年幼的国君，国内又有大乱，难道对外能应付强大的秦、魏两国的军队吗？难道大王您觉得韩国不会灭亡吗？韩国一旦灭亡，秦国就会占据原来的郑国所有的土地，那么就会和魏国的都城大梁相邻，大王您觉得这样安全吗？大王您因为想要得到被韩国吞并的故土，现在却要遭受强秦的危害，大王您觉得这样会对魏国有利吗？

黄河

黄河北岸海西军，椎鼓鸣钟天下闻。

“秦非无事之国也，韩亡之后必且更事，更事必就易与利，就易与利必不伐楚与赵矣。是何也？夫越山逾（yú）河①，绝②韩之上党而攻强赵，则是复阏与③之事也，秦必不为也。若道④河内，倍⑤邺、朝歌，绝漳（zhāng）、滏（fú）之水，而以与赵兵决胜于邯郸之郊，是受智伯之祸也，秦又不敢。伐楚，道涉而⑥谷行三千里，而攻黾隘之塞，所行者甚远而所攻者甚难，秦又弗为也。若道河外，背大梁，而右上蔡、召陵，以与楚兵决于陈郊，秦又不敢也。故曰秦必不伐楚与赵矣，又不攻卫与齐矣。韩亡之后，兵出之日，非魏无攻矣。

[注释]

①河：指黄河。②绝：横穿。③阏与：地名，秦国曾发兵讨伐赵国，在阏与这个地方被赵、魏所击退。④道：取道，经由。⑤倍：通“背”，背对着。⑥而：应为衍字。

[译文]

“秦国并非是个不滋生事端的国家，韩国灭亡之后必定会再发动事端，要生事端就必然会选择简单和有利可图的事情去做，选择简单和有利可图的事情去做，就必然不会讨伐楚、赵两国，什么原因呢？因为秦国要翻越大山，渡过黄河，穿过韩国的上党才能攻打强大的赵国，这是重蹈阏与战败的覆辙，秦国必定不会这么做。倘若经由河内，背对邺城和朝歌，横渡漳水和滏水两条大河，和赵军在赵都邯郸的边郊进行决战，这将会遭受像智伯一样的灭国之祸，秦国又必定不敢。倘若讨伐楚国，就要取道涉谷，走三千里的路，前去进攻险要的关塞黾隘，所走的路太远，并且所攻打的目标又太难，秦国必然不会做。假若经由河外，背对大梁，右边向着陈州以西的上蔡和召陵，与楚军在陈州的边郊进行决战，秦国又不敢去做。因此说秦国必然不会讨伐楚、赵两国，也不会讨伐卫、齐两国。韩国灭亡以后，就是秦国发兵的时候，除了魏国不会再攻打他国了。

“秦故有怀、茅、刑丘，城垝(guǐ)津[①]，以临河内，河内之共、汲莫不危矣。秦有郑地，得垣雍，决荥泽而水大梁，大梁必亡矣。王之使者大过矣，乃恶安陵氏[②]于秦，秦之欲许之久矣。然而秦之叶阳、昆阳与舞阳、高陵邻，听使者之恶也，随安陵氏而欲亡之。秦绕舞阳之北以东临许，则南国必危矣。南国虽无危，则魏国岂得安哉？且夫憎韩不受安陵氏，可也，夫不患秦之不爱南国，非也。

[注释]

①垝津：地名，位于今河南滑县一带。②安陵氏：魏国的附属国。

[译文]

“秦国原本就有怀地、茅地、刑丘，只需在垝津筑城，以此来逼临河内，河内的共、汲没有不危险的。秦国拥有郑地，获得了垣雍，再挖开荥泽，用水淹灌大梁，大梁必定会灭亡。大王您的使者犯了大错，竟然让使者中伤安陵氏，秦国想要占领许地已经很久了。但是秦国的叶阳、昆阳与魏国的舞阳、高陵相毗邻，倘若听任使者的恶言，随后安陵氏就将要被灭亡了。秦军绕过魏地舞阳以北，向东进逼许地，那样的话魏国南部必定就会很危险了，魏国南部即使没有什么危险，难道魏国就能安宁吗？并且痛恨韩国，不爱惜安陵氏，这还行，但是不担忧秦国，不爱惜魏国南部的国土，这就不行了。

“异日[①]者，秦乃在河西，晋国之去梁也千里有余，河山以兰[②]之，有周、韩而间之。从林军以至于今，秦十攻魏，五入国中，边城尽拔，文台堕垂都焚，林木伐麋鹿尽，而国继以围。又长驱梁北，东至陶、卫之郊，北至乎阚(kàn)[③]，所亡乎秦者，山[④]北、河外、河内，大县数百，名都数十。秦乃在河西，晋国之去大梁也尚千里，而祸若是矣。又况于使秦无韩而有郑地，无河山以兰之，无周、韩以间之，去大梁百里，祸必百此矣。

［注释］

①异日：昔日，以前。②兰：通“拦”，阻拦。③阚：魏地名，位于今山东汶上一带。④山：指华山。

［译文］

“以前，秦国还在黄河以西，魏国故都安邑距离大梁还有上千里，有河山阻隔遮拦，又有周和韩在中间。从秦攻打魏的林乡战役到现在，秦国讨伐魏国已经有十次了，其中有五次都攻进了国内，边远的城邑全部都被侵占了，文台被毁，垂都被烧，林木被砍，麋、鹿也都被杀完了，国都也连续被围困。秦军又长驱直入地打到了魏国的北部、东面攻打到了陶邑和卫邑的城郊，北面攻打到了阚地，被秦国所灭的国土有华山以北、黄河以南、黄河以北，大县有几百个，有名的城邑也有几十个。秦国在黄河的西面，而魏国原来的都城安邑距离大梁也有千里之遥，但是竟然遭到了这样严重的祸害，更何况是秦灭了韩，占领郑地之后，没有了河山的阻拦，没有周和韩在中间，与大梁相距也只有百里，祸害必定是过去的百倍。

“异日者，从之不成矣，楚、魏疑而韩不可得而约也。今韩受兵三年矣，秦挠(náo)之以讲，韩知亡犹弗听，投质于赵而请为天下雁行[①]顿刃。以臣之观之，则楚、赵必与之攻矣。此何也？则皆知秦之欲无穷也，非尽亡天下之兵而臣海内之民必不休矣。是故臣愿以从事乎王，王速受楚、赵之约而挟韩之质，以存韩为务，因求故地于韩，韩必效之。如此则士民不劳而故地得，其功多于与秦共伐韩，然而无与强秦邻之祸。

［注释］

①雁行：像大雁飞行一样，即按照一定的顺序前进。

［译文］

“以前，合纵联盟未能建成，楚、魏两国彼此猜疑，韩国未能和我们结盟。如今韩国遭受秦军三年的战祸，秦国想让韩国屈服并与秦国讲和，韩国明知道将要灭亡，但依然不愿听命于秦，于是就把人质送到赵国，请求替天下的诸侯打头阵。依我看，楚、赵必然会与韩国一起讨伐秦国。这是为何啊？因为大家都明白秦国的欲望是没有止境的，不把天下的军队消灭完，不使天下所有人臣服，必然是不会罢休的。所以我愿意利用合纵联盟来臣事大王您，请您马上同意楚国与赵国的协约，接受韩国的人质，保存韩国是当务之急。这样向韩国索要故土，韩国必定会将它献给您。这样一来，不必使百姓劳苦就将故土收回，这功绩要大于与秦国一起讨伐韩国，并且不会有和强秦相毗邻的祸患。

“夫存韩安魏而利天下，此亦王之大时已。通韩之上党于共、莫，使道已通，因而关①之，出入者赋②之，是魏重质韩以其上党也。共有其赋，足以富国，韩必德魏、爱魏、重魏、畏魏，韩必不敢反魏。韩是魏之县也。魏得韩以为县，则卫、大梁、河外必安矣。今不存韩，则二周必危，安陵必易。楚、赵大破，卫、齐甚畏，天下之西向而驰秦，入朝为臣之日不久矣。”

［注释］

①关：设立关卡。②赋：征收赋税。

［译文］

“使韩国得以保存，魏国得以安定，天下诸侯都能获利，这也是大王您的好时机啊。假若可以让韩国的上党与共、莫两地相通，两国通使之道就可以开通。在此设立关卡，对来往的行人征收赋税，这样魏国可以把韩国的上党作为抵押，一起分享赋税，使国家富强已经足够了，韩国也必定感谢魏国，爱戴魏国，重视魏国，敬畏魏国，韩国必然不敢背叛魏国。如此一来，韩国就是魏国的一个县了。魏国得到了韩国，能够把它作为魏国的一个县，那么卫、大梁、河外地区也必定会得以安宁。倘若现在不使韩国得以保存，那么东、西二周必定很危险，秦国必定能占领安陵。楚、赵两国大败，卫国、齐国就会十分畏惧，天下诸侯都会向西奔往秦国，称臣朝拜秦王的日子也就很近了。”

魏太子在楚

魏太子在楚。谓楼子①于鄢(yān)陵曰：“公必且待②齐、楚之合也，以救皮氏。今齐、楚之理，必不合矣。彼翟子之所恶于国者，无公矣。其人皆欲合齐、秦，外楚以轻公，公必谓齐王曰：‘魏之受兵，非秦实首伐之也，楚恶魏之事王也，故劝秦攻魏。’

［注释］

①楼子：魏国的臣子。②待：等到。

[译文]

魏国的太子在楚国做人质，有人在鄢陵对楼子说：“您一定要等待齐、楚两国联合，再来救援皮氏。现在就齐、楚两国的情势来看，他们一定不会联合。那翟强在魏国最憎恨的人，莫过于您了。翟强那一伙人都想联合齐国和秦国，疏远楚国来压迫您。您一定要对齐王说：‘魏国遭到进攻，并不是秦国首先就想攻打它，是楚国憎恨魏国讨好大王，所以鼓动秦国攻打魏国。’

“齐王故欲伐楚，而又怒其不己善也，必令魏以地听秦而为和。以张子①之强，有秦、韩之重②，齐王恶之，而魏王不敢据③也。今以齐、秦之重，外楚以轻公，臣为公患之。钧之出地，以为和于秦也，岂若由楚乎？秦疾攻楚，楚还兵，魏王必惧，公因寄汾北以予秦而为和，合亲以孤齐，秦、楚重公，公必为相矣。臣意秦王与樗(chū)里疾④之欲之也，臣请为公说⑤之。”

[注释]

①张子：指张仪。②重：重视。③据：依靠，依附。④樗里疾：秦国名将，秦惠文王的弟弟。樗里，地名，因其居住在樗里，名疾，而称樗里疾。⑤说：游说。

[译文]

“齐王本来就想进攻楚国，而且又恨他不和自己友好。齐王一定会让魏国割地向秦国求和。从前，张仪凭借秦、韩两国对他的器重，权势很大，可是齐王憎恨他，魏王就不敢依靠他。现在翟强那伙人凭着齐、秦两国的势力，疏远楚国，来压制您，我替您为此感到忧虑。用割地的办法来联合秦国，不论齐国还是楚国都是一样的，哪里会听由楚国任意而为？秦国加紧攻打楚国，楚国如果撤军，魏王一定害怕，您就把汾水以北的土地献给秦国来求和。秦、楚、魏三国联合起来孤立齐国，秦国和楚国看重您，您一定会做魏国的相国。我猜想秦王和樗里疾也希望这样，请让我为您去游说。”

乃请樗里子曰：“攻皮氏，此王之首事也，而不能拔，天下且以此轻秦。且有皮氏，于以攻韩、魏，利也。”樗里子曰：“吾已合魏矣，无所用之。”对曰：“臣愿以鄙(bǐ)心意①公，公无②以为罪。有皮氏，国之大利也，而以与魏，公终自以为不能守也，故以与魏。今公之力有余守之，何故而弗有也？”

[注释]

①意：推测，揣摩。②无：通“毋”。

[译文]

那人于是对樗里疾说：“攻打皮氏，这是大王的头等大事，如果攻不下来，诸侯就会因此轻视秦国。如果占领了皮氏，从皮氏进攻韩国和魏国就对秦国有利。”樗里疾说：“我已经和魏国联合了，攻取皮氏没有用处。”那人说：“我愿意以鄙意推测您的心理，您不要因此铸成大错。占领皮氏，是国家的大利。而您却把皮氏交还给魏国，您是认为最终也不能守住它，所以才交还给魏国。现在凭您的力量守住皮氏绰绰有余，为什么不占有皮氏呢？”

樗(chū)里子曰：“奈何？”曰：“魏王之所恃[①]者，齐、楚也，所用者，楼鼻、翟强也。今齐王谓魏王曰：‘欲讲攻于齐王兵之辞也，’是弗救矣。楚王怒于魏之不用楼子，而使翟强为和也，怨颜已绝之矣。魏王之惧也见亡，翟强欲合齐、秦外楚，以轻楼鼻；楼鼻欲合秦、楚外齐，以轻翟强。公不如按魏之和，使人谓楼子曰：‘子能以汾[②]北与我乎？请合于楚外齐，以重公也，此吾事也。’楼子与楚王必疾矣。又谓翟子：‘子能以汾北与我乎？必合于齐外于楚，以重公也。’翟强与齐王必疾矣。是公外得齐、楚以为用，内得楼鼻、翟强以为佐[③]，何故不能有地于河东乎？”

[注释]

①恃：倚仗，仰仗。②汾：汾河。③佐：辅佐。

[译文]

樗里疾说：“那该怎么办呢？”那人说：“魏王所依仗的是齐国和楚国，所重用的人是楼鼻和翟强。现在齐王对魏王说：‘想和秦国讲和还是想进攻秦国，都取决于掌握军事主动权的齐国。’这就是说齐国本不想援助魏国。楚王气愤魏国不用楼子，而让翟强和齐、秦两国联合；楚王怨恨魏国，打算断交的想法已经表现出来了。魏王害怕被灭亡，翟强想联合齐、秦两国，疏远楚国，以压抑楼子；楼子想联合秦、楚两国疏远齐国，以压抑翟强。您不如控制和魏国讲和的主动权，派人对楼子说：‘您能把汾河以北给我吗？我愿意联合楚国疏远齐国，以便抬高您，这是我力所能及的事。’楼子和楚王一定答应得很痛快。再对翟强说：‘您能把汾河以北给我吗？我一定能替您联合齐国疏远楚国。以便抬高您。’翟强和齐王一定答应得很痛快。这样，您对外可以得到齐国和楚国的支持，对内可以得到楼子和翟强的帮助，为什么不能在西河以东占有皮氏呢？”

魏策四

信陵君杀晋鄙

信陵君杀晋鄙(bǐ)①，救邯郸(hán dān)，破秦人，存赵国，赵王自郊②迎。唐雎(jū)③谓信陵君曰：“臣闻之曰，事有不可知者，有不可不知者；有不可忘者，有不可不忘者。”信陵君曰：“何谓也？”对曰：“人之憎(zēng)我也，不可不知也；吾憎人也，不可得而知也。人之有德于我也，不可忘也；吾有德于人也，不可不忘也。今君杀晋鄙，救邯郸，破秦人，存赵国，此大德也。今赵王自郊迎，卒(cù)然见赵王，臣愿君之忘之也。”信陵君曰：“无忌谨受教。”

［注释］

①信陵君杀晋鄙：公元前257年，魏国的信陵君无忌设计取得兵符，杀掉晋鄙，夺取了军权，领兵数万，帮助赵国战胜秦国。②郊：郊外。③唐雎：魏国之臣。

［译文］

信陵君杀了晋鄙，救了邯郸，打败了秦军，保存了赵国，赵孝成王亲自到郊外去迎接他。唐雎对信陵君说：“我听说过，事情有不能知道的，有不能不知道的；有不能忘记的，有不能不忘记的。”信陵君说：“你说的是什么意思？”唐雎回答说：“人家厌恶我，是不能不知道的；我厌恶人家，却不能让人家得知。人家对我有恩德，不能忘记；我对人家有恩德，就不能不忘记了。如今您杀了晋鄙，救了邯郸，打败了秦军，保存了赵国，这是大恩大德啊。现在赵王亲自到郊外来迎接您，仓促之间见到赵王，我希望您忘掉自己的功劳。”信陵君说：“我完全接受您的教导。”

魏王与龙阳君共船而钓

魏王与龙阳君①共船而钓，龙阳君得十余鱼而涕下。王曰：“有所不安乎？如是，何不相告也？”对曰：“臣无敢不

安也。”王曰：“然则何为涕出？”曰：“臣为臣之所得鱼也。”王曰：“何谓也？”对曰：“臣之始得鱼也，臣甚喜，后得又益大，今臣直欲弃臣前之所得矣。今以臣凶恶，而得为王拂枕席。今臣爵至人君，走人于庭，辟人于途。四海之内，美人亦甚多矣，闻臣之得幸于王也，必褰裳（qiān shāng）而趋王。臣亦犹曩（nǎng）臣之前所得鱼也，臣亦将弃矣，臣安能无涕出乎？”魏王曰：“误！有是心也，何不相告也？”于是布令于四境之内曰：“有敢言美人者族②。”

［注释］

①龙阳君：战国时魏王的男幸，得宠于魏王。②族：灭族。

［译文］

魏王和龙阳君同船钓鱼，龙阳君钓了十几条鱼后就哭了。魏王说：“你有什么伤心的事吗？如果有，为什么不告诉我呢？”龙阳君答道：“我不敢不高兴。”魏王说：“既然这样，为什么流泪呢？”龙阳君说：“我是为我钓到的鱼流泪。”魏王说：“什么意思？”龙阳君答道：“我开始钓到鱼很高兴，后来钓到的鱼越来越大，现在我只想扔掉开头钓到的鱼。如今凭着我丑陋的相貌，却能为大王拂拭枕席。现在我的爵位被封为君，能在朝廷里驱使大臣，能让路上的人为我让道。天下漂亮的人也太多了，他们知道我得到大王的宠信，一定会提起衣裳跑到大王这里来。到那时，我就像我所钓到的鱼一样，也会被扔掉的，我怎么能不流泪呢？”魏王说：“唉！有这种想法，为什么不告诉我呢？”于是下令全国，说：“有胆敢提及进献美人的，处灭族之罪。”

由是观之，近习之人，其挚谄（zhì chǎn）也固矣，其自幂（mì）系也完矣。今由千里之外，欲进美人，所效者庸必得幸乎？假①之得幸，庸必为我用乎？而近习之人相与怨，我见有祸，未见有福；见有怨，未见有德，非用知②之术也。

［注释］

①假：假设。②知：通“智”，智谋。

［译文］

由此看来，受君王宠信的人，他们施展献媚的手段也是理所当然的，他们自我保护的办法也是充分的。现在有人想从千里之外进献美人，可献来的美人难道就能得到宠信吗？假如能得到宠信，难道一定能为他所用吗？而且君王宠信的近臣相继怨恨献美人者，这样，只会有祸，不会有福；只会遭怨恨，不会有益处，这不是运用智谋的办法。

秦王使人谓安陵君

秦王使人谓安陵君①曰：“寡人欲以五百里之地易安陵，安陵君其许寡人？”安陵君曰：“大王加惠，以大易小，甚善。虽然，受地于先王，愿终守之，弗敢易。”秦王不说。安陵君因使唐雎(jū)②使于秦。秦王谓唐雎曰：“寡人以五百里之地易安陵，安陵君不听寡人，何也？且秦灭韩亡魏，而君以五十里之地存者，以君为长者，故不错意③也。今吾以十倍之地，请广于君，而君逆寡人者，轻寡人与？”唐雎对曰：“否，非若是也。安陵君受地于先王而守之，虽千里不敢易也，岂直④五百里哉？”秦王怫(fú)然怒，谓唐雎曰：“公亦尝闻天子之怒乎？”唐雎对曰：“臣未尝闻也。”秦王曰：“天子之怒，伏尸百万，流血千里。”

[注释]

①安陵君：安陵国的君主，曾附属于魏国。②唐雎：人名，安陵君的臣子。③错意：在意。④直：通“只”，仅仅。

[译文]

秦王派人对安陵国的君主说：“我打算用方圆五百里的土地交换安陵，安陵君会答应我吧？”安陵君说：“大王施予我恩惠，以大换小，真是太好了。虽然这样，但我的土地是从先王那里继承下来的，希望能够一直守着它，不敢与大王交换。”秦王十分不高兴。于是安陵君就差遣唐雎到秦国出使。秦王对唐雎说道：“我用方圆五百里的土地交换安陵这块土地，但是安陵君却没有答应我，这是为什么啊？况且秦国把韩、魏两国都灭掉了，但是安陵君却能凭着五十里的土地得以保存，这是由于我把他当作长者，因此才没有理会。现在我用十倍的土地想要和安陵君交换，他却违逆我的意思，这是轻视我吗？”唐雎回答说：“不，并非是这样。只是安陵君是从先王的手里承袭了这块土地并守护它，哪怕是方圆一千里土地安陵君也不敢与您交换，更何况是五百里呢？”秦王极为愤怒，对唐雎说：“您也听过天子发怒吧？”唐雎说：“我没有听说过。”秦王说：“天子一发怒，就可以让百万人横尸丧命，血流上里。”

聂政

聂政，魏国人，以任侠著称，为战国时期四大刺客之一。

唐雎曰：“大王尝闻布衣①之怒乎？”秦王曰：“布衣之怒，亦免冠徒跣(xiǎn)以头抢②地尔。”唐雎曰：“此庸夫之怒也，非士之怒也。夫专诸③之刺王僚(liáo)也，彗(huì)星袭月；聂政④之刺韩傀(kuǐ)也，白虹贯日；要离⑤之刺庆忌⑥也，仓鹰击于殿上。此三子者，皆布衣之士也，怀怒未发，休祲(jìn)⑦降于天，与臣而将四矣。若士必怒，伏尸二人，流血五步，天下缟(gǎo)素，今日是也。”挺剑而起，秦王色挠⑧，长跪而谢之曰：“先生坐，何至于此，寡人谕⑨矣。夫韩、魏灭亡，而安陵以五十里之地存者，徒以有先生也。”

［注释］

①布衣：指平民百姓。②抢：指撞击。③专诸：人名，春秋时期吴国公子光派去行刺吴王僚的刺客。④聂政：人名，春秋时期韩国严仲子派去行刺相国韩傀的刺客。⑤要离：人名，春秋时期吴王阖闾派去行刺庆忌的刺客。⑥庆忌：吴王僚的儿子。⑦休祲：征兆。⑧挠：屈挠。⑨谕：明白。

［译文］

唐雎说：“大王您是否听说过平民百姓发怒？”秦王说：“普通百姓发怒，也不过是摘掉帽子，赤着脚，用脑袋去撞地而已。”唐雎说：“这是普通庸俗之人发怒的样子，并不是士人发怒的样子。当专诸行刺王僚的时候，天上的彗星将月亮给掩盖了；聂政行刺韩傀的时候，白虹横贯太阳；要离行刺庆忌的时候，苍鹰在宫殿上搏击。这三个人，都是平民百姓中的士人，心中装有满腔的愤怒未能发泄，上天已经降下了预兆，若把我算上就将是四个人了。倘若士人发怒的话，不过两具尸体倒下，五步之内满是鲜血，而天下人都将穿上白色的孝衣，今天就是这样。”于是就拔剑站起来了。秦王露出屈挠的神色，直腰跪坐着谢罪说：“先生您坐下，事情怎会到此地步呢，我已经明白了。韩、魏两国都灭亡了，但是安陵凭着五十里的土地得以保留，这仅仅是由于安陵有先生您啊。”

韩策一

申子请仕其从兄官

申子请仕其从兄官，昭侯不许也。申子有怨色。昭侯曰：“非所学于子者也。听子之谒(yè)①而废子之道乎？又亡其②行子之术而废子之谒乎？子尝教寡人循功劳、视次第，今有所求，此我将奚听乎？”申子乃辟舍请罪，曰：“君真其人也！”

[注释]

①谒：请求。②亡其：还是，表示选择。

[译文]

申不害替他的堂兄求官，昭侯不答应。申不害面带怨恨之色。昭侯说：“难道这不是跟您学的吗？您是想让我答应您的请求而废弃您执政的主张呢，还是实践您的主张而拒绝您的请求呢？您曾经教导我，要按照人的功劳进行奖赏、安排官职。如今您有请求，您将让我听从哪一个？”于是申不害就离开客舍，前去请罪说：“您真是按照我的学说行事的人啊！”

苏秦为楚合从说韩王

苏秦为楚①合从说韩王曰：“韩北有巩、洛②、成皋(gāo)之固，西有宜阳、常阪(bǎn)之塞，东有宛、穰、洧(wěi)水，南有陉(xíng)山，地方千里，带甲数十万。天下之强弓劲弩皆自韩出，溪子、少府、时力、距来，皆射六百步之外。韩卒超足而射，百发不暇止，远者达胸，近者掩心。韩卒之剑戟皆出于冥山、棠溪、墨阳、合伯。邓师、宛冯、龙渊、大阿，皆陆断马牛，水击鹄(hú)雁，当敌即斩。坚甲、盾、鞮鍪(dī móu)③、铁幕④、革抉(jué)⑤、㕹芮(fá ruì)⑥，无不毕具。以韩卒之勇，被坚甲，跖(zhí)劲弩，带利剑，一人当百，不足言也。夫以韩之劲与大王之贤，

乃欲西面事秦，称东藩，筑帝宫，受冠带，祠春秋，交臂而服焉。夫羞社稷而为天下笑，无过此者矣。是故愿大王之熟计之也。大王事秦，秦必求宜阳、成皋。今兹效之，明年又益求割地。与之，即无地以给之，不与，则弃前功而后更受其祸。且夫大王之地有尽，而秦之求无已。夫以有尽之地而逆无已之求，此所谓市怨而买祸者也，不战而地已削矣。臣闻鄙语曰：'宁为鸡口，无为牛后。'今大王西面交臂而臣事秦，何以异于牛后乎？夫以大王之贤，挟强韩之兵，而有牛后之名，臣窃为大王羞之。"

［注释］

①楚：一说应为赵。②巩、洛：地名，分别位于今河南巩县、洛阳。③鍪：头盔。④铁幕：保护手臂的铁器。⑤革抉：革制射抉，戴于右手拇指，用以钩弦射箭。⑥吺芮：系盾用的绶带。

［译文］

苏秦为了赵国合纵的事，对韩王游说道："韩国北边有险固的巩地、洛地、成皋这些城邑，西边有宜阳、常阪这些要塞，东边有宛地、穰地、洧水，南边有陉山，土地方圆上千里，精锐之兵几十万。天下的强弓劲弩都是出自于韩国，溪子、少府、时力、距来这些良弩，射程都能达到六百步以外。韩国的士卒抬脚踏地射箭，能不停歇地连续射上百支箭，远一些的能够穿入胸膛，近些的能够射入心脏。韩国兵卒的剑戟都是产自冥山、棠溪、墨阳、合伯。都是邓师、宛冯、龙渊、太阿一般的宝剑，在陆地都能把牛马砍断，在水中都能击中天鹅、大雁，与敌人交战立即就能将敌人斩杀。坚固的铠甲、盾牌、头盔、铁护臂、革制的射抉、系盾的绶带，这些没有一样韩国不具备的。凭借韩国士卒的勇猛，身穿坚固的盔甲，脚踏强劲的大弩，佩带上锋利的宝剑，可以一人当作百人，这是根本就不用说的。依靠韩军的强劲和大王您的贤德，竟然想要臣服于西面的秦国，使自己成为东面的藩国，为秦王修建出行游乐的宫殿，接纳秦国的冠带制度，在春秋季节向秦国进贡祭祀的礼品，抱着双臂拱手臣服。让国家社稷蒙受羞辱，被天下人所嘲笑，没有什么能超过这个了。所以我希望大王您能够好好考虑考虑。倘若大王您臣事秦国，秦国必定会索要宜阳、成皋，假若您把这两个地方献给秦王，明年他会再要求得到更多的土地。把土地割给秦国，这样持续下去韩国就将没有土地可以割让了；如若不割给土地的话，那您就会前功尽弃，之后更会遭受秦国的祸害。并且大王您的国土是有限的，但秦国的贪欲却没有停止的时候。以有限的土地去迎合无休无止的贪欲，这就是人们所说的自己花钱购买仇怨和祸患，这样没有进行战争土地就已经穷尽了。我曾经听闻这样的俗语：‘宁做鸡口，不做牛肛门。’如今大王向西面的秦国拱手称臣，这与做牛肛门又有什么分别呢？大王您如此贤明，拥有强劲的韩军，却要得到牛肛门的名声，我暗地里替大王您感到惭愧。”

韩王忿然作色，攘臂按剑，仰天太息曰：“寡人虽[1]死，必不能事秦。今主君以楚王之教诏之，敬奉社稷以从。”

［注释］

①虽：即使。

［译文］

韩王脸带怒气，挥动胳膊手拿宝剑，对着天长叹一声说：“即使我死了，也必定不能够臣服于秦国。今天先生您对我言说楚王的教导，我将恭敬地在国家社稷上听从于您。”

张仪为秦连横说韩王

张仪为秦连横说韩王曰：“韩地险恶，山居，五谷[1]所生，非麦而豆；民之所食，大抵豆饭藿羹(huò gēng)[2]；一岁不收，民不餍(yàn)糟糠(zāo kāng)；地方不满九百里，无二岁之所食。料大王之卒，悉之不过三十万，而厮(sī)徒负养[3]在其中矣，为除守徼(jiào)亭障塞，见卒不过二十万而已矣。秦带甲百余万，车千乘，骑万匹，虎挚之士[4]跿(tú)跔(jū)、科头、贯颐(yí)、奋戟(jǐ)[5]者，至不可胜计也。秦马之良，戎兵之众，探前趹(jué)后，蹄间三寻[6]者，不可称数也。山东[7]之卒，被甲冒胄以会战，秦人捐甲徒裎(chěng)[8]以趋敌，左挈人头，右挟生虏。夫秦卒之与山东之卒也，犹孟贲(bēn)之与怯夫也，以重力相压，犹乌获之与婴儿也。夫战孟贲、乌获之士，以攻不服之弱国，无以异于堕(duò)千钧(jūn)之重集于鸟卵之上，必无幸矣。诸侯不料兵之弱，食之寡，而听从人之甘言好辞，比周以相饰也，皆言曰：‘听吾计则可以强霸天下。’夫不顾社稷之长利而听须臾(yú)之说，诖(guà)误人主者，无过于此者矣。

[注释]

①五谷：指稻、粟、麦、黍、稷五种粮食作物。②藿羹：豆叶做的菜羹。③厮徒负养：杂役和苦力。④虎挚之士：指勇猛的人。⑤跿跔科头贯颐奋戟：跿跔，单脚跳跃；科头，没戴头盔；贯颐，捧着脸；奋戟，高举战戟，这些都是勇猛不怕牺牲的表现。⑥寻：一寻等于八尺。⑦山东：指殽山以东。⑧徒裎：赤身裸体。

[译文]

张仪为了秦国的连横之事，对韩王游说道："韩国地形十分险恶，很多百姓都居住在山中，所种植的五谷粮食之中，不是麦子就是豆子；百姓所吃的，几乎都是豆饭或豆叶做的菜羹；假若有一年没有好收成，百姓吃糟糠都吃不饱。韩国国土方圆不足九百里，所积攒的粮食还不够吃两年。估计大王您的士卒，加起来也不过有三十万，还把杂役和苦力包括在内，除去戍守关卡要塞的士兵也不会多于二十万。而秦国披戴铠甲的精锐部队就有一百多万，战车上千辆，骁骑万匹，勇猛的兵卒，奔腾跳跃，高举战戟，甚至连铠甲都不穿就冲锋陷阵的，无法计算。秦国的战马品种优良，士卒众多。抬起前蹄蹬直后腿，前后蹄之间一跃能有二十四尺，这样的战马多得数都数不过来。崤山以东的士卒，就是披戴着盔甲前来迎战，秦国即使不披戴盔甲赤身裸体，也能把敌人打败，左手提着人头，右手挟持着俘虏。秦国的士卒与崤山以东的士卒进行比较，就好比是勇猛的孟贲和懦夫一样；如果再用重兵相压，就好比是大力士乌获与婴儿一样。用像孟贲、乌获一样勇猛的士卒，去攻打不臣服的弱国，这和把千钧重的东西压在鸟卵上没有什么差别，必定没有幸存的。倘若诸侯们不考虑一下自己兵力的衰弱，粮食的困乏，却听信主张合纵的说客的花言巧语，互相勾结营私欺诈，都说'只要您听从于我的谋略，就能够称霸天下。'不顾及国家社稷的长远利益，而只听信一时的空话，贻误君主的，没有什么能超过这了。

"大王不事秦，秦下甲据[1]宜阳，断绝韩之上地，东取成皋、宜阳，则鸿(hóng)台之宫、桑林之苑非王之有已。夫塞成皋，绝上地，则王之国分矣。先事秦则安矣，不事秦则危矣。夫造祸而求福，计浅而怨深，逆秦而顺楚，虽欲无亡，不可得也。故为大王计，莫如事秦。秦之所欲，莫如弱楚，而能弱楚者莫如韩。非以韩能强于楚也，其地势然也。今王西面而事秦以攻楚，为敝邑，秦王必喜。夫攻楚而私其地，转祸而说秦，计无便于此者也。是故秦王使使臣献书大王御史，须以决事。"韩王曰："客幸而教之，请比郡县，筑帝宫，祠春秋，称东藩，效宜阳。"

[注释]

①甲据：发兵夺取。

[译文]

“倘若大王您不臣事秦国的话，秦国就会发兵夺取宜阳，把韩国上党的交通切断，东面夺取成皋、宜阳，这样的话，鸿台离宫、桑林御苑就不再归大王您所有了。倘若成皋被封锁了，上党的要道也被切断了，那么大王您的国家也就将要被分裂了。倘若您先臣事秦国的话就能得到安宁，而不臣事秦国就将会很危险了。在灾祸中寻求福气，倘若因为所用之计太短浅而结下很深的怨恨，违逆秦国却顺从于楚国，那么即使不想让国家灭亡，也是办不到的。所以替大王您考虑，最好是臣事秦国。秦国所想要的，没有什么比使楚国削弱更强烈的了，而能够使楚国削弱的，没有哪个国家能比上韩国。这并非是由于韩国比楚国强大，而是韩国的地势使然。如今大王您倘若能够臣事西面的秦国而攻打楚国，为敝国做事，我们秦王必定十分高兴。围攻楚国而私占楚国的土地，把祸患转嫁于楚国并能取悦于秦王，没有什么计策能比这更有利可图了。所以秦王派遣使臣我向大王献书，等待大王您的裁决。”韩王说：“有幸能够得到客卿的赐教，请把韩国作为秦国的一个郡县，为秦王修筑行宫，在春秋季节进献祭祀的礼品，自称为东面的藩国，并将宜阳进献给秦王。”

颜率见公仲

颜率见公仲，公仲不见。颜率谓公仲之谒者曰：“公仲必以率为阳也，故不见率也。公仲好(hào)内①，率曰好士；仲啬(sè)②于财，率曰散施；公仲无行，率曰好义。自今以来，率且正言之而已矣。”公仲之谒者以告公仲，公仲遽(jù)起而见之。

[注释]

①内：指女人。②啬：吝啬。

[译文]

颜率要见公仲，可是公仲不肯接见。于是颜率就对公仲的礼宾官说：“公仲一定认为我撒谎，所以才不肯见我。公仲喜欢女色，而我却说爱士；公仲为人吝啬，而我却说乐善好施；公仲品性不端，而我却说急公好义。从现在起，我一切都据实而言。”公仲的礼宾官把这话转告给公仲以后，公仲立刻起来接见颜率。

韩策二

楚围雍氏五月

楚围雍氏①五月，韩令使者求救于秦，冠盖相望也，秦师不下殽(yáo)②。韩又令尚靳(jìn)③使秦，谓秦王曰：“韩之于秦也，居为隐蔽，出为雁行。今韩已病矣，秦师不下殽。臣闻之，唇揭者其齿寒，愿大王之熟计之。”宣太后曰：“使者来者众矣，独尚子之言是。”召尚子入。宣太后谓尚子曰：“妾事先王也，先王以其髀(bì)加妾之身，妾困不支也；尽置其身妾之上，而妾弗重也，何也？以其少有利焉。今佐韩，兵不众，粮不多，则不足以救韩。夫救韩之危，日费千金，独不可使妾少有利焉？”

[注释]

①雍氏：韩地名。②殽：崤山。③尚靳：韩国的臣子。

[译文]

楚国已经将韩城雍氏围困五个月了，韩国派遣使者前去秦国求救，使者的车辆连续不断，但秦国的军队始终没有东下崤山。韩王又派遣尚靳到秦国，尚靳对秦王说道：“韩国对秦国而言，平常的时候韩国是秦国的屏障，战争之时是秦国的先锋。如今韩国有难，秦军却一直没有东下崤山。我曾听闻，如果嘴唇没有了那么牙齿就会寒冷，希望大王您能仔细考虑一下。”宣太后说：“韩国来了那么多使者，只有尚靳说得对。”于是就把尚靳召来。宣太后对尚靳说道：“妾身我服侍先王，先王把他的大腿搭在我身上，我会十分疲惫不能支撑；但先王把整个身子都压在我身上的时候，我却并不觉得重，这是为何呢？因为稍微有些好处。如今援救韩国，倘若兵力不足，粮食不多，就不足以援救韩国。解救韩国的危机，一天就要耗费千金，难道连稍微给我些好处都不行吗？”

尚靳归书报韩王，韩王遣张翠①。张翠称病，日行一县。张翠至，甘茂②曰：“韩急矣，先生病而来。”张翠曰：

“韩未急也，且急矣。”甘茂曰：“秦重国知王也，韩之急缓莫不知。今先生言不急，可乎？”张翠曰：“韩急则折而入于楚矣，臣安敢来？”甘茂曰：“先生毋复言也。”

[注释]

①张翠：韩国的臣子。②甘茂：秦国的大臣。

[译文]

尚靳回来向韩王上书报告，韩王就派大臣张翠再到秦国。但是张翠声称有病，一天只能走一个县的路程。张翠到了秦国，甘茂说：“韩国形势已如此紧急了吗？先生病了还要前来。”张翠说：“韩国形势还没有紧急，但也将要紧急了。”甘茂说：“秦国强大君王贤明，韩国形势紧急与否，没有什么不知道的。如今先生却说不紧急，这可以吗？”张翠说：“韩国倘若真的紧急的话，就会转过来投靠楚国，我怎么还能来？”甘茂说：“先生您不用再说了。”

甘茂入言秦王曰：“公仲柄得秦师，故敢捍楚。今雍氏围，而秦师不下殽，是无韩也。公仲且抑首[1]而不朝，公叔且以国南合于楚。楚、韩为一，魏氏不敢不听，是楚以三国谋秦也。如此则伐秦之形成矣。不识坐而待伐，孰(shú)与伐人之利？”秦王曰：“善。”果下师于殽之救韩。

[注释]

①抑首：低着头。

[译文]

甘茂入朝对秦王言说此事，说道：“倘若公仲能够掌控秦军，就能够对抗楚国。如今韩城雍氏被围困，但秦军却不东下崤山以援助，这样秦国就会丧失韩国这个盟国。并且公仲耷拉着头也不上朝，公叔必将与南面的楚国联合，如果楚、韩联合的话，魏国就不敢不听从楚国，这样楚国就会利用楚、韩、魏三国之力对秦国有所图谋。如此一来，讨伐秦国的联盟就建成了。不知道是坐着等待被人讨伐好，还是讨伐别人好？”秦王说：“好吧。”于是果真发兵东下崤山去救助韩国。

楚围雍氏韩令冷向借救于秦

楚围雍氏，韩令冷向[1]借救于秦，秦为发使公孙昧(mèi)[2]入

韩。公仲③曰：“子以秦为将救韩乎？其不乎？”对曰：“秦王之言曰，请道于南郑、蓝田④以入攻楚，出兵于三川以待公，殆(dài)不合军于南郑矣。”公仲曰：“奈何？”对曰：“秦王必祖张仪之故谋⑤。楚威王攻梁，张仪谓秦王曰：‘与楚攻梁，魏折⑥而入于楚。韩固其与国也，是秦孤也。故不如出兵以劲魏。’于是攻皮氏。魏氏劲，威王怒，楚与魏大战，秦取西河之外以归。今也其将扬言救韩，而阴⑦善楚，公恃秦而劲，必轻与楚战。楚阴得秦之不用也，必易与公相支也。公战胜楚，遂与公乘楚，易三川而归。公战不胜楚，塞三川而守之，公不能救也。臣甚恶其事。司马康三反之郢⑧矣，甘茂与昭献遇于境，其言曰收玺(xǐ)⑨，其实犹有约也。”

[注释]

①冷向：韩国的大臣。②公孙昧：秦国的大臣。③公仲：韩国的相国。④南郑、蓝田：韩地名。⑤祖张仪之故谋：指效仿张仪以前的计谋。⑥折：反过来。⑦阴：指背地里，暗中。⑧郢：楚国的都城。⑨玺：指兵符。

[译文]

楚国围困了韩国的城邑雍氏，于是韩王就派遣大臣冷向前往秦国求救，秦国因为此事派遣公孙昧前往韩国。韩相国公仲问：“您觉得秦国将会出兵救助韩国呢，还是不救助呢？”公孙昧回答说：“秦王说：‘秦军想要借道于韩国的南郑和蓝田以攻打楚国，发兵驻扎在三川，在那等您’，这样秦军和韩军大概不会会合。”公仲说：“那该怎么办啊？”公孙昧回答说：“秦王必定会效仿张仪之前的计策。那时楚威王讨伐魏国，张仪向秦王进谏说：‘和楚国一起讨伐魏国，魏国就会反过来臣事楚国，韩国原本就和魏国是联盟国，这样秦国就会很孤立。因此不如发兵援助魏国，使魏国态度强硬。’此时楚国正在进攻皮氏，魏国得到了秦国的援兵而态度强硬，楚威王很愤怒，楚国和魏国大战，秦军却趁机夺取了魏国的西河之外的土地返回秦国了。如今秦国也将会扬言救助韩国，但背地里却与楚国交好，您自恃有秦国的援助，态度就更为强硬，与楚交战必定会轻视楚国。而楚国却暗中知道秦国不会真的为韩所用，必定会很轻易地就与您开战。倘若您打败了楚国，秦国就趁机和您一起占领楚地，再用占领的楚地换取韩国的三川之后返回；倘若您没有打败楚国，秦国已经驻扎在了三川，三川之地易守难攻，您也不能解救三川。我十分讨厌这种事。秦臣司马康三次往返楚国的都城郢，甘茂和昭献在边境会面，虽然他们声称是要制止楚韩交战，收回兵符，但实际上双方却在暗地里约定讨伐韩国。”

公仲恐曰："然则奈何？"对曰："公必先韩而后秦，先身而后张仪。以公不如亟（jí）[1]以国合于齐、楚，秦必委国于公以解伐[2]。是公之所以外者仪而已，其实犹之不失秦也。"

[注释]

①亟：赶紧，立刻。②解伐：解除被讨伐的危险。

[译文]

公仲十分恐惧地说："那么应该如何是好啊？"公孙昧回答说："您一定要先想想韩国自己怎么办，之后再考虑秦国的援助，要想想自己有没有智谋，之后再考虑张仪的救助，因此您不如赶快联合齐国和楚国，秦国必将把国家委托于您，以便解除被讨伐的危机。如此一来您所疏远的仅仅是张仪而已，实际上并没有去掉秦国。"

韩傀相韩

韩傀（kuǐ）相韩，严遂（suì）[1]重于君，二人相害也。严遂政[2]议直指，举韩傀之过。韩傀以之叱之于朝。严遂拔剑趋之，以[3]救解。于是严遂惧诛，亡[4]去，游求人可以报韩傀者。

[注释]

①严遂：韩国的臣子。②政：通"正"，正直。③以：因为。④亡：逃亡。

[译文]

韩傀任韩国的国相，严遂也受到韩哀侯的器重，他们二人相互排斥。严遂敢于直言不讳，指责韩傀的过错。韩傀因此在朝廷上怒斥严遂，严遂拔出剑直奔韩傀，因有人阻止才得以排解。此后，严遂害怕被韩傀杀害，就逃离了韩国，到处寻找可以向韩傀报仇的人。

至齐，齐人或言："轵（zhǐ）[1]深井里聂政，勇敢士也，避仇隐于屠者之间。"严遂阴[2]交于聂政，以意厚之。聂政问曰："子欲安用我乎？"严遂曰："吾得为役之日浅，事今薄[3]，奚（xī）敢有请？"于是严遂乃具酒，觞（shāng）聂政母前，仲子奉黄金百镒，前为聂政母寿。

［注释］

①轵：齐地名，位于今河南济源南。②阴：暗地里。③薄：临近，逼近。

［译文］

严遂到了齐国，齐国人对他说："轵邑深井里的聂政，是个勇敢的侠士，因为躲避仇人才混迹在屠夫中间。"严遂就和聂政暗中来往，以深情厚谊相待。聂政问道："您想用我干什么呢？"严遂说："我为你效力的时间还不长，现在事情又很紧迫，怎么敢对你有所求呢？"于是严遂就备办了酒席，向聂政的母亲敬酒，还进献黄金百镒，走上前去向聂政的母亲祝寿。

聂政惊，愈怪其厚，固[1]谢严仲子。仲子固进，而聂政谢曰："臣有老母，家贫，客游以为狗屠，可旦夕得甘脆以养亲。亲供养备，义不敢当仲子之赐。"严仲子辟[2]人，因为聂政语曰："臣有仇，而行游诸侯众矣。然至齐，闻足下义甚高。故直进百金者，特以为夫人粗粝[3]之费，以交足下之欢，岂敢以有求邪？"

［注释］

①固：坚决。②辟：通"避"，避开。③粗粝：粗糙的米。

［译文］

聂政大为震惊，对他如此的厚待更感到奇怪，就坚决辞谢严遂的赠金。严遂坚决要送，聂政就推辞说："我有个老母亲，家境贫寒，只得离乡背井，做个杀狗的屠夫，这样，可以早晚买些美味可口的食物来奉养母亲。母亲的供养已经齐备，按理说不应再接受您的赏赐。"严遂屏去他人，于是就对聂政说："我有个仇人，我游访过很多诸侯国了。然而到了齐国，才听说你很重义气。所以特地送上百金，只不过想作为老人家饮食的费用，也让你感到高兴，哪里敢有什么请求呢？"

聂政曰："臣所以降志辱身，居市井者，徒[1]幸而养老母。老母在，政身未敢以许人也。"严仲子固让，聂政竟不肯受。然仲子卒备宾主之礼而去。

［注释］

①徒：仅仅，只不过。

［译文］

聂政说："我之所以降心抑志，屈身辱体，隐居在这集市上，只是希望能够奉养老母。我的老母还健在，不敢答应为别人去死。”严遂坚持让聂政收下赠金，聂政终究不肯接受。可是严遂到底还是尽了宾主之礼才离去。

久之，聂政母死，既[1]葬，除[2]服。聂政曰：“嗟(jiē)乎！政乃市井之人，鼓刀以屠，而严仲子乃诸侯之卿相也，不远千里，枉(wǎng)车骑而交臣，臣之所以待之至浅鲜矣，未有大功可以称者，而严仲子举百金为亲寿，我虽不受，然是深知政也。夫贤者以感忿睚(yá)眦(zì)之意，而亲信穷僻之人，而政独安可嘿然[3]而止乎？且前日要政，政徒以老母。老母今以天年终，政将为知己者用。”

[注释]

①既：已经。②除：脱下。③嘿然：沉默的样子。嘿，通“默”，沉默。

[译文]

过了很久，聂政的母亲去世，安葬以后，聂政守孝期满，脱去丧服。聂政感叹地说：“唉，我聂政只是个集市上舞刀屠宰的人，而严遂却是诸侯的卿相，他不远千里，屈驾前来与我结交，我对他太薄情了，没有做过可以和他待我的情义相称的事情来，可他却拿出百金为我的老母祝寿，我虽然没有接受，可是这表明他很赏识我聂政啊！严遂这样贤明的人因为想报怨恨之仇而亲近信任我这样穷乡僻壤的人，我聂政怎么能够不声不响地了结了呢？再说以前他邀请过我，我只因为老母还健在，没有答应。如今老母已享尽天年而逝，我要去为赏识我的人效劳。”

遂西至濮(pú)阳，见严仲子曰：“前所以不许仲子者，徒以亲在。今亲不幸，仲子所欲报仇者为谁？”严仲子具告曰：“臣之仇韩相傀(kuǐ)。傀又韩君之季父[1]也，宗族盛，兵卫设，臣使人刺之，终莫能就。今足下幸而不弃，请益车骑壮士，以为羽翼(yì)。”政曰：“韩与卫，中间不远，今杀人之相，相又国君之亲，此其势不可以多人。多人不能无生得失，生得失则语泄，语泄则韩举国而与仲子为雠也，岂不殆哉！”遂谢车骑人徒，辞，独行仗剑至韩。

[注释]

①季父：叔父。

［译文］

于是聂政向西到了濮阳，见了严遂说："以前我之所以没答应你，只因为我母亲还健在。如今我母亲已经去世，请问你想报仇的人是谁？"严遂把情况都告诉聂政说："我的仇人是韩国国相韩傀。韩傀又是韩哀侯的叔父，他的族人很多，兵卫布置得很严密，我派人去刺杀他，始终没能成功。现在承蒙你不嫌弃我，请让我为你多多准备车马和勇士作为你的助手。"聂政说："韩国和卫国相隔不远，现在要去刺杀韩国国相，而他又是国君的亲人，在这种情况下，不能够带很多人去；人多了容易出差错，出了差错就难免在言语间泄露机密；泄露了机密，那么韩国举国上下都会与你为仇，那岂不是太危险了吗？"于是聂政谢绝了车马和随从人员，告别了严遂，只身一人拿着剑到了韩国。

韩适①有东孟之会，韩王及相皆在焉，持兵戟(jǐ)而卫者甚众。聂政直入，上阶刺韩傀。韩傀走而抱哀侯，聂政刺之，兼中哀侯，左右大乱。聂政大呼，所杀者数十人。因自皮面抉眼②，自屠出肠，遂以死。

［注释］

①适：恰巧，适逢。②皮面抉眼：割破脸，挖出眼睛。

［译文］

韩国恰好在东孟举行盟会，韩哀侯和韩傀都在场，他们身边手持兵器警卫的人很多。聂政径直闯了进去，登上台阶刺杀韩傀。韩傀跑向韩哀侯并抱着他，聂政刺死了韩傀，同时也刺中了哀侯，左右的人一片混乱。聂政大声呼喊，杀死了几十人，随后他自己用剑划破脸，挖出眼珠，又剖腹挑出肠子，就此死去。

齐聂政姊

聂政为报严仲子知遇之恩，刺杀韩相韩傀。聂政姊不忍其弟名声被埋没，抱尸痛哭。这幅画表现的就是这个壮烈场景。

韩取聂政尸暴于市，县①购之千金。久之莫知谁子。政姊闻之，曰："弟至贤，不可爱妾②之躯，灭吾弟之名，非弟意也。"乃之韩。视之曰："勇哉！气矜(jīn)

之隆。是其轶(yì)③贲(bēn)、育④而高成荆矣。今死而无名，父母既殁(mò)矣，兄弟无有，此为我故也。夫爱身不扬弟之名，吾不忍也。”乃抱尸而哭之曰：“此吾弟轵(zhǐ)深井里聂政也！”亦自杀于尸下。

[注释]

①县：通“悬”，悬赏。②妾：女子对自己的卑称。③轶：超过。④贲、育：指孟贲、夏育，两人都非常勇武。

[译文]

韩国把聂政的尸体摆放在街市上，用千金悬购他的姓名。过了很久，没有人知道他究竟是谁。聂政的姐姐听说后，说道：“我弟弟是个非常善良的人，我不能吝惜自己的生命，而埋没弟弟的名声，这也不是我弟弟的本意。”于是她就去了韩国，她指着聂政的尸体说：“英勇啊！豪气壮烈。你的行为简直超过了孟贲和夏育，盖过了成荆。现在你死了却不让人知道你的姓名，父母已不在世，又没有兄弟，你这样做都是为了不牵连我啊。吝惜自己的生命而不去显扬弟弟你的名声，我不忍心这样做啊。”于是就抱着聂政的尸体痛哭道：“这是我弟弟轵邑深井里的聂政啊！”于是在聂政的尸体旁自杀而死。

晋、楚、齐、卫闻之曰：“非独政之能，乃其姊(zǐ)者，亦列女也。”聂政之所以名施于后世者，其姊不避菹醢(zū hǎi)①之诛，以扬其名也。

[注释]

①菹醢：古代非常残忍的一种刑法，把人剁为肉酱。

[译文]

晋、楚、齐、卫等国的人听说了这件事，都赞叹道：“不仅聂政勇武，就是他的姐姐也是个重义轻生有节操的女子。”聂政之所以能名垂后世，就是因为他姐姐不怕自己被剁成肉酱来显扬他的名声啊。

韩策三

或谓韩王

或谓韩王曰：“秦王欲出事于梁①，而于攻绛(jiàng)、安邑，韩计将安出矣？秦之欲伐韩以东窥周室甚，唯寐(mèi)忘之。今韩不察，因欲与秦，必为山东②大祸矣。秦之欲攻梁也，欲得梁以临③韩，恐梁之不听也，故欲病之以固交也。王不察，因欲中立，梁必怒于韩之不与己，必折④为秦用，韩必举矣。愿王熟虑之也。

[注释]

①出事于梁：指对魏国发动战事。②山东：崤山以东，这里指崤山以东的诸侯国。③临：兵临。④折：反过来。

敝绔待功

韩昭侯是一代明君，也是节俭的榜样。他曾把自己的一条旧裤用心收藏，以作为对有功之臣的奖赏。

[译文]

有人对韩王说道：“秦王想要讨伐魏国，接着攻打绛地和安邑，韩国将怎样应对呢？秦国之所以想要讨伐韩国，是想要尽快灭掉周王朝，只有这个才是它梦寐以求的。倘若韩国不清楚这一点，打算与秦国联手，这必将成为六国的大祸。秦国之所以想要讨伐魏国，是想要夺取魏国，以兵临韩国，担心魏国不听从于他，因此才想给魏国点教训，以巩固秦、魏的邦交。大王倘若不清楚这些，而打算中立，魏国必定会很怨恨韩国不帮助自己，魏国必将反过来为秦国所用，到时候韩国必将被攻取，希望大王您好好考虑考虑。

“不如急发重使之赵、梁，约复为兄弟，使山东皆以锐师戍(shù)韩、梁之西边，非为此也，山东

无以救亡，此万世之计也。秦之欲并[1]天下而王之也，不与古同。事之虽如子之事父，犹将亡之也；行虽如伯夷，犹将亡之也；行虽如桀(jié)、纣，犹将亡之也。虽善事之无益也，不可以为存，适[2]足以自令亟(jí)亡也。然则山东非能从亲，合而相坚如一者，必皆亡矣。”

[注释]

①并：兼并。②适：恰恰。

[译文]

“您不如赶紧派特使前往赵、魏两国，与他们结成兄弟一样友好的邦交，让崤山以东的六国都派出精锐部队戍守韩、魏两国西面的边界，不这样的话崤山以东的国家都将无法救亡图存，这是恩泽万世的长远之计。秦国想要兼并诸侯，称王于天下，但它和以往的称王不同。侍奉秦国即使是如同儿子侍奉父亲一样，最终仍然会被秦国灭亡；做事即使是像伯夷禅让王位一样高尚，也仍然会被灭掉；做事即使是像夏桀、殷纣那样无道，但仍将被灭掉。即使好好侍奉秦国，也不会有什么好处，凭借这个不能使自己得以保存，反而会加速自己的灭亡。这样看来倘若山东六国不能建立合纵联盟，团结一致的话，必将都会被秦所灭。”

谓郑王

谓郑王曰：“昭釐(xī)侯[1]，一世之明君也；申不害[2]，一世之贤士也。韩与魏敌侔(móu)之国也，申不害与昭釐侯执珪(guī)[3]而见梁君，非好卑而恶尊也，非虑过而议失也。申不害之计事曰：‘我执珪于魏，魏君必得志于韩，必外靡于天下矣，是魏弊矣。诸侯恶魏必事韩，是我免于一人之下，而信于万人之上也。夫弱魏之兵而重韩之权，莫如朝魏。’昭釐侯听而行之，明君也；申不害虑事而言之，忠臣也。今之韩弱于始之韩，而今之秦强于始之秦。今秦有梁君之心矣，而王与诸臣不事为尊秦以定韩者，臣窃以为王之明为不如昭釐侯，而王之诸臣忠莫如申不害也。

[注释]

①昭釐侯：指韩昭侯。②申不害：为韩昭侯时的相国。③执珪：大臣朝见君王时需手持珪玉，这里是指向魏王称臣。

[译文]

有人对韩釐王说："韩昭侯是一代明君，相国申不害是一代贤德之臣，韩、魏是势力相当的两个国家，相国申不害和韩昭侯手执珪玉前去朝见魏王，并非喜好卑微讨厌尊贵，也不是考虑错误，计策有过失。申不害考虑这件事的时候说：'我拿着珪玉向魏称臣，魏王必然感觉很得志，这样他也必然会在外被其他诸侯所击败，这样魏就会很疲敝。诸侯们厌恶魏国，必定会与韩国友好。这样我虽然位居魏王一人之下，但却受到高居万人之上的尊重。因此，削弱魏军，使韩国的权势得到增强，最好的计策就是朝拜魏王。'韩昭侯听从并且实行了申不害的这个计策，是个明君；申不害考虑此事并献计，是忠臣。如今的韩国比之前的韩国要衰弱，而如今的秦国却强于之前的秦国。现在秦王有着和魏王一样的心意，但是大王与臣子们却不再尊重侍奉秦国以此安定韩国，我私下里认为大王没有昭侯明智，而大王您的臣子们也没有申不害忠心。

"昔者，穆公一胜于韩原①而霸西州，晋文公一胜于城濮(pú)而定天下。此以一胜立尊令、成功名于天下。今秦数世强矣，大胜以十数，小胜以百数，大之不王，小之不霸，名尊无所立，制令无所行，然而春秋用兵者非以求主尊成名于天下也？

[注释]

①韩原：地名，位于今山西芮城东北。

[译文]

"昔日，秦穆公在韩原打了一次大胜仗，就在西部称霸，晋文公在城濮打了一次大胜仗，就在天下占有重要地位。这些都是凭借一次大胜仗就称霸诸侯，名扬天下。如今秦国几代都很强盛，大的胜仗打了有几十次，小的胜仗就有上百次，打了大胜仗未能称王，打了小胜仗也未能称霸，没有立下尊崇的名分，制度法令也未能得到推行，但是春秋时期使用武力战争，难道就不是为了立下尊崇的名分，扬名于天下吗？

"昔先王之攻，有为名者，有为实者。为名者攻其心，为实者攻其形。昔者，吴与越战，越人大败，保于会稽(kuài jī)之上，吴人入越而户抚之。越王使大夫种行成于吴，请男为

臣，女为妾，身执禽①而随诸御②。吴人果听其辞，与成而不盟，此攻其心者也。其后越与吴战，吴人大败，亦请男为臣，女为妾，反以越事吴之礼事越，越人不听也，遂残吴国而禽夫差，此攻其形者也。今将攻其心乎，宜使如吴，攻其形乎，宜使如越。夫攻形不如越而攻心不如吴，而君臣上下少长贵贱毕呼霸王，臣窃以为犹之井中而谓曰：'我将为尔求火也。'"

[注释]

①禽：禽鸟，这里指拜见别人时携带的礼物。②御：下层管事的人。

[译文]

"昔日先王发动的进攻，有是为声名的，有是为实利的，追求声名的攻其内心，追求实利的要攻其形体。以前，吴、越交战，越国败得很惨，在会稽山上得以保存，吴国侵入越国，监视、镇抚他们。越王勾践让大夫文种前往吴国，请求让越国的男子做吴国奴隶，女子做吴国人的妾，越王亲自带着礼品跟在管事人的后面。吴国人果真答应了他们的请求，同越王议和，但是不和它结盟，这就是攻其内心啊。后来越吴两国交战，吴国大败，也请求让男子做越国的奴隶，女子为越国人做妾，吴国反过来用越国侍奉吴国的方式侍奉越国，但越王却没有答应，于是就灭掉了吴国，擒获了吴王夫差，这就是攻其形体啊。如今想要攻心，就要像吴国那样；想要攻其形体，就要使自己像越国那样。倘若攻其形体没有越国那么彻底，攻其心理不像吴国那样宽容，君臣上下无论长幼，无论贫富贵贱，都高呼称王称霸，我私下里觉得这就好比是自己掉进了井里，却对人说'我将替你找火'一样。"

东孟之会

"东孟之会，聂政、阳坚刺相①兼君。许异②蹴(cù)哀侯而殪之，立以为郑③君。韩氏之众无不听令者，则许异为之先也。是故哀侯④为君，而许异终身相焉。而韩氏之尊许异也，犹其尊哀侯也。今日郑君不可得而为也，虽终身相之焉，然而吾弗为云者，岂不为过谋哉！

[注释]

①相：指韩相韩傀。②许异：韩国的臣子。③郑：郑国，此时已经被韩国吞

并，郑国的都城成为了韩国的都城，因此史书中经常用郑指代韩国。④哀侯：指上面所提到的韩王。

[译文]

“东孟集会上，聂政和阳坚行刺韩相韩傀，并且还刺伤了韩哀侯。大臣许异故意用脚踢韩哀侯，让他装死，后来韩哀侯成为国君，韩国的百姓没有不听从于他的命令的，那是许异所做的表率。因此韩哀侯做国君的时候，许异终身都是韩国的相国。韩国人之所以尊崇许异，就像尊崇韩王一样。如今韩国的国君不可能再像以前一样受人尊崇了，但是终身为相也是好事，如果我们不这样的话，岂不是谋划错了！

“昔齐桓公九合诸侯，未尝不以周襄王之命。然则虽尊襄王，桓公亦定霸矣。九合之尊桓公也，犹其尊襄王也。今日天子不可得而为也，虽为桓公，吾弗为云者，岂不为过谋而不知尊哉？韩氏之士数十万，皆戴哀侯以为君，而许异独取相焉者无他；诸侯之君无不任事于周室也，而桓公独取霸者亦无他也。今强国[1]将有帝王之衅(xìn)[2]，而以国先者，此桓公、许异之类也。岂可不谓善谋哉？夫先与强国之利，强国能王[3]，则我必为之霸；强国不能王，则可以辟其兵，使之无伐我。然则强国事成，则我立帝而霸，强国之事不成，犹之厚德我也。今与强国，强国之事成则有福，不成则无患，然则先与强国者，圣人之计也。”

[注释]

①强国：指秦国。②衅：征兆。③王：称王。

[译文]

“昔日齐桓公九次会盟天下诸侯，未尝不是打着周襄王的名号。诸侯们虽然尊崇周襄王，但是齐桓公的霸业还是建成了。天下人尊崇齐桓公，就像尊崇周襄王一样。如今的周天子已经不能再受尊重了，即使是做齐桓公也不错啊，我们不这样，岂不是失策，并且不知道怎样受人尊崇吗？韩国有几十万的百姓，都拥戴哀侯做韩国的国君，唯独许异担任韩国的相国，这没有其他原因；各个诸侯国的君主没有不在周王室任职的，却只有齐桓公建立了霸业，这也没其他原因。如今秦国有称帝的兆头，韩国先和秦国联合，这就像齐桓公和许异一样的做法啊。这怎能不被称为善于谋划呢？先与强国联合会获得好处，倘若强国能够称王的话，那么我就必然可以称霸一方；倘若强国不能称王的话，那么也可以躲避战祸，不会被强国讨伐。这样，倘若强国称王成功了，我也就可以称霸一方；倘若强国称王未能成功，它也会深深地感激我。现在与强国联合，强国称王的大事成功了，就会有福；称王的大事没有成功，也不会有什么祸害。这样来看，先与强国联合，乃是圣人的谋略。”

段干越人谓新城君

段干越人①谓新城君曰:“王良②之弟子驾，云取千里马，遇造父③之弟子。造父之弟子曰:‘马不千里。’王良弟子曰:‘马，千里之马也；服④，千里之服也。而不能取千里，何也？’曰:‘子缧⑤牵长。故缧牵于事，万分之一也，而难千里之行。’今臣虽不肖，于秦亦万分之一也，而相国见臣，不释⑥塞者，是缧牵长也。”

［注释］

①段干越人：段干，本为地名，此人以此地名为姓，名越人。②王良：人名，为赵简子驾车的人。③造父：人名，为周穆王驾车的人。④服：古时候的一辆车有四匹马，旁边的两匹马称为骖马，中间的两匹马称为服马。⑤缧：驾驭马时所用的缰绳。⑥释：释放，打开。

［译文］

段干越人对新城君说：“王良的弟子驾车，说他得到了千里马，遇到了造父的弟子。造父的弟子说：‘马跑不到一日千里的速度。’王良的弟子说：‘我驾车用的骖马和服马都是千里马，跑不了一日千里的速度，为什么？’造父弟子说：‘你的缰绳放得太长，缰绳的长短对马跑的速度，也有万分之一的影响，所以你的马跑不了千里。’现在我虽然没有什么才能，但对于秦国也有万分之一的影响，而相国您看到我，不排除对我的阻碍，也是缰绳拉得太长了。”

燕策一

苏秦将为从北说燕文侯

苏秦将为从[1]，北说燕文侯曰：“燕东有朝鲜、辽东，北有林胡、楼烦，西有云中、九原，南有呼沱(tuó)、易水。地方二千余里，带甲数十万，车七百乘，骑六千匹，粟支十年。南有碣(jié)石、雁门之饶，北有枣栗(lì)之利，民虽不由田作，枣栗之实足食于民矣。此所谓天府也。夫安乐无事，不见覆军杀将之忧，无过燕矣。大王知其所以然乎？

［注释］

①从：通“纵”，合纵。

［译文］

苏秦为了合纵的计策去北方游说，他对燕文侯说：“燕国东面有朝鲜和辽东，北面有林胡和楼烦，西边有云中和九原，南边有呼沱河和易水，国土方圆两千多里，士兵有几十万，战车七百多辆，战马六千多匹，存粮可以供十年食用。燕国的南边有碣石和雁门的丰饶地产，北边有大量枣和栗子的收成，即便是老百姓都不去种地，仅仅是枣和栗子也够吃的了，这就是所谓的天府之国。燕国长久以来百姓安居乐业，免于战争的灾祸，没有战败的忧虑，这样的和平环境没有任何一个诸侯国能跟燕相比。大王知道这是为什么吗？

召 公

召公是周文王的儿子，武王的弟弟。曾辅助周武王灭商，被封于燕，是后来燕国的始祖。因最初采邑在召，故称召公或召伯。他支持周公旦摄政当国，支持周公平定叛乱。

“夫燕之所以不犯寇(kòu)被兵[1]者，以赵之为蔽于南也。秦、赵五战，秦再胜而赵三胜。秦、赵相弊，而王以全燕制其后，

此燕之所以不犯难也。且夫秦之攻燕也，逾云中、九原，过代、上谷，弥地踵(zhǒng)[2]道数千里，虽得燕城，秦计固不能守也。秦之不能害燕亦明矣。今赵之攻燕也，发兴号令，不至十日，而数十万之众，军于东垣矣。度呼沱，涉易水，不至四五日距国都矣。故曰，秦之攻燕也，战于千里之外，赵之攻燕也，战于百里之内。夫不忧百里之患而重千里之外，计无过于此者。是故愿大王与赵从亲，天下为一，则国必无患矣。”

[注释]

①被兵：遭受战争的祸患。②踵：足迹。

[译文]

“燕国之所以能够免于战祸，就是因为有南面的赵国做屏障。秦国和赵国先后发起了五次战争，秦国胜了两次赵国胜了三次，秦军、赵军的实力彼此互相削弱，而大王却保住了自己的实力，稳坐在后方，这正是燕国不被侵犯的原因。再说如果秦国想攻打燕国，要穿越云中、九原、代郡、上谷等地方，长途跋涉几千里，即使能够打下燕国的城池，也不能守得下来，秦国不能来攻打燕国的道理是显而易见的。如果赵国攻打燕国，赵王下令出兵，不超过十天，几十万的大军就能够集结到东垣这里。渡过呼沱河和易水，不用四五天就能够到达燕国的都城。所以说秦国攻打燕国，要在千里之外开战；而赵国攻打燕国，战事却在百里之内。不去担心百里之内的忧患而眼盯着千里之外的事情，这是非常严重的战略失误。所以我希望您能够和赵国结成战略同盟，诸侯国都联合起来，燕国就没有什么要去担心的了。”

燕王曰：“寡人国小，西迫强秦，南近齐、赵。齐、赵，强国也，今主君幸教诏之，合从以安燕，敬以国从。”于是赍(jī)[1]苏秦车马金帛(bó)以至赵。

[注释]

①赍：赠予，赠送。

[译文]

燕王说：“我们燕国弱小，西面担心着强秦进攻，南面靠近齐国、赵国。齐国、赵国都是诸侯国中的强国，如今受到了您的指点，让我加入合纵联盟来使国家长治久安，我愿意把整个国家交给您来安排。”而后给苏秦提供了车辆钱币礼品，让他到赵国谈合纵的事。

燕文公时

燕文公时，秦惠王以其女为燕太子妇。文公卒，易王立，齐宣王因燕丧攻之，取十城。武安君苏秦为燕说齐王，再拜而贺，因仰而吊。齐王按戈(gē)而却[1]曰：“此一何庆吊相随之速也？”对曰：“人之饥所以不食乌喙(huì)[2]者，以为虽偷[3]充腹而与死同患也。今燕虽弱小，强秦之少婿也。王利其十城而深与强秦为仇，今使弱燕为雁行[4]，而强秦制其后，以招天下之精兵，此食乌喙(huì)之类也。”

［注释］

①却：使之退却。②乌喙：一种有毒的东西。③偷：暂且。④雁行：像大雁飞行一样，按顺序前进。此处指充当先锋的作用。

［译文］

燕文公在位的时候，秦惠王把他的女儿嫁给了燕国太子。燕文公去世以后，太子易王继承了王位，齐国趁着燕国遭遇国丧的时候进攻燕国，连着攻下了十座城池。武安君苏秦为了燕国去游说齐王，他两次行跪拜礼表示庆贺，接着又仰面吊唁。齐王按住手边的兵器喝令他退却，说道：“为什么在庆贺之后这么快就跟着吊唁？”苏秦答道：“人在饥饿的时候之所以不去吃有毒的食物，就是因为虽然吃下去能暂时充饥，却有毒死之患。如今燕国虽然弱小，但燕王确是强大秦国的女婿。大王贪图十个城池却和强秦结下了深深的仇恨，如果让弱小的燕国做前锋，而强大的秦国在后方支援，招揽天下的精兵来进攻齐国，这就如同您吃下了有毒的食物一样。”

齐王曰：“然则奈何？”对曰：“圣人之制事也，转祸而为福，因败而为功。故桓公负妇人而名益尊，韩献开罪[1]而交愈固，此皆转祸而为福、因败而为功者也。王能听臣，莫如归燕之十城，卑辞以谢秦。秦知王以己之故归燕城也，秦必德王；燕无故而得十城，燕亦德王。是弃强仇而立厚交也。且夫燕、秦之俱事齐，则大王号令天下皆从。是王

以虚辞附秦，而以十城取天下也，此霸王之业矣。所谓转祸为福，因败成功者也。”

［注释］

①开罪：得罪。

［译文］

齐王问道：“这可该怎么办呢？”苏秦答道：“圣人做事能够把坏事变成好事，让失败转变为成功。所以虽然齐桓公好女色，但声名依然更加显赫，韩献子得罪了赵盾，却让两个人的交情更加深厚，这就是将坏事变成好事、把失败转为成功的例子。大王如果愿意听从我的计策，不如把燕国的十座城池还回去，用恳切的言辞向秦国道歉。秦王知道大王您是因为秦国的关系才归还这十座城池，一定会感激你；而燕王不费周折就收回了自己的城池，必然会对大王感恩戴德。这就是把强敌转化为友好的邦交。而且如今燕国、秦国都跟齐国建立了友好邦交，其他诸侯国也都会听从大王的号令。这样一来，虽然大王对秦国说了些谦恭的话，但却用十座城池换来了各诸侯国的遵从，这是建立霸业的功绩。这就是所谓的变坏为好，变失败为成功。”

齐王大说，乃归燕城，以金千斤谢其后，顿首涂[1]中，愿为兄弟而请罪于秦。

［注释］

①涂：通“途”，路途。

［译文］

齐王听了以后非常高兴，于是把占领燕国的十座城池还了回去，还拿出黄金千斤表示歉意，一路上表现得非常谦卑，向秦国请罪并表示愿意结为兄弟般的邦国。

人有恶苏秦于燕王者

人有恶[1]苏秦于燕王[2]者，曰：“武安君，天下不信人也。王以万乘下之，尊之于廷，示天下与小人群也。”

［注释］

①恶：诋毁，诽谤。②燕王：指燕易王。

［译文］

有人在燕易王面前诽谤苏秦说：“武安君苏秦是天下最不讲信义的人。君王以

伯夷

商末孤竹君之长子。孤竹君原本想让叔齐承袭爵位，孤竹君死后叔齐让位于伯夷。伯夷认为这样会违背父命，于是逃亡。

万乘之尊去接近他，在朝廷上推崇他，这是向天下诸侯表示君王和小人为伍。”

武安君从齐来，而燕王不馆[1]也。谓燕王曰：“臣东周之鄙(bǐ)人也，见足下身无咫(zhǐ)尺之功，而足下迎臣于郊，显臣于廷。今臣为足下使，利得十城，功存危燕，足下不听臣者，人必有言臣不信，伤臣于王者。臣之不信，是足下之福也。使臣信如尾生[2]，廉如伯夷，孝如曾参[3]，三者天下之高行，而以事足下，不可乎？”燕王曰：“可。”曰：“有此，臣亦不事足下矣。”

[注释]

①不馆：不准备馆舍。②尾生：相传尾生与一女子立下约定，在桥下相会。尾生在桥下等待，是时洪水暴发，但尾生信守约定不离开，最后被洪水淹死，成为信守约定的楷模。③曾参：孔子弟子，历史上有名的孝子。

[译文]

苏秦从齐国回来，燕易王竟不准备馆舍招待，因而苏秦就对燕易王说：“臣是东周的一个乡野小民，当臣第一次晋见君王时，臣还没有任何功劳，而君王却到郊外来迎接臣，在朝廷上表彰臣招待臣。现在臣为君王出使齐国，使燕国收回十城的土地，有挽救弱燕危亡命运的功劳，但是君王反而不相信臣，一定是有人在君王面前说臣不讲信义，而诽谤臣。说臣不讲信义，那倒是君王的福气。假如臣像尾生一般守信、像伯夷一般高洁、像曾参一般孝顺，用这三个天下最好的美德来侍奉君王可以吗？”燕易王说：“可以啊。”苏秦说：“假如臣是有这三种美德的人，那臣也就不会来服侍君王了。”

苏秦曰：“且夫孝如曾参，义不离亲一夕宿于外，足下

安得使之之齐？廉如伯夷，不取素餐[1]，污武王之义而不臣焉，辞孤竹之君，饿而死于首阳之山。廉如此者，何肯步行数千里，而事[2]弱燕之危主乎？信如尾生，期而不来，抱梁柱而死。信至如此，何肯杨[3]燕、秦之威于齐而取大功乎哉？且夫信行者，所以自为也，非所以为人也，皆自覆之术，非进取之道也。

曾参

[注释]

①素餐：什么也不付出而得到的饭。②事：臣事，事奉。③杨：通“扬”，宣扬。

[译文]

苏秦说：“臣一定要像曾参一般孝顺，连一夜都不肯离开父母而住在外面，那君王还能派臣出使齐国吗？假如臣像伯夷一般的高洁，不肯白吃不做事的饭，认为周武王不义就不做他的臣子，辞去孤竹君的王位不做，宁肯活活饿死在首阳山下，像这样孤高自赏的义士，又怎肯步行几千里来臣事危亡边缘的燕国君主呢？假如臣像尾生一般守信义，和女子在桥下约会，女子不来，恰遇洪水，他竟抱着桥柱不走，最终被淹死。像如此守信义的人，又怎肯到齐国去宣扬燕、秦的威势来建立大功呢？况且守信用的人，乃是为了自己，并不是为了别人，都是保护自己的方法，根本不是进取的策略。

“且夫三王代兴，五霸迭盛，皆不自覆也。君以自覆为可乎？则齐不益于营丘[1]，足下不逾(yú)楚境，不窥于边城之外。且臣有老母于周，离老母而事足下，去自覆之术，而谋进取之道，臣之趣固不与足下合者。足下皆自覆之君也，仆者进取之臣也，所谓‘以忠信得罪于君者’也。”

［注释］

①营丘：地名，位于今山东临淄一带。

［译文］

“况且三王相继兴起，五霸轮流强盛，都不仅仅是为了保护自己。君王以为保护自己就可以了吗？那齐国就不能进兵营丘，而君王也不能越过楚国的边界，更不能向边城之外窥探。况且臣有老母而来侍奉君王，放弃保护自己的观念而寻求进取的策略。臣的目的本来是跟君王不相合的，君王是保护自己的君主，而臣是力求进取的臣子，这就是‘由于忠信却得罪君王’。”

燕王曰：“夫忠信，又何罪之有也？”对曰：“足下不知也。臣邻家有远为吏者，其妻私人。其夫且归，其私之者忧之。其妻曰：‘公勿忧也，吾已为药酒①以待之矣。’后二日，夫至。妻使妾奉卮(zhī)酒进之。妾知其药酒也，进之则杀主父，言之则逐主母，乃阳僵弃酒②。主父大怒而笞(chī)③之。故妾一僵而弃酒，上以活主父，下以存主母也。忠至如此，然不免于笞，此‘以忠信得罪者’也。

［注释］

①药酒：毒酒。②阳僵弃酒：假装跌倒打翻了酒。阳，通“佯”，佯装。③笞：鞭笞。

［译文］

燕易王说：“忠信怎么会得罪寡人呢？”苏秦回答说：“君王可能不明白这种道理。臣有一个邻居到远方做官，留在家的妻子和人通奸。当丈夫要回家时，奸夫很担忧，这时妻子对奸夫说：‘你不必担心，我已经准备好毒药等他回来。’过了两天丈夫回来了，妻子叫侍妾端毒酒给他喝，侍妾知道这是一杯毒酒，男主人喝了就会被毒死，可是说出来侍妾就会被女主人赶走，因此侍妾就故意跌倒把毒酒弄翻，不料男主人竟然大怒而鞭打侍妾。侍妾故意把毒酒弄翻，对上救了男主人一命，对下保全了女主人在家中的地位。侍妾忠贞到如此程度，然而竟逃不过男主人的鞭打，这就叫作‘以忠信而获罪’。

“臣之事，适①不幸而有类妾之弃酒也。且臣之事足下，亢(kàng)②义益国，今乃得罪，臣恐天下后事足下者，莫敢自必也。且臣之说齐，曾不欺之也。使之说齐者，莫如臣之言

也。虽尧、舜之智，不敢取也。”

［注释］

①适：恰巧。②亢：提高。

［译文］

“臣今天的所作所为，不幸恰好有些类似这侍妾故意把酒弄洒的情况。况且臣侍奉君王，是为了提高燕国的地位，希望对燕国能有所帮助，不料臣竟然因此而获罪，臣恐怕以后来侍奉君王的天下士子，都不敢相信能够做到这样。况且臣前往齐国游说的，并不是用欺骗手段。不过其他国家使者游说齐国的，没有谁像我说的那样让人信服。即使他们像尧、舜一般明智，齐国也不肯相信他们的话。”

苏代谓燕昭王

苏代谓燕昭王曰：“今有人于此，孝若曾参、孝己[①]，信如尾生高，廉如鲍焦、史鰌(qiū)[②]，兼此三行以事王，奚(xī)如？”王曰：“如是足矣。”对曰：“足下以为足，则臣不事足下矣。臣且处无为之事，归耕乎周之上地，耕而食之，织而衣之。”王曰：“何故也？”对曰：“孝如曾参、孝己，则不过养其亲耳；信如尾生高，则不过不欺人耳；廉如鲍焦、史鰌，则不过不窃人之财耳。今臣为进取者也。臣以为廉不与身俱达，义不与生俱立。仁、义者，自完之道也，非进取之术也。”

［注释］

①孝己：传说中商代高宗武丁之子，以孝行著称，遭后母谗言，被放逐而死。后人常用作孝子的典范。②鲍焦：周代隐士。史鰌：春秋时卫国人，字子鱼，又称史鱼。

［译文］

苏代对燕昭王说：“现在如果有一个人，孝行像曾参、孝己一样，守信像尾生高一样，廉正像鲍焦、史鰌一样，同时具备这三种品行来侍奉大王，大王您认为怎么样？”燕王说：“我所要的臣子只要具备这些就足够了。”苏代接着说：“大王您要是觉得这样就够的话，那我就不能侍奉大王了。我将什么都不做，回到周国的土地

史 鳍

史鳍是春秋时卫国大夫，也称史鱼，字子鱼，名佗。卫灵公时任祝史，故称祝佗，负责卫国对社稷神的祭祀。

上，自己耕种来解决吃饭问题，自己织布来解决穿衣问题。”燕王说：“这是为什么呢？”苏代回答说：“孝行能像曾参、孝己，则不过能奉养父母罢了；守信像尾生高那样，只是不骗人罢了；廉正如鲍焦、史鳍，也不过是不会偷别人的东西罢了。现在我是个追求进取的人，我觉得廉不可能使人显贵，义不能使人生存。仁、义是自我完善的理论，而非进取的手段。”

王曰：“自忧不足乎？”对曰：“以自忧为足，则秦不出殽塞，齐不出营丘，楚不出疏章①。三王代位，五伯改政，皆以不自忧故也。若自忧而足，则臣亦之周负笼②耳，何为烦大王之廷耶？昔者楚取章武，诸侯北面而朝；秦取西山③，诸侯西面而朝。曩（nǎng）者使燕毋（wú）去周室之上④，则诸侯不为别驾而朝矣。臣闻之，善为事者，先量其国之大小，而揆（kuí）⑤其兵之强弱，故功可成，而名可立也；不能为事者，不先量其国之大小，不揆其兵之强弱，故功不可成而名不可立也。今王有东向伐齐之心，而愚臣知之。”

[注释]

①疏章：水名，即沮章河，流经湖北，在江陵入长江。②之周负笼：回到周地老家去种地。笼，装土的工具。③西山：山名，在河南洛阳附近。④周室之上：即周国的上地。⑤揆：揣度，度量。

[译文]

燕王说：“自我完善不就够了吗？”苏代回答说：“如是认为自我完善就够了的话，那么秦国的军队就不会出到崤山的边塞之外，齐国的军队不会出到营丘之外，楚国的军队不会出过沮章河。三王的更替，五霸的接连称雄，都是因为不满足于自我完善的缘故。如果只满足于自我完善，那么我也只要回到周国的土地上去种地罢了，为什么还要在大王的朝堂上啰唆呢？从前，楚国攻占章武，各国诸侯都到北面去朝拜；秦国攻占了西山，各国诸侯都到西面去朝拜。如果当初没有让燕国从周国的上地撤离，那么诸侯就不用调转车辆去朝拜别的国家了。我听说，善于处理国事的人，先估算自己国家的大小，再揣度自己兵力的强弱，这样才可以功成名立。不善于处理国事的人，之前不估算自己国家的大小，不揣度自己兵力的强弱，这样就不能功成名立。现在大王您有向东讨伐齐国的想法，我可以看得出来。”

王曰：“子何以知之？”对曰：“矜(jīn)戟(jǐ)砥(dǐ)剑①，登丘东向而叹，是以愚臣知之。今夫乌获②举千钧之重，行年八十，而求扶持。故齐虽强国也，西劳于宋，南罢于楚，则齐军可败，而河间可取。”

燕王曰：“善。吾请拜子为上卿，奉子车百乘，子以此为寡人东游于齐，何如？”对曰：“足下以爱之故与，则何不与爱子与诸舅、叔父、负床之孙③？不得，而乃以与无能之臣，何也？王之论臣，何如人哉？今臣之所以事足下者，忠信也，恐以忠信之故见罪于左右。”

[注释]

①矜：持。砥：磨刀石，这里指磨剑。②乌获：秦武王时的勇士。③负床之孙：指年纪小只能扶着床，不会走路的小孙子。

[译文]

燕王说：“你是怎么看出来的？”苏代回答说：“您总是手握着戟或者磨砺宝剑，登上山丘向东叹息，所以我猜到您是想要攻打齐国。打个比方说，乌获是有名的勇士，能举得起千钧重的东西，等他到了八十，也会站立不住，要人扶持。同样地，齐国虽然是个大国，但是在西边因为宋国而劳师动众，在南边因为楚国而使军士疲惫，那么齐国是可以打败的，而河间这块地方也是可以取得的。”

燕王说：“太好了。我想要让您担任上卿，给您准备百乘车辆，您用这些为我到东边的齐国离间游说，怎么样？”苏代回答说：“大王因为偏爱才赏赐东西，那何不把这些东西赏给您疼爱的儿子和您的各位舅父、叔叔以及那靠床站着还不会走路的小孙子呢？他们得不到这些东西，而这些东西却被赏给我这个没有什么能力的人，这是为什么呢？大王您看我，到底是什么样的人呢？我之所以侍奉大王，为的是忠信，我很担心因为我的忠信而被大王左右亲近的人所怪罪。”

王曰：“安有为人臣尽其力，竭其能，而得罪者乎？”

对曰："臣请为王譬(pì)。昔周之上地尝有之。其丈夫官三年不归，其妻爱[1]人。其所爱者曰：'子之丈夫来，则且奈何乎？'其妻曰：'勿忧也，吾已为药酒而待其来矣。'已而其丈夫果来，于是因令其妾酌(zhuó)药酒而进之。其妾知之，半道而立。虑曰：'吾以此饮吾主父，则杀吾主父；以此事告吾主父，则逐吾主母。与杀吾主父、逐吾主母者，宁佯蹶(yáng zhì)[2]而覆之。'于是因佯僵而仆之。其妻曰：'为子远行来之，故为美酒，今妾奉而仆之。'其丈夫不知，缚其妾而笞之。故妾所以笞者，忠信也。今臣为足下使于齐，恐忠信不谕于左右也。臣闻之曰：'万乘之主，不制于人臣；十乘之家，不制于众人；匹夫徒步之士，不制于妻妾。'而又况于当世之贤主乎？臣请行矣，愿足下之无制于群臣也。"

[注释]

①爱：私通。②蹶：跌倒。

[译文]

燕王说："哪有臣子用尽自己的力量，竭尽自己的才能，反而获罪的？"苏代回答说："我给大王说一个比喻吧。从前周国的上地曾经有这样的事。有一家的丈夫出外做官三年没有回来，他的妻子和别人私通。私通的那人对他的妻子说：'你的丈夫回来了，咱们可怎么办？'他的妻子说：'不用担心，我已经准备了毒酒，等他回来就毒死他。'没多久，她丈夫果然回来了，他的妻子于是让侍妾倒了毒酒给他送去。侍妾知道其中缘由，走到半路停下来考虑说：'我把这个毒酒拿给男主人喝，就会毒死男主人；把这件事告诉男主人，那么女主人就会被赶出家门。比起毒死男主人或者将女主人赶出家门，我还是假装跌倒把酒泼了吧。'于是她假装跌倒，把酒泼了。妻子对丈夫说：'我想到你走了那么远的路回来，所以特地准备了美酒，如今让侍妾送过来，她却跌倒把酒泼了。'丈夫不知道实情，把侍妾绑起来鞭打。所以说，这个侍妾之所以被鞭打，是因为尽忠守信。现在，我为大王出使齐国，恐怕我的忠信不能被大王亲近的人所理解。我听说：'拥有万乘的君主，不会被臣子所左右；拥有十乘的家长，不会被众人左右；一般的没有车的士，不会被妻妾所左右。'更何况是当今世上英明的君王呢？我这就准备出发了，希望大王不要被手下的臣子左右。"

燕策二

秦召燕王

秦召燕王，燕王欲往。苏代[1]约[2]燕王曰：“楚得枳(zhǐ)[3]而国亡，齐得宋而国亡，齐、楚不得以有枳、宋事秦者，何也？是则有功者，秦之深雠(chóu)[4]也。秦取天下，非行义也，暴也。

［注释］

①苏代：苏秦的弟弟，一说是苏秦的兄长。②约：劝阻。③枳：地名，位于今四川涪陵。④雠：仇恨。

［译文］

秦王邀请燕王前去会晤，燕王准备前去。苏代阻止燕王说：“楚国虽然得到了枳最终却亡国，齐国吞并了宋国最后却落得国君逃亡的境地。齐楚两国并没有因为占领了枳、消灭了宋就能够得到秦王的欢心，为什么呢？这是因为秦王这个人最痛恨有功劳的人。秦国争霸天下靠的不是推行仁义道德，而是实施暴政。

“秦之行暴于天下，正告楚曰：‘蜀地之甲，轻舟浮于汶(wèn)[1]，乘夏水而下江，五日而至郢。汉中之甲，乘舟出于巴[2]，乘夏水而下汉，四日而至五渚。寡人积甲宛(wǎn)，东下随，知者不及谋，勇者不及怒，寡人如射隼(sǔn)[3]矣。王乃待天下之攻函(hán)谷，不亦远乎？’楚王为是之故，十七年事秦。

［注释］

①汶：汶水，即岷江。②巴：指大巴山，位于今陕西郑县西南方向。③射隼：比喻非常快就能实现。

［译文］

“秦国在天下公然实施暴政，秦王公开对楚王说：‘蜀地的士兵在岷江驾着轻快的小船，趁着夏天长江水上涨的时候顺流而下，五天就可以到达楚国的都城。汉中的士兵从大巴山乘船出发，也在夏天水涨的时候顺流而下，四天就可以到达五渚。本王把军队集结在宛，向着东面的随进发，聪明的人还来不及思考，勇敢的人还来不及发怒，我就像射箭一样很快到达目的地了。可如今楚王您却等着诸侯国的军队去攻打函谷关，这难道不是太远了么？’楚王听了这些话，十七年来一直依附秦国。

“秦正告韩曰：‘我起乎少曲①，一日而断太行。我起乎宜阳而触平阳，二日而莫不尽繇(yáo)。我离②两周而触郑③，五日而国举。’韩氏以为然，故事秦。秦正告魏曰：‘我举安邑，塞女戟(jǐ)，韩氏太行④卷⑤。我下枳(zhǐ)道，南阳、封、冀(jì)，包两周，乘夏水，浮轻舟，强弩(nǔ)在前，铦(xiān)戈在后，决荥口，魏无大梁；决白马之口，魏无济阳；决宿胥之口，魏无虚、顿丘。陆攻则击河内，水攻则灭大梁。’魏氏以为然，故事秦。

[注释]

①少曲：地名，位于今河南孟州。②离：指途经，经过。③郑：地名，位于今河南新郑，韩国的都城。④太行：太行山。⑤卷：包围，围困。

[译文]

“秦国公开对韩王说：‘我的大军从少曲出发，一天就能截断太行。从宜阳起兵到达平阳，两天就可以全部攻陷。从两周之地前往郑，五天就能全部占领。’韩王听了之后深以为然，就侍奉秦王。秦王公开对魏王说：‘我拿下安邑，挡住女戟的交通要道，韩国在太行山的交通就会被阻绝。我顺着枳道，一路打下南阳、封、冀，包围两周，趁着夏天江水上涨，驾着轻快的战船，用强弩开路，锐利的战戈殿后，挖开荥阳口，魏国就要失去都城；挖开白马口，魏国就要失去济阳；挖开宿胥口，魏国就会失去无虚、顿丘。从陆路进攻就可以攻下河内，从水路进攻就能拿下大梁。’魏国认为秦王说得很对，所以就侍奉秦国。

“秦欲攻安邑，恐齐救之，则以宋委于齐，曰：‘宋王无道，为木人以写寡人，射其面。寡人地绝兵远，不能攻也，王苟能破宋有之，寡人如自得之。’已得安邑，塞女戟，因以破宋为齐罪。

[译文]

“秦国想要进攻安邑，害怕齐国前来援救，便把宋国送给齐国，秦王说：‘宋王昏庸无道，用我的样子雕刻一个木头人，还用箭射我的脸。我国离宋国太远了，调兵遣将很不方便，如果您能够打下并占有宋国，就跟我占有宋国一样。’秦攻下安邑以后，堵住女戟的交通要道，还把消灭宋国的罪名安到了齐国的头上。

“秦欲攻齐，恐天下救之，则以齐委于天下曰：‘齐王四与寡人约，四欺寡人，必率天下以攻寡人者三。有齐无秦，无齐有秦，必伐之，必亡之！’已得宜阳、少曲，致蔺(lìn)、石，因以破齐为天下罪。

［译文］

“秦王想要攻打齐国，害怕诸侯国前来援救，就把齐王的罪名公布天下，秦王对诸侯说：‘齐王四次和我定下盟约，又四次欺骗了我，而且又三次带领诸侯国来进攻我。这次有他没我，有我没他，我一定要讨伐齐国，亡了齐国！’秦国攻下宜阳、少曲后，又得到了蔺和石，于是就说攻破齐国是天下诸侯的罪过。

“秦欲攻魏，重楚，则以南阳委于楚曰：‘寡人固与韩且绝矣！残均陵，塞鄳(méng)隘①，苟利于楚，寡人如自有之。’魏弃与国而合于秦，因以塞鄳隘为楚罪。兵困于林中，重燕、赵，以胶东委于燕，以济西委于赵。赵得讲于魏，至公子延，因犀首属行而攻赵。兵伤于离石，遇败于马陵，而重魏，则以叶、蔡委于魏。已得讲于赵，则劫魏，魏不为割。困则使太后、穰侯为和，赢则兼欺舅与母。

［注释］

①鄳隘：关塞名，位于今河南信阳南面。

［译文］

“秦国想要攻打魏国，担心楚国前来救援，就把南阳送给了楚国，秦王对楚王说：‘我国想要和韩国断绝关系了！这次拿下韩国的均陵，封锁他们的交通要道鄳隘，只要能够对楚国有利，就跟对我自己有利一样。’魏国后来抛弃了其他盟国而依附于秦国，秦反而把封锁鄳隘的罪名安在了楚国的头上。秦国军队被困在林中，担心燕国、赵国趁火打劫，就把胶东送给了燕国，济西送给了赵国。赵国和魏国和解，并且把公子延送去当人质，让魏国大将犀首带兵攻打赵国。魏军在离石和马陵战败之后，秦王担心魏王反复，就把叶和蔡送给了魏国。而后和赵国讲和，以此要挟魏国，不把许诺的土地送给魏国。秦王遭遇困境的时候就让太后和穰侯前去讲和，胜利时就盛气凌人的欺压舅与母。

“适①燕者曰：‘以胶东。’适赵者曰：‘以济西。’适魏者

曰：'以叶、蔡。'适楚者曰：'以塞鄳隘。'适齐者曰：'以宋。'此必令其言如循环，用兵如刺蜚(fèi)[2]绣，母不能制，舅不能约。龙贾之战，岸门之战，封陆之战，高商之战，赵庄之战，秦之所杀三晋之民数百万，今其生者，皆死秦之孤也。西河之外、上雒(luò)之地、三川，晋国之祸，三晋之半。秦祸如此其大，而燕、赵之秦者，皆以争事秦说其主，此臣之所大患。"

［注释］

①适：通"谪"，责备、怪罪。②蜚：通"飞"，飞虫。

［译文］

"秦王以胶东为借口怪罪燕国、以济西为借口怪罪赵国、以叶蔡为借口责怪魏国、以封锁鄳隘为理由怪罪楚国、以侵犯宋国为借口怪罪齐国。秦王这么巧言令色，循环往复的怪罪别人，而且秦王善于用兵，母亲和舅舅都制约不了他的野心。经过龙贾、岸门、封陆、高商、赵庄这些地方的战役，秦军杀死赵魏韩三国的军民已经有几百万之多，现在残存下来的人都是那些战死者的遗孤。西河外面、上雒之地和三川都被秦军祸害，魏、赵、韩三国的土地有一半被秦军占领。秦国引起的祸害这么大，燕、赵那些亲近秦国的人还千方百计地讨好秦王，努力说服他们的君王依附秦国，这就是我最担心的事情了。"

燕昭王不行，苏代复重于燕。燕反约诸侯从亲，如苏秦时，或从或不，而天下由此宗苏氏之从约。代、厉[1]皆以寿死，名显诸侯。

［注释］

①厉：指苏秦的弟弟苏厉。

［译文］

燕昭王最终决定不去秦国和秦王会晤，而苏代也重新被燕王重用，燕国仍旧和以前一样与诸侯国达成了合纵的联盟，就像苏秦在的时候一样。从此不论是同意合纵还是不同意，各诸侯国都非常重视苏氏兄弟的合纵理论。苏代、苏厉都安享晚年，声名在诸侯中极为显赫。

苏代为奉阳君说燕于赵以伐齐

苏代①为奉阳君说燕于赵以伐齐，奉阳君不听。乃入齐恶②赵，令齐绝于赵。齐已绝于赵，因之燕，谓昭王曰："韩为谓臣曰：'人告奉阳君曰："使齐不信赵者，苏子也；今齐王召蜀子使不伐宋，苏子也；与齐王谋道取秦以谋赵者，苏子也；令齐守赵之质子以甲者，又苏子也。"请告子以请，齐果以守赵之质子以甲，吾必守子以甲。'其言恶矣。虽然，王勿患也。臣故知入齐之有赵累也，出为之以成所欲，臣死而齐大恶于赵，臣犹生也。令齐、赵绝，可大纷已。持臣非张孟谈③也，使臣也如张孟谈也，齐、赵必有为智伯者矣。"

［注释］

①苏代：苏秦的弟弟，一说是苏秦的兄长。②恶：诋毁。③张孟谈：赵襄子时的名臣。

［译文］

苏代为了帮助燕国去游说赵国的奉阳君，希望能够联合起来去进攻齐国，奉阳君没有采纳苏代的建议。于是苏代到了齐国说赵国的坏话，让齐王和赵国断绝关系。齐国和赵国断绝关系以后，苏代回到燕国，对燕昭王说："韩王为对我说：'有人给奉阳君出主意，说是让齐国不信任赵国的正是苏代；让齐王召回蜀子不去攻打宋国的，还是苏代；让齐王争取秦国的帮助来共同攻打赵国的，还是苏代；让齐王派出武装军队控制赵国人质的，又是苏代。实话告诉您，如果齐国真的派出武装人员控制人质的话，我一定会这样对您的。'他说的话虽然难听，但是大王不要替我担心。虽然我知道这次去齐国，赵国在背后诋毁，但为了完成大王的心愿我还是会义无反顾地去。如果我死后齐国和赵国关系变坏，那我也算是死得其所了。如果让齐国赵国断绝关系的话，就会让局势大乱。可惜我不是赵国以前的大臣张孟谈，如果我也像他一样有智谋的话，齐国、赵国中的一个必然会像智伯一样灭亡。"

奉阳君告朱讙与赵足

"奉阳君告朱讙(huān)与赵足曰：'齐王使公玉曰命说曰："必

不反韩珉(mín)”，今召之矣。“必不任苏子以事”，今封而相之。“令不合燕”，今以燕为上交。吾所恃者顺[①]也，今其言变有甚于其父。顺始与苏子为雠(chóu)[②]，见之知无厉，今贤之两之。已矣，吾无齐矣。’

［注释］

①顺：齐国的公子顺。②雠：仇敌。

［译文］

“奉阳君告诉朱讙和赵足说：‘齐王派人命令我说：“一定不要让韩珉回来”，可如今却让韩珉回来了。又命“一定不要让苏代参与政务”，可如今却让苏代做他的相国。又命“一定不要联合燕国”，现在齐国却和燕国成了非常好的联盟。我倚靠的是齐国的公子顺，可现在他说的话也变了，这个人说话前后不一比他的父亲还要过分。公子顺当初和苏代是仇敌，别人一眼就能看出两个人不和，可现在他却那么尊敬苏代。这下完了，我失去齐国的帮助了。’

“奉阳君之怒甚矣。如齐王之不信赵，而小人奉阳君也，因是而倍[①]之。不以今时大纷之解而复合，则后不可奈何也。故齐、赵之合苟可循也，死不足以为臣患，逃不足以为臣耻，为诸侯不足以为臣荣，被发自漆为厉不足以为臣辱。然而臣有患也，臣死而齐、赵不循，恶交分于臣也，而后相效，是臣之患也。若臣死而必相攻也，臣必勉之而求死焉。尧、舜之贤而死，禹、汤之知而死，孟贲(bēn)[②]之勇而死，乌获[③]之力而死，生之物固有不死者乎？在必然之物，以成所欲，王何疑焉？

［注释］

①倍：通“背”，背弃。②孟贲：古时的勇士。③乌获：古时的大力士。

［译文］

“奉阳君非常恼怒，如果齐王不信任赵国，奉阳君这个小人，就会因此背离齐国。如果不趁着齐赵两国现在不和而起兵攻打齐国，一旦等到两国重新恢复关系，后悔就来不急了。所以如果齐赵两国恢复邦交能有利于燕国，我不会因面临死亡而担心，不会因为逃亡感到羞愧，即使能成为诸侯也不会以此为荣，即便披头散发全

孔子

孔子是伟大的思想家、教育家。其思想以“仁”为核心，主张实行“仁政”，关心民生疾苦，希望统治者以仁义之心待民。

身涂漆以生疮也不会感到耻辱。然而我的担忧是，一旦我死后齐国、赵国不顺从燕国，就会把使齐国、赵国关系变坏的罪名安到我的头上，而燕国也会效仿齐赵，把罪名强加给我，这才是我真正担心的事。如果我死后，齐赵两国相互进攻，我会很高兴地死去的。即便是贤德的尧舜、充满智慧的大禹、商汤、还是勇冠三军的孟贲、力盖天下的乌获，最终都难免一死，一切有生命的物体哪个能逃避死亡呢？死是一定会到来的事情，我愿意以死来完成大王的心愿，大王您还有什么可猜疑的呢？

“臣以为不若逃而去之。臣以韩、魏循自齐，而为之取秦，深结赵以劲之，如是则近于相攻，臣虽为之累燕。奉阳君告朱讙(huān)曰：‘苏子怒于燕王之不以吾故弗予相又不予卿也，殆无燕矣。’其疑至于此，故臣虽为之不累燕，又不欲王。伊尹再逃汤而之桀，再逃桀而之汤，果与鸣条之战，而以汤为天子。伍子胥逃楚而之吴，果与伯举之战，而报其父之雠(cháu)。今臣逃而纷齐、赵，始可著于《春秋》。且举大事者孰不逃？桓公之难，管仲逃于鲁；阳虎之难，孔子逃于卫；张仪逃于楚；白珪逃于秦；望诸相中山也使赵，赵劫之求地，望诸攻关而出逃；外孙之难，薛公释戴逃出于关，三晋①称以为士。故举大事，逃不足以为辱矣。”

[注释]

①三晋：指韩、赵、魏三国。

[译文]

“我认为不如假装逃离燕国。我说服韩魏两国来帮助齐国，表示愿意帮齐王成就霸业，同时联合秦国、结交赵国来加强赵国的力量，这样就可以让齐、赵形成互相进攻彼此牵制的局面。我虽然这样安排了，却又怕连累到燕国。奉阳君对朱谨曰：‘苏代因为燕王用我而恼怒，如果我现在不让苏代任相，也不让他当客卿的话，我差不多就要失去燕国了。’奉阳君这么猜忌别人，所以我这样的计谋既不连累到燕国也不会玷污大王的名誉。伊尹多次逃离成汤，跑到夏桀那里，又多次逃离夏桀那里，投奔成汤，最后和夏桀在鸣条之野大战，拥立成汤做了天子；伍子胥逃离楚国，跑到了吴国，最后帮助吴王阖庐与楚昭王在柏举展开大战，最终攻进楚国都城，为父亲报了仇。现在我逃离燕国，破坏齐国、赵国之间的关系，这样的行为是可以载入史册的。而且做大事的人哪一个没有逃跑过？齐桓公遭遇危难时，管仲逃到了鲁国；阳虎作乱的时候，孔子逃到了卫国；张仪逃到了楚国；白珪逃到了秦国；望诸君在中山任相国的时候，出使赵国，赵国挟持他做人质，要求中山割地，望诸君突破封锁逃了出去；外孙之难的时候，薛公扔下车子，逃出关卡，赵、魏、韩三国的人都称赞他是明白事理的人。所以说成就大事的人，从不把逃亡当成是耻辱。”

卒绝齐于赵，赵合于燕以攻齐，败之。

[译文]

苏代最终让齐国与赵国断绝了关系，赵国和燕国的军队联合起来，终于打败了齐国。

昌国君乐毅

昌国君乐(yuè)毅①，为燕昭王合五国②之兵而攻齐，下③七十余城，尽郡县之以属燕。三城未下，而燕昭王死。惠王即位，用④齐人反间，疑乐毅，而使骑劫⑤代之将。乐毅奔赵，赵封以为望诸君。齐田单欺诈骑劫，卒败燕军，复收七十城以复齐。燕王悔，惧赵用乐毅承燕之弊⑥以伐燕。

[注释]

①昌国君乐毅：中山国人，在燕国拜为上将军，辅佐燕昭王振兴燕国，战功显赫，报了之前齐国攻打燕国之仇。②五国：指燕、韩、魏、赵、楚。③下：攻下，攻取。④用：听信。⑤骑劫：燕国之臣。⑥弊：疲惫，疲弊。

[译文]

昌国君乐毅为燕昭王联合五国军队攻打齐国，攻下七十多座城邑，把这些城邑全部划为郡县归属于燕国。只剩下三座城邑没有攻下，燕昭王就死了。燕惠王即位以后，因为听信了齐国的反间计，怀疑乐毅，就派骑劫代替乐毅为将领。乐毅逃奔到赵国，赵国封他为望诸君。齐国大将田单设计诓骗骑劫，最终打败了燕军，收复了七十多个城邑，恢复了齐国。燕惠王很后悔，害怕赵国任用乐毅趁燕国疲惫的时候来攻打燕国。

燕王乃使人让[1]乐毅，且谢之曰：“先王举国而委将军，将军为燕破齐，报先王之雠（chóu），天下莫不振动，寡人岂敢一日而忘将军之功哉！会先王弃群臣，寡人新即位，左右误寡人。寡人之使骑劫代将军者，为将军久暴露于外，故召将军且休计事。将军过听，以与寡人有隙[2]，遂捐燕而归赵。将军自为计则可矣，而亦何以报先王之所以遇将军之意乎？”

济上劳军

乐毅攻入临淄后，尽收齐国珍宝、财物、祭器运往燕国。燕惠王大为欣喜，亲自到济水犒赏、宴飨士兵，为酬谢乐毅的功劳，封乐毅为昌国君。

[注释]

①让：责备，指责。②隙：嫌隙。

[译文]

燕惠王就派人去责怪乐毅，并向乐毅表示歉意说：“先王把整个国家托付给将军，将军为燕国打败了齐国，替先王报了仇，天下人无不为之震动，我怎么敢有一天忘记将军的功劳呢？适逢先王离开了人世，我又刚刚即位，身边的大臣误导了我。我派骑劫代替将军，是因为将军长期在外奔走辛劳，所以召将军回来，暂且休整一下，以便共议国家大事。将军错误地听信了流言，因而和我产生了嫌隙，就丢下燕国归附了赵国。将军如为自己打算倒是可以的，可将军拿什么来报答先王对待您的情意呢？”

望诸君乃使人献书报燕王曰：“臣不佞（nìng），不能奉承先王之教，以顺左右之心。恐抵斧质之罪，以伤先王之明，而又害于足下之义，故循逃奔赵。自负以不肖之罪，故不敢为辞说。今王使使者数之罪，臣恐侍御者之不察先王之所以畜[1]幸臣之理，而又不白于臣之所以事先王之心，故敢以书对。

[注释]

①畜：畜养，养育。

[译文]

望诸君乐毅就派人呈献一封书信答复燕惠王说："我没有才能，不能遵照先王的教诲来顺承大王左右亲信的心意。我担心遭受杀身之祸，这样既损害了先王用人的英明，又使大王蒙受不义的名声，所以我才逃到赵国。我自己背着不贤的罪名，所以不敢有什么辩解，现在大王派使者来责备我的罪过，我担心大王不能明察先王任用爱护我的理由，又不明白我侍奉先王的心迹，所以才大胆地写了这封信来作答。

"臣闻贤圣之君，不以禄私其亲，功多者授之；不以官随其爱，能当者处之。故察能而授官者，成功之君也；论行而结交者，立名之士也。臣以所学者观之，先王之举错，有高世之心，故假节于魏王[1]，而以身得察于燕。先王过举，擢（zhuó）[2]之乎宾客之中，而立之乎群臣之上，不谋于父兄，而使臣为亚卿。臣自以为奉令承教，可以幸无罪矣，故受命而不辞。

[注释]

①假节于魏王：指假借着作为魏王使节出使的机会。节，作为使节。②擢：擢升，提拔。

[译文]

"我听说贤惠圣明的君王，不把俸禄私自给他所亲近的人，而是赐给功劳大的人；不把官职授予他所宠爱的人，而是授予有才能的人。所以，通过考察人的能力来授予相应的官职，这才是能够成就功业的君王；先衡量一个人的德行然后和他结交，这才是能建立名望的人。我用所学到的知识来观察，先王的行为、见识高出当世一般国君，所以我借着替魏王出使的机会，而得以使自己能被先王所知晓，先王过分地重用我，把我从宾客中选拔出来，授予的官职在群臣之上，不和宗室大臣商量，就任命我为亚卿。我自以为遵从先王的命令、教诲，就可以幸免罪责了，所以就接受了任命而没有推辞。

"先王命之曰：'我有积怨深怒于齐，不量轻弱，而欲以齐为事。'臣对曰：'夫齐霸国之余教也，而骤（zhòu）胜之遗事也，闲于兵甲，习于战攻。王若欲攻之，则必举天下而图之。举天下而图之，莫径于结赵矣。且又淮北、宋地，楚、魏之所同愿也。赵若许，约楚、魏、宋尽力，四国攻之，

齐可大破也。’先王曰：‘善。’臣乃口受令，具①符节，南使臣于赵。顾反命，起兵随而攻齐。以天之道，先王之灵，河北之地，随先王举而有之于济②上。济上之军，奉令击齐，大胜之。轻卒锐兵，长驱至国③。

［注释］

①具：拿着。②济：指济水。③国：齐国都。

［译文］

“先王命令我说：‘我对齐国有深仇大恨，不顾国力弱小，也要向齐国报仇。’我回答说：‘齐国有先代称霸的遗教，和多次取胜的遗业，精通军事、熟悉作战。大王如果想攻打齐国，就一定要联合天下的诸侯共同对付它。要联合天下诸侯来对付齐国，最便捷的就是先和赵国结交。再说，齐国占有的淮北和宋国故地，这是楚国和魏国都想要得到的。赵国如果答应和燕国联合，楚国和魏国也会尽力相助，四国联合攻齐，就可以大败齐国。’先王说：‘好。’于是亲口授命，准备好符节，让我出使到南边的赵国。待我回报以后，各国随即起兵攻齐。凭靠上天的辅助和先王的神灵，河北之地全部被先王所占有。济水边上的军队奉命进击齐军，大获全胜。燕国轻便精锐的部队又长驱直入，一直打到齐国的都城。

“齐王逃遁走莒(jǔ)①，仅以身免。珠玉财宝，车甲珍器，尽收入燕。大吕②陈于元英③，故鼎反于历室④，齐器设于宁台。蓟(jì)丘⑤之植，植于汶篁(huáng)⑥。自五伯以来，功未有及先王者也。先王以为惬(qiè)其志，以臣为不顿命，故裂地而封之，使之得比乎小国诸侯。臣不佞，自以为奉令承教，可以幸无罪矣，故受命而弗辞。

［注释］

①莒：地名，今山东莒县。②大吕：乐器名，即钟。③元英：官殿名，即元英官。④历室：官殿名，即历室官。⑤蓟丘：燕国的都城，位于今北京。⑥汶篁：汶水的竹园。

［译文］

“齐闵王逃到莒地，仅免于一死。齐国的珠玉财宝、车马铠甲、珍贵器物，全被运到燕国。大吕乐钟陈列在元英殿，燕国的大鼎又回到了历室宫，齐国的宝器安置到燕国的宁台，蓟丘的植物移植到齐国汶水的竹园。从春秋五霸以来，没有一个人的功业能赶得上先王。先王感到满足了心愿，认为我不负君命，所以就划分一块土地封赏我，使我的地位等同于小国的诸侯。我没有才能，自认为遵从先命令、教诲就可以幸免罪责，所以就接受了封地而没有拒绝。

“臣闻贤明之君，功立而不废，故著于《春秋》；蚤(zǎo)知[①]之士，名成而不毁，故称于后世。若先王之报怨雪耻，夷万乘之强国，收八百岁[②]之蓄积，及至弃群臣之日，余令诏后嗣(sì)之遗义，执政任事之臣，所以能循法令，顺庶孽(niè)[③]者，施及萌隶(méng lì)[④]，皆可以教于后世。

[注释]

①蚤知：预见。蚤，通“早”，先。②八百岁：从周武王把齐地分封给吕尚，至乐毅攻占齐国，共八百年左右的时间。③庶孽：非正妻所生的孩子。④萌隶：下层百姓。

[译文]

“我听说贤明的君王，建树功业不半途而废，才能名垂史册；有先见之明的人，获得名声能保持不败，所以被后人所称颂。像先王这样报仇雪恨，征服了拥有万辆兵车的齐国，收取了它八百多年的积蓄，等到他离开人世的时候，遗教尚不衰败，使执政的臣子能遵循法令，理顺嫡庶关系，恩泽施及到下层百姓，所有这些都可以教育后世。

“臣闻善作者，不必善成；善始者，不必善终。昔者伍子胥说听乎阖闾(hé lǘ)，故吴王远迹至于郢。夫差弗是也，赐之鸱(chí)夷而浮之江[①]。故吴王夫差不悟先论之可以立功，故沉子胥而不悔。子胥不蚤见主之不同量，故入江而不改。夫免身全功，以明先王之迹者，臣之上计也。离[②]毁辱之非，堕[③]先王之名者，臣之所大恐也。临不测之罪，以幸为利者，义之所不敢出也。

[注释]

①赐之鸱夷而浮之江：夫差莅政以后，主张伐齐，伍子胥劝阻，夫差把伍子胥赐死，并把他的尸体装到皮囊里扔到江中。鸱夷，皮囊。②离：通“罹”，遭受，经受。③堕：通“隳”，毁坏，破坏。

[译文]

“我听说，善于开创的不一定善于完成；有好的开始未必有好的结局。从前，伍子胥的意见被吴王阖闾所接受，所以吴王的足迹能到达楚国的郢都；吴王夫差对伍子胥的意见不以为然，赐死伍子胥，并把他装在皮袋里，投入江中。吴王夫差不明白伍子胥先前的主张可以为吴国建立功业，所以把伍子胥沉入江中也不后悔；伍子胥不能及早看到阖闾和夫差的不同，所以至死也不改变。能免于一死，保全功名，以彰明先王的业绩，这是我的上策；自身遭受诋毁侮辱，因而毁坏先王的名声，这是我最担心的。面对不可估量的大罪，还企图和赵国图谋燕国以求取私利，从道义上讲，这是我所不能做的。

“臣闻古之君子，交绝不出恶声；忠臣之去也，不洁其名。臣虽不佞[①]，数[②]奉教于君子矣。恐侍御者之亲左右之说，而不察疏远之行也。故敢以书报，唯君之留意焉。”

[注释]

①不佞：不才。②数：屡次。

[译文]

“我听说，古代的君子，在交情断绝时也不说对方的坏话；忠臣离开本国时，也不为自己的名节辩白。我虽然不才，但经常接受君子的教诲。我担心大王听信左右人的话，而不体察我这个被疏远的人的行为。所以我斗胆以书信作答，希望大王谅解。”

或献书燕王

或献书燕王：“王而不能自恃[①]，不恶卑名以事强，事强可以令国安长久，万世之善计。以事强而不可以为万世，则不如合弱。将奈何合弱而不能如一？此臣之所为山东[②]苦也。

[注释]

①恃：倚仗。②山东：崤山以东。

[译文]

有个人给燕王上书说：“大王如果不能够倚仗自己的力量自保，那就不要厌恶屈尊侍奉强国，因为依附强国可以让您的国家长治久安，这是长久之计。但是如果依附强国却不能永保您的国家的话，就不如跟弱国联合起来。但如果弱国虽然联合却不能同心协力，该怎么办呢？这就是我替崤山以东诸侯国担心的啊。”

“比目之鱼，不相得则不能行，故古之人称之，以其合

两而如一也。今山东合弱而不能如一，是山东之知不如鱼也。又譬如车士之引车[①]也，三人不能行，索二人，五人而车因行矣。今山东三国弱而不能敌秦，索二国因能胜秦矣。然而山东不知相索[②]，智固不如车士矣。胡与越人言语不相知，志意不相通，同舟而凌波，至其相救助如一也。今山东之相与也，如同舟而济，秦之兵至，不能相救助如一，智又不如胡、越之人矣。三物者，人之所能为也，山东之主遂不悟，此臣之所为山东苦也。愿大王之熟虑之也。

[注释]

①引车：拉车。②相索：相互帮助。

[译文]

“比目鱼如果不在一起相互配合就不能行动，所以古人给了它们比目鱼的称谓，正是因为两个比目鱼合在一起就跟一条鱼一样。而山东诸侯国联合却不能同心，是他们的见识还不如比目鱼啊。再比如说几个车夫拉车，三个人一起用力，车子也无法行走，但如果再找两个人共五个人齐心协力朝一个方向用力，就能让车子顺利前行。现在山东诸侯国的军事力量薄弱，即使三个国家都不能抵挡秦国，但如果再联合两个国家，就能够战胜秦国。可是山东各诸侯国却不知道相互帮助，还不如拉车的车夫有智慧。胡人、越人语言不同，思想理念都不太一样，但他们却能同舟共济，遇到危险的时候互相救助，就像一个人那样。如今山东诸侯国互相联合，好比同舟共济，但当秦兵打来的时候不能齐心协力，还不如胡人、越人有智慧。这三件事人们都能明白，诸侯国的君主却不明白，这正是我替你们担心的地方。希望大王能够仔细考虑。

“山东相合，之主者不卑名，之国者可长存，之卒者出士以戍韩、梁之西边，此燕之上计也。不急为此，国必危矣，主必大忧。今韩、梁、赵三国以合矣，秦见三晋[①]之坚也，必南伐楚。赵见秦之伐楚也，必北攻燕。物固有势异而患同者。秦久伐韩，故中山亡；今久伐楚，燕必亡。臣窃为王计，不如以兵南合三晋，约戍（shù）韩、梁之西边。山东不能坚为此，此必皆亡。”燕果以兵南合三晋也。

[注释]

①三晋：指韩、赵、魏。

[译文]

“山东各诸侯国联合，君主的名声并没有丝毫减弱，国家还可以长治久安，他们的士兵可以驻扎在韩国、梁国的西边边境，来防卫秦国的大军，这正是燕国应该采取的上策。如果不尽快这么做，您的国家一定会陷入危险境地，大王您一定会有大患。如今韩国、魏国、赵国三个国家已经联合起来，秦国看到他们这么团结，一定会转而向南进攻楚国。赵国看到秦国去进攻楚国，一定会向北去进攻燕国。形势不同但带来的灾难是一样的。秦国长期攻打韩国，结果使得中山国亡国；如果秦国长期攻打楚国，燕国一定会被消灭。我暗地里替大王您考虑，不如和韩国、赵国、魏国联合起来，和他们一起驻守在韩国、魏国的西边去防备秦国的大军。如果山东各诸侯国不能够这样坚守的话，最终一定会被秦国各个击破。”燕王最终和韩、赵、魏三国达成了军事同盟。

赵且伐燕

赵且伐燕，苏代为燕谓惠王曰：“今者臣来，过易水，蚌(bàng)①方出曝，而鹬(yù)②啄(zhuó)其肉，蚌合而钳(qián)③其喙(huì)。鹬曰：‘今日不雨，明日不雨，即有死蚌。’蚌亦谓鹬曰：‘今日不出，明日不出，即有死鹬。’两者不肯相舍，渔者得而并禽④之。今赵且伐燕，燕、赵久相支以弊大众，臣恐强秦之为渔父也。故愿王之熟计之也。”惠王曰：“善。”乃止。

[注释]

①蚌：河蚌。②鹬：一种水鸟，嘴又尖又长，主要以小鱼等为食。③钳：钳住，夹住。④禽：通“擒”，擒获。

[译文]

赵国将要攻打燕国，苏代帮助燕王对赵惠文王说：“这次我前来赵国的时候，路过易水，刚好看到一只河蚌出来晒太阳，有个鹬鸟去啄河蚌的肉，而河蚌则夹住了这个鹬鸟的嘴。”鹬鸟说：“今天不下雨，明天也不下雨，你就成个死蚌了。”河蚌也对鹬鸟说：“我今天不让你的嘴巴出去，明天还不让，你就成个死鸟了。”河蚌、鹬鸟都不肯首先放掉对方，这时来了个渔翁，轻而易举就把两个家伙都抓走了。现如今您想要攻打燕国，燕赵两国长久相持不下，只会让百姓疲劳困顿，我害怕强大的秦国就会成为这个渔翁了。希望大王能够自己考虑清楚啊。”赵惠文王说：“你说的对。”就放弃了攻打燕国的想法。

燕策三

燕王喜使栗腹以百金为赵孝成王寿

燕王喜使栗腹①以百金为赵孝成王寿②，酒三日，反③报曰："赵民其状者皆死于长平，其孤④未壮，可伐也。"王乃召昌国君乐间而问曰："何如？"对曰："赵，四达之国也，其民皆习于兵，不可与战。"王曰："吾以倍攻之，可乎？"曰："不可。"曰："以三，可乎？"曰："不可。"王大怒。左右皆以为赵可伐，遽起六十万以攻赵。令栗腹以四十万攻鄗，使庆秦以二十万攻代。赵使廉颇以八万遇栗腹于鄗，使乐乘以五万遇庆秦于代。燕人大败，乐间入赵。

廉颇肉袒负荆

廉颇是战国名将，赵国重臣，但蔺相如由于立下完璧归赵等大功，官位升到廉颇之上。廉颇不服，但蔺相如以国事为重，不与廉颇计较。后来廉颇认识到自己的错误，主动上门负荆请罪，与蔺相如和好。

[注释]

①栗腹：燕国的相国。②寿：祝寿、祝贺。③反：通"返"，返回。④孤：孤儿。

[译文]

燕王喜派相国栗腹带黄金百镒去向赵孝成王祝寿，整整喝了三天酒，栗腹回来后对燕王说："赵国壮年的百姓都已战死在长平，而剩下的小孩子还都没有长大成人，现在正是攻打他们的时候。"于是燕王叫来昌国君乐间问道："现在去攻打赵国行吗？"乐间答道："赵国是通达四方的国家，国民都精通军事，不能攻打。"燕王说："如果我以成倍的兵力讨伐的话，行吗？"乐间说："不行。"燕王说："如果我派出三倍于赵国的兵力攻打，行吗？"乐间说："不可以。"燕王大怒，身边的大臣都认为现在可以去攻打赵国，于是燕王派出六十万大军去进攻赵国，派栗腹领兵四十万去攻打鄗，庆秦领兵二十万去进攻代。赵王派出廉颇领兵八万和栗腹大战于鄗地，派乐乘领兵五万在代迎战庆秦。燕国军队大败而归，乐间投奔了赵国。

燕王以书且谢焉，曰：“寡人不佞(nìng)①，不能奉顺君意，故君捐国而去，则寡人之不肖明矣。敢端其愿，而君不肯听，故使使者陈愚意，君试论之。语曰：‘仁不轻绝，智不轻怨。’君之于先王也，世之所明知也。寡人望有非则君掩盖之，不虞(yú)②君之明罪之也；望有过则君教诲之，不虞君之明罪之也。且寡人之罪，国人莫不知，天下莫不闻，君微出明怨以弃寡人，寡人必有罪矣。虽然，恐君之未尽厚也。谚曰：‘厚者不毁人以自益也，仁者不危人以要名。’以故掩人之邪③者，厚人之行也；救人之过者，仁者之道也。世有掩寡人之邪，救寡人之过，非君心所望之？今君厚受位于先王以成尊，轻弃寡人以快心，则掩邪救过难得于君矣。

[注释]

①不佞：不才。②不虞：不料，没想到。③邪：错误，过失。

[译文]

燕王写信谴责乐间并且表示了歉意，他在信里说：“我无德无能，没有听从您的意见，结果让您离开国家去了他乡，这充分表明了我多么无能啊。我想对您说出我的心愿，却怕您不愿意听，所以就先派使者代我表达我的心思，您先听听看对不对。俗话说：‘仁义之士不轻易和他人断绝关系、智慧的人不轻易发出抱怨。’您侍奉先王的心意，所有的人都看得很清楚。我如果有什么过失或者错误的决断，希望您能够包涵体谅，可没想到您却把我的过失公开于天下，还弃国而去。而且我的过失，国内外的人都知道，即使您不公开抱怨并且抛弃我，我的罪过也是不能回避的。但即便这样，您也显得太不厚道了。俗话说：‘实在人不通过诋毁他人来抬高自己，仁义的人不通过损害他人的利益来让自己扬名。’所以说不揭穿别人过失的人是厚道人，帮助别人纠正错误的人是仁义之士。这世上能有人帮我遮丑并且挽救过错，难道不是您想看到的么？您曾经被先王厚待而获得了显赫的地位，现如今却为了一时痛快而轻易地抛弃本王，看来本王想遮丑改错是靠不了您了啊！

“且世有薄于故厚施，行有失而故惠用。今使寡人任不肖之罪，而君有失厚之累，于为君择之也，无所取之。国

之有封疆犹家之有垣墙，所以合好掩恶也。室不能相和，出语邻家，未为通计也。怨恶未见而明弃之，未尽厚也。寡人虽不肖乎，未如殷纣之乱也；君虽不得意乎，未如商容、箕子之累也。然则不内盖寡人而明怨于外，恐其适足以伤于高而薄于行也，非然也？苟可以明君之义，成君之高，虽[1]任恶名，不难受也。本欲以为明寡人之薄，而君不得厚；扬寡人之辱，而君不得荣，此一举而两失也。义者不亏人以自益，况伤人以自损乎！愿君无以寡人不肖累往事之美。

［注释］

①虽：即使。

［译文］

“再说，虽然有的人对我很不怎么样，我却善待他们，虽然有的人也犯错误，我还是关爱重用他们。如今这件事让我背上了无能的罪名，您也会被认为不厚道，现在该怎么办，还是您自己决定吧，我并没有过多的想法。一个国家的边境就好像一个家庭的院墙一样，是用来增进家庭成员的感情遮掩家丑的。如果家庭内部不和，就把矛盾说出去，让别人都知道，这不是我们解决问题的办法。我并未表露怨恨，您就公然抛弃国家，这实在不能说您忠厚啊。本王虽然无能，可还没有像纣王那样暴虐；您虽然在朝廷上地位不是很高，可也没有像商容、箕子那样遭遇不幸。可是您不但不帮我遮丑反而在外面公开抱怨，这样做只会伤害您高尚的品德操行，您说呢？如果这样做能够成全您的大义，彰显您的高风亮节，我即便是承担不好的名声也能接受。若本来就想表明我的刻薄，那您也不能显得厚道；本是想揭露我的过错，那您也并不光荣，这么做只能损人害己。义气的人不损人利己，更何况损害别人也害了自己呢？希望您不要因为我的无能伤害了您以前的声誉啊。

“昔者，柳下惠[1]吏于鲁，三黜（chù）[2]而不去。或谓之曰：‘可以去。’柳下惠曰：‘苟与人之异，恶往而不黜乎？犹且黜乎，宁于故国尔。’柳下惠不以三黜自累，故前业不忘；不以去为心，故远近无议。今寡人之罪，国人未知，而议寡人者遍天下。语曰：‘论不修心，议不累物，仁不轻绝，智不简功。’

[注释]

①柳下惠：春秋时期鲁国的大臣。②黜：废除，罢免。

[译文]

“从前，柳下惠在鲁国做官的时候多次被罢官，可还是不离开鲁国。有人对他说：‘你完全可以离开这里啊。’柳下惠说：‘如果做人做事和常人不同，在哪里能够不被撤职呢？更何况反正都是撤职，我倒更愿意待在本国。’柳下惠没有因为多次被罢官就放弃原则，所以人们一直都牢记他以往的功绩；他从来没有想过离开国家，所以从古到今没有人说他的坏话。现在我的过错本国的老百姓还没有知道，就已经被天下人议论纷纷了。俗话说：‘良言不违背本心，高论不损害其他人的利益，仁义之士不轻易和他人断绝关系，智者不轻视他人的功劳。’

“弃大功者，辍（chuò）[1]也；轻绝厚利者，怨也。辍而弃之，怨而累之，宜在远者，不望之乎君也。今以寡人无罪，君岂怨之乎？愿君捐怨，追惟先王，复以教寡人。意[2]君曰，余且慝（tè）心以成而过，不顾先王以明而恶，使寡人进不得修功，退不得改过，君之所揣也，唯君图之！此寡人之愚意也。敬以书谒之。”

[注释]

①辍：放弃，停止。②意：也许，表示推测。

[译文]

“不理会别人的功绩，就会使人放弃情谊；为了私利轻易和他人断交，就会产生怨恨。因绝情而放弃以前的功绩，因怨恨而自暴自弃，这样的事情我希望发生在和我不亲近的大臣身上，而不是您啊。如果我没有这样的过错，您会怨恨我么？希望您能够不要再怨恨我，就看在先王的份上再来教导我吧。也许您会说，我将心怀报复故意责难您的过失，为了表示对你的怨恨宁可不顾先王的厚爱。这样做使得我进不能建功立业，退不能改正以前的过错，这都是由您所决定的，请您深思熟虑！这就是我浅薄的想法，现在给您诚恳的写了这封信，表达我的心意。”

乐间、乐乘怨不用其计，二人卒[1]留赵，不报。

[注释]

①卒：最终。

[译文]

乐间怨恨燕王不用他的计策，他和乐乘两个人最终决定留在了赵国，没有回信。

燕太子丹质于秦亡归

燕太子丹质①于秦，亡②归。见秦且灭六国，兵以③临易水，恐其祸至。太子丹患之，谓其太傅鞠(jū)武曰："燕、秦不两立，愿太傅幸而图之。"武对曰："秦地遍天下，威胁韩、魏、赵氏，则易水以北④，未有所定也。奈何以见陵⑤之怨，欲排其逆鳞(lín)哉？"太子曰："然则何由？"太傅曰："请入，图之。"

[注释]

①质：当作人质。②亡：逃亡。③以：通"已"，已经。④易水以北：燕国处于易水的北方，在此实指燕国。⑤陵：通"凌"，欺凌、凌辱。

[译文]

燕太子丹在秦国做人质，逃回燕国。太子丹一看秦国就要灭亡六国，秦兵已经攻打到易水，亡国惨祸即将降临燕国。太子丹忧心如焚，于是就对自己的太傅鞠武说："燕秦势不两立，希望太傅能为国家考虑。"鞠武回答说："秦国土地遍布天下，兵临韩、赵、魏三国之后，易水以北的燕地命运难卜。为什么只因为在秦国做人质时所遭受的一点点小怨恨，就冒极大的危险来激怒秦王呢？"燕太子丹说："那可怎么办呢？"鞠武说："请太子进内室，由臣来为太子谋划。"

晏婴

晏婴，春秋时齐国人。善于辞令，主张以礼治国。为人生活节俭，谦恭下士，历任齐国三朝君王，辅政长达四十多年，是我国古代杰出的政治家。

居之有间①，樊(fán)将军亡秦之燕，太子容②之。太傅鞠(jū)武谏曰："不可，夫秦王之暴，而积怨于燕，足为寒心，又况闻樊将军之在乎！是以委肉当饿虎之蹊(xī)，祸必不振矣！虽有管、晏③，不能为谋。愿太子急遣樊将军入

匈奴以灭口。请西约三晋，南连齐、楚，北讲于单于④，然后乃可图也。”

[注释]

①间：一段时间。②容：收容。③管、晏：管指管仲，春秋时期的名臣，曾辅佐齐桓公成为霸主；晏指晏婴，春秋后期齐国名臣，辅政长达四十年之久，国家大治。④单于：匈奴的君主。

[译文]

不久，樊将军从秦国逃亡到燕国，太子丹把他收留下。这时鞠武就进谏说：“不可以收留樊将军，秦王政暴虐无道，而且一向很怨恨燕国，听了令人简直胆战心惊，又何况秦王听闻樊将军逃来燕国，岂不是更加仇恨燕国！这就等于把肉放在饿虎通过的路上，那燕国的大祸必定无法挽救，即使管仲、晏婴再世也毫无办法。请太子赶紧让樊将军投奔匈奴，以便消除秦国发兵攻燕的借口。然后往西跟韩、魏、赵结盟，往南跟齐、楚订约，往北跟匈奴讲和，如此才可以抗击秦兵。”

太子丹曰：“太傅之计，旷日弥久，心惛然，恐不能须臾(yú)。且非独于此也，夫樊将军困穷于天下，归身于丹，丹终不迫于强秦，而弃所哀怜之交置之匈奴，是丹命固卒之时也，愿太傅更虑之。”

[译文]

燕太子丹说：“太傅的计划需要很长时间才能实现，但是我现在内心忧愁纷乱已经到了极点，恐怕一刻也不能再等。而且还不只这些，樊将军走投无路才来投靠我，我绝对不能因为强秦的威胁，再把我可怜的朋友赶到匈奴，我宁肯因此而结束我的生命，希望太傅再另谋其他计划。”

鞠(jū)武曰：“燕有田光先生者，其智深，其勇沉，可与之谋也。”太子曰：“愿因①太傅交②于田先生，可乎？”鞠武曰：“敬诺③。”出见田光，道太子曰：“愿图国事于先生。”田光曰：“敬奉教。”乃造④焉。

[注释]

①因：通过。②交：结交。③敬诺：好吧。敬，表示对对方的尊敬。④造：拜访。

[译文]

鞠武说：“燕国有一位田光先生，此人足智多谋，个性勇敢刚毅，太子可和他

密商一切。”燕太子丹说：“那太傅能帮我介绍和田光先生见面吗？”鞠武说：“可以啊。”于是鞠武就去拜访田光，并且介绍太子丹说：“太子想要跟先生密商国事。”田光先生说：“愿意遵命效力。”于是鞠武陪田光去见太子丹。

太子跪而逢迎，却①行为道，跪而拂(fú)②席。田先生坐定，左右无人，太子避席而请曰：“燕、秦不两立，愿先生留意也。”田光曰：“臣闻骐骥(qí jì)盛壮之时，一日而驰千里。至其衰也，驽马先之。今太子闻光壮盛之时，不知吾精已消亡矣。虽然，光不敢以乏国事也。所善荆轲(jīng kē)③，可使也。”太子曰：“愿因先生得愿交于荆轲，可乎？”田光曰：“敬诺。”

[注释]

①却：后退。②拂：拂拭，擦拭。③荆轲：相传本为齐国的后裔，原本姓庆，迁居卫国之后改姓为荆。

[译文]

太子丹跪立迎接，替田光引路倒退着往后走，又跪在地下替田光拂净席位。田光坐下以后，左右一个人都没有，太子丹坐在下座的席位上，毕恭毕敬地向田光请教说：“燕、秦势不两立，请先生多多考虑。”田光说：“据臣所知骏马在强盛时一天能跑千里路，等到它衰老时连驽马都不如。太子所听到的是壮年时的田光，岂不知臣如今已经衰老无用。尽管如此，臣仍然不敢忽略国事而辜负太子的重托，臣有位名叫荆轲的好友可以用。”燕太子丹说：“那先生能不能介绍我跟荆轲认识呢？”田光先生说：“一切遵命。”

即起，趋出。太子送之至门，曰：“丹所报，先生所言者，国大事也，愿先生勿泄①也。”田光俯而笑曰：“诺。”

[注释]

①泄：泄露。

[译文]

田光说完这话就站起来出去了，太子丹一直送到门口时说：“我今天所告诉先生的，和先生为我所策划的，都是国家的机密大事，请先生千万不要泄露出去。”田光低着头笑了笑说：“一切请太子放心。”

偻(lóu)①行见荆轲，曰：“光与子相善，燕国莫不知。今太

子闻光壮盛之时，不知吾形已不逮②也，幸而教之曰：‘燕、秦不两立，愿先生留意也。’光窃不自外，言足下于太子，愿足下过太子于宫。”荆轲曰：“谨奉教。”

［注释］

①偻：弯着腰。②不逮：不及。

［译文］

于是田光就俯身恭敬地去见荆轲说：“我田光和你荆轲是好朋友，燕国没有人不知道的。现在太子只知道我壮年时的威名，却不知道我如今已经老朽无用，但是太子仍然向我请教说：‘燕、秦势不两立，希望先生多多考虑。’我不把你当外人，所以我已经把你推荐给太子，希望你前往宫中拜见太子。”荆轲说：“一切遵命照办。”

田光曰：“光闻长者之行，不使人疑之，今太子约光曰：‘所言者，国之大事也，愿先生勿泄也。’是太子疑光也。夫为行使人疑之，非节侠士也。”欲自杀以激荆轲，曰：“愿足下急过太子，言光已死，明①不言也。”遂自刭而死。

［注释］

①明：表明。

［译文］

田光说：“据我田光所知：长者的行为不使人怀疑，现在太子叮嘱我：‘方才所说的都是国家机密大事，请先生千万不要泄露出去。’这就证明太子怀疑我。一个人的行为叫人怀疑，决非高风亮节的侠义之士。”于是就准备自杀来激励荆轲说：“请你赶快去拜见太子，说我田光已经自杀身亡，来表明我绝对没有泄漏国家机密大事。”田光说完话自刎而死。

轲见太子，言田光已死，明不言也。太子再拜而跪，膝下行①流涕，有顷而后言曰：“丹所请田先生无言者，欲以成大事之谋，今田先生以死明不泄言，岂丹之心哉？”

［注释］

①膝下行：跪着走。

［译文］

于是荆轲就去见太子丹，说田光已经自杀，用意是表明自己没有泄露国家机密大事。太子丹一听此话就跪地而拜，一边膝行一边流泪过了一会儿说：“我所叮嘱的是不让田先生泄露机密，以便为国家完成一件大事，如今田光先生竟以死来证明没有泄露，这怎么是出于我的本意呢？”

荆轲坐定，太子避席顿首曰：“田先生不知丹不肖，使得至前，愿有所道，此天所以哀燕不弃其孤也。今秦有贪饕①之心，而欲不可足②也。非尽天下之地，臣海内之王者，其意不餍。今秦已虏韩王③，尽纳其地，又举兵南伐楚，北临赵。

［注释］

①贪饕：贪婪。②足：满足。③已虏韩王：公元前230年秦灭韩，俘虏了韩王。

［译文］

荆轲坐定以后，太子丹离开席位叩头说：“田先生不知道我无能，才介绍我拜见先生，我愿接受先生的指教，这是上天可怜燕国而不遗弃他的后人。现在秦王有虎狼之心，他的欲望永远无法满足，除非占领全天下的土地，征服全天下的诸侯，否则是绝对不会停止侵略战争的。如今秦国已经俘虏韩王，而吞并了韩国全部土地；又发兵继续往南攻打楚国，往北兵临赵国。

“王翦(jiǎn)①将数十万之众临漳(zhāng)、邺(yè)②，而李信③出太原、云中。赵不能支④秦，必入臣，入臣，则祸至燕。燕小弱，数困于兵，今计举国⑤不足以当⑥秦。诸侯服秦，莫敢合从⑦。丹之私计，愚以为诚得天下之勇士，使于秦，窥以重利，秦王贪其贽，必得所愿矣。

［注释］

①王翦：秦国的将军。②漳、邺：漳水、邺城。邺，位于今山西临漳。③李信：秦国的将军。④支：应付、对付。⑤举国：全国。⑥当：通“挡”，抵挡。⑦合从：指合纵。

［译文］

“秦将王剪率领几十万秦军在漳水、邺城列阵，而秦将李信出兵赵国的太原和云中等地。赵国一旦支持不住就会降秦，赵降秦后，大祸就要降临到燕国。燕弱小无力，屡次为秦兵所困，现在即使动员全国兵力，也不足以抵抗强秦，何况天下诸侯都已经屈服在秦国的兵威之下，没有一个人再敢出面组织合纵之盟。因此我私下有一个计划，我认为如果能得到天下的一位勇士，假称派他出使秦国，以重利来引诱秦王，秦王贪图这项重利，必然能够实现我的愿望。

“诚得劫秦王，使悉[1]反[2]诸侯之侵地，若曹沫之与齐桓公，则大善矣，则不可，因而刺杀之。彼大将擅兵于外，而内有大乱，则君臣相疑[3]。以其间诸侯，诸侯得合从，其偿破秦必矣。此丹之上愿，而不知所以委命，唯荆卿留意焉。”

[注释]

①悉：全部。②反：归还。③相疑：相互猜疑。

[译文]

“如果能够劫持秦王，使他归还诸侯的领地，就像曹沫劫持齐桓公一样，那就更好了，假如不能这样，就当场把秦王杀死。那些大将在国外掌握兵权，如果国内大乱，那么君臣就要互相猜疑。我燕国就乘机联合天下诸侯，团结一致完成合纵之盟，就必然能够实现我击败秦国的心愿。这是我最大的愿望，至于我的生死早已置之度外，一切希望贤卿多多留意。”

久之，荆轲曰：“此国之大事，臣驽下[1]，恐不足任使。”太子前顿首，固请无让，然后许诺。

[注释]

①驽下：驽钝无能。

[译文]

荆轲听完这番话以后，过了很久才说：“这是国家的机密大事，臣庸碌无能，恐怕不能够负起这项重任。”燕太子丹一听这话就走向前去磕头，恳请荆轲不要推辞，这样荆轲才算答应下来。

荆轲

荆轲又称庆卿、荆卿、庆轲，战国时期著名的刺客。受燕太子丹之托入刺秦王，后失败被杀。

于是尊荆轲为上卿，舍①上舍。太子日日造问，供太牢异物，间进车骑美女，恣(zì)荆轲所欲，以顺适其意。久之，荆卿未有行意。秦将王翦破赵，虏赵王，尽收其地，进兵北略地，至燕南界。太子丹恐惧，乃请荆卿曰："秦兵旦暮渡易水，则虽欲长侍足下，岂可得哉？"

[注释]

①舍：住。

[译文]

于是太子丹立刻拜荆轲为上卿，让他住在最好的馆舍。太子丹每天都来问安，供给最好的猪牛羊肉和上等珍宝，同时也奉上很多车马和美女，满足荆轲的一切所需，目的是极力讨荆轲欢心。过了很久，荆轲还没有要出发的意思。秦将王翦已经征服赵国，俘虏赵王，占领了赵国的全部土地。接着王翦又继续进兵北侵，一直攻打到燕国的南疆。这时太子丹非常恐惧，就来请求荆轲说："秦兵在旦夕之间就要渡过易水，虽说我很想长期侍奉贤卿，然而在目前的情况下又怎么可能呢？"

荆卿曰："微①太子言，臣愿得谒(yè)②之。今行而无信，则秦未可亲也。夫今樊(fán)将军，秦王购之金千斤，邑万家。诚能得樊将军首，与燕督亢(kàng)之地图，献秦王，秦王必说③见臣，臣乃得有以报太子。"太子曰："樊将军以穷困来归丹，丹不忍以己之私，而伤长者之意，愿足下更虑之。"

[注释]

①微：没有，不。②谒：拜谒。③说：通"悦"，喜悦，高兴。

[译文]

荆轲说："即使太子不来请求，臣也要西去谒见秦王。不过现在去了却没有贵重的礼物，秦王必然不肯相信臣。不过秦王曾经悬赏一千金和万户封邑，来求樊将军的头。所以只要能得到樊将军的头，和燕国督亢的地图，明言把这两件重礼献给秦王的话，秦王一定会欣然接见臣，如此臣才能报答太子的重托。"燕太子丹说："樊将军穷途末路才来投奔我，我绝对不忍心为了实现自己的私人计划，而做出这种不够朋友的事情，希望贤卿另想其他办法。"

荆轲知太子不忍，乃遂私见樊於(wū)期①曰："秦之遇将军，

可谓深矣。父母宗族，皆为戮(lù)没②。今闻购将军之首金千斤、邑万家，将奈何？”

[注释]

①樊於期：指樊将军。②没：通“殁”，杀。

[译文]

荆轲知道太子丹不忍心杀樊将军，于是就亲自去见樊将军说：“秦国对待将军可算狠毒太深了。将军的父母宗族都被秦王杀戮。现听说秦王悬赏一千金和万户封邑求将军的头，不知将军要怎么办？”

樊将军仰天太息流涕曰：“吾每念，常痛于骨髓(suǐ)，顾计不知所出耳。”轲曰：“今有一言，可以解燕国之患，而报将军之雠者，何如？”樊於期乃前曰：“为之奈何？”荆轲曰：“愿得将军之首以献秦，秦王必喜而善见臣，臣左手把其袖，而右手揕(zhèn)抗①其胸。然则将军之仇报，而燕国见陵②之耻除矣。将军岂有意乎？”

[注释]

①揕抗：刺进。②见陵：被欺凌。见，表示被动。

[译文]

樊将军听完这话，仰天流泪叹息说：“每当我想到这些事，都有如深入骨髓一般地疼痛，然而却想不出好办法来解决。”荆轲说：“现在有一个好办法，既可以解除燕国的亡国之祸，又可以报将军的血海深仇，不知将军认为如何？”樊将军听完后就向前问：“是什么好办法呢？”荆轲说：“我想得到将军的头献给秦王，秦王一定欣然接见我，到那时我就可以左手抓住秦王的袖子，右手用剑刺进秦王的胸膛。这样一来不但报了将军的血海深仇，而且也洗雪了燕国的奇耻大辱。不知将军是否肯答应？”

樊於期偏袒(tǎn)扼(è)腕而进曰：“此臣日夜切齿拊(fǔ)心也，乃今得闻教。”遂自刎(wěn)。太子闻之，驰往，伏尸而哭，极哀。既已，无可奈何，乃遂收盛樊於期之首，函(hán)①封之。

[注释]

①函：木匣子。

[译文]

樊将军听到这里，就挽起袖子，握住手腕走向前说："这是我日夜咬牙切齿所希望的事，到如今才算听到阁下的明教。"樊将军说完这话就自杀身亡，太子丹知道以后，跑去伏尸痛哭，十分哀伤。樊将军既然已经自杀，太子丹在无可奈何的情况下，就割下他的头装在一个木匣子里封了起来。

于是，太子预求天下之利匕首，得赵人徐夫人①之匕首，取之百金，使工以药淬(cuì)之，以试人，血濡(rú)②缕，人无不立死者。乃为装遣荆轲。燕国有勇士秦武阳，年十二杀人，人不敢与忤(wǔ)视。乃令秦武阳为副。

[注释]

①夫人：夫人为名字。②濡：沾染。

[译文]

于是，太子丹再征求天下最锐利的匕首，结果征得赵人徐夫人的匕首，太子丹出价一百金把匕首买下，然后让工匠用毒药来淬染刀刃，经试验，刺人只要流出一点血，此人就当场死亡。于是太子丹为荆轲准备行装，派他出使秦国。燕国又有一名勇士名叫秦武阳，十二岁时就杀过人，人们都不敢正眼看他。因而就派秦武阳为副手。

荆轲有所待，欲与俱，其人居远未来，而为留待。顷之未发，太子迟之，疑其有改悔，乃复请之曰："日以尽矣，荆卿岂无意哉？丹请先遣秦武阳。"荆轲怒，叱(chì)太子曰："今日往而不反者，竖子①也！今提一匕首入不测之强秦，仆所以留者，待吾客与俱。今太子迟之，请辞决矣！"遂发。

[注释]

①竖子：小孩子，带有很强的呵责的意味。

[译文]

可是荆轲还准备等一个人，想跟这个人一起去，这个人住的地方太远，一直还没有来到，荆轲仍在等他。为此过了很久还未出发，太子丹嫌他拖得太迟，甚至怀疑荆轲改变了主意，于是就又请求荆轲说："日期已经到了最后关头，贤卿难道不愿意去？那我就先派秦武阳去吧。"荆轲听了这话很生气，就斥责太子丹说："假如有去而无回，那岂不是三岁小孩！如今我只凭一把匕首，深入虎穴般的秦国，我所

以一直停留不走，是为了等待我的一位壮士。现在太子既然嫌太晚，那我就决定出发了！”荆轲说完这话就毫不犹豫地出发了。

太子及宾客知其事者，皆白衣冠以送之。至易水上，既祖①，取道。高渐离②击筑，荆轲和而歌，为变徵(zhǐ)③之声，士皆垂泪涕泣。又前而为歌曰：“风萧萧兮易水寒，壮士一去兮不复还！”复为慷慨(kāng kǎi)羽声④，士皆瞋目，发尽上指冠。于是荆轲遂就车而去，终已不顾。

[注释]

①祖：祭拜路神。②高渐离：燕国人，荆轲的好友。③变徵：变了调的徵音，调比较悲凉。徵，古代乐音的一种。④羽声：宫、商、角、徵、羽为古代最基本的五种乐音。

[译文]

太子丹、宾客和知道这件事的人，都穿着白色的丧服为荆轲送行。他们一齐来到易水河边，祭拜路神之后荆轲踏上征途。当时由高渐离击筑，由荆轲高歌一曲，声音是悲壮的变徵之声，在场的人听了都泪流满面。最后荆轲又向前唱道：“凄凉的风把易水吹得很冷，壮士这一去就不再回来啦！”接着荆轲又唱出慷慨激昂的羽声悲歌，在场送行的人都听得很激动，大家瞪着双眼，怒发冲冠，于是荆轲乃上车而去，连头都没再回过一次。

既至秦，持千金之资币物，厚遗秦王宠臣中庶子蒙嘉。嘉为先言于秦王曰：“燕王诚振畏慕大王之威，不敢兴兵以拒大王，愿举国为内臣，比诸侯之列①，给贡职如郡县，而得奉守先王之宗庙。恐惧不敢自陈，谨斩樊於期头，及献燕之督亢之地图，函封，燕王拜送于庭，使使以闻大王，唯大王命之。”

[注释]

①比诸侯之列：像其他诸侯一样。比，像。

[译文]

荆轲到了秦都咸阳以后，首先用价值千金的重礼贿赂秦王宠臣中庶子蒙嘉。蒙嘉替荆轲向秦王说：“燕王实在太畏惧大王的威严，因此不敢起兵反抗大王，情愿率领全民臣事大王，和其他诸侯一样编成秦国的郡县，每年按时来秦国进贡，以便奉祀秦国先王的宗庙。但是燕王由于恐惧过度，而不敢亲自来陈情，才特别砍下樊於期的头，并且献上燕国督亢地图，这两种献礼都封在木匣子之中，由燕王亲手在朝廷交给使者，然后才派使者来晋见大王，如今正等待大王的命令随时献上。”

秦王闻之，大喜，乃朝服，设九宾，见燕使者咸阳宫。荆轲奉樊於期头函，而秦武阳奉地图匣，以次进至陛下①。秦武阳色变振恐，群臣怪之，荆轲顾笑武阳，前为谢曰：“北蛮夷之鄙人，未尝见天子，故振慑(shè)，愿大王少假借②之，使毕③使于前。”秦王谓轲曰：“起，取武阳所持图。”

［注释］

①陛下：宫殿的台阶之下。②假借：宽恕，原谅。③毕：完成。

［译文］

秦王听了十分高兴，就立刻穿上朝服，特设九宾之礼，在咸阳宫接见燕使。荆轲捧着装有樊於期头的木匣，而秦武阳捧着装有督亢地图的木匣，由荆轲领先按次序走向宫殿的台阶。不料这时秦武阳由于恐惧而神情紧张，群臣看了都觉得很奇怪，荆轲赶紧回头对秦武阳笑了笑，再继续向前为秦武阳辩解说：“他是北方的野蛮粗人，没见过天子宫殿的雄伟场面，所以神情显得紧张恐惧，恳请大王能够多多谅解他这一点，以便让他在大王面前完成使命。”秦王对荆轲说：“你起来，把秦武阳所拿的地图给寡人。”

轲既取图奉之，发图，图穷而匕首见。因左手把秦王之袖，而右持匕首揕(zhèn)抗之，未至身。秦王惊，自引而起，绝袖。拔剑，剑长，掺(chān)其室①。时怨急，剑坚，故不可立拔。荆轲逐秦王，秦王还柱而走。群臣惊愕，卒②起不意，尽失其度。而秦法，群臣侍殿上者，不得持尺兵，诸郎中③执兵，皆陈殿下，非有诏不得上。

［注释］

①室：指剑鞘。②卒：通“猝”，突然。③郎中：护卫。

［译文］

于是荆轲就拿过地图献给秦王政，荆展开地图，图展完就露出匕首。这时他就左手拉着秦王的衣袖，右手抓紧匕首猛刺秦王，可惜没有刺中秦王的身体。秦王大惊失色，自己拉开衣袖跳起来，由于用力过猛而把袖子拉断。秦王赶紧拔剑，可是剑太长拔不出来，只握着剑鞘干着急。秦王既害怕又紧张，而剑鞘又很紧，不能立刻拔出。荆轲追杀秦王，秦王绕着柱子跑。群臣都已经吓呆了，因为事情发生在突然之间，致使大家惊慌无措。再加上按照秦国法律，群臣侍立殿上的，不得佩带任何兵器，而负责守卫的郎中，又都站立在宫殿的台阶下，除非有秦王的亲口诏令，绝对不能携带武器上殿。

荆轲刺秦王

此图绘荆轲用匕首行刺秦王时的情景，图中秦官大臣卫士乱作一团，惊慌失措，有力地烘托了荆轲的英雄气概。

方急时，不及召下兵，以故荆轲逐秦王。而卒惶急无以击轲，而乃以手共搏之。是时，侍医夏无且①，以其所奉药囊提②轲，秦王之方还柱走，卒惶急不知所为，左右乃曰：“王负剑！王负剑！”遂拔以击荆轲，断其左股③。荆轲废，乃引其匕首，提秦王，不中，中柱。

［注释］

①夏无且：人名，秦国御医。②提：投掷。③左股：左边的大腿。

［译文］

情况十分紧急，秦王也来不及召殿下的士兵救驾，因此才使得荆轲尽情追杀秦王。而秦王在万分惶恐的情况下，也找不到适当的武器反击荆轲，不得已竟徒手和荆轲搏斗。幸亏这时御医夏无且，用他所拿的药囊投击荆轲，可是秦王还是绕着柱子跑，仓皇失措不知如何是好，这时左右侍臣才高喊：“大王把剑背过去拔！大王把剑背过去拔！”如此秦王才算拔出了佩剑，用剑来反击荆轲，首先一剑砍断了荆轲的左腿。荆轲负伤后倒地，但是仍用匕首投刺秦王，可惜没有刺中，只是刺在柱子上。

秦王复击轲，被①八创。轲自知事不就，倚柱而笑，箕踞以骂曰：“事所以不成者，乃欲以生劫之，必得约契以报太子也。”左右既②前斩荆轲，秦王目眩良久。而论功赏群

臣及当坐者，各有差，而赐夏无且黄金二百镒，曰：“无且爱我，乃以药囊提轲也。”

[注释]

①被：遭受。②既：已经。

[译文]

秦王再用剑击砍荆轲，荆轲受了八处伤。荆轲自知事情已经失败，就靠在柱子上大笑起来，然后盘着腿高声骂道：“事情之所以没有成功，是因为我想要生擒你，劫持你立下契约借以报答太子。”这时左右侍臣才跑上前来杀死荆轲，秦王吓得头昏眼花很久说不出话。最后对群臣论功行赏，对应该加以处罚的也各有差别，赏赐夏无且黄金二百镒，并且夸奖说：“夏无且由衷爱戴寡人，因为他用药囊投击荆轲。”

于是秦大怒燕，益发兵诣赵，诏王翦军以伐燕。十月而拔燕蓟城。燕王喜、太子丹等，皆率其精兵东保于辽东。秦将李信追击燕王，王急，用代王嘉①计，杀太子丹，欲献之秦。秦复进兵攻之。五岁而卒灭燕国，而虏燕王喜。秦兼天下。

[注释]

①代王嘉：指赵公子嘉，赵灭亡后逃往代，自立为王。

[译文]

这时秦王政更加仇恨燕国，立刻发大军开到赵国，下令王翦率军攻打燕国。同年十月攻陷燕都蓟城。燕王喜和太子丹等文武朝臣，都率领精兵逃到东边退守辽东。秦将李信率军追击燕王，燕王喜在兵败情急之下就采纳代王嘉的计策，杀死太子丹准备献给秦王，可是秦兵还是继续攻打燕国。五年之后终于灭亡燕国，燕王喜被秦兵俘虏。秦国终于统一了天下。

其后荆轲客高渐离以击筑见秦皇帝，而以筑击秦皇帝，为燕报仇，不中而死①。

[注释]

①死：被杀死。

[译文]

在这之后荆轲的朋友高渐离借演奏筑的机会觐见秦始皇，于是就乘机用筑攻击始皇，目的是想为燕国报仇，可惜没有打中却被秦始皇杀死。

宋卫策

公输般为楚设机

公输般[①]为楚设机[②]，将以攻宋。墨子[③]闻之，百舍[④]重茧[⑤]，往见公输般，谓之曰：“吾自宋闻子。吾欲藉[⑥]子杀王。”公输般曰：“吾义固不杀王。”墨子曰：“闻公为云梯，将以攻宋。宋何罪之有？义不杀王而攻国，是不杀少而杀众。敢问攻宋何义也？”公输般服焉，请见之王。

［注释］

①公输般：指鲁班。②机：战争用的兵器。③墨子：名翟，墨家的创始人，主张“兼爱”“非攻”。④舍：一舍相当于今天的一百里。⑤重茧：厚厚的茧子。⑥藉：通“借”，用。

［译文］

公输般为楚国制造兵器，准备用来攻打宋国。墨子知道这件事以后，就徒步以日行百里的速度而来，以致把脚都磨出层层老茧。墨子见到公输般说：“我在宋国就听见了阁下的大名，因此我想用阁下的力量来杀人。”公输般说：“我的道义并不是要杀人。”墨子说：“听说你正在造云梯，预备攻打宋国，请问宋国有什么罪呢？你的道义既然不杀人，但是却又要攻打宋国，这等于是不杀少数人，而决心要杀多数人，请问你攻打宋国是什么道义？”公输般被墨子说服，于是就陪着墨子进见楚王。

墨 子

墨子是战国时期著名的思想家、政治家、军事家。墨子提出“兼爱”“非攻”等观点，创立墨家学说，并著有《墨子》一书传世。墨学在当时影响很大，与儒家并称“显学”。

墨子见楚王曰：“今有人于此，舍其文轩[①]，邻有弊舆(bì yú)[②]而欲窃之；舍其锦绣，邻有短褐而

欲窃之；舍其梁肉，邻有糟糠(zāo kāng)而欲窃之。此为何若人也？”王曰：“必为有窃疾矣。”

[注释]

①文轩：画着彩纹的车。②弊舆：破旧的车。

[译文]

墨子对楚惠王说：“现在这里有一个人，不要自己画有彩纹的车子，邻居有一辆破车，他反而想去偷窃；不要自己刺有锦绣的衣服，邻居有一件粗布短袄，他反而想去偷窃；不要自己的米和肉，邻居有些糟糠，他反而想去偷窃。请问这是什么样的人？”楚惠王说：“必然是有偷窃病的人。”

墨子曰：“荆之地方①五千里，宋方五百里，此犹文轩之与弊舆也。荆有云梦，犀兕(xī sì)、麋(mí)鹿盈②之，江、汉鱼、鳖(biē)、鼋(yuán)、鼍(tuó)③为天下饶，宋所谓无雉(zhì)、兔、鲋(fù)鱼者也，此犹梁肉之与糟糠也。荆有长松、文梓、楩(pián)、楠、豫樟，宋无长木，此犹锦绣之与短褐也。恶以王吏之攻宋，为与此同类也。”王曰：“善哉，请无攻宋。”

[注释]

①方：方圆。②盈：充盈。③鼋、鼍：珍稀的水生动物。

[译文]

墨子说：“楚国的土地方圆五千里，而宋国只有五百里，这就如同彩车和破车相比一般。楚国的云梦充满了犀牛、麋鹿，而长江、汉水所出产的鱼、鳖、鼋、鼍更是天下最多的，反之宋国是一个连野鸡、兔子和鲫鱼都没有的贫瘠地方，两国相比就好像米肉和糟糠一般。楚国有长松、文梓、楩、楠、豫樟等各种树，而宋国连一棵比较好的大树都没有，两国相比恰好像锦绣和粗布短袄一般。不知大王所派出攻打宋国的人，是否就跟臣所说的这个有偷窃之癖的人相似？”楚惠王说：“阁下的话很合乎情理，寡人打算不攻打宋国了。”

宋康王之时

宋康王之时，有雀生䳢①于城之陬(zōu)，使史占之，曰：“小

而生巨，必霸天下。”康王大喜，于是灭滕(téng)伐薛，取淮北之地，乃愈自信，欲霸之亟②成，故射天笞地，斩社稷(jì)而焚灭之，曰：“威服天下鬼神。”骂国老谏者，为无颜之冠③，以示勇。剖伛之背，锲(qiè)朝涉之胫，而国人大骇。齐闻而伐之，民散，城不守。王乃逃倪侯④之馆，遂得而死。见祥而不为，祥反为祸。

革囊射天

商王武乙无道，用革囊盛血，仰而射之，谓之“射天”，这是对天神的不敬。宋康王也对天神不敬，最终身死国灭。事实上宋国灭亡的根本原因是他的残暴统治，丧失了民心。

［注释］

①鷱：一种凶猛的大鸟。②亟：迅速。③无颜之冠：没有盖住额头的帽子。④倪侯：宋国的臣子。

［译文］

宋康王在位的时候，有只小麻雀在城墙角落孵出了个大鸟。宋康王让太史占卜看看究竟，太史占后说：“小鸟生出了大鸟，这预示着大王要称霸天下了。”康王听后大喜过望，于是派兵消灭了滕国，进军薛国，并且派出军队占领了淮北的土地。经过了这些胜利，康王变得更加自信，恨不得自己独霸天下的愿望马上就实现，于是射天神鞭笞地神，砸掉祭奠土地谷神的牌位并把它们烧毁，还对外宣称：“我的神威就连天地的鬼神也要慑服。”康王斥骂国家里敢于直言进谏的大臣，戴着没有边沿的帽子表现自己英勇无畏。他还劈开驼背之人的后背，斩断清晨趟过河水之人的小腿，导致百姓惊慌恐惧，国内大乱。齐王知道后派出大军讨伐宋康王，百姓四处逃跑没有人守卫城池。宋康王也不得不逃跑到倪侯的宅邸，最终被抓住处以死刑。这正是见到好的预示却不做善事，吉祥最终也会变成灾难。

卫使客事魏

卫使客事魏，三年不得见。卫客患之，乃见梧(wú)下先生①，许之以百金。梧下先生曰：“诺。”乃见魏王曰：“臣闻秦出

兵，未知其所之。秦、魏交而不修之日久矣，愿王博事秦，无有他计。”魏王曰：“诺。”

[注释]

①先生：古时对道德高尚者的尊称。

[译文]

卫国派遣一名客卿去事奉魏王，可是过了三年还没有被召见。这个客卿非常着急，就去拜会梧下先生，许诺如果可以帮忙就酬谢一百金。梧下先生说：“可以”。梧下先生就去拜见魏王，对他说：“我听说秦国将要出兵了，不知道他们想要去攻打哪里。秦国、魏国已经很久没有外事往来了，希望大王能够用心和秦国交往，不要多想其他。”魏王说：“好。”

客趋出，至郎门而反曰：“臣恐王事秦之晚。”王曰：“何也？”先生曰：“夫人于事己者过急，于事人者过缓。今王缓于事己者，安能急于事人。”“奚以知之？”“卫客曰：‘事王三年不得见。’臣以是知王缓也。”魏王趋见卫客。

[译文]

梧下先生急匆匆走了出去，可没有走多远，刚到郎门就又转身回来了，对魏王说：“我担心大王您对亲近秦国这件事会很不放在心上啊。”魏王说：“为什么这么说呢？”梧下先生说：“通常人们对于服侍自己的人比较热情，自己去服侍别人往往比较消极。如今大王对服侍自己的人都那么不热情，又怎么能够积极主动地亲近别人呢？”魏王问道：“你凭什么这么说呢？”梧下先生说：“卫国那个客卿说他已经来事奉大王三年了，还没有被召见，所以我知道了大王对亲近秦国不是很积极。”魏王马上召见了卫国的客卿。

卫嗣君病

卫嗣(sì)君病，富术①谓殷顺且②曰：“子听吾言也以说君，勿益损也，君必善子。人生之所行，与死之心异。始君之所行于世者，食高丽也，所用者，绁(xiè)错、挐(rú)薄③也。群臣尽以为君轻国而好高丽，必无与君言国事者。子谓君：‘君之所行天下者甚谬(miù)。绁错主断于国，而挐薄辅之，自今以往者，公孙氏必不血食矣。’”君曰：“善。”与之相印，曰：“我

死，子制之。”嗣君死，殷顺且以君令相公期[4]。绁错、挐薄之族皆逐也。

[注释]

①富术：卫国的臣子。②殷顺且：卫国的臣子。③绁错、挐薄：卫嗣君的宠臣。④公期：卫嗣君的儿子公子期。

[译文]

卫嗣君大病，富术对殷顺且说：“你按照我说的话去游说大王，不要增添删减我的话，大王一定会重用你。一个人一生，活着享受人生的时候与即将死去的心情是完全不同的。大王以前的行为，骄奢淫逸纵情声色，他所信任的都是绁错、挐薄这样的人。大臣们都认为君王贪恋美色和物质享受，不把国事放在心上，他们一定不会去和君王谈论国家大事。你就对大王说：您以前纵横天下的所作所为实在是大错特错啊。绁错这个人独揽大权独断专行，挐薄和他狼狈为奸，您去世以后，将没有人能继承您的大业了。”卫嗣君说：“你说的对。”把相印给了殷顺且，对他说：“我死了以后，你就执掌朝政吧。”卫嗣君死后，殷顺且按照君王的命令出任相国，辅佐公期管理朝政。绁错、挐薄等一帮人全部被免去了职位。

卫嗣君时胥靡逃之魏

卫嗣君时胥(xū)靡(mí)[1]逃之魏，卫赎之百金，不与，乃请以左氏[2]。群臣谏曰：“以百金之地赎一胥靡，无乃不可乎？”君曰：“治无小，乱无大。教化喻于民，三百之城[3]足以为治；民无廉耻，虽有十左氏，将何以用之？”

[注释]

①胥靡：人名，卫国的一个罪人。②左氏：地名，卫国的城邑。③三百之城：拥有三百户人家的城邑。

[译文]

卫嗣君在位时有个犯人胥靡逃到了魏国，卫国以百镒黄金为代价想要赎回，魏王不同意，竟然要卫国用一个城池左氏去换。大臣们对卫嗣君说：“用百镒黄金和一座城池去换一个犯人，这么做值得么？”卫嗣君答道：“一个国家是安定团结还是混乱无序，跟国家大小无关。只要将教化深入民心，三百户人家的城邑就足以治理得很好；而如果百姓不知廉耻，即使有十个左氏那么大的疆土，又能有什么用处呢？”

卫人迎新妇

卫人迎新妇，妇上车，问："骖(cān)马①谁马也？"御曰："借之。"新妇谓仆曰："拊(fǔ)骖，无笞(chī)服②。"

[注释]

①骖马：两边拉套的马。②服：中间驾辕的马。

[译文]

卫国有人迎娶新媳妇，新娘子上了车就问道："两边拉套的马是谁家的？"赶车的人说："借来的。"新娘子对赶车的人说："要爱护这两边拉套的马，不要鞭打中间驾辕的马。"

车至门，扶，教送母："灭灶，将失火。"入室见臼(jiù)，曰："徙之牖(yǒu)①下，妨(fáng)往来者。"主人笑之。此三言者，皆要言也，然而不免为笑者，蚤(zǎo)②晚之时失也。

[注释]

①牖：窗户。②蚤：通"早"。

[译文]

车子到了夫家的门口，新娘子被扶下车，就告诉伴娘说："快去灭掉灶膛里的火，要防止失火呀。"当她走进屋里看见一只石臼，就说："把它搬到窗下去，摆在这妨碍人来回走路。"夫家的人听了都禁不住笑她。这三句话本来都是要紧的话，然而却不免被人笑话，是因为这些话说得不是时候。

中山策

中山与燕、赵为王

中山与燕、赵为王，齐闭关不通中山之使，其言曰：“我万乘之国也，中山千乘之国也，何侔（móu）①名于我？”欲割平邑以赂（lù）燕、赵，出兵以攻中山。

［注释］

①侔：相等，相当。

［译文］

中山和燕赵两国的君主互相称王，齐国封锁了中山通往燕赵的关卡，不让中山的使者通过，并且扬言说：“我们齐国是拥有万辆战车的大国，而中山只不过是拥有千辆战车的小国，中山凭什么和我们齐国并驾齐驱呢？”齐国想要用平邑贿赂燕赵两国，让两国出兵攻打中山。

蓝诸君①患之。张登②谓蓝诸君曰：“公何患于齐？”蓝诸君曰：“齐强，万乘之国，耻与中山侔名。不惮割地以赂燕、赵，出兵以攻中山。燕、赵好位而贪地，吾恐其不吾据也。大者危国，次者废王，奈何吾弗患也？”张登曰：“请令燕、赵固辅中山而成其王，事遂定。公欲之乎？”蓝诸君曰：“此所欲也。”曰：“请以公为齐王，而登试说公，可，乃行之。”蓝诸君曰：“愿闻其说。”

［注释］

①蓝诸君：中山国的相国。②张登：中山国的臣子。

［译文］

中山相国蓝诸君非常担心。张登对蓝诸君说：“您为什么要害怕齐国呢？”蓝诸君说：“齐国是拥有万辆战车的强盛大国，且把和中山名位相同看作是耻辱。这次齐国不惜割让土地贿赂燕赵两国，希望两国出兵攻打赵国。燕赵两国的君主喜好名位，贪婪于土地，我担心他们不会站在我们这一边。严重的话会危害到我们

国家的安全，即便没那么严重也会废止我们的王号，您说我怎么能不担心呢？”张登说：“我希望出使燕赵两国，使他们两国坚定地站在中山一边，帮助中山君称王，这事一定能成。您想这么做吗？”蓝诸君说：“这正是我的心意啊。”张登说：“那么就请您假扮作齐王，我先试着说服您，如果能把您说动，就按照计划行事。”蓝诸君说：“我愿意听听您的说辞。”

登曰：“王之所以不惮割地以赂燕、赵，出兵以攻中山者，其实欲废中山之王也。王曰：‘然。’然则王之为费且危。夫割地以赂燕、赵，是强敌也；出兵以攻中山，首难也。王行二者，所求中山未必得。王如用臣之道，地不亏①而兵不用，中山可废也。王必曰：‘子之道奈何？’”

[注释]

①亏：亏损，损失。

[译文]

张登说：“大王您之所以不吝惜以割地为代价来贿赂燕赵两国，让他们出兵去攻打中山，其目的就是想废掉中山国君主的王号吧。齐王说：‘是这样的’。但是大王这么做不但代价昂贵还会有战争的危险。您割地贿赂燕赵两国，是增加了您敌人的实力；派兵攻打中山国，就会背负挑起战争的罪名。大王用这两招，想废止中山王号的目的不一定能达到。大王如果肯用我的计策，既不用割地给燕赵，也不用派出军队，就会让中山君废除王号。齐王定会问：‘那么你到底有什么计策呢？’”

蓝诸君曰：“然则子之道奈何？”张登曰：“王发重使，使告中山君曰：‘寡人所以闭关不通使者，为中山之独与燕、赵为王，而寡人不与闻焉，是以隘之。王苟举趾(zhǐ)以见寡人，请亦佐君。’中山恐燕、赵之不己据也，今齐之辞云‘即佐王’，中山必遁燕、赵与王相见。燕、赵闻之，怒绝之，王亦绝之，是中山孤，孤何得无废？以此说齐王，齐王听乎？”

[译文]

蓝诸君说：“那么你到底有什么计策呢？”张登说：“大王可以派出重要的使者，让他告诉中山君说：‘本王之所以封锁关卡不让中山的使者通过，是因为中山只是单独和燕赵两国互相称王，而没有让本王知道，所以我才这么做。如果中山君肯屈尊来见我，我一定会帮助中山的。’中山君本来担心燕赵两国不站在自己一边，现如今齐王说出了‘从现在起帮助中山君’这样的话，中山君一定会躲开燕王、赵王和大王您相见。这事让燕赵两国知道以后，一定会勃然大怒从而和中山断绝关系。大王您也和中山君断交，这样就会使中山陷入孤立无援的境地，到了这步田地，中山怎么可能不废除王号呢？用这样的话去说服齐王，他怎么可能不听从呢？”

蓝诸君曰：“是则必听矣，此所以废之，何在其所存之矣？”张登曰：“此王所以存者也。齐以是辞来，因言告燕、赵而无往，以积厚于燕、赵。燕、赵必曰：‘齐之欲割平邑以赂我者，非欲废中山之王也，徒欲以离我于中山而己亲之也。’虽[1]百平邑，燕、赵必不受也。”蓝诸君曰：“善！”

[注释]

①虽：即使。

[译文]

蓝诸君说：“照这么说，齐王一定会听从的，但这样一来就废除了中山君的王号，怎么说是用来保存王号的办法呢？”张登答道：“这正是保存王号的办法。齐王已经说出了即刻帮助中山君的话，我们可以把这样的话告诉燕王、赵王，让他们不要对中山出兵，这对他们两国也是大有好处的。燕王、赵王一定会说，‘齐王想用平邑来贿赂我们，原来并不是想要废掉中山君的王号，而是借此挑拨我们和中山君的关系，反而自己和中山君拉近关系啊。’这样就是齐王给燕王、赵王割上百个平邑让他们攻打中山，他们也一定不会接受的。”蓝诸君说：“好办法！”

遣张登往，果以是辞来。中山因告燕、赵而不往，燕、赵果俱[1]辅中山而使其王，事遂定。

[注释]

①俱：都。

[译文]

于是就把张登派遣到齐国，齐王果然就说出了帮助中山君的话。中山君就把齐王的话告诉燕王、赵王，让他们不要出兵；燕王、赵王果然都站在了中山君的一边，帮助他称王，这件事终于以成功告终。

司马憙三相中山

司马憙(xǐ)三相[①]中山，阴简[②]难[③]之。田简[④]谓司马憙曰："赵使者来属耳[⑤]，独不可语阴简之美乎？赵必请之，君与之，即公无内难矣。君弗与赵，公因[⑥]劝君立之以为正妻，阴简之德公，无所穷矣。"

[注释]

①三相：三次出任相国。②阴简：中山君的爱妃。③难：嫉恨。④田简：中山国的臣子。⑤属耳：打听，探听。⑥因：趁机。

[译文]

司马憙三次出任中山宰相，中山君的宠妃阴姬很讨厌他。这时田简对他说："赵国使者来探听中山的情况，为什么不把阴姬的美貌告诉赵使呢？赵王知道以后，必然来求娶她。假如君王把她送给赵王，那么阁下在朝中就没有人捣乱了。假如君王不肯把她送给赵王，那阁下就可趁势劝中山君立她为后，从此她就会对阁下感恩不尽。"

果令赵请，君弗与。司马憙曰："君弗与赵，赵王必大怒，大怒则君必危矣。然则立以为妻，固无请人之妻不得而怨人者也。"

[译文]

于是司马憙果然设法让赵国来要阴姬，中山王当然不给。于是司马憙就乘机说："君王假如不把阴姬送给赵王，那赵王必然大怒，赵王大怒君王就危险了。不过君王可以立阴姬为正后，因为世间还没有要娶人正妻不成而怨恨的人。"

田简自谓取使，可以为司马憙，可以为阴简，可以令赵勿请也。

[译文]

田简自称这样做可以说服赵使，也可以帮助司马憙，更可以帮助阴姬，尤其可以不让赵国娶走阴姬。

阴姬与江姬争为后

阴姬与江姬争为后。司马憙（xǐ）谓阴姬公[1]曰：“事成则有土子民，不成则恐无身。欲成之，何不见臣乎？”阴姬公稽首曰：“诚如君言，事何可豫道者[2]。”司马憙即奏书中山王曰：“臣闻弱赵强中山。”中山王悦而见之曰：“愿闻弱赵强中山之说。”司马憙曰：“臣愿之赵，观其地形险阻，人民贫富，君臣贤不肖，商敌[3]为资，未可豫陈也。”中山王遣之。

［注释］

①阴姬公：阴姬的父亲。②事何可豫道者：怎样先报答您呢？③商敌：进行敌我力量的对比。

［译文］

阴姬与江姬在争夺王后的位置。司马憙对阴姬的父亲说：“如果你的女儿能顺利成为王后，那么你就能拥有封地和子民，如果争夺失败，恐怕你的性命都难保。如果你想夺后成功，为什么不来找我呢？”阴姬的父亲叩拜说道：“如果真的像你所说的那样，怎么好意思不先报答您呢。”司马憙很快给中山王上书，说“我知道削弱赵国的实力使中山强盛的办法。”中山王非常高兴地接见司马憙，问道：“我想知道怎么样才能够削弱赵国的实力，使中山富强。”司马憙说：“我恳请您派我到赵国去，观察了解那里的地势关隘，百姓的贫富状态，君主大臣是否贤德，进行敌我力量的对比并以此作为参考，我不能没有依据就信口开河。”于是中山王把他派到了赵国。

见赵王曰：“臣闻赵，天下善为音、佳丽人之所出也。今者，臣来至境，入都邑，观人民谣俗，容貌颜色，殊无佳丽好美者。以臣所行多矣，周流无所不通，未尝见人如中山阴姬者也。不知者特以为神，力言[1]不能及也。其容貌颜色，故已过绝人矣，若乃其眉目准頞[2]，权衡犀角偃月[3]，彼乃帝王之后，非诸侯之姬也。”赵王意移，大悦曰：“吾愿请之，何如？”司马憙曰：“臣窃见其佳丽，口不能无道尔。即欲请之，是非臣所敢议，愿王无泄也。”

[注释]

①力言：极力言说。②准：指鼻子。③权衡犀角偃月：指姣好的相貌。权，面颊；衡，眉宇；犀角，头的形状；偃月，前额。

[译文]

司马憙拜见了赵王之后说，“我听说赵国以人民擅长音乐、盛产美女而闻名于世。如今我来到了这里，走遍了大小城市，欣赏了赵国的民谣，目睹了各色各类的女子，实在是没有看到格外漂亮出众的美女啊。我曾经周游列国，到过不少地方，以我的所见所闻，从来没有看到过有人长得像中山的阴姬一样美丽。不知道的人还以为是仙女下凡呢，她的美丽超出了语言所能描绘的范围。单看她的姿色容颜，已经是绝代佳人，如果细细看她的五官，真的是帝王的妻子才有的容貌，绝不是诸侯的姬妾。”赵王心意大动，非常高兴地问道：“我想把她娶过来，不知道怎么样才能够办到呢？”司马憙说：“我心里想着她的美丽，嘴里不知不觉就说了出来。如果大王您真的想娶她，这就不是我敢讨论的话题了，恳请大王不要把我说的话泄露出去啊。”

司马憙辞去，归报中山王曰：“赵王非贤王也，不好道德而好声色；不好仁义而好勇力。臣闻其乃欲请所谓阴姬者。”中山王作色不悦。司马憙曰：“赵强国也，其请之必矣。王如不与①，即社稷危矣；与之，即为诸侯笑。”中山王曰：“为将奈何？”司马憙曰：“王立为后，以绝赵王之意。世无请后者，虽欲得请之，邻国不与也。”中山王遂立以为后，赵王亦无请言也。

[注释]

①不与：不给予。

[译文]

司马憙向赵王辞行，回去后告诉中山王说，“赵王不是个贤德的君王啊，他品德不端喜好音乐美色，不讲仁义而喜欢动用武力。我听说他甚至还想娶阴姬。”中山王听了后变了脸色，非常不高兴。司马憙曰：“和我们相比，赵国是个强国，赵王既然想娶阴姬，得不到是誓不罢休了。如果大王您不给他，赵王必然会发兵威胁您的江山社稷；如果您把阴姬送给了赵王，则会被各诸侯国耻笑。”中山王问道：“那我该怎么办呢？”司马憙曰：“大王可以把阴姬立为王后，这样就可以了断了赵王的想法。这世上没有娶人家王后的道理，即便是赵王想得到阴姬，提出了要求，邻国君主也不会同意他这么做的。”中山王听后马上把阴姬立为王后，赵王也就断了念头，再没有提出娶阴姬的要求。

主父欲伐中山

主父[1]欲伐中山，使李疵(cī)观之。李疵曰："可伐也。君弗攻，恐后天下。"主父曰："何以？"对曰："中山之君所倾盖与车[2]，而朝穷闾(lú)隘(ài)巷之士者七十家。"主父曰："是贤君也，安可伐？"李疵曰："不然，举士，则民务名不存本[3]；朝贤，则耕者惰而战士懦。若此不亡者，未之有也。"

[注释]

①主父：指赵武灵王。②倾盖与车：古时车子上面的盖子不张开是尊重贤德之才的表现，此即言中山君尊重贤士。盖，指车上的盖子。③本：在此指农业。

[译文]

主父准备攻打中山，派遣大臣李疵前去调查情况。李疵调查后说："可以攻打中山。如果大王您不去攻打的话，恐怕就要落到别人的后面了。"主父问道："你为什么这么说呢？"李疵答道："中山的君主善待士子，到破败的小街小巷去拜访他们，这样总共去了有七十家。"主父说："这分明是贤德的君主啊，你怎么说能去攻打他的国家呢？"李疵说："不能这么想，如果君王重视士子，那么百姓就会把精力用在营造自己的名声而不愿意去耕田劳作；如果过多拜访贤者，那么农民就会懒于耕作，士兵就会消极作战。像这样还没有灭亡的国家，以前从来没有过。"

式闾礼士

魏文侯是十分敬贤的名君，他每次经过贤士段干木的住宅，都要在车上俯首行礼，以示对贤士的尊敬。魏文侯不仅尊敬贤人，还任用李悝等大臣变法改革，教民耕战，富国强兵。

中山君飨都士

中山君飨(xiǎng)都士[1]，大夫司马子期在焉。羊羹(gēng)不遍，司马子期[2]怒而走于楚，说楚王伐中山，中山君亡[3]。有二人

挈（qiè）④戈而随其后者，中山君顾谓二人："子奚（xī）为者也？"二人对曰："臣有父，尝饿且死，君下壶餐饵之。臣父且死，曰：'中山有事，汝必死之。'故来死君也。"中山君喟然而仰叹曰："与不期众少，其于当厄⑤；怨不期深浅，其于伤心。吾以一杯羊羹亡国，以一壶餐得士二人。"

［注释］

①飨都士：宴请都邑的士大夫。②司马子期：中山之臣，后出仕楚国。③亡：逃亡。④挈：拿着。⑤厄：灾难，厄运。

［译文］

中山君设宴招待都邑的士大夫，司马子期也在被宴请之列。分羊羹时没有分到他，他一怒之下就投奔了楚国，说服楚国攻打中山，中山君被迫逃亡。有两个人提着戈一直跟在中山君身后，中山君回过头去问他们："你们两个人是做什么的？"那两个人回答说："我们的父亲有一次快要饿死了，是您送给他一碗饭吃。我父亲临死前叮嘱说：'中山国如果有变故，你们一定要以死报效国家。'所以我们特地来为您效死。"中山君仰面叹息道："给人施舍不在乎多少，但一定要在他最困难的时候；与人结怨不在乎深浅，但一定不能伤害他的心。我因为一杯羊羹亡了国，又因为一碗饭得到了两个义士。"

图书在版编目(CIP)数据

图解战国策/刘向编选,崇贤书院释译.—合肥:黄山书社,2015.11

(经典传家系列丛书)

ISBN 978-7-5461-5335-3

Ⅰ.①图… Ⅱ.①刘… ②崇… Ⅲ.①中国历史-战国时代-史籍-通俗读物
Ⅳ.①K231.04-49

中国版本图书馆 CIP 数据核字(2015)第 286484 号

总 策 划 李 克
选题策划 汤吟菲 白剑峰
编辑统筹 刘 春
责任编辑 程 景
装帧设计 未 氓
责任印制 戚 帅
出版发行 时代出版传媒股份有限公司(http://www.press-mart.com)
黄山书社(http://www.hspress.cn)
地址邮编 合肥市政务文化新区翡翠路 1118 号出版传媒广场 7 层 230071
印 刷 安徽新华印刷股份有限公司
版 次 2016 年 3 月第 1 版
印 次 2019 年 6 月第 3 次印刷
开 本 700mm×1000mm 1/16
字 数 380 千
印 张 24.5
书 号 ISBN 978-7-5461-5335-3
定 价 29.80 元

服务热线 0551-63533706

销售热线 0551-63533761

官方直营书店(http://hsssbook.taobao.com)